高职高专
市场营销专业精品规划教材

市场营销实训教程

（第二版）

李海琼 / 编著

SHICHANG
YINGXIAO
SHIXUNJIAOCHENG

清华大学出版社
北京

内容简介

本书是"普通高等教育国家级精品教材"，是普通高等教育"十一五"国家级规划教材，是"十二五"职业教育国家规划教材《市场营销理论与实务(第二版)》的配套实训教材，是省级精品课程教材，是省级重点教材的立体化系列教材；是研究、推广和应用西方国家商科类专业先进的实践性教学模式"模拟公司教学法"的系列研究成果(该研究成果曾荣获浙江省人民政府首届职业技术教育优秀教学成果二等奖)，也是教育部教学改革重点示范专业——市场营销专业长期建设与改革的成果。

本书采用工学结合、项目引领、任务驱动的新型教材编写模式，科学地构建了循序渐进的实训体系。本书以创业实践为起点，以商务运作程序为主线，涵盖了市场营销职业岗位群所需要掌握的主要实践技能。全书共分五大模块十大项目，即创业实践、商务活动运作实践、网络营销实践、会展营销实践、企业经营管理诊治实践。并对"模拟公司教学法"及现代商务模拟实验室进行了简介，书末在附录中列出了相关行业企业真实的市场营销实训单据。

本书内容新颖，思路创新，实用性强，是目前国内高职高专甚至是本科教育领域营销管理等商科类专业为数不多的综合性实训教材。本书既可作为高职高专及相关高等院校市场营销等商科类专业的专业综合实训教材，又可用于市场营销学等相关课程的配套实训教材，也可作为企业营销人员实务操作的培训教材和参考书、工具书。

图书在版编目(CIP)数据

市场营销实训教程/李海琼编著. —2 版. —北京：清华大学出版社，2013(2023.7重印)
(高职高专市场营销专业精品规划教材)
ISBN 978-7-302-32627-4

Ⅰ. ①市… Ⅱ. ①李… Ⅲ. ①市场营销学—高等职业教育—教材 Ⅳ. ①F713.50

中国版本图书馆 CIP 数据核字(2013)第 122425 号

责任编辑：康 蓉
封面设计：于晓丽
责任校对：袁 芳
责任印制：沈 露

出版发行：清华大学出版社
网 址：http://www.tup.com.cn，http://www.wqbook.com
地 址：北京清华大学学研大厦 A 座 **邮 编**：100084
社 总 机：010-83470000 **邮 购**：010-62786544
投稿与读者服务：010-62776969，c-service@tup.tsinghua.edu.cn
质量反馈：010-62772015，zhiliang@tup.tsinghua.edu.cn
课件下载：http://www.tup.com.cn，010-83470410
印 装 者：三河市君旺印务有限公司
经 销：全国新华书店
开 本：185mm×260mm **印 张**：22 **字 数**：504 千字
版 次：2007 年 1 月第 1 版 2013 年 10 月第 2 版 **印 次**：2023 年 7月第 6次印刷
定 价：68.00 元

产品编号：046040-03

PREFACE

序言

随着全球经济一体化的加速推进，我国市场经济快速发展，我国的商务活动日益活跃与频繁。这些活动不仅需要大批懂商务运作知识的人才，更需要成千上万熟悉与掌握商务活动规则、熟练处理商务活动各业务环节的高素质技能型人才。

高职高专教育的目标是培养高素质技能型人才。其教材体系既应保证理论的必需够用，更应重视专业实践技能的培养。长期以来，传统的商务理论课堂讲授和流于形式的商务实习实训效果不甚理想，使得市场营销等商科类专业的学生在工作之初很难适应岗位需要，缺乏独立工作能力和实践操作技能，往往需要以“师傅带徒弟”的方式进行再培训，给双方都带来诸多不便，甚至带来不应有的损失。这种理论脱离实际的教学是市场营销等商科类专业人才培养和学科建设上的薄弱环节，也与现代高职高专教育的人才培养模式和目标相差甚远。

为借鉴西方国家在商科类专业实践性教学模式方面的先进理论和成功方法，原国家国内贸易部教育司于 1996 年起组织所属院校与丹麦王国奥本罗商学院进行合作，由丹麦方面帮助中方院校筹建中国商务模拟中心，推广、指导国内院校应用“商务模拟公司教学法”。1998 年 11 月，在内贸部有关领导的支持和丹麦专家的指导下，中国商务模拟中心在温州职业技术学院顺利完成筹建并投入运行，并组建了由国内相关行业企业专家、高职高专院校教育专家、骨干教师等人员组成的“‘模拟公司教学法’的研究、应用与推广”课题组。国内一些高职高专院校也纷纷先后建立了现代商务模拟实训室，对市场营销等商科类专业原有的实践教学内容、教学方法和教学手段进行了大胆改革，以理论联系实际、提高学生的实际工作能力为目的，进行了市场营销等商科类专业与课程模拟教学法的尝试。经过多年的教学改革与实践，“中国商务模拟中心”成功建成，目前国内发展了 100 余家高职高专院校为会员单位，并且开展了一些有实质性内容的网上研讨、交流和实地的实训教学活动，收到了较好的效果，得到国内相关教育部门与领导的肯定与好评，在国内高职高专教育领域具有一定的影响力。1999 年，“关于‘模拟公司教学法’的研究、应用与推广”的研究成果荣获浙江省人民政府首届职业技术教育优秀教学成果二等奖。

本书根据教育部高职高专教育的培养目标与人才培养模式的基本特征,以“模拟公司教学法”的精神为指导,以商务活动各环节操作规程为基础,以商务运作程序为主线,用大量翔实的示例、图、表及模拟训练,让学生在仿真的业务环境中全面、系统、规范地熟悉、掌握商务活动的程序、环节及做法,使学生在较短时间内熟悉并掌握商务运作程序和技能,为学生今后从事商务活动打下良好的基础。该书的适时推出适应了新形势下高职高专教育人才培养的新要求,适应了高职高专市场营销等商科类专业实训教学的迫切需求,对培养学生创新能力与实践能力、提高学生的职业技能与职业素养具有重要的时代意义。

与目前国内市场营销等商科类专业实训教材相比,本书具有显著的特色。

1. 丰厚的发展积淀

本书具有很好的编写与修订基础。《市场营销实训教程》(第一版)曾荣获以下奖励,且是以下相关教科研项目的系列研究成果。

- 荣获普通高等教育“十一五”国家级规划教材(教育部,教高〔2006〕9 号)
- 荣获普通高等教育国家级精品教材(教育部,教高司〔2011〕195 号)
- “十二五”职业教育国家规划教材《市场营销理论与实务(第二版)》的配套实训教材
- 省级精品课程(浙江省,浙教计〔2006〕129 号)教材
- 省级重点教材(浙江省,浙教高教〔2011〕10 号)的立体化系列教材
- 研究、推广和应用西方国家商科类专业先进的实践性教学模式“模拟公司教学法”的系列研究成果,该研究成果 1999 年荣获浙江省人民政府首届职业技术教育优秀教学成果二等奖
- 教育部教学改革重点示范专业——市场营销专业长期建设与改革的成果
- 教育部新世纪高等教育教学改革工程项目(教育部,教高司〔2002〕38 号)的系列研究成果
- 浙江省新世纪高等教育教学改革一类项目(浙江省,浙教高教〔2010〕146 号)的系列研究成果

2. 体现高职教育新理念

本书的修订与编写以新时期国内外高职高专教育的新特征、新要求、新趋势为指南,以服务区域经济与社会发展为宗旨,以学生为主体,以就业为导向,以“工学结合”为切入点,充分吸收本领域的新知识、新技术、新方法和教科研项目的最新成果,反映产业升级、技术进步和职业岗位变化的新要求与新趋势,有机地嵌入职业标准、行业标准和企业标准,突出职业技能与职业素养并重培养,注重学生的可持续发展,服务于市场营销高技能应用型人才的培养。

3. 构建全新的体系架构

编写团队根据以下流程修订、编写该教程:

分析职业能力→确定能力目标→序化教学内容→形成业务模块→划定工作项目→分解工作任务。

并以职业标准确定范围,以业务内容划分模块,以岗位要求划定项目,以业务流程分解任务,以任务驱动为教学手段,构建了“模块式项目引领、流程化任务驱动”的全新体系

架构。这种体系设计与建构很好地承载了高职高专教育与人才培养目标，具有鲜明的职业教育特色，实现了教学效果最大化、立体化架构。

4. 以立体化形式呈现

本书以科学的、立体化的呈现形式，充分激发学生的学习兴趣，提升课程教学质量，促进课程建设与改革，支撑教学效果最大化。

主体教材《市场营销实训教程(第二版)》

＋ 配套教材《市场营销理论与实务(第二版)》(“十二五”职业教育国家规划教材)

＋ 浙江省精品课程网站《市场营销理论与实务》

＋ 市场营销专业实训教学软件《SimMarketing 营销模拟实验室》

5. 充分体现高职教育的职业性、开放性和实践性

(1) 职业性

贴近市场营销业务实际，本书的案例、图、表与训练内容大部分来自真实企业的实际业务(经教学及保密处理)，具有内容真实、可信、可操作性强的特点，充分体现了职业性。

(2) 开放性

本书的教学模式采用“模拟公司教学法”，即在仿真的商务环境中，5～10 名受训人员自主地组建模拟公司，并以公司雇员的身份扮演不同的职业岗位角色开展工作。公司的业务运作可以模拟一家真实的企业(称为背景公司或赞助公司)进行。该教学模式中，教与学的体系和内容均按真实企业的操作方式和运作过程进行，唯有资金与货物是假想的。另外，这一教学模式强调“在做的过程中学习”的教学理念，教学过程以受训人员为整个实训教学的中心，是学习的主体，而传统教学模式中的教师成为模拟公司的咨询者或顾问。这种开放性的教学模式使受训人员自主学习、创新学习的能力得到了很好的培养。

(3) 实践性

本书注重对商务操作程序、做法的介绍和训练，大部分的业务环节附有示例及训练，使学生边学边练，实用性强。各实训项目既有技能实训的方法，又有相应的典型范例及图、表等，对一项技能的操作做到“教学生如何做、怎样做、能模拟做”。

6. 实战经验丰富的编写团队

本书的编写团队中既有市场营销专业带头人和一线骨干教师，也有多年从事市场营销相关工作的行业企业专家。均具有工商管理经济师、营销经济师、商业经济师等技术资格，具有丰富的职教经验和多年行业企业实践经历，体现了教材编写的“双师型”编者体系。

本书深入浅出地凸显了市场营销专业综合实训教学的内容体系，体现了教材内容和形式的双创新，是市场营销等商科类专业理想的专业综合实训教材，也是企业理想的培训教材、工具书和参考书。

李海琼

2013 年 7 月

FOREWORD

前言

高等职业教育肩负着培养生产、建设、服务和管理第一线高素质技能型专门人才的重要使命，具有鲜明的职业性和实践性。随着高等职业教育在我国的快速发展，教学改革不断深化，实训越来越受到重视与强化。如何设计更加适合高职人才培养的实训内容，创新更加有效的实训方式，编写、出版实用性、适用性、针对性、创新性都较强的专业综合实训教材显得尤为迫切。

根据教育部《关于全面提高高等职业教育教学质量的若干意见》(教高〔2006〕16)文件的“大力推行工学结合，突出实践能力培养，改革人才培养模式”的精神，在广泛调研行业企业专家、职教专家的基础上，遵循项目课程开发的程序，在普通高等教育“十一五”国家级规划教材《市场营销实训教程》的基础上，适时修订、编写、推出了“工学结合”特色鲜明的“项目引领、任务驱动”的《市场营销实训教程(第二版)》，适应了高职高专市场营销等商科类专业实训教学的迫切需求，对于提高学生的营销职业素质与职业能力，特别是创新能力和实践能力，具有不言而喻的现实意义。

本书依据高职高专教育的培养宗旨与人才培养模式的基本特征，根据“工学结合”新形势下高职高专教育人才培养的基本特征与新要求，基于市场营销职业岗位群的职业能力分析与工作任务要求，坚持以提高学生整体职业素质为准绳，以培养学生市场营销综合能力特别是实践能力和创新能力为主线，以“工学结合”高职教育理论与教学方法为指导，打破以知识传授为主要特征的传统学科课程模式，转变为以市场营销职业岗位业务流程/模块的“工作项目”与“工作任务”为中心组织教材内容，精心提炼、整合、序化教学内容，将整个教材内容整合为连贯的、合乎逻辑的五大业务模块十大工作项目若干工作任务的市场营销综合实训内容体系。即以现代商务活动各环节操作规程为基础，以商务运作为主线，把创业实践(公司成立准备、公司登记成立、公司正式开业)、商务活动运作实践(市场调研实训、营销策划实训、商品采购实训、商品销售实训、营销会计控制实训、商务谈判与经济合同管理实训)、网络营销实践、会展营销实践、企业经营管理诊治实践。并对“模拟公司教学法”及现代商务模拟实验室进行了简介，书末在附录中列出了相关行业企业真实的市场营销实训单据。

本书突出了营销职业综合能力的培养，体现了基于营销职业岗位和具体工作任务及业务流程的教材编写理念，构建了“模块式项目引领、流程化任务驱动”的全新教材编写体系。本书的每个“工作项目”下设置多个“工作任务”，每个“工作任务”又包含任务要求、训练步骤、实训指南、活动设计、实训成果、实训考核、实训拓展等构成要素。

本书在简明、扼要地论述“必需、够用”的相关基本理论的同时，设计了大量的图、表、实例、相关链接、个案分析、专栏等富有特色的栏目，以强化理论与实际的结合、学习知识与开发智力的结合、动脑思考与动手操作的结合，深入浅出地凸显了市场营销的职业特点，突出了以培养学生综合职业能力为主线的高职教育特征，实现了教材内容和编写形式的“双创新”，体现了高职教育的教学特色。

本书由国际商务师、工商管理经济师李海琼总撰全书，负责项目1～项目5及项目7～项目10的修订与编写，会计师雷鸣负责项目6的修订与编写。营销经济师徐育斐、商业经济师吴金法担任主审。上海瑞乾万尔服饰有限公司董事长兼总经理林瑜彬、温州中百有限公司品牌部副总经理黄国吾等行业企业专家参加了本书修订、编写思路的设计与部分审稿工作。营销经济师杨再春等同志参加了本书部分资料的搜集工作。

本书在编写过程中，得到了有关行业企业专家、职教专家的大力支持。清华大学出版社在本书的修订、编写与出版过程中给予了全力支持。另外，本书还参阅了大量的中外资料，在此一并表示感谢。

由于编写时间仓促，编者水平有限，书中难免有疏漏之处，敬请同行专家和广大读者指教匡正。

编　者

2013年7月

CONTENTS

目录

模块二 商务活动运作实践

模块四 会展营销实践

模块五 企业经营管理诊治实践

“模拟公司教学法”及现代商务模拟实验室简介

0.1 关于“模拟公司教学法”

0.1.1 模拟公司的起源及其发展概况

1. 模拟公司的概念

模拟公司是指受训人员自主组建模拟公司，然后在一个真实的办公环境里，受训人员充当公司的雇员与世界上其他模拟公司人员进行真实企业的商务运作与管理行为的模拟。模拟公司的组建与运作，为受训人员提供了一个完整的学习环境，通过受训人员在模拟公司的各个部门(包括行政部门、人力资源部、企业策划部、财务部、采购部、市场调研部门、商务部等)的轮流实训，使得真实企业里的商务活动和管理行为均能得到充分的模拟。而在模拟公司里的这种经历，为受训人员在真实公司开展相关工作打下了良好的基础。

2. 模拟公司的起源与我国的引入

近一个世纪以来，随着社会经济和科学技术的迅速发展，世界上许多国家都在探索与其相适应的职业技术教育模式，不断提高教学质量。“实践导向”、“能力本位”的教学思想以及与此相适应的教育教学方法，是一些西方国家近年来在培养人的全面素质和提高综合能力方面所采取的一项有力措施。以“模拟公司”的形式对相关人员进行培训(商务模拟教学法，或称模拟公司教学法)就是一种被实践证明是相当成功的探索。

模拟公司教学法起源于德国。早在1776年德国著名教育家卡尔·F.巴斯就指出：“让学生在教师的指导下自主地选择一种活动和一种交易地点……每位学生将获得假想的资金和货物等。”这种早期的商业教育理念可视为当今模拟公司教学法的起源。经过原联邦德国在将近50年的教学和培训实践，发展成为至今近3000多家模拟公司的全球模拟公司网络。1993年，该网络中成立了EUROPEN(欧洲实习企业网络)协会，现今已成为国际性组织。拥有德国、英国、奥地利、荷兰、瑞士、瑞典、芬兰、加拿大、西班牙、意大利、法国和丹麦等第一批正式成员协会国；其准会员国有波兰、挪威、澳大利亚、比利时、巴西、立陶宛、匈牙利和美国。中国、捷克共和国、乌克兰、保加利亚及希腊等是EUROPEN的发展对象。

为借鉴西方国家在商科类专业实践性教学模式方面的先进理论和成功方法，1996年原我国国内贸易部教育司与丹麦王国奥本罗商学院进行合作，由丹麦方面帮助中方院校筹建中国商务模拟中心，推广、指导国内院校应用“商务模拟公司教学法”。1998年中国商务模拟中心在浙江省温州市的温州职业技术学院顺利建成并投入了运行。

0.1.2 “模拟公司教学法”的理论依据

1. “模拟公司教学法”

“模拟公司教学法”也称为商务模拟教学法。该教学法是在仿真的商务环境中,由受训人员自主地组建公司并作为公司雇员开展工作,公司的业务运作(如组织结构、规章制度、经营方式、业务流程)可以模拟一家真实的企业(称为背景公司或赞助公司)。在“模拟公司教学法”中,教与学的体系与内容均按真实企业的操作方式和运作过程来进行,唯有资金与货物是假想的。另外,这一教学模式强调“在做的过程中学习”的教学理念,教学过程以受训人员为整个实训教学的中心,是学习的主体,而传统教学模式中的教师却成为模拟公司的咨询者或顾问。

2. “模拟公司教学法”的基本要素

“模拟公司教学法”的实行,需要具备以下方面的要素。

(1) 模拟公司实训室

需要一定面积的实训场地(不少于150平方米),相关的硬件设施与软件设施,以及齐备的日常办公用品等。

(2) 受训人群

受训人群是整个模拟公司教学过程的主体,通常是:

- 商科类专业的在校学生
- 下岗、转岗人员
- 在岗职工等

(3) 指导者

指导者是指模拟公司的咨询者或顾问,就是传统教学模式中的“教师”角色。

(4) 赞助公司

赞助公司又称背景公司,是现实社会中的一个相关的真实企业,其经营背景是有关模拟公司的参照。

(5) 仿真的商务环境

仿真的商务环境依靠模拟公司网络及网络协调中心(商务模拟中心)建立和营造。

3. “模拟公司教学法”的特点

“模拟公司教学法”不同于传统的教学方法,它具有以下特点。

(1) 受训人员互相合作,共同解决实际问题

在模拟公司中,受训人员以公司雇员的身份分别扮演不同的角色,并且在互相合作的过程中解决问题。解决问题的过程也是受训人员获得相关实践技能与实践经验的过程,也是对受训人员自主学习、创新学习能力的培养。

(2) 自主性和学习愿望

要求受训人员具有强烈的学习自主性和学习愿望。

(3) 教师的角色发生转换

教师在“模拟公司教学法”中,从传统教学模式中的知识传授者成为一个咨询者或指导者。

0.1.3 "模拟公司教学法"的具体实施

在模拟公司教学过程中,相关部门与教师主要完成以下各项工作。

1. 实习动员

由专业教研室和负责实训教学的管理部门(如系实训科)事先对实训的学生进行实习总动员,对实习提出要求与注意事项等。

2. 组织工作

由专业教研室对进入模拟公司的学生进行分组,并配备相应的专业辅导老师,安排实习时间和功课表并进行分发。

3. 指导工作

教师可根据实训教学的需要,对有关市场营销等商务基础知识、基本理论和基本技能有选择地进行讲授与介绍,并针对学生在实际操作时的关键性问题进行指导,并有的放矢地根据学生在模拟操作中出现的错误和问题进行修正与讲解。

4. 评阅与成绩的确定

由实训辅导老师评阅每个模拟公司的实习内容,并按照平时成绩、模拟实验操作成绩(主要部分)、书面考核成绩、答辩考核、综合测评等相互结合的方式确定最后各模拟公司(实习公司)及实习学员的成绩,使各实习公司及其学员在实训和考试之中能够及时领悟自已的不足,不断提高自已的能力。

0.1.4 实施"模拟公司教学法"的目的与意义

1. 实施"模拟公司教学法"的目的

传统的学校教育特别重视课堂上的理论教学,而忽视了培养学生的实践能力。随着社会经济和科学技术的迅速发展,"实践导向"、"能力本位"的教学思想以及与此相适应的职业技术教育方法开始兴起并得到迅速发展。世界各国都在探索如何才能提高在校学生的全面素质和综合能力的教学方法,"模拟公司教学法"就是一种被实践证明较为成功的教学方法。通过模拟公司实习,可以让学生将所学的理论知识应用于实践,不断提高各种技能的操作水平,熟练掌握各种常用现代办公设备和技术,熟悉商业活动的顺序和商业运作的基本规则,增强团队协作能力和合作精神,树立风险意识,从而真正做到学以致用,以便为将来走上工作岗位打下良好的基础。

2. 实施"模拟公司教学法"的意义

经过几年来的探索和实践,"模拟公司教学法"的教学功能和教学效果日渐凸显。通过对已经过模拟公司实习的受训人员的跟踪反馈,以及对目前正在模拟公司学习的受训人员的观察与了解,实施模拟公司教学法的意义是非常的,具体体现在以下几个方面。

(1) 使受训人员树立明确的职业意识

在模拟公司中,由于受训人员不是学生而是"职员",这种角色的不同使其言谈举止更符合职员的身份。经过模拟公司培训的学生,更注重服装、仪表、谈吐与行为方式,潜意识中已经把自已作为一名公司的职员来要求。以至于在人才市场或在将来的工作岗位上,这些学生更能获得青睐和机遇。

(2) 有效地培养受训人员的创业精神和创新能力

由于实习过程是从创建一个公司开始的，所以对于受训人员来说，熟悉了公司成立的程序与具体的操作过程，同时也消除了创建公司的神秘感和畏难情绪，以激发受训人员不畏艰难的创业精神。

由于在公司的运作过程中，市场信息的获得、营销活动的策划、商务过程的操作、公司经营管理等工作都是由受训人员完成的。这样，在工作的过程中，受训人员的创新与开拓能力不断得以提高。

(3) 培养受训人员的团队精神和交际能力

团队合作能力正越来越受到社会和企业的重视。而模拟公司的学习环境，要求学生充当公司中不同岗位的职员，在这种情况下，只有懂得与他人合作与共事，这一学习过程才能得以顺利进行。而在传统的教学模式中，学习可以是一种个体行为。

另外，模拟公司遍及全国和世界的贸易伙伴，通过模拟公司的联网运作，需要受训人员与会员单位进行经常性的联系和交流，这对提高受训人员的交际能力非常有帮助。

(4) 明确商业规律和规则

明确商业活动的规律和商业运作的规则，使受训人员的专业素质得到较大的提高。

(5) 使受训人员更熟练地掌握职业所要求的主要技术和关键能力

在模拟公司的运作中，由于货物与货币是虚拟的，所以公司经营上的错误不至于带来实际的损失，所以它允许“职员”犯错误，进行反复不断的练习。从而使学生更熟练地掌握职业所要求的主要技术和关键能力。

(6) 指导学生熟练地使用现代办公设备与技术

商务模拟实验室配备了电话、传真机、电脑及相关软件、打印机、扫描仪等现代化办公设备与技术，因此，比起传统的教学方式，学生能更真实地接触真实的工作环境与设备，并学会适应与使用。

0.2 关于现代商务模拟实验室

现代商务模拟实训室是依据“模拟公司教学法”的思想与精神，拟在市场营销等商科类专业的专业综合实训教学与相关课程的实训教学过程中，为师生提供一个模拟真实企业商务活动与管理行为全过程的实验场所。教师既可以在实验室里讲授并演示有关实务操作程序及管理行为，学生也可以在实验室中自主组建模拟公司，充当公司雇员与其他模拟公司人员进行真实企业的商务运作与管理行为的模拟与演练。

模拟实训室建设分为硬件建设和软件建设两部分。

0.2.1 建立现代商务模拟实训室

1. 硬件建设

商务模拟实验室硬件建设包括的项目参见表 0-1。(仅供参考)

表 0-1 商务模拟实训室硬件设备一览表

序号	设备名称	规格	单位	数量
1	投影仪	三洋 SP-10	台	3
2	电动屏幕	120 英寸	面	3
3	电脑	根据需要而定	台	100
4	服务器	IBN ETFINITY	台	1
5	便携式电脑	根据需要而定	台	2
6	摄像头	根据需要而定	个	8
7	教学录像机	根据需要而定	台	2
8	数码相机	根据需要而定	部	1
9	扫描仪	根据需要而定	台	6
10	桌面控制系统	根据需要而定	台	8
11	针式打印机	根据需要而定	台	3
12	激光打印机	根据需要而定	台	1
13	彩色打印机	根据需要而定	台	1
14	音响设备	根据需要而定	套	3
15	话筒	根据需要而定	只	6
16	多功能讲台	根据需要而定	台	3
17	内线电话	根据需要而定	部	30
18	传真机	根据需要而定	台	3
19	监视器	黑白 5 英寸	台	6
20	空调	立式柜机	台	6
21	集线器 Hub	24 端口	个	8
22	模拟工商、税务、银行、商检、海关、运输等部门办公柜台	根据需要而定	—	—
23	办公设备	办公桌椅等	—	视情况定
24	其他	根据需要而定	—	视情况定

2. 软件建设

商务模拟实验室软件建设包括：

- 模拟公司实训流程图
- 模拟公司结算凭证
- 商务模拟专用软件
- 企业管理教学、实训软件
- 市场营销教学、实训软件
- 电子商务教学、实训软件
- 国际贸易教学、实训软件
- 财务会计教学、实训软件等
- 工商、税务、银行等部门相关单据与资料
- 其他方面

0.2.2 商务模拟公司网

商务模拟公司作为"能力本位"的教学观念,在商科类专业教学中的实践形式,其功能的发挥有赖于整个商务模拟公司网的建立。单个的模拟公司由于缺乏经营背景和经营伙伴,就失去了运作的可能性和运作的意义。因此,商务模拟公司网的建立与启动,能够充分地发挥模拟公司教学法在商科类专业教学改革中的作用。

1. 中国商务模拟公司网络的组织形式

根据我国的具体情况,并参照国外的相关模式,确立了中国商务模拟公司网"会员制"的组织形式。即建立"中国商务模拟公司网国家中心办公室",作为模拟公司网络的协调中心。在中心下面发展会员单位(会员单位通常是有意实施模拟公司教学法的教育单位),会员单位需建立一个模拟公司实训室,包括一定的设备、指导教师及管理体制。然后专业教研室组织学生进入模拟公司实训室完成整个商务模拟实习过程。中国商务模拟公司网络图如图 0-1 所示。

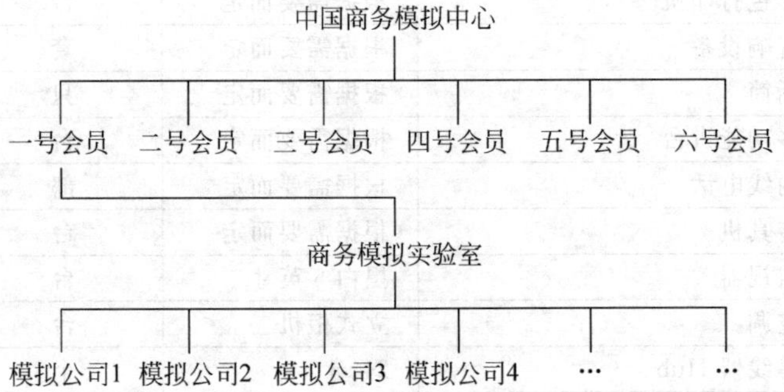

图 0-1 中国商务模拟公司网络图

2. 中国商务模拟公司网中心办公室

中国商务模拟公司网中心办公室正式成立于 1999 年 1 月,其部门设置如图 0-2 所示。

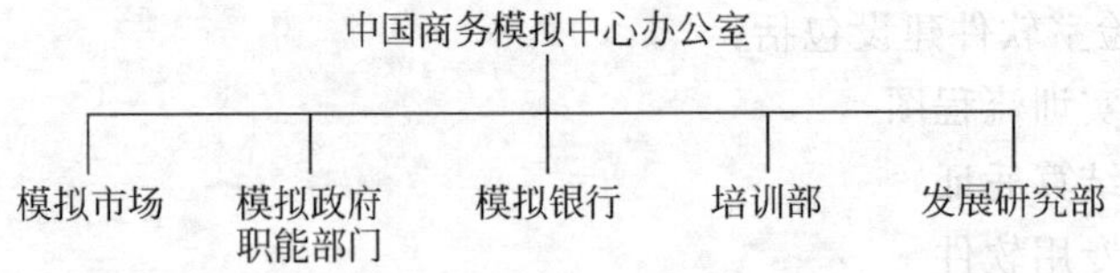

图 0-2 中国商务模拟公司网中心办公室部门设置

其具有的功能主要有日常功能、咨询和协调功能两类,日常功能包括:

- 接受模拟公司的注册和登记
- 对模拟公司进行税务登记并征税
- 使各会员单位的模拟公司之间发生联系
- 银行服务,如支付、储蓄和贷款
- 虚拟市场,在模拟公司找不到合适的客户时,充当缓冲公司咨询和协调功能包括：

- 接受模拟公司网络会员单位的登记
- 提供模拟公司的建设方案
- 促进各地模拟公司的发展
- 举办指导教师培训班
- 组织模拟教学法的研讨会
- 管理整个模拟公司网络
- 负责对外联系和交流

0.2.3 现代商务模拟实验室教学的意义

"模拟公司教学法"的核心是借助商务模拟实验室，实现市场营销等商科类专业与课程教学过程中两个中心的转移。

第一个转移是把以黑板为中心的教学讲解过程变为以实验室为中心的模拟教学过程。

第二个转移是把以教师为中心的授课过程变为以学生为中心的模拟操作教学过程，从而解决传统教学过程中理论脱离实际的问题，提高学生综合运用知识的能力、创新能力、不断学习新知识的能力等，使其能够融会贯通地系统掌握所学的知识。

1. 以实验室为中心的教学活动

传统的教学法把市场营销等商科类的实训教学内容主要在以黑板为中心的"过程式讲解"中完成，理论脱离实际，师生只能在黑板上进行业务操作，很难达到预期的效果。在"模拟公司教学法"中，实训教学是以实验室为中心开展教学活动，在学生学习有关的专业知识后，分组组建模拟公司，在仿真的商务环境中，进行真实企业商务活动和管理行为的全过程、系统的模拟实训。

2. 以学生为中心的教学活动

在"模拟公司教学法"中，教师与学生的角色地位发生了变化。教师从知识的传授者成为一个咨询者或者指导者，而学生在模拟公司中分别承担不同的角色，在互相合作的过程中解决问题，以获得实践经验，掌握学习方法和相关技能，参加全部教学过程，成为模拟实训教学的中心。

模块一

创业实践

【模块综述】

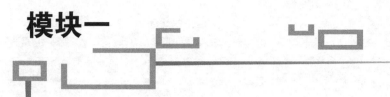

近年来，世界创业型经济方兴未艾，世界范围的创业教育开展得如火如荼。随着我国经济转型的加快，以及日益完善的创业政策与创业环境，为创业提供了良好的机遇。当代大学生创业热情高涨、创业实践增多，创业逐渐成为中国大学生择业的新动向。但目前我国大学生创业呈现"双低"即创业率低、成功率低的态势。据相关调查显示，只有不到四成的创业者认为自己拥有创业所需要的技能和经验。因此，通过创业教育和创业实践，提高创业者的素质与创业技能已成为当前十分重要的课题。

项目1

创业实训

知识目标

1. 掌握有限责任公司、股份有限公司设立的条件、程序。
2. 掌握公司开业典礼策划的程序及具体操作。
3. 掌握公司产品目录、产品说明书的编制技能。

能力目标

通过本项目的实训,使受训人员能够很好地筹划并完成公司的组建、成立与开业。

任务1.1 公司成立准备

任务要求

(1) 以自愿为原则,指导受训人员自由组建创业模拟公司(有限责任公司或股份有限公司),一般5～10人,以此作为完成后续九个项目实训的载体。

(2) 各个模拟公司根据本公司创业的类型,需完成有限责任公司或股份有限公司的公司人力资源的规划与管理和公司组织体系的选择与构建。

训练步骤

步骤一:指定公司发起人

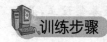

首先就是要有公司发起人的发起。因此,在受训人员进行分组后,就应在每组受训人员中指定公司发起人。发起人的指定应由担任该组实训指导的老师或本组学生自己指定。发起人作为公司的首批股东,应对公司的设立进行经济和法律上的可行性分析,并就公司设立的相关事项进行协商,就明确发起人的权利和义务达成书面文件,即发起人协议。发起人协议对各方都有法律约束力。此外,在发起人的资格、数量等方面都必须符合《公司法》的相关规定。

步骤二:公司招聘员工

公司发起人确定后,应由发起人着手招聘公司其他股东和员工。

步骤三:构建公司组织体系

公司是具有法人资格的经济组织,对内对外的一切经济活动和业务经营都必须由其组织机构来进行。按照我国《公司法》的规定,公司的组织机构是依法行使公司决策、业务执行和监督检查职能的机构的总称。行使不同管理职能的三种公司机构分别是公司的权力机构,即股东会或股东大会;业务执行机构,即董事会;监督检查机构,即监事会。三大机构在建立良好分工协作关系的基础上,相互配合、相互制约、各司其职、各行其权、各负其责。

实训指南

1.1.1 公司发起人

1. 有限责任公司发起人

有限责任公司发起人在50人以下。新公司法对于股东人数只有上限的规定,而没有下限的规定,承认了一人有限公司的法律地位。一人有限责任公司,是指只有一个自然人股东或者一个法人股东的有限责任公司。

国有独资公司是特殊的一人有限责任公司,是指国家单独出资、由国务院或者地方人民政府授权本级人民政府国有资产监督管理机构履行出资人职责设立的有限责任公司。

2. 股份有限公司发起人

股份有限公司发起人承担公司筹办事务,发起人应当签订发起人协议,明确各自在公司设立过程中的权利和义务。设立股份有限公司,应当有2人以上200人以下为发起人,其中须有半数以上的发起人在中国境内有住所。

相关链接 1-1

股份有限公司的设立方式

股份有限公司的设立可以采取发起设立或募集设立两种方式:一是发起设立,是指由发起人认购公司应发行的全部股份而设立公司的一种设立方式。二是募集设立,是指由发起人认购公司应发行股份的一部分,其余股份向社会公开募集或者是向特定对象募集而设立公司。因设立方式的不同,设立程序有所不同。

1. 发起设立

(1) 发起人订立公司章程。

(2) 发起人认购股份。

(3) 发起人缴纳股款。

(4) 发起人组建公司机构。

(5) 公司设立登记。

2. 募集设立

(1) 发起人订立公司章程并认购股份。

(2) 认购人认股。

(3) 召开创立大会。

(4) 申请设立登记。

1.1.2 公司员工招聘程序

1. 招聘前的准备

为避免盲目性和随意性,公司在招聘前必须做好相应的准备工作,拟订招聘计划。一般而言,招聘计划至少包括以下几项内容。

(1) 招聘岗位和人数

确定招聘岗位和人数。

(2) 明确招聘标准

不同性质的工作对其工作人员的要求不同,所以招聘工作人员的标准必须根据工作岗位和工作的性质与范围来加以界定。企业一般是通过职位分析和职位说明书分析来制订招聘标准的。

(3) 招聘渠道的确定

可供选择的招聘渠道有广告招聘、人才招聘会、职业介绍机构、行业协会、猎头公司、校园招聘、网络招聘等。企业应根据实际情况选择合适的招聘渠道。

(4) 招聘经费预算

招聘中会涉及各项经费,如广告费、考核费、差旅费及其他费用等。

2. 设计制作招聘广告,并进行公告

一般来说,设计与制作的招聘广告应体现以下几个方面的内容。

- 能够使人过目不忘的广告词
- 使用激励性和刺激性用语
- 说明招聘的岗位、人数、主要职责及要求、薪酬福利待遇
- 应聘方法
- 公司简介
- 个人相关资料的要求等

然后公司把制作好的招聘广告在合适媒体上进行公告。

例 1-1

五洲电器公司诚聘

一、公司简介(略)

二、招聘岗位

销售工程师。

三、主要职责

- 负责向客户介绍产品技术
- 负责新市场的开拓与原有客户的维系
- 收集相关的市场信息

四、主要要求

- 电子工程类本科或以上学历
- 35 岁以下,能常出差为佳
- 至少同业从业经验 3 年
- 英语达到 CET-6 标准
- 计算机操作能力较好

我公司会根据业务需要和员工的工作贡献,为员工提供广泛的培训、良好的发展机会、富有竞争性的薪酬与福利。

请将本人的中英文简历(注明联系方式)、近照一张、学历证明书及身份证复印件于 2012 年 8 月 10 日前寄至杭州市莫干山路 28 号五洲电器公司杭州分公司人力资源部。

3. 甄选程序

一般常用的甄选方法包括多项程序,如图 1-1 所示。面试评估项目如表 1-1 所示。

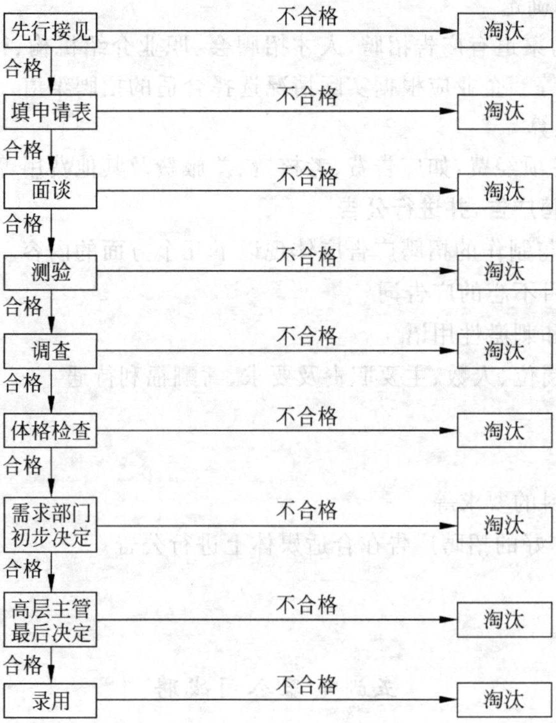

图 1-1 人员甄选程序

表 1-1 面试评估表

应聘人		应聘职位	
面试人		面试日期	
评估内容	评分 1～10 分	权重 100%	评语
应聘者基本情况			
学历			
工作经验			
衣着外表			
谈吐举止			
个人发展计划			
个人兴趣及爱好			
能力情况			
沟通能力			
交际能力			
判断能力			
市场及行业知识			
产品知识			
工作热情及积极性			
总得分			
总体评语			

1.1.3 公司组织机构

1. 有限责任公司的组织机构

(1) 股东会

① 股东会的召集与主持

有限责任公司的股东会是有限责任公司全体股东组成的公司权力机构。其股东会的召集与主持有以下几种情况。

第一,首次股东会会议由出资最多的股东召集和主持,依法行使职权。

第二,有限公司设立董事会的:

- 股东会会议由董事会召集,董事长主持。
- 董事长不能履行职务或不履行职务的,由副董事长主持。
- 副董事长不能履行职务或不履行职务的,由半数以上董事共同推荐 1 名董事主持。

第三,有限责任公司不设董事会的:

- 股东会会议由执行董事召集和主持。
- 董事会或执行董事不能履行或不履行召集股东会议职责的,由监事会或不设监事会的公司的监事召集和主持。
- 监事会或监事不召集和主持的,代表 1/10 以上表决权的股东可以自行召集和主持。

股东会会议分为定期会议和临时会议。定期会议应当按照公司章程的规定按时召开。代表1/10以上表决权的股东、1/3以上的董事、监事会或不设监事会的公司的监事提议召开临时会议的,应当召开临时会议。

② 股东会的职权

股东会是股东行使权利的场所,对关系公司生死存亡和股东根本利益的重大事项进行决议。按照《公司法》的规定,股东会行使下列职权。

- 决定公司的经营方针和投资计划
- 选举和更换非由职工代表担任的董事、监事,决定有关董事、监事的报酬事项
- 审议批准董事会的报告
- 审议批准监事会或监事的报告
- 审议批准公司的年度财务预算方案、决算方案
- 审议批准公司的利润分配方案和弥补亏损方案
- 对公司增加或减少注册资本作出决议
- 对发行公司债券作出决议
- 对公司合并、分立、变更公司形式、解散和清算等事项做出决议
- 修改公司章程
- 公司章程规定的其他职权

③ 股东会的决议

召开股东会会议,应当于会议召开15日以前通知全体股东(公司章程另有规定或全体股东另有约定除外)。股东会应当对所议事项的决定作成会议记录,出席会议的股东应当在会议记录上签名。对股东会法定职权所列事项,股东以书面形式一致表示同意的,可以不召开股东会会议,直接作出决定,并由全体股东在决定文件上签名、盖章。股东会的议事方式和表决程序,除《公司法》有规定的外,由公司章程规定。

股东会会议作出修改公司章程、增加或减少注册资本的决议,以及公司合并、分立、解散或变更公司形式的决议,必须经代表2/3以上表决权的股东通过。

(2) 董事会或执行董事和总经理

① 董事会或执行董事

董事会是公司的经营决策权力机关和对外代表机关。董事会对股东会负责,执行股东会决议,对内负责公司管理,对外代表公司,是公司权利的核心。

有限责任公司设董事会,其成员为3~13人。股东人数较少或规模较小的有限责任公司,可以设1名执行董事,不设立董事会。执行董事的职权由公司章程规定。

两个以上的国有企业或两个以上的国有投资主体投资设立的有限责任公司,其董事会成员中应当有公司职工代表,其他有限责任公司董事会成员也可以有公司职工代表。董事会中的职工代表由公司职工通过职工代表大会、职工大会或其他形式民主选举产生。

董事会设董事长1人,可以设副董事长。董事长、副董事长的产生办法由公司章程规定。董事任期由公司章程规定,但每届任期不得超过3年。董事任期届满,连选可以连任。董事任期届满未及时改选,或者董事在任期内辞职导致董事会成员低于法定人数的,

在改选出的董事就任前，原董事仍应当依照法律、行政法规和公司章程的规定，履行董事职务。

董事会依法行使下列职权。

- 召集股东会会议，并向股东会报告工作
- 执行股东会的决议
- 决定公司的经营计划和投资方案
- 制订公司的年度财务预算方案、决算方案
- 制订公司的利润分配方案和弥补亏损方案
- 制订公司增加或者减少注册资本以及发行公司债券的方案
- 制订公司合并、分立、变更公司形式、解散的方案
- 决定公司内部管理机构的设置
- 决定聘任或者解聘公司经理及其报酬事项，并根据经理的提名决定聘任或者解聘公司副经理、财务负责人及其报酬事项
- 制订公司的基本管理制度
- 行使公司章程规定的其他职权

董事会的会议形式：

- 董事会会议由董事长召集和主持
- 董事长不能履行职务或者不履行职务的，由副董事长召集和主持
- 副董事长不能履行职务或者不履行职务的，由半数以上董事共同推举1名董事召集和主持
- 董事会的议事方式和表决程序由公司章程规定。董事会应当对所议事项的决定作成会议记录，出席会议的董事应当在会议记录上签名
- 董事会决议的表决实行一人一票

② 总经理

总经理是董事会聘任的负责公司日常管理事务的业务执行人。

有限责任公司可以设总经理，由董事会决定聘任或者解聘。总经理对董事会负责，行使下列职权。

- 主持公司的生产经营管理工作，组织实施董事会决议
- 组织实施公司年度经营计划和投资方案
- 拟订公司内部管理机构设置方案
- 拟订公司的基本管理制度
- 制订公司的具体规章
- 提请聘任或者解聘公司副总经理、财务负责人
- 决定聘任或者解聘除应由董事会决定聘任或者解聘以外的管理人员
- 董事会授予的其他职权

股东人数较少或者规模较小的有限责任公司，可以设1名执行董事，不设董事会。执行董事可以兼任公司总经理。执行董事的职权由公司章程规定。总经理列席董事会会议。

（3）监事会或者监事

监事会是负责对董事会及其成员和高级管理人员执行职务的行为进行监督的机关。有限责任公司设监事会，其成员不得少于3人。股东人数较少或者规模较小的有限责任公司，可以设1～2名监事，不设监事会。

① 监事会的人员构成

监事会应当包括股东代表和适当比例的公司职工代表，其中职工代表的比例不得低于1/3，具体比例由公司章程规定。监事会中的职工代表由公司职工通过职工代表大会、职工大会或者其他形式民主选举产生。董事、高级管理人员不得兼任监事。

监事会设主席1人，由全体监事过半数选举产生。监事会主席召集和主持监事会会议。监事会主席不能履行职务或者不履行职务的，由半数以上监事共同推举1名监事召集和主持监事会会议。

② 监事的任期

监事的任期每届为3年。监事任期届满，连选可以连任。监事任期届满未及时改选，或者监事在任期内辞职导致监事会成员低于法定人数的，在改选出的监事就任前，原监事仍应当依照法律、行政法规和公司章程的规定，履行监事职务。

③ 监事会的职权

监事会、不设监事会的公司的监事行使下列职权。

- 检查公司财务
- 对董事、高级管理人员执行公司职务的行为进行监督，对违反法律、行政法规、公司章程或者股东会决议的董事、高级管理人员提出罢免的建议
- 当董事、高级管理人员的行为损害公司的利益时，要求董事、高级管理人员予以纠正
- 提议召开临时股东会会议，在董事会不履行本法规定的召集和主持股东会会议职责时召集和主持股东会会议
- 向股东会会议提出提案
- 依照《公司法》第一百五十二条的规定，对董事、高级管理人员提起诉讼
- 公司章程规定的其他职权

④ 监事会的议事规则

监事可以列席董事会会议，并对董事会决议事项提出质询或者建议。监事会、不设监事会的公司的监事发现公司经营情况异常，可以进行调查。必要时，可以聘请会计师事务所等协助其工作，费用由公司承担。

监事会每年度至少召开一次会议，监事可以提议召开临时监事会会议。监事会的议事方式和表决程序，除《公司法》有规定的外，由公司章程规定。监事会决议应当经半数以上监事通过。监事会应当对所议事项的决定作成会议记录，出席会议的监事应当在会议记录上签名。

监事会、不设监事会的公司的监事行使职权所必需的费用，由公司承担。

专栏 1-1

一人有限责任公司及国有独资公司的特别规定

一、一人有限责任公司的特别规定

一人有限责任公司是指只有一个自然人股东或者一个法人股东的有限责任公司。

1. 出资的限制

一人有限责任公司的注册资本最低限额为人民币10万元。股东应当一次足额缴纳公司章程规定的出资额。一个自然人只能投资设立一个一人有限责任公司。该一人有限责任公司不能投资设立新的一人有限责任公司。

2. 登记中的特别规定

一人有限责任公司应当在公司登记中注明自然人独资或者法人独资,并在公司营业执照中载明。

3. 公司运营的特别规定

一人有限责任公司章程由股东制订。一人有限责任公司不设股东会。股东作出《公司法》第三十八条第一款所列决定时,应当采用书面形式,并由股东签名后置备于公司。一人有限责任公司应当在每一会计年度终了时编制财务会计报告,并经会计师事务所审计。

4. 主体资格的维持

一人有限责任公司的股东不能证明公司财产独立于股东自己的财产的,应当对公司债务承担连带责任。

二、国有独资公司的特别规定

国有独资公司是指国家单独出资、由国务院或者地方人民政府授权本级人民政府国有资产监督管理机构履行出资人职责的有限责任公司。

1. 公司章程

国有独资公司章程由国有资产监督管理机构制订,或者由董事会制订并报国有资产监督管理机构批准。

2. 股东职权的行使

国有独资公司不设股东会,由国有资产监督管理机构行使股东会职权。国有资产监督管理机构可以授权公司董事会行使股东会的部分职权,决定公司的重大事项,但公司的合并、分立、解散、增加或者减少注册资本和发行公司债券,必须由国有资产监督管理机构决定。其中,重要的国有独资公司合并、分立、解散、申请破产的,应当由国有资产监督管理机构审核后,报本级人民政府批准。

3. 董事会

国有独资公司设董事会,依照《公司法》关于有限责任公司董事会的法定职权、国有资产监督管理机构授予的职权来行使。董事每届任期不得超过3年。董事会成员中应当有公司职工代表。董事会成员由国有资产监督管理机构委派,但是,董事会成员中的职工代表由公司职工代表大会选举产生。董事会设董事长1人,可以设副董事长。董事长、副董事长由国有资产监督管理机构从董事会成员中指定。

4. 总经理

国有独资公司设总经理,由董事会聘任或者解聘。总经理依照《公司法》第五十条规定行使职权。

经国有资产监督管理机构同意,董事会成员可以兼任总经理。国有独资公司的董事长、副董事长、董事、高级管理人员,未经国有资产监督管理机构同意,不得在其他有限责任公司、股份有限公司或者其他经济组织兼职。

5. 监事会

国有独资公司监事会成员不得少于5人,其中职工代表的比例不得低于1/3,具体比例由公司章程规定。监事会成员由国有资产监督管理机构委派;但是,监事会成员中的职工代表由公司职工代表大会选举产生。监事会主席由国有资产监督管理机构从监事会成员中指定。

监事会行使的职权包括:

- 检查公司财务。
- 对董事、高级管理人员执行公司职务的行为进行监督,对违反法律、行政法规、公司章程或股东会决议的董事、高级管理人员提出罢免的建议。
- 当董事、高级管理人员的行为损害公司的利益时,要求董事、高级管理人员予以纠正。
- 国务院规定的其他职权。

(资料来源:《中华人民共和国公司法》,2006.)

2. 股份有限公司的组织机构

(1) 股东大会

股份有限公司股东大会由全体股东组成,股东大会是公司的权力机构,依法行使职权。其职权范围与有限责任公司股东会的职权相同。

① 股东大会的形式

股东大会分为股东年会和临时股东大会。股东年会每年召开一次,由公司章程规定具体的召开时间。临时股东大会是在股东年会之间临时召开的、研究决定公司重大事项的股东大会。

有下列情形之一的,应当在两个月内召开临时股东大会。

- 董事人数不足《公司法》规定人数或者公司章程所定人数的2/3时
- 公司未弥补的亏损达实收股本总额1/3时
- 单独或者合计持有公司10%以上股份的股东请求时
- 董事会认为必要时
- 监事会提议召开时
- 公司章程规定的其他情形

② 股东大会的召集与主持

股东大会会议由董事会召集,董事长主持。董事长不能履行职务或者不履行职务的,由副董事长主持。副董事长不能履行职务或者不履行职务的,由半数以上董事共同推举

1名董事主持。

董事会不能履行或者不履行召集股东大会会议职责的，监事会应当及时召集和主持。监事会不召集和主持的，连续90日以上单独或者合计持有公司10%以上股份的股东可以自行召集和主持。

召开股东大会会议，应当将会议召开的时间、地点和审议的事项于会议召开20日前通知各股东。临时股东大会应当于会议召开15日前通知各股东。发行无记名股票的，应当于会议召开30日前公告会议召开的时间、地点和审议事项。

单独或者合计持有公司3%以上股份的股东，可以在股东大会召开10日前提出临时提案并书面提交董事会。董事会应当在收到提案后2日内通知其他股东，并将该临时提案提交股东大会审议。临时提案的内容应当属于股东大会职权范围，并有明确议题和具体决议事项。

股东大会不得对前两款通知中未列明的事项作出决议。无记名股票持有人出席股东大会会议的，应当于会议召开5日前至股东大会闭会时将股票交存于公司。

③ 股东大会的表决

股东出席股东大会会议，所持每一股份有一表决权。但是，公司持有的本公司股份没有表决权。

股东大会作出决议，必须经出席会议的股东所持表决权过半数通过。但是，股东大会作出修改公司章程、增加或者减少注册资本的决议，以及公司合并、分立、解散或者变更公司形式的决议，必须经出席会议的股东所持表决权的2/3以上通过。

公司转让、受让重大资产或者对外提供担保等事项必须经股东大会作出决议的，董事会应当及时召集股东大会会议，由股东大会进行表决。

股东大会选举董事、监事，可以依照公司章程的规定或者股东大会的决议，实行累积投票制。所谓累积投票制，是指股东大会选举董事或者监事时，每一股份拥有与应选董事或者监事人数相同的表决权，股东拥有的表决权可以集中使用。

股东可以委托代理人出席股东大会会议，代理人应当向公司提交股东授权委托书，并在授权范围内行使表决权。

股东大会应当对所议事项的决定作成会议记录，主持人、出席会议的董事应当在会议记录上签名。会议记录应当与出席股东的签名册及代理出席的委托书一并保存。

(2) 董事会

股份有限公司设董事会，其成员为5～19人。董事会成员中可以有公司职工代表。董事会中的职工代表由公司职工通过职工代表大会、职工大会或者其他形式民主选举产生。董事的任期、董事会的职权与有限责任公司的相关规定相同。

董事会设董事长1人，可以设副董事长。董事长和副董事长由董事会以全体董事的过半数选举产生。董事长召集和主持董事会会议，检查董事会决议的实施情况。副董事长协助董事长工作，董事长不能履行职务或者不履行职务的，由副董事长履行职务。副董事长不能履行职务或者不履行职务的，由半数以上董事共同推举1名董事履行职务。

① 董事会的召开

董事会每年度至少召开两次会议,每次会议应当于会议召开 10 日前通知全体董事和监事。代表 1/10 以上表决权的股东、1/3 以上董事或者监事会,可以提议召开董事会临时会议。董事长应当自接到提议后 10 日内,召集和主持董事会会议。董事会召开临时会议,可以另定召集董事会的通知方式和通知时限。

② 董事会的表决

董事会会议应有过半数的董事出席方可举行。董事会作出决议,必须经全体董事的过半数通过。董事会决议的表决实行一人一票。董事会会议应由董事本人出席。董事因故不能出席,可以书面委托其他董事代为出席,委托书中应载明授权范围。

董事会应当对会议所议事项的决定作成会议记录,出席会议的董事应当在会议记录上签名。董事应当对董事会的决议承担责任。董事会的决议违反法律、行政法规或者公司章程、股东大会决议,致使公司遭受严重损失的,参与决议的董事对公司负赔偿责任。但经证明在表决时曾表明异议并记载于会议记录的,该董事可以免除责任。

(3) 总经理

股份有限公司设总经理,由董事会决定聘任或者解聘。关于有限责任公司总经理职权的规定,适用于股份有限公司总经理。公司董事会可以决定由董事会成员兼任总经理。

(4) 监事会

股份有限公司设监事会,其成员不得少于 3 人。监事的任期及监事会的职权与有限责任公司的相关规定相同。监事会应当包括股东代表和适当比例的公司职工代表,其中职工代表的比例不得低于 1/3,具体比例由公司章程规定。监事会中的职工代表由公司职工通过职工代表大会、职工大会或者其他形式民主选举产生。董事、高级管理人员不得兼任监事。

监事会设主席 1 人,可以设副主席。监事会主席和副主席由全体监事过半数选举产生。监事会主席召集和主持监事会会议。监事会主席不能履行职务或者不履行职务的,由监事会副主席召集和主持监事会会议。监事会副主席不能履行职务或者不履行职务的,由半数以上监事共同推举 1 名监事召集和主持监事会会议。

监事会行使职权所必需的费用,由公司承担。

监事会每 6 个月至少召开一次会议。监事可以提议召开临时监事会会议。监事会的议事方式和表决程序,除《公司法》有规定的外,由公司章程规定。监事会决议应当经半数以上监事通过。监事会应当对所议事项的决定作成会议记录,出席会议的监事应当在会议记录上签名。

专栏 1-2

上市公司组织机构的特别规定

上市公司,是指其股票在证券交易所上市交易的股份有限公司。上市公司设立独立董事,具体办法由国务院规定。设董事会秘书,负责公司股东大会和董事会会议的筹备、文件保管以及公司股东资料的管理,办理信息披露事务等事宜。

上市公司在1年内购买、出售重大资产或者担保金额超过公司资产总额30%的，应当由股东大会作出决议，并经出席会议的股东所持表决权的2/3以上通过。

上市公司董事与董事会会议决议事项所涉及的企业有关联关系的，不得对该项决议行使表决权，也不得代理其他董事行使表决权。该董事会会议由过半数的无关联关系董事出席即可举行，董事会会议所作决议须经无关联关系董事过半数通过。出席董事会的无关联关系董事人数不足3人的，应将该事项提交上市公司股东大会审议。

（资料来源：《中华人民共和国公司法》，2006.）

1.1.4 公司董事、监事、高级管理人员的资格、义务和责任

1. 公司董事、监事、高级管理人员的资格

《公司法》规定，有下列情形之一的人，不得担任公司的董事、监事、高级管理人员。

(1) 无民事行为能力或者限制民事行为能力。

(2) 因贪污、贿赂、侵占财产、挪用财产或者破坏社会主义市场经济秩序，被判处刑罚，执行期满未逾5年，或者因犯罪被剥夺政治权利，执行期满未逾5年。

(3) 担任破产清算的公司、企业的董事或者厂长、经理，对该公司、企业的破产负有个人责任的，自该公司、企业破产清算完结之日起未逾3年。

(4) 担任因违法被吊销营业执照、责令关闭的公司、企业的法定代表人，并负有个人责任的，自该公司、企业被吊销营业执照之日起未逾3年。

(5) 个人所负数额较大的债务到期未清偿。

(6) 公司违反前款规定选举、委派董事、监事或者聘任高级管理人员的，该选举、委派或者聘任无效。

董事、监事、高级管理人员在任职期间出现上述所列情形的，公司应当解除其职务。

2. 公司董事、监事、高级管理人员的义务

《公司法》规定，董事、监事、高级管理人员应当遵守法律、行政法规和公司章程，对公司负有忠实义务和勤勉义务。

董事、监事、高级管理人员不得利用职权收受贿赂或者其他非法收入，不得侵占公司的财产。

董事、高级管理人员不得有下列行为。

(1) 挪用公司资金。

(2) 将公司资金以其个人名义或者以其他个人名义开立账户存储。

(3) 违反公司章程的规定，未经股东会、股东大会或者董事会同意，将公司资金借贷给他人或者以公司财产为他人提供担保。

(4) 违反公司章程的规定或者未经股东会、股东大会同意，与本公司订立合同或者进行交易。

(5) 未经股东会或者股东大会同意，利用职务便利为自己或者他人谋取属于公司的商业机会，自营或者为他人经营与所任职公司同类的业务。

(6) 接受他人与公司交易的佣金归为己有。

(7) 擅自披露公司秘密。

(8) 违反对公司忠实义务的其他行为。

3. 公司董事、监事、高级管理人员的责任

董事、高级管理人员因违反法律或者公司章程规定的行为而从中获取个人好处,则要将所得收入归公司所有。

董事、监事、高级管理人员执行公司职务时违反法律、行政法规或者公司章程的规定,给公司造成损失的,应当承担赔偿责任。

4. 公司董事、监事、高级管理人员责任的追究

(1) 公司自行主张损害赔偿请求权

董事、监事、高级管理人员执行公司职务时违反法律、行政法规或者公司章程的规定,给公司造成损失的,公司应当向其主张损害赔偿。董事会是公司的代表机关,因此应该由董事会代表公司主张权利。

(2) 股东的派生诉讼

股东的派生诉讼,又称股东代表诉讼,是指当公司的正当利益受到他人侵害,特别是受到有控制权的股东、母公司、董事和管理人员的侵害,而公司怠于行使诉讼权时,符合法定条件的股东以自己名义为公司的利益对侵害人提起诉讼,追究其法律责任的诉讼制度。由于股东所享有的诉讼权利派生于公司,股东并不是直接为自己的利益而是为了公司利益提起诉讼,所以称派生诉讼。

(3) 股东的直接诉权

董事、高级管理人员违反法律、行政法规或公司章程的规定,损害股东利益的,股东可以向人民法院提起诉讼。

相关链接 1-2

国外公司的治理结构

公司治理结构是指公司内部的组织结构或权力划分。在世界范围内,主要有两种公司治理结构模式:一种是以德国为代表的"双层制"公司治理结构,即在董事会之外存在一个独立的监督机关,即监事会。监事会由股东代表和职工代表组成,选举产生董事会。另外一种是以美国为代表的"单层制"公司治理结构,即在董事会之外没有独立的监督机关,但是在董事会内部存在两种董事,即负责公司管理的执行董事和负责监督执行董事的外部董事。两种公司治理结构虽然在功能上有趋同的趋势,但是在结构形式上仍然保持着各自的特点。

(资料来源:曲振涛,王福友.经济法[M].第3版.北京:高等教育出版社,2007.)

活动设计

各个模拟公司根据本公司的类型,积极筹划公司筹建:指定公司发起人、进行公司员工招聘、设计并构建公司组织体系架构等。

实训成果

各个模拟公司以 Word 形式提交符合要求的《×××公司组建筹划方案》。方案包括以下内容。

(1) 公司员工招聘策划方案。该策划方案至少包括："员工招聘计划书"；富有特色的招聘广告；富有特色的"应聘测试题"(不少于 8 道题目，其中需设计情境题目、假设题目等)。

(2) 公司组织体系架构图。

实训考核

实训考核主要分为四个阶段。

阶段一：实训成果汇报(8～10 分钟)

各模拟公司推选一名代表采用 PPT 形式进行任务 1.1 实训成果汇报。

阶段二：答辩与质询(5～8 分钟)

首先，汇报方接受来自其他模拟公司成员及老师对相关问题的质询；然后，学员"评审团"(由各模拟公司选派一名代表组成)至少推举一名代表进行评说。

阶段三：师生联合考评(3～5 分钟)

学员"评审团"会同实训指导老师一起按考评标准对各个模拟公司的实训成果进行评定(学员"评审团"与老师的考评分数分别占总成绩的 40%与 60%)。

阶段四：对比式点评(5～8 分钟)

由实训指导教师对各模拟公司的实训成果进行对比式点评，指出好的方面，并分析指出不足之处存在的原因及进一步改进的措施。实训任务 1.1 结束。

实训拓展

成功创业家的心理特征

王国维先生的《人间词话》中关于词的 3 种变化，可以用来描述创业家的创业心路历程。

第一境："昨夜西风凋碧树，独上西楼，望尽天涯路。"

创业者发现机会，逐渐形成创业观念，有时却不为一般人所接受，又缺乏客观配合条件，再担心创业结果失败，其内心之挣扎与焦虑，不正是孤独、苍茫的望断天涯路吗？

第二境："衣带渐宽终不悔，为依消得人憔悴。"

创业者决心创业之初，须以无怨无悔、发愤图强之精神，开始聚集各种创业资源，并将面临无数的困难与挫折；接着，又必须以最大的勇气投入创业行列，接受创业煎熬。创业之后，必须每天操心自己的企业与产品在激烈的市场竞争中的成败，这些常使创业者夜不安眠、食不甘味，由衣带渐宽终不悔之势，无非是祈求创业早日成功。

第三境："众里寻他千百度，蓦然回首，那人却在灯火阑珊处。"

(资料来源：赵伊川.创业管理[M].北京：中国商务出版社，2004.)

任务 1.2　公司登记成立

任务要求

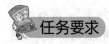

各个模拟公司根据本公司的类型(有限责任公司/股份有限公司),按照本公司类型的成立条件,筹划并完成公司设立程序,及时完成公司设立登记。

训练步骤

步骤一:有限责任公司成立

根据有限责任公司成立的条件,完成该类型公司必要的设立程序(主要包括:签订发起人协议、制订公司章程、股东缴纳出资、履行验资手续、确立公司组织机构),并按要求进行公司设立登记。

步骤二:股份有限公司成立

根据股份有限公司成立的条件,完成该类型公司必要的设立程序(主要包括:签订发起人协议、制订公司章程、申请设立批准、认购股份、召开公司创立大会、建立公司组织机构),并按要求进行公司设立登记。

步骤三:公司设立登记

各个模拟公司根据本公司的类型(有限责任公司/股份有限公司),向公司登记机关报送符合要求的全套材料申请公司设立登记。

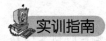

实训指南

1.2.1　有限责任公司的成立

有限责任公司也称有限公司,是指依照《公司法》设立的,股东以其认缴的出资额为限对公司承担有限责任,公司以其全部资产对公司债务承担责任的公司。

1. 设立条件

根据我国《公司法》的规定,设立有限责任公司,应当具备下列条件。

(1) 股东符合法定人数

因为有限责任公司的发起人就是公司成立后的股东,因而有关股东人数的规定可以参照有限责任公司发起人的相关规定(前文有阐述)。

(2) 股东出资达到法定资本最低限额

法定资本又称注册资本,是指公司在公司登记机关登记的、由全体股东实缴的出资额之和。有限责任公司注册资本的最低限额为人民币 3 万元。法律、行政法规对有限责任公司注册资本的最低限额有较高规定的，从其规定。一人有限责任公司的注册资本最低限额为人民币 10 万元。

(3) 股东共同制订公司章程

公司章程是指规范公司的组织与行为，规定公司与股东之间、股东与股东之间权利义务关系的、公司必备的法律文件。公司章程是公司最重要的法律文件，一经订立，不仅对制订章程的当事人有约束力，而且在一定条件下对第三人也产生效力。根据我国《公司法》的规定，有限责任公司章程必须由全体股东共同制订，并由他们签名、盖章。

有限责任公司章程应当载明下列事项。

- 公司名称和住所
- 公司经营范围
- 公司注册资本
- 股东的姓名或者名称
- 股东的出资方式、出资额和出资时间
- 公司的机构及其产生办法、职权、议事规则
- 公司法定代表人、股东会会议认为需要规定的其他事项

(4) 有公司名称，建立符合有限责任公司要求的组织机构

公司名称是指公司在经营活动中用以彰显自己、区别于其他商事主体的标志。公司只准使用一个名称。公司的名称应当由行政区划名称、字号(商号)、行业、组织形式四项基本要素构成。《公司法》规定的有限责任公司的组织机构包括：股东会、董事会和监事会。股东人数较少或规模较小的有限责任公司，可以不设立董事会，而只设 1 名执行董事，也可以不设立监事会，设 1～2 名监事。

(5) 有固定的生产经营场所和必要的生产经营条件

有固定的生产经营场所是有限责任公司开展生产经营的必备条件，也是确定公司司法管辖、公司登记管理机关、税收管辖和债务履行等的依据。同时，拥有必要的生产经营条件也是有限责任公司开展正常经营活动必不可少的条件。

2. 有限责任公司的设立程序

(1) 发起人发起并签订设立协议

发起人协议也称为设立协议、投资协议或股东协议书，目的是明确发起人在公司设立中的权利义务。其主要内容包括：公司经营的宗旨、项目、范围和生产规模、注册资金、投资总额以及各方出资额、出资方式、公司的组织机构和经营管理、盈余的分配和风险分担的原则等。

(2) 制订公司章程

公司章程是公司设立的基本文件，只有严格按照法律要求订立公司章程，并报经主管机关批准后，章程才能生效，也才能继续进行公司设立的其他程序。章程内容应当包括：

- 公司名称和住所
- 公司经营范围
- 公司注册资本

- 股东的姓名和住所
- 股东的出资方式、出资额和出资时间
- 公司的机构及其产生办法、职权、议事规则
- 公司的法定代表人
- 股东会议认为需要规定的其他事项

(3) 申请名称预先核准

有限责任公司名称应当由行政区划、字号、行业、组织形式依次组成，且需在名称中标明有限责任公司或有限公司字样。有限责任公司申请名称预先核准，应由全体股东指定的代表或共同委托的代理人向公司登记机关提出申请，提交下列文件。

- 全体股东签署的公司名称预先核准申请书
- 股东的法人资格证明或身份证明
- 公司登记机关要求提交的其他文件

公司登记机关决定核准的，发给《企业名称预先核准通知书》。

公司名称不得含有下列内容和文字。

- 有损国家或社会利益的
- 可能给公众造成欺骗或者误解的
- 外国国家(地区)名称、国际组织名称
- 政党名称、党政机关名称、群众组织名称、社会团体名称以及部队番号
- 汉语拼音字母(外文名称中使用的除外)、数字
- 其他法律、法规禁止使用的

此外，要遵循以下规定。

- 只有全国性公司大型进出口公司大型企业集团才可以使用“中国”、“中华”、“全国”、“国际”等文字
- 只有私营企业外商投资企业才可以使用投资者姓名作为商号
- 只有具有三个分支机构的公司才可以使用“总”字
- 分支机构的名称应冠以所属总公司的名称，并缀以分公司字样，同时标明分公司的行业名称和行政区划地名

(4) 办理公司设立前置审批

这一程序并非所有有限责任公司的设立都要经过的程序。一般公司只直接注册登记即可，仅对于法律行政法规规定必须报经批准的，应办理批准手续。须审批的有两类。

第一类是法律、法规规定必须经审批的，如证券公司。

第二类是公司营业项目必须报经审批的公司，如烟草买卖相关的公司。

另外，国企改制过程中改组为有限责任公司的也必须经过审批。

(5) 出资验资

有限责任公司除具有人合因素外，还具有一定的资合性，股东必须按照章程的规定，缴纳所认缴的出资。出资可以是现金，也可以是现金以外的其他财产。发起人以货币出资的，应当将货币出资足额存入准备设立的有限责任公司在银行开设的临时账户，对于以实物，工业产权、非专利技术或者土地使用权出资的，应当依法办理其财产权的转移手续。

为了保证交易的安全，有限责任公司出资总额应由各股东在设立前全部缴足，不得分期缴纳出资，否则，应当承担违约责任。而且，只有在股东全部缴纳出资后，才能向公司登记机关申请设立登记。以实物、工业产权、非专利技术或者土地使用权出资的，应当依法办理其财产权的转移手续。

由依法设立的验资机构对股东出资的价值和真实性进行检验并出具检验证明。验资机构通常包括会计师事务所、资产评估事务所等。

(6) 确立公司组织机构

设立有限责任公司应依照《公司法》的要求成立股东会、董事会或者执行董事、监事会或者监事等组织机构，并且确定董事长、董事、监事、总经理的名单。只有在确立了公司的组织机构及公司高级管理人员的人选后，才可以申请设立登记。

(7) 申请设立登记

为了获得行政主管部门对其法律人格的认可，公司设立程序中一个必不可少的步骤，即是向公司登记机关申请设立登记。申请人为全体股东指定的代表或共同委托的代理人就国有独资公司由国有资产监督管理委员会代表国家作为申请人。成立公司需要批准的，应在批准后 90 日内申请登记。申请时应向公司登记机关提交以下文件。

- 公司董事长签署的设立登记申请书
- 全体股东指定代表人或共同委托代理人的证明
- 公司章程
- 具有验资资格的验资机构出具的验资证明
- 股东的法人资格证明或自然人身份证明
- 载明公司董事、监事、总经理的姓名、住所的文件以及有关委派、选举、聘用的文件
- 公司法定代表人任职文件和身份证明
- 企业名称预先核准通知书
- 公司住所证明
- 公司必须报经批准的，还应提交有关的批准文件

(8) 登记发照

登记机关对申请登记时提供的材料进行审查后，认为符合条件的，将予以登记并发给企业法人营业执照，有限责任公司即告成立。只有获得了公司登记机关颁发的营业执照，公司设立的程序才宣告结束。公司可凭企业法人营业执照刻制印章、开立银行账户、申请纳税登记，并以公司名义对外从事经营活动。

有限责任公司成立后，应当向股东发放出资证明书，并制备股东名册。出资证明书应载明：

- 公司名称
- 公司成立日期
- 公司注册资本
- 股东姓名或名称及缴纳的出资额和出资日期
- 出资证明书的编号和核发日期，并加盖公章

股东名册应记载：

- 股东姓名或名称及住所
- 股东的出资额
- 出资证明书编号

股东可以依股东名册主张行使主动权利。

1.2.2 股份有限公司的成立

股份有限公司是指全部资本划分为等额股份,股东以其所持有的股份为限对公司承担责任,公司以其全部资产对公司的债务承担责任的公司。

1. 设立条件

(1) 发起人符合法定人数

参照前文有关股份有限公司发起人的相关规定。

(2) 发起人认缴和募集的股本达到法定资本最低限额

股份有限公司注册资本的最低限额为人民币 500 万元。法律、行政法规对股份有限公司注册资本的最低限额有较高规定的,从其规定。

(3) 股份发行、筹办事项符合法律规定

(4) 发起人制订公司章程,采用募集方式设立的,经创立大会通过

(5) 有公司名称,建立符合股份有限公司要求的组织机构

设立股份有限公司,必须选定公司的名称,方可开展营业活动。股份有限公司的名称组成与有限责任公司基本一致,所不同的是在公司名称中必须标明"股份有限公司"字样。同时,股份有限公司应依法建立相应的组织机构,建立股东大会、选举董事会和监事会等组织机构。

(6) 有固定的生产经营场所和必要的生产经营条件

这是对股份有限公司营业基本条件的要求。股份有限公司要从事生产经营活动,获取经济效益,就需要有与公司生产经营相适应的固定的场所、设备和其他生产经营条件。同时,这也是确定公司司法管辖、公司登记机关、税收管辖等的依据。

2. 股份有限公司的设立程序

股份有限公司的设立程序较有限责任公司复杂,而且由于其可以采取发起设立或募集设立的方式,所以设立程序上也有所不同。这两种程序一般都要经过发起、制订公司章程、申请设立批准、认购股份、选举董事会和监事会、召开公司创立大会、申请设立登记等步骤。与有限责任公司的主要区别就在于发起人在认购公司股份的多少方面。

(1) 发起人的发起

股份有限公司设立首先必须有发起人。在发起人确立了设立公司的共同意愿后,应订立发起人协议,组织工作班子,进行具体的公司筹建工作。

(2) 制订公司章程

股份有限公司的发起人应当依照法律规定的内容和形式,共同制订公司章程。但是,当公司采取募集设立方式时,发起人制订的公司章程须经创立大会决议通过后,方可作为公司的正式章程。

我国《公司法》明文规定,股份有限公司章程应当载明下列事项。

- 公司名称和住所
- 公司经营范围
- 公司设立方式
- 公司股份总数、每股金额和注册资本
- 发起人的姓名或者名称、认购的股份数
- 股东的权利和义务
- 董事会的组成、职权、任期和议事规则
- 公司法定代表人
- 监事会的组成、职权、任期和议事规则
- 公司利润分配办法
- 公司的解散事由与清算办法
- 公司的通知和公告办法
- 股东大会认为需要规定的其他事项

(3) 认购股份

股份认购程序因股份有限公司采取不同的设立方式而有较大区别。

① 发起设立。以发起设立方式设立股份有限公司的,发起人应当书面认定公司章程规定其认购的股份;一次缴纳的,应缴纳全部出资;分期缴纳的,应缴纳首期出资。以非货币财产出资的,应当依法办理其财产权的转移手续。发起人不依照前款规定缴纳出资的,应当按照发起人协议承担违约责任。

② 募集设立。以募集设立方式设立的股份有限公司,发起人应一次性足额认缴其股份,发起人认购的股份不得少于公司股份总数的35%。但是,法律、行政法规另有规定的,从其规定。

发行股份的股款缴足后,必须经依法设立的验资机构验资并出具证明。

(4) 建立公司组织机构

在募集设立的情况下,通过召开创立大会选任董事、监事,建立了公司的董事会、监事会;在发起设立的情况下,应由全体发起人会议选举董事、监事,组成董事会、监事会。新组成的董事会、监事会取代发起人代表,履行法定职责。

(5) 召开公司创立大会

创立大会是在股份有限公司采取募集设立过程中由认股人(包括发起人)所组成的决议机构或决策机构。发起人应当在验资机构验资并出具证明30日内主持召开公司创立大会。发行的股份超过招股说明书规定的截止期限尚未募足的,或者发行股份的股款缴足后,发起人30日内未召开创立大会的,认股人可以按照所缴纳股款并加算银行同期存款利息,要求发起人返还。

发起人应当在创立大会召开15日之前将会议日期通知各认股人或者予以公告。创立大会应有代表股份总数过半数的认股人出席,方可举行。

根据《公司法》的规定,创立大会行使下列职权。

- 审议发起人关于公司筹办情况的报告
- 通过公司章程

- 选举董事会成员
- 选举监事会成员
- 对公司的设立费用进行审核
- 对发起人用于抵作股款的财产的作价进行审核
- 发生不可抗力或者经营条件发生重大变化直接影响公司设立的，可以作出不设立公司的决议

创立大会对在上述职权内作出的决议，必须经出席会议的认股人所持表决权过半数通过。

(6) 申请设立登记

发起设立股份有限公司，由董事会向公司登记机关报送公司章程，由依法设定的验资机构出具的验资证明以及法律、行政法规规定的其他文件，申请设立。

募集设立的股份有限公司，董事会应于创立大会结束后30日内，向公司登记机关报送有关文件，申请设立登记。以募集方式设立股份有限公司公开发行股票的，还应当向公司登记机关报送国务院证券监督管理机构的核准文件。

1.2.3 公司设立登记

1. 公司申请工商设立登记

(1) 有限责任公司申请工商设立登记

依照《公司法》、《公司登记管理条例》设立的除一人有限责任公司和国有独资公司以外的有限责任公司，申请设立登记时应向有关的工商行政管理部门提交的材料有：

① 公司法定代表人签署的《公司设立登记申请书》。

② 全体股东签署的《指定代表或者共同委托代理人的证明》(股东为自然人的由本人签字；自然人以外的股东加盖公章)及指定代表或委托代理人的身份证复印件(本人签字)(应标明具体委托事项、被委托人的权限、委托期限)。

③ 全体股东签署的公司章程(股东为自然人的由本人签字；自然人以外的股东加盖公章)。

④ 股东的主体资格证明或者自然人身份证明复印件。

- 股东为企业的，提交营业执照副本复印件
- 股东为事业法人的，提交事业法人登记证书复印件
- 股东人为社团法人的，提交社团法人登记证复印件
- 股东为民办非企业单位的，提交民办非企业单位证书复印件
- 股东为自然人的，提交身份证复印件

⑤ 依法设立的验资机构出具的验资证明。

⑥ 股东首次出资是非货币财产的，提交已办理财产权转移手续的证明文件。

⑦ 董事、监事和总经理的任职文件及身份证明复印件。

依据《公司法》和公司章程的规定和程序，提交股东会决议、董事会决议或其他相关材料。股东会决议由股东签署(股东为自然人的由本人签字；自然人以外的股东加盖公章)，董事会决议由董事签字。

⑧ 法定代表人任职文件及身份证明复印件。

根据《公司法》和公司章程的规定和程序，提交股东会决议、董事会决议或其他相关材料。股东会决议由股东签署（股东为自然人的由本人签字；自然人以外的股东加盖公章），董事会决议由董事签字。

⑨ 住所使用证明。

- 自有房产提交产权证复印件
- 租赁房屋提交租赁协议复印件以及出租方的房产证复印件
- 未取得房产证的，提交房地产管理部门的证明或者购房合同及房屋销售许可证复印件
- 出租方为宾馆、饭店的，提交宾馆、饭店的营业执照复印件

⑩《企业名称预先核准通知书》。

⑪ 法律、行政法规和国务院规定设立有限责任公司必须报经批准的，提交有关的批准文件或者许可证书复印件。

⑫ 公司申请登记的经营范围中有法律、行政法规和国务院规定必须在登记前报经批准的项目，提交有关的批准文件或者许可证书复印件或许可证明。

(2) 股份有限公司申请工商设立登记

依照《公司法》、《公司登记管理条例》设立的股份有限公司申请设立登记时需提交以下材料。

① 公司法定代表人签署的《公司设立登记申请书》。

② 董事会签署的《指定代表或者共同委托代理人的证明》（由全体董事签字）及指定代表或委托代理人的身份证复印件（本人签字），应标明具体委托事项、被委托人的权限、委托期限。

③ 公司章程（由全体发起人加盖公章或者全体董事签字）。

④ 发起人的主体资格证明或者自然人身份证明。

- 发起人为企业的，提交营业执照副本复印件
- 发起人为事业法人的，提交事业法人登记证书复印件
- 发起人为社团法人的，提交社团法人登记证复印件
- 发起人是民办非企业单位的，提交民办非企业单位登记证书复印件
- 发起人是自然人的，提交身份证复印件

⑤ 依法设立的验资机构出具的验资证明。

⑥ 股东首次出资是非货币财产的，提交已办理财产权转移手续的证明文件。

⑦ 董事、监事和总经理的任职文件及身份证明复印件。

依据《公司法》和公司章程的规定和程序，提交股东大会决议（募集设立的提交创立大会的会议记录）、董事会决议或其他相关材料。

股东大会决议（创立大会会议记录）由发起人加盖公章或由会议主持人和出席会议的董事签字；董事会决议由董事签字。

⑧ 法定代表人任职文件及身份证明复印件。依据《公司法》和公司章程的规定和程序，提交董事会决议。董事会决议由董事签字。

⑨ 住所使用证明。

- 自有房产提交产权证复印件
- 租赁房屋提交租赁协议复印件以及出租方的房产证复印件
- 未取得房产证的，提交房地产管理部门的证明或者购房合同及房屋销售许可证复印件
- 出租方为宾馆、饭店的，提交宾馆、饭店营业执照复印件

⑩《企业名称预先核准通知书》。

⑪ 募集设立的股份有限公司公开发行股票的还应提交国务院证券监督管理机构的核准文件。

⑫ 公司申请登记的经营范围中有法律、行政法规和国务院规定必须在登记前报经批准的项目，提交有关的批准文件或者许可证书复印件或许可证明。

⑬ 法律、行政法规和国务院规定设立股份有限公司必须报经批准的，提交有关的批准文件或者许可证书复印件。

2. 公司申请税务登记

根据《中华人民共和国税收征收管理法》第十五条的规定，公司及其分支机构应自领取《营业执照》之日起 30 日内申报办理开业税务登记。办理开业税务登记应提供以下证件资料。

(1) 营业执照原件及复印件。

(2) 法人代表的居民身份证复印件。

(3) 生产经营场所房屋证明复印件(包括房屋产权证和租赁协议)。

(4) 技术监督部门颁发的组织机构代码证书原件及复印件。

(5) 公司章程或入股协议书，主管部门批文复印件(无主管部门的除外)。

(6) 验资证明原件及复印件。

活动设计

(1) 模拟有限责任公司的创业团队，根据本模拟公司实际，制订有限责任公司章程。

(2) 模拟股份有限公司的创业团队，策划并召开公司创立大会，并做好大会记录，撰写会议纪要。

(3) 采用“角色互换”教学方法，由实训指导老师安排 2 个模拟公司为一组(最好一个是模拟有限责任公司，另一个是模拟股份有限公司)，分别轮流扮演公司登记机关，用以开展有限责任公司与股份有限公司的设立登记训练。

实训成果

各个模拟公司以 Word 形式提交符合要求的《×××公司登记成立方案》，其中包括：

(1) 提交模拟有限责任公司设立、登记的必要材料。

(2) 提交模拟股份有限公司设立、登记的必要材料。

实训考核

实训考核主要分为四个阶段。

阶段一：实训成果汇报(8～10 分钟)

各模拟公司推选一名代表采用 PPT 形式进行任务 1.2 实训成果汇报。

阶段二：答辩与质询(5～8 分钟)

首先,汇报方接受来自其他模拟公司成员及老师对相关问题的质询；然后,学员“评审团”(由各模拟公司选派一名代表组成)至少推举一名代表进行评说。

阶段三：师生联合考评(3～5 分钟)

学员“评审团”会同实训指导老师一起按考评标准对各个模拟公司的实训成果进行评定(学员“评审团”与老师的考评分数分别占总成绩的 40%与 60%)。

阶段四：对比式点评(5～8 分钟)

由实训指导教师对各模拟公司的实训成果进行对比式点评,指出好的方面,并分析指出不足之处存在的原因及进一步改进的措施。实训任务 1.2 结束。

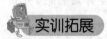

实训拓展

公司登记与营业登记

一、公司核准登记程序

公司登记机关核准登记程序是指公司登记申请人向公司登记机关提交登记申请,公司登记机关受理申请、审核公司登记文件、直至核准或者驳回申请,核发、换发或者收缴营业执照的工作过程。

公司登记核准程序有法定程序和工作程序,公司登记核准程序的主要内容是法定的,不可随意更改。公司登记机关可根据实际工作情况,规定内部工作程序,内部工作程序应体现提高工作效率、责权明确的原则,并应符合法定程序的要求。

1. 公司核准登记法定程序

公司登记机关收到申请人提交的全部法定文件后,发给申请人《公司登记受理通知书》。该通知书是在公司登记机关收到申请人提交的符合《公司登记管理条例》规定的文件的情况下发给的。按照《公司登记管理条例》的规定,公司登记因登记情况的不同,提交的文件也不同,即按照公司设立登记、变更登记、注销登记、分公司登记的不同要求提交有关文件。

公司登记机关自发出《公司登记受理通知书》之日起三十日内作出核准登记或者不予登记的决定。否则,申请人可以依据行政诉讼法的有关规定向人民法院起诉。

公司登记核准登记的,应当自核准登记之日起十五日内通知申请人,发给、换发或者收缴《企业法人营业执照》或《营业执照》,并办理法定代表人或其授权人签字备案手续。

公司登记机关不予登记的,应当自作出决定之日起十五日内通知申请人,发给《公司登记驳回通知书》。

公司登记机关发给、换发或者收缴《营业执照》,或者发给《公司登记驳回通知书》,标志着法定登记程序的结束。

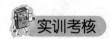

2. 公司核准登记工作程序

公司核准登记的工作程序是指由各级公司登记机关根据上级机关的规定和工作实际制订的具体工作规程。一般应包含三个步骤。

一是受理、审查。公司登记机关受理公司登记申请后,由审核人员对申请人提交的登记文件进行审核,并提出具体审核意见。

二是核准。公司登记机关的法定代表人或者授权的人员,根据审核意见,决定核准公司登记或驳回登记申请。

三是发照。公司登记机关根据核准结果,核发《营业执照》或发出不予核准的通知书,并将有关公司登记材料整理归档。

二、公司登记与营业登记

公司登记不同于营业登记。公司登记属于法人登记,目的是创设法律人格,赋予公司以独立主体资格。

营业登记是指登记主管机关对从事经营活动,又不具备法人条件的经营单位进行审查核准并颁发《营业执照》,确认其合法经营权的登记行为。其作用则是政府承认某项营业及其某一商号的合法性,准许其开业。在我国,公司的这两种登记是合并进行的,并由同一机关主管。

(资料来源:公司登记与营业登记.百度百科,http://baike.baidu.com.)

任务 1.3 公司正式开业

任务要求

各个模拟公司需完成以下两项实训任务。

(1) 针对本公司所经营的产品,编写详细、规范的"产品目录"、"产品说明书"、"产品推介书"各一份。

(2) 撰写规范的"××公司开业典礼策划文案",并实施及其效果检测。

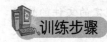

训练步骤

步骤一:公司开业策划

策划、组织、实施好公司的开业策划这一活动,能够很好地扩大公司的知名度与影响力。成功的开业策划一般需要从以下几个方面开展工作。

- 确定典礼形式
- 拟订出席开业典礼的宾客名单
- 向邀请的宾客发送请柬
- 拟订开业典礼的程序和有关接待事宜
- 确定剪彩人员

- 确定致辞的名单
- 安排助兴节目
- 组织参观
- 分发礼品

步骤二：公司经营范围介绍

各个模拟公司编制规范的产品目录、产品说明书与产品推介书等介绍公司经营范围的书面或电子材料，以达到宣传公司及其产品的促销目的。

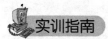

实训指南

1.3.1 公司开业策划

1. 开业策划的基本内容

开业策划的主要目的是加强与社会各界的联系，展现企业经营宗旨，展现企业的新产品、新服务项目，广泛了解客户的需求等。公司开业是企业开展公关活动的大好时机。公司的公关策划人员要抓住这一良机，策划、组织、实施好公司的开业策划这一活动，以扩大公司的知名度与影响力。

成功的开业策划需要公关策划人员精心的策划和充分的准备，需从以下几个方面开展工作。

(1) 确定典礼形式

开业典礼的形式多种多样，如有正规的大会、商品展览会、宴会、联欢会、座谈会、舞会等形式。在选择典礼形式时，尽量突破常规，采取具有轰动效应的形式。

(2) 拟订出席开业典礼的宾客名单

宾客名单一般包括政府领导、社团有关负责人、社区负责人、知名人士、娱乐代表、同行业代表、新闻记者、员工代表、顾客代表等。

(3) 向邀请的宾客发送请柬

请柬要写清活动的具体时间、地点、采取的形式、嘉宾出席的内容等。准备好的请柬，应提前几天邮寄或送交相关单位和个人。重要人物的请柬，最好直接派人送去。

(4) 拟订开业典礼的程序和有关接待事宜

开业典礼程序应依据其具体的形式来确定。一般情况下，开业典礼的程序为：

宣布典礼开始→宣读重要来宾名单→致贺词→致答词→剪彩→组织参观

接待事宜的准备中，主要是有关工作人员负责安排签到、接待、剪彩、摄影、录像等服务，并使他们了解典礼程序，掌握各自的工作时机，及时到达岗位，保证庆典活动有条不紊地进行。

(5) 确定剪彩人员

剪彩，一般都是请上级领导或某方面的知名人士来进行。对剪彩者，必须由举办庆典活动的单位领导亲自出面或委托代表人前往邀请。同时邀请几位剪彩者一起剪彩时，应事先征求每位剪彩者的意见，同意一起剪彩时才能确定正式的剪彩人员。否则，对剪彩者是失礼的，甚至会闹出误会，影响剪彩的良好气氛。

(6) 确定致辞的名单

一般来说，致贺词的宾客应有一定的代表性，即代表企业的某一类或某几类公众，如政府公众的代表、社区公众的代表、消费者公众的代表。同时，公关策划人员还要为本单位的负责人拟订答词。贺词、答词都应言简意赅，起到沟通情感、增进友谊的作用。

(7) 安排助兴节目

为营造热烈欢快的喜庆气氛，在典礼进行过程中可以安排一些传统节目或现代歌舞，以活跃气氛，扩大宣传。

(8) 组织参观

开业典礼的基本程序快要结束时，可以组织宾客参观本单位的工作现场，这是向上级、同行和社会公众展示自我、传递信息、了解本公司的良机。

(9) 分发礼品

礼品可以起到重复宣传的广告作用，从而保证开业典礼的活动产生持久的效果，成为有效的传播手段。需要注意的是，礼品的内容与形式必须符合国家有关法律法规、政策的有关规定，并且礼品最好能与公司所生产经营的产品或服务相联系，以达到持久宣传的效果。

2. 开业策划范例

例 1-2

××鞋城开业典礼策划方案

(一) 活动背景

略。

(二) 活动主题

主题：天下名鞋，尽在××

副标题：××鞋城开业典礼

(三) 活动时间

略。

(四) 活动地点

略。

(五) 活动要点

1. 建立××鞋城的品牌认知度。
2. 突出××鞋城的特色与规模。
3. 营造隆重、热烈、喜庆的销售场面，吸引消费者与商家。

(六) 活动目的

略。

(七) 活动基调

1. 现场布置隆重、热烈。

2. 开业仪式简洁、精练。

（八）活动定位

1. 隆重、热烈。

2. 以活动现场布置的隆重、大气来映衬××鞋城规模的宏大和资金实力的雄厚。

3. 从气势上压倒以往的鞋城，使得开业当天活动现场的周边区域成为鞋城的天下，变成鞋城广告宣传的海洋。

（九）具体内容

让利促销、有奖活动、开业氛围、开幕致辞、揭幕仪式、舞狮表演、歌舞表演。

（十）庆典目标

高贵的庆典、隆重的仪式、周全的服务、良好的销售。

（十一）庆典内容

1. 迎接嘉宾。

2. 主持人介绍嘉宾。

3. 主办方领导致开幕词。

4. 领导、来宾讲话。

5. 主办方代表致谢词。

6. 剪彩。

7. 现场精彩活动表演。

8. 来宾参观鞋业市场。

9. 乐队、舞狮、欢送宾客。

（十二）现场布置

略。

（十三）活动物料

略。

（十四）注意事项

1. 现场物品要落实到位。

2. 工作人员的各项工作必须落实到位。

3. 活动前奏。

4. 庆典仪式。

（十五）活动参与人员

活动组织策划人员、布场工程人员、主持人、礼仪小姐、工作人员、到场嘉宾、舞狮队、乐队、新闻记者。

（十六）活动分工

1. 广告部：负责活动策划、设计和物料制作；负责活动人员组织；负责发布告知广告。

2. 鞋业城管理处：撰写领导典礼致辞；协调各方关系；组织相关工作人员；组织现有物料等。

（十七）活动预算

总计：××××元。

详细清单略。

1.3.2 产品介绍

产品介绍就是向顾客推荐产品，对产品的性质、性能、特点、优点等进行宣传，在企业的市场营销活动中具有较好的促销作用，一般采用书面材料的形式。在实际操作中，主要有产品目录、产品说明书与产品推介书三种文案形式。

1. 产品目录

产品目录一般应包括产品的编号、名称、价格(出厂价、批发价、零售价)及简单说明等内容。可以利用扫描仪、图形处理软件等工具，编制出图文并茂的产品目录。产品目录形式如表1-2～表1-4所示。

(1) 表格式

表1-2 表格式样表(1)

商品编码	名　称	规　格	价格/元
1	海尔电脑育龙1000	C850/128M/20G/48X/1.44M/15寸彩显	4998.00

表1-3 表格式样表(2)

书　名	作　者	出版社	价格/元
市场营销理论与实务	李海琼	清华大学出版社	29.00

(2) 图文结合式

表1-4 图文结合式样表

师丛图书公司产品目录			
	笑傲江湖(全四册) 金庸　著 36.00元	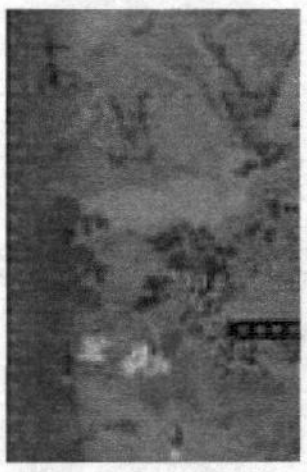	碧雪剑(上下册) 金庸　著 23.00元

2. 产品说明书

产品说明书是介绍产品的性质、性能、构造、用途、规格、使用方法、保管方法、注意事项等的一种文字材料，是使用范围很广的一种说明文。产品说明书随产品赠送，在社会经济生活和人们的日常生活中，起着重要的作用。

例1-3

1981年"渤海二号"钻井船翻沉，造成72人死亡，直接经济损失达3700多万元。其主要原因就是在迁移井位拖船作业中，违反了该船制造厂的《自升式钻井船使用说明书》

的规定，违章操作。这是忽视产品说明书，不按产品说明书所标明的产品构造、性能、使用方法和操作规程去使用产品而造成重大事故的典型事例。

(1) 产品说明书的格式

总体上看，产品说明书一般包括标题、正文和结尾三部分，具体内容如下：

① 标题。通常采用产品名称加上文种名称的写法，如《补脾益肠丸说明书》，“补脾益肠丸”为商品名称，“说明书”为文种名称。

② 正文。通常写明产品的基本情况，如产品的用途、性能、结构、技术指标以及商品的使用方法、保养维修知识和其他有关注意事项等。正文部分的写法和内容因所介绍产品的不同而异，亦即不同类型的产品，这部分应着重说明不同的事项。如，药物说明书要着重说明产品的成分、功能和用法；机械产品说明书要着重说明产品的构造、操作方法和维修保养方面的知识。

③ 结尾。通常是指落款，即注明生产和经销企业的名称、地址、电话、电报挂号等，以便为消费者购买留下线索。有的还有其他一些标志，包括商标、批准文号、荣誉标志、保修条款、有效期限等。

(2) 产品说明书的写法

产品说明书根据说明对象、说明内容和难易程度的不同，采用多种多样的写作形式。

① 概述式。就是用简明的文字，对产品的性能、成分、规格和用途等综合说明。凡说明内容比较简单的产品，多采用此种形式。

例 1-4

宝石花：性能·使用·保养

走时日差小于30秒，延续走时36小时。每天上满发条，拨针后将柄头推回。避免强烈震动，勿接触强磁场和腐蚀物质。

短短三句话，字无虚设，言之有序，简明而具体地介绍了“宝石花”手表的性能和使用及保养方法，清楚明确，毫无冗长拖沓之感。

② 条款式或分列式。就是逐项列举说明产品的性能、规格、用途等。这一类说明书，主要运用逐层剖析的方法，从不同角度来揭示事物是什么(产品的名称)、做什么用(功用)、怎么样(特点)、为什么(结构、性能、成分)，怎么使用(使用、保管、操作注意事项等)。

以上各项，应视产品和用户的情况而定，不必面面俱到。该种说明书的写法，具有精确、简要、明快、一目了然、条理清晰、重点突出等优点。但显得比较零碎。

例 1-5

长城牌方便面

品种：鸡蛋面、番茄面、麻辣面、虾黄面、肉松面。

特点：快速方便、营养丰富、味美价廉、老幼皆宜。

方法：沸水冲泡5分钟即可食用；若煮沸2～3分钟味道更佳。

方便面将为您的就餐提供省时、省力等种种方便。

四方食品集团

厂址：×××市长安路118号

电话：32256789

③ 分类比较式。对于复杂的产品，可以根据它的性质、外形结构、功用的差别，采取分类比较方法加以说明。采用这一方法时，要注意相比较的产品之间具有相同或相似之处。同时，要注意用来作比较的产品，应尽可能是大家熟悉和容易理解的，这样才能使顾客了解被比较的产品。

例 1-6

集成电路计算机(摘要)

第一台计算机，用了18000只电子管，重量有30多吨，占地170平方米，运算速度只有每秒5000次。可是现在我们可以把一台需要几万只晶体管制作的计算机做在一块硅片上，装好后只有火柴盒大小，重量只有几十克，而运算速度比30年前的第一台计算机要快几十倍。

④ 表格式。就是按表逐项填写要说明的内容，也可加上适当的文字说明。需要注意的是，表格说明书中所运用的材料和数据，必须经过精密考证、严格核实、认真推算，以保证说明书所反映的产品情况真实，可靠性强。表格式的说明书，简洁明了，易于读者了解产品的情况。

例 1-7

产品说明书

杭州土特产 Q330121.X26.067-91　　　　净重量150克

美味酱瓜

配料	原料	优质黄瓜
	辅料	精盐、白糖、酱油、生姜、味精
储存方法		宜在冷柜或25℃以下避光存放
保质期		5～10月为3个月 10～4月为6个月
卫生许可证号　浙萧食监许字(88)第1068号		

厂址：×××市东洋镇西108号

电话：　　　　电挂：　　　　邮政编码：

3. 产品推介书

产品推介书与产品说明书在实际应用中有一些差别，主要是使用场合不同。产品说明书是规定必须随商品一起销售给顾客的，它既是一种介绍文书，同时具备了证明产品的作用；而产品推介书则主要应用在顾客尚未购买之前由产品提供者派发，其作用是以宣传为主。

产品推介书作为产品的介绍文案，在编写格式与编写注意事项方面与产品说明书基本相同。

例 1-8

"神通"牌电子公文包推介书

一、神通牌电子公文包是什么

略。

二、这就是神通牌电子公文包

略。

（一）电子公文包

略。

（二）得力助手

略。

三、产品定位

神通牌电子公文包专为广大工商界人士、企业管理人员、政府工作人员及其他有大量信息需要随时记录和查找的人士设计。

四、功能介绍

神通牌电子公文包除了具有传统的电子记事簿、电子通讯录、电子辞典、电子秘书等所有功能外，还增添了大量在商务活动及日常生活中需要的实用资料。而在传统的电子记事簿的输入、查询、资料保护等多方面更有革命性的突破，真正实用、好用。

五、特点

（一）一触即得

神通牌电子公文包是高智能电子通讯录，一开机即可显示最近联系过的人名，查电话只要点一下即可。采用百家姓技术，同时提供按汉语拼音排序方式，每行分列，一目了然，再也不需要在一屏幕几十个姓氏中吃力地辨认。

（二）定时提醒

日期、月份、年份、节日、约会、日程等，提前设定，一次输入，多次提醒。新增每日多次提醒功能，使用起来更实用。

（三）妙笔生辉

手写输入，会写汉字就能操作，即写即现，识别率高。

（四）资料保护

迅速存储技术，确保断电后资料永不丢失。

（五）即买即用

机内预装操作指导，操作任何一步有疑难，点触"疑难处"。

活动设计

由实训指导老师根据各个模拟公司的实训情况，有针对性的挑选一实训效果较好的模拟公司进行公司开业的模拟性操作演示。

实训指导老师和其他模拟公司成员则扮演观演者和评判者的角色。

实训成果

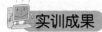

各模拟公司以 Word 形式提交符合要求的以下成果。

(1) 公司开业典礼策划文案(格式如表 1-5 所示)。

表 1-5 ×××公司开业典礼策划文案

时间	
模拟公司名称	
项目负责人	
执笔人	
项目团队成员	
➢ 目录 ➢ 正文	

(2) 公司产品介绍材料。

实训考核

实训考核主要分为四个阶段。

阶段一:实训成果汇报(8~10 分钟)

各模拟公司推选一名代表采用 PPT 形式进行任务 1.3 实训成果汇报。

阶段二:答辩与质询(5~8 分钟)

首先,汇报方接受来自其他模拟公司成员及老师对相关问题的质询;最后,学员“评审团”(由各模拟公司选派一名代表组成)至少推举一名代表进行评说。

阶段三:师生联合考评(3~5 分钟)

学员“评审团”会同实训指导老师一起按考评标准对各个模拟公司的实训成果进行评定(学员“评审团”与老师的考评分数分别占总成绩的 40%与 60%)。

阶段四:对比式点评(5~8 分钟)

由实训指导教师对各模拟公司的实训成果进行对比式点评,指出好的方面,并分析指出不足之处存在的原因及进一步改进的措施。实训任务 1.3 结束。

实训拓展

创业风险管理

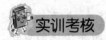

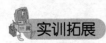

市场经济中企业的“出生率”高,关闭率也高。英国贸工部曾进行过企业寿命的统计,发现近一半的新建企业“活”不过 3 年。据德国一家研究所调查,中小企业的主要问题是对企业内部风险不能及时发现,待到发现时,往往来不及采取应变措施。伦敦商学院的学者也得出了相似的结论：小企业成长的关键不是经济环境，也不是市场条件，而是企业自身的管理工作。

随着小企业的成长发展，一般会出现如下10种风险，见表1-6和表1-7。

表1-6 创业时期的风险类型

开业头3年	开业风险、现金风险、市场风险、技术风险、人员风险
第3～7年	授权风险、领导风险
第7～10年	财务风险、兴旺风险
开业10年后	接班风险

表1-7 创业时期的主要风险的表现/原因及其风险防范对策

风险类型	风险主要表现/原因	防范风险对策
开业风险	• 经营者对市场上冒出的暂时需求匆忙作出反应或盲目跟进他人 • 要求小企业的经营者是“多面手”，而事实上多数经营者缺乏全面管理能力 • 没有建立必要的财务会计管理系统，企业重大决策缺乏可靠依据 • 草率估算或低估企业的资金需求 • 错误选择设备和技术	• 在你最熟悉的行业办企业 • 制订符合实际的而不是过于乐观的计划 • 反复审查项目建议，删除其中过热的设想 • 在预测资金流动时，对收入要谨慎一些，对支出要留有余地 • 一般要留出所需资金10%的准备金，以应付意外 • 没有足够资金不要勉强上项目，发现问题时要立即调整
现金风险	• 过分注意利润和销售的增长，忽视现金管理 • 固定资产投资过多，使资金沉淀 • 不考虑条件和时机，盲目扩张	• 理解利润与现金以及现金与资产的区别，经常分析它们之间的差额 • 节约使用资金 • 向有经验的专家请教 • 经常评估现金状况，按季度编制现金流量表 • 监控原材料、半成品、成品的库存和应收账款的余额等
市场风险	• 只偏爱自己的产品和服务而无视市场的需求 • 对市场变化缺乏敏感性 • 市场调查不充分 • 缺乏有效的市场营销策略 • 没有充分分析同行业竞争对手的状况 • 创业者的成本较高 • 销售渠道不明或不完善 • 对工商、税务等外界主管机关不甚了解 • 没有建立起配套的售后服务体系	• 以市场需求为生产经营的出发点 • 时刻关注市场变化，善于抓住机会 • 广泛收集市场情报，并加以分析比较，制订有效的市场营销策略 • 摸清竞争对手底细，发现其创业思路与弱点，“师夷长技以制夷” • 对各种成本精打细算，杜绝不必要费用 • 健全符合自身产品特点的销售渠道网络 • 充分了解主管机关职能及人员构成情况 • 以良好诚信的售后服务赢得顾客青睐

续表

风险类型	风险主要表现/原因	防范风险对策
人员风险	• 匆匆忙忙不加挑选地招募新员工 • 不能有效地通过面试挑选出合适人选 • 论资排辈,唯亲是用 • 没有建立起新雇员的记录 • 忽视了新雇员工的初期安顿工作,导致其不久就流出企业 • 只以业绩论英雄 • 尚未建立完善的上下级信息沟通制度 • 没有进行必要的员工培训 • 未能在员工中形成优秀的企业文化	• 建立完善的员工选择标准,综合考虑技术能力、合作能力等因素 • 面试的问题既要巧妙又要能表现实质,必要时要向专家请教 • 不论人员来源,寻找最胜任工作岗位的人选 • 记录并跟踪新雇员情况,熟悉各个职员素质及发展潜力,做到人尽其用 • 友好对待并鼓励新雇员,使其早日适应新环境,进入工作角色 • 通过广泛的调查研究,运用先进的方法进行科学的工作评价 • 建立合理的信息沟通与回报制度,使创业者能充分掌握员工及企业动态 • 制订有效的培训计划,加大教育投资力度,从长计议 • 加强员工内部凝聚力,发展独特而卓越的企业文化
授权风险	• 缺乏组织上的准备,不能有计划地在关键岗位上培养拟授权的对象 • 存在心理障碍,认为"只有我才能干好",对下级缺乏信任感	• 物色有才能的助手 • 从考察入手,逐步由他人分担责任 • 向能够弥补自己弱点的人授权 • 准备以较高的薪酬、职位和权力或分享利润等办法,留住关键人员 • 与其他小企业合并
领导风险	• 业主不能承担较大企业的管理责任 • 不授权别人分担责任,也不注意建立一个领导班子 • 不采用有效的领导和管理方式,工作不论轻重,都要亲自动手	• 刻苦学习,不断接受培训,掌握现代企业管理知识 • 提高管理创新,不凭老经验管理企业 • 集中精力抓好经营战略、长远规划及与政府的关系等 • 建立企业的行政管理班子,给予权力,为其提高领导水平创造条件
兴旺风险	• 满足于眼前成就 • 不注意竞争形势、技术变革、原材料替代、新产品和消费者爱好等方面的变化 • 市场份额好,利润下降 • 在成绩面前忘乎所以,盲目扩张	• 虽有成绩,仍要兢兢业业,戒骄戒躁 • 保持坚定的进取精神,杜绝消极保守倾向 • 不过于自信,绝不投资前景不明的项目或过热的扩张 • 在企业并购和联合时,必须分析利弊得失,经充分论证后再决策 • 抓好两个方面的工作:一是通过考核质量和成本来改进现有生产活动;二是通过增加新的产品和服务扩大业务范围,增强生存活力

续表

风险类型	风险主要表现/原因	防范风险对策
接班风险	• 经营者久病不愈、意外死亡或失去工作能力 • 在风险降临时没有准备好由谁来接替管理责任 • 二把手在企业里没有足够的股权 • 没有授权,缺少规划	• 消除顾虑,拟订接班规划 • 预先做好管理接班人的选拔工作 • 挑选一个具有全面管理才能的人准备接班,信得过的能人比亲人强 • 组建一个领导班子比仅仅有一个"能人"强 • 聘请有才能的人参加董事会

(资料来源:赵伊川.创业管理[M].北京:中国商务出版社,2004.)

模块二

商务活动运作实践

【模块综述】

企业的经营运作涉及诸多方面，从深入开展市场调研，分析、捕捉市场机会，规避市场风险，到精心策划市场运营，提高经营效率；从科学设计商品采购与销售，提高商品流通效率，降低运营成本，到有效开展企业内部会计控制，保障企业运营协调有效运转；从认真筹划商务谈判，提高交易效率，到经济合同的有效监管，无不体现出现代企业商务人员的谋略与智慧。

项目2

市场调研实训

知识目标

1. 掌握市场调研方案设计的要求与方法。
2. 掌握市场调研问卷/访谈提纲的设计要求与技巧。
3. 掌握市场调研的方式与方法。
4. 掌握市场调查报告撰写的方法与技巧。

能力目标

1. 能设计一套科学、合理的市场调查方案。
2. 能设计一份科学合理的市场调查问卷/访谈提纲。
3. 能撰写一份实用、可行的市场调查报告。

任务 2.1 市场调查方案设计

任务要求

各模拟公司根据某一具体的市场调研业务，设计一套科学、合理的市场调查方案，拟定一份营销调研合同，以熟悉市场调研程序与调研内容，为后续 2 个实训任务的顺利进行做好前期工作。

训练步骤

步骤一：营销调研重要性认知

由实训指导老师介绍该项目实训的目的与要求，对市场调研(包括市场调研的方案设计、问卷/访谈提纲设计、调研方法的运用、调查数据资料的统计与分析、调查报告的撰写等)的实际应用价值予以说明，调动学员实训操作的积极性。

步骤二：调查方案相关知识“再现”

实训指导老师适当介绍调查方案设计的基本内容与方法。

步骤三：相关范例研读

各模拟公司成员认真研读相关的市场调查方案范例，作为本实训项目操作的参考。

步骤四：实训场景设计与模拟演练

对需要运用入户访问、拦截访问、电话访问等调查方法的，各个模拟公司需设计相应的实训场景，进行相关的准备活动和角色模拟访问的演练活动，为实际市场调查做充分的准备。

步骤五：相关资料搜集

各模拟公司根据本公司设计的市场调查方案的实际需要，查找与实训任务相关的信息资料，为下一步顺利开展市场调查做好充分的准备。

实训指南

2.1.1 营销调研的含义

营销调研是系统地设计、收集、分析和提出数据资料，以及提出与企业所面临的特定营销环境状况有关的调查研究结果，从而把握目标市场的变化规律，为企业营销决策提供可靠依据的调查研究活动。

从本质上来说，营销调研是一种市场信息搜集和处理的工作。它运用一定的技术、方法和手段，遵循一定的程序，收集加工市场营销信息，为决策提供依据。它应包含信息工作中的确定信息需求、信息处理、信息管理和信息提供的全部职能。

2.1.2 营销调研的要素构成及其相互关系

企业的营销调研要素主要由调查主体(研究者)、调查客体(被访问者)和调查宿体(客户)三方面构成。

1. 营销调研三要素之间的关系

营销调研三要素之间的关系如表 2-1 所示。

表 2-1　营销调研三要素之间的关系

要素构成	具体含义	各要素之间的关系
调查主体	调查主体是整个营销调研活动的具体组织者、操作者。主要负责营销调研活动的设计、组织工作，同时还承担市场信息的收集、整理、汇总和分析等任务	1. 调查宿体提出营销调研的任务与要求 2. 调查主体根据这些任务和要求设计出营销调研方案，并向调查客体进行调查 3. 调查客体向调查主体提供有关的市场信息 4. 最后，调查主体对所获取的信息进行整理、分析，得出调查结果，并将其结果反馈给调查宿体 5. 调查宿体根据调查结果，加以取舍作出相关决策
调查客体	调查客体是指营销调研的调查对象	
调查宿体	调查宿体是营销调研结果的使用者	

2. 营销调研三要素之间的职权

营销调研三要素之间的关系必须遵循一定的规则。在目前我国市场调查业的行业准则还未形成的情况下，我国大部分调查公司一般都遵循“国际商会”和“欧洲民意和市场研究协会”关于市场和社会研究实践的国际准则。该准则中详细地规定了调查客体的权利、调查主体的职责、调查主体与调查宿体之间的相互权利和职责等。

(1) 调查客体(被访者)的权利

调查客体(被访者)的权利共有 6 条。其中如：

① 被访者的合作完全是自愿的。

② 被访者的匿名权要受到严格的保护。

③ 被访者必须能够方便地核实调查主体(研究者)的身份和真实性等。

(2) 调查主体(研究者)的职责

调查主体(研究者)的职责共有以下七条。

① 研究者不能作出有损于市场调查行业声誉的举动。

② 研究者不得对其或对其所在机构的技能、经验作不切实际的表述。

③ 研究者不得对其他研究者作出不公正的批评。

④ 研究者必须不懈地努力，在节约费用并保证质量的前提下设计研究方案，并按与客户合同中的规定去实施调查。

⑤ 研究者必须确保对调查记录的保密。

⑥ 研究者不得有意散布没有得到数据充分支持的调查结果，必须随时准备好必要的技术信息，以说明其发布的调查结果的有效性。

⑦ 研究者不得在进行市场调查的同时从事非市场调查活动，例如数据库营销活动，要明确地将这一类的非市场研究活动与市场研究活动区分开来。

(3) 研究者与客户的相互权利和职责

研究者与客户的相互权利和职责共有 14 条。其中如：

① 研究者不得泄露客户的身份。

② 研究者必须向客户告知分包商的身份。

③ 研究者不得将调查中得到的数据和信息泄露给第三方。

④ 客户无权知道被访者的姓名及地址。

⑤ 客户不得将研究者的方案和报价泄露给任何第三方。

⑥ 研究者必须向客户提供调查项目实施的技术细节。

⑦ 客户公布调查结果时仍必须事先咨询研究者,以确保调查结果不会被误导等。

2.1.3 营销调研的类型

根据营销调研的目的与功能,可以把市场调查分为以下三种基本类型。

1. 探索性调查

探索性调查是为了使问题更明确而进行的小规模调查活动。这种调查特别有助于把一个大而模糊的问题表达为小而准确的子问题,并识别出需要进一步调研的信息。当调研人员还不能肯定问题的性质时,适合进行探索性调查。

例 2-1

中天公司经营的青年休闲装的市场份额比前一年下降了10%。为了查明其中缘由,该公司通过探索性调研发掘以下问题。

经济衰退的影响?

广告支出的减少?

销售代理效率低?

消费者的习惯改变了?

2. 描述性调查

描述性调查是寻求对Who(谁)、What(什么事情)、When(什么时候)、Where(什么地点)这类问题的回答。该种调查适合于当调研人员意识到了问题,但对有关情形缺乏完整知识的时候,通常进行描述性调查。

例 2-2

温州"多又好超市"采用描述性调查,了解到该超市67%的顾客主要是年龄在18~44岁之间的妇女,并经常带着家人、朋友一起来购物。

3. 因果性调查

因果调查是调查一个因素的改变是否会引起另一个因素改变的研究活动,目的是识别变量之间的因果关系。当调研人员需要对问题进行严格定义时,适合进行因果性调查。

例 2-3

"国子书店"在2013年将一些娱乐性图书价格平均降低了15%,包装改为精包装,广告费用比前一年增加5%。为了查知价格、包装、广告费用的变化对该批图书销售额的影响,该书店便采用因果性调查来调查其中的因果变化关系。

2.1.4 市场调查的组织方式

市场调查的组织方式不是指具体收集资料的方法，而是指如何处理调查对象的总体。通常分为以下两方面。

1. 全面调查

全面调查是指市场普查，是对某一时点的市场总体现象进行的一次性全面调查。

2. 非全面调查

非全面调查是指对市场进行的重点调查和典型调查。

(1) 重点调查

重点调查是从市场调查对象总体中选取少数重点单位进行的调查，并用重点单位的调查结果来反映市场的基本情况。重点单位是指其单位数在总体中的比重不大，而某一标志值在总体标志值中占绝大比重的单位。

例 2-4

要了解我国钢铁市场的基本情况，只要对鞍钢、宝钢、武钢、包钢、首钢等几家大型钢铁企业的产销情况进行调查即可。

(2) 典型调查

典型调查是在对市场总体有所了解的基础上，选择少量有代表性的单位进行周密、系统的调查研究，并以此估计总体状况的调查方法。

2.1.5 营销调研的内容

营销调研的内容主要包括以下几个方面。

1. 市场环境调查

市场环境调查具体包括经济环境调查、政治环境调查、自然地理环境调查和社会文化环境调查。

2. 市场需求调查

市场需求调查具体是指市场容量调查、消费规模和结构及其变化趋势的调查、国家政策的变化对市场需求所产生的影响的调查、企业各种营销策略所引起的竞争者销售情况变化的调查等。

3. 购买力调查

购买力调查主要表现在对消费者货币收入的调查。

4. 流通渠道调查

流通渠道是指商品从生产者市场向消费者市场转移的过程和路线。对其进行的调查包括：

(1) 批发市场调查。注意调查流通渠道的参加者和商品流转环节的层次。

(2) 零售市场调查。注意调查零售商品交易活动的参加者、零售商业企业的类型、零售商业网点的分布、零售市场的产销服务形式等。

(3) 生产者自销市场调查。

(4) 农贸市场调查等。

5. 广告效果调查

广告的效果表现为广告的到达率、记忆率和效力。影响广告效果的因素有广告的媒体选择、设计与制作、时间长短、传播频率等。

2.1.6 营销调研的程序

营销调研的程序是指调查工作过程的阶段和步骤。营销调研是一项复杂活动过程,要求调查者严格遵循科学的程序来搜集资料,以保证调查工作的顺利进行,并能提高工作的效率和质量,使调查结果既精确可靠,又省时、省力、省钱。有效的营销调研程序可划分为以下几个阶段。

1. 调查准备阶段

准备阶段主要是明确调研的问题,从而确定调研的目的、界定调研的范围、明确调研的主题、确定调研的目标等内容,并制订出切实可行的调研计划。

具体工作步骤如图 2-1 所示。

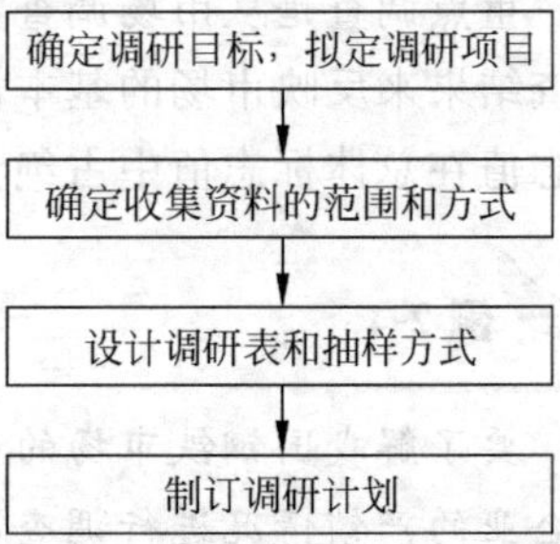

图 2-1 调查准备阶段工作步骤

例 2-5

温州温暖公司的营销问题

温州温暖公司生产出一种新型的采暖设备供应市场,由于产品新颖颇受市场欢迎,有供不应求的现象,故考虑建立新厂以增加供应能力。但是,对于这个计划是否恰当,公司管理层面临这样几个问题。

(1) 因为是新产品,企业的内部资料搜集不够,无法提供分析。

(2) 若借消费者调查以确定该产品是处于成长期或进入成熟期,又将以何种指标来判断呢? 可能的指标有:本产品的消费者有多少? 购买者比例有多少? 购买者满意度如何? 重复购买率如何? 消费者的家庭结构怎样? 对采暖新设备的选择有何特殊要求? 新产品扩散途径有哪些?

市场调研者与产品行销负责人针对这些测定指标进行沟通后,他们决定通过消费者购买的调查来正确了解消费者购买需求动向,进而决定是否增设新厂,或者优化现状。

因此,新型采暖设备的消费者购买调查的重点在于:

(1) 找最合适的测定指标测定产品处于成长期还是成熟期。

(2) 确定调查应采取叙述性调查还是假设调查,或者两者兼具。

2. 调查实施阶段

调查实施阶段的主要任务是组织调查人员,按照调研计划的要求,系统地收集资料和数据,听取被调查者的意见。这个阶段有两个步骤如图 2-2 所示。

3. 总结阶段

总结阶段的工作可分为以下三个步骤如图 2-3 所示。

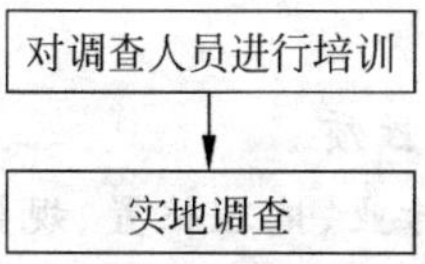

图 2-2 调查实施阶段工作步骤

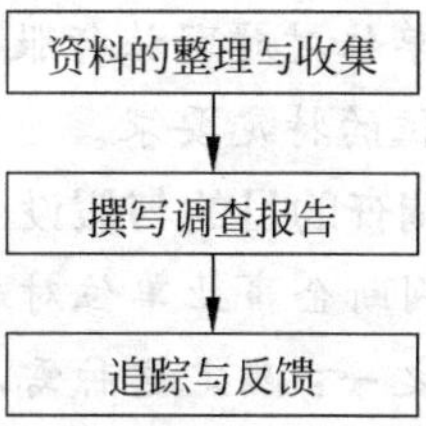

图 2-3 总结阶段工作步骤

2.1.7 营销调研建议书

营销调研建议书是对某细分市场进行调查活动的一种工作方案。它一般要回答以下问题。

(1) 将要调查研究的问题是什么?

(2) 将怎样调查研究这些问题?

(3) 在研究课题完成时将为研究委托人提供什么样的结论等。

例 2-6

×××市场调查建议书

(一) 说明信

经理先生:

根据我们上次协商的结果,我部拟定了本次市场调查建议书。随信所附的市场调查建议书提出了对越野旅行有限公司服务的企事业市场进行调查的方案。我们希望该建议书能符合您的要求。

如果您对本建议书还有什么考虑,请随时与我们联系。在得到您的同意后,我们将开始市场调查工作。

×××公司市场策划部 李浩

2013 年 7 月 1 日

(二) 市场调查建议书的结构框架

目录

略。

(三) 市场调查建议书示例

市场调查建议书

一、背景

1. 公司简介

略。

2. 越野旅行活动市场简析

略。

二、机会定义

目前,企事业单位对为职员举办户外活动越来越感兴趣。九州越野旅行有限公司希望调查企事业单位对越野旅行服务市场潜在的需求，目的是把公司的旅行项目办得更适合于企事业单位的特定要求。

三、市场调查的目的与假设

总目的：判断企事业单位对越野旅行的需求程度和性质。

具体目标之一：确定这种需求如何随企业的类型(行业、地理位置、规模等)而变化。

假设：

略。

具体目标之二：辨别企事业单位选择哪类职员参加这样的越野旅行活动。

假设：①中高级管理人员、模范职员；②参加者包括不同部门的职员；③可能让企业外的人员参加。

具体目标之三：发现企事业单位从这样一种越野旅行活动中寻求什么效用。

假设：所寻求的效用随不同类型企事业单位而变化。

具体目标之四：了解企事业单位希望越野旅行公司提供什么样的服务。

假设：服务项目取决于旅行的时间和所寻求的效用。

具体目标之五：收集对越野旅行服务的一般看法。

四、研究阶段

阶段一：可行性研究/探索性研究。

①市场问题定义；②调查问题定义；③对该调查课题进行计划。

阶段二：问卷设计。

①定性资料要求；②定量资料要求；③问卷设计、试答和修改。

阶段三：样本选择与数据收集。

①抽样设计；②进行试调查与实地调查；③回收问卷并进行编号整理。

阶段四：资料分析与解释。

①分析资料；②解释资料。

阶段五：报告结果。

①调查结果与书面报告的准备；②口头或书面报告；③结论与行动建议。

阶段六：方案实施与反馈。

①帮助实施所建议的方案；②建立反馈过程。

五、研究方法

1. 研究设计

这是一个市场机会的辨别研究，使用了描述性研究方法：①估计越野旅行的潜在需求；②辨别潜在服务对象所寻求的效用及服务项目；③辨明公司在向企事业单位推销服务时应考虑的因素。

2. 第二手资料

针对下面的题目对有关的第二手资料进行了调查：①户外旅行活动；②目前正在经营户外旅行活动的企业。

3. 原始资料收集方法

原始资料将通过邮寄问卷的方式收集。随信还将要附上一个写好地址、贴好邮票的信封，请应答者把填好的问卷在两周之内寄回。

4. 样本定义

所调查的样本数为1000个。被调查者是全国各地区大企业的总经理，他们是通过随机抽样选择的，来源是中国企业名录。选择企业总经理作为问卷接收者的原因在于他们影响企业的购买行为。估计有20%的回收率。在问卷寄出后，可以考虑给收问卷的人打一个电话。但由于大部分电话是长途电话，费用高，而且总经理这样的人也难以直接联系到，因此排除了这种方法，而改为3天后再寄一封信以提醒总经理。

5. 要进行的资料分析类型

准备对资料进行下面的分析：①对所有问题进行横列表分析；②回归分析；③对企业所寻求的效用进行因子分析；④X的平方检验。

6. 局限性

这种调查方法的局限性表现在：企业的总经理是收到问卷的人，但企业里真正决定企业越野旅行活动的决策者或许是其他经理人员。因此，希望问卷由总经理办公室转给相关的负责人，如工会主席。

回收率低的原因可能包括：

略。

六、研究小组成员介绍

略。

七、课题时间安排（见表2-2）

表2-2 课题时间安排表

时　间	事　项	责任人（略）
6月1～12日	讨论确定研究目标、方法	
6月13～30日	查阅第二手资料	
	形成问卷初稿	
	决定样本构成	
	选择样本	
	选择问卷的试答样本	
7月1日	与委托人讨论问卷初稿	
7月2～5日	修改问卷	
7月6～9日	试答问卷，完成样本选择	
7月10日	确定最后问卷	
7月11日	提交倡议书	
7月12日	寄出问卷	
7月13～31日	回收问卷	
8月1～15日	整理回收的问卷	
8月16～22日	分析结果	
8月23～31日	准备报告	
9月1日	提交口头和书面报告	

八、课题费预算

略。

附录1　文献综述,参考资料

略。

附录2　问卷

略。

2.1.8　营销调研计划

一项营销调研计划主要包括:确定资料来源、选择调研方法、设计调研工具、决定抽样计划、确定接触调查客体的方式、确定调研人员及费用。

例 2-7

×××市"无线座机"调查策划方案

一、项目背景

略。

二、调查目的

1. 了解目前消费者对"无线座机"网络的认识程度。

2. 了解目前"无线座机"网络存在的优势和不足,保持优势,弥补不足,以达到扬长补短的目的。

3. 了解"无线座机"目标消费群的生活习惯,制订投其所好的促销活动和广告宣传策略,以达到预期的效果。

4. 了解消费者对"无线座机"潜在市场的容量(潜在消费者的接受程度和挖掘市场的空白份额),制订下一步发展策略。

三、调查内容

1. 了解"无线座机"在市场上的份额,以便在以后的工作中有的放矢。

2. 了解用户对"无线座机"的认知程度。

3. 了解用户对"无线座机"及网络的服务方面有什么新的需求,以便在以后的工作中得到进一步的改善和提高,达到稳住老客户、发展新客户的目的。

4. 了解潜在市场分类及容量、各类潜在用户在不同市场所占的份额,以便在今后开发潜在用户市场时有所取舍。

5. 了解潜在用户在购买"无线座机"时的影响因素和心理活动,进行深入细致的分析调研,以便在今后最大限度地控制潜在市场。

四、调查设计

1. 调查范围:×××市。

2. 样本量:600个(现实用户300个,潜在用户300个)。

3. 调查对象:

(1) 受访者年龄在18~60岁,在最近的三个月没有接受过任何形式的调查。

(2) 家庭成员没有在电视台、电台、报社、杂志社、广告企业、市场咨询企业、调研企业、移动通信相关的运营商、生产商、经销商、维修单位等工作。

(3) 在一年内可能购买“无线座机”的潜在用户。

五、样本抽样方法

1. 采取定性研究和定量研究相结合的方式进行。

2. 定性研究采取小组座谈的方式进行。

3. 定量研究采取定点街访的方式进行。

六、调查操作流程

调查操作流程如图 2-4 所示。

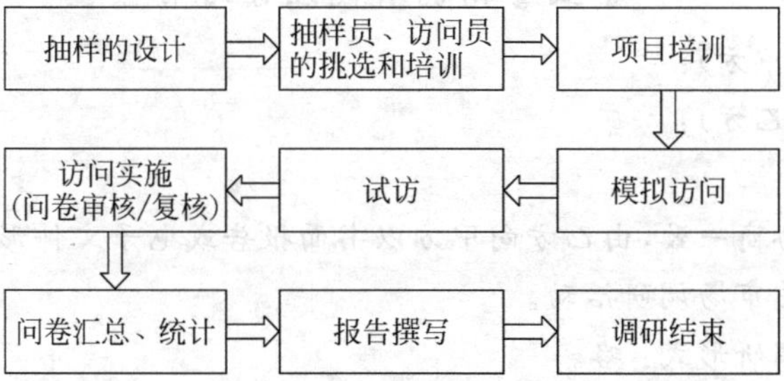

图 2-4　调查流程图

七、调查时间的安排

月　日～　月　日：小组座谈会

月　日～　月　日：抽样资料的准备及相关表格的制订

月　日～　月　日：抽样员的招集、选拔

月　日～　月　日：访问员的培训和模拟抽样

月　日～　月　日：问卷的确定及相关表格的印制

月　日～　月　日：样本抽样

月　日～　月　日：访问员的召集、面试，确定人数

月　日～　月　日：访问员的培训、试访，划分各访问员的访问区

月　日～　月　日：访问的具体实施，同时进行初步统计，以确定第二部分访问的样本数量

月　日～　月　日：对所有回收问卷进行整理，并进行电话复核

月　日～　月　日：问卷的编码、录入

月　日～　月　日：问卷的统计、分析

月　日～　月　日：报告撰写

对于以上时间的安排，如遇天气等不可抗拒原因的阻挠，本项目时间也应向后推延，本次调研大约需________天时间。

八、撰写报告

略。

九、费用预算

略。

2.1.9 营销调研合同

企业与市场调查企业双方在正式委托某项具体的营销调研工作之前,往往由双方订立确定委托代理关系的合同文书。委托合同一般包括调查的范围与方法、付款条件、预算、人员配备、期限、临时性报告、最终报告的特定要求等。

例 2-8

企业营销调研代理合同书

委托方(以下称甲方):

受托方(以下称乙方):

协议签订地点:

甲乙双方经过协商一致,由乙方向甲方以书面报告或电子文件形式提供研究报告,并依下列条件进行有关市场调研活动。

第一条 项目调研形式:略。

第二条 调研项目的验收标准和进度要求,略。

第三条 协议酬金总金额和支付方式。

1. 本协议酬金总金额为________元。

2. 协议签订后,________日内甲方付给乙方本协议酬金总金额________%的预付款。

3. 乙方按照本协议及附件约定如期完成项目并经甲方验收合格后,甲方验收合格之日起________日内付清余款。

第四条 调研项目的进行

1. 甲方有权对乙方为调研项目所做工作进行监督检查,乙方同意在调研项目进行过程中接受甲方的监督检查。

2. 乙方应如实将调研项目的进展情况以及在项目进行中遇到的问题和取得的进展及时向甲方报告。

第五条 调研项目的完成验收

1. 乙方应该按照协议及附件约定的方式及进度进行调研工作,并于________年________月________日前,按照协议和附件的约定向甲方提交调研报告及有关文件。

2. 甲方在收到乙方调研报告之日起________日内,按照附件约定的标准进行验收,验收不合格但甲方认为调研报告经过补充或修改能够达到约定标准的,乙方应在收到甲方通知之日起________个工作日内,按照甲方要求修改完成并提交甲方,否则乙方应承担违约责任。

第六条 知识产权及保密条款

1. 本调研项目的成果特指乙方因完成本协议项下市场调研工作而形成的所有分析报告、分析数据、分析结论均归乙方所有,乙方对于报告中所涉及的基础数据享有再次使用并提供给第三方的权利。甲方不得将上述报告、数据、结论向第三方提供并从中获利,但甲方有权自行使用。

2. 本条所约定之保密期限为________日，自本协议签订之日起计算，保密期限不受本协议有效期的限制。在该保密期限届满后，乙方仍应尊重并保证不侵犯甲方因本调研项目获得的成果及其所附的一切权益。

3. 乙方应告知并以适当方式要求参与本调研项目的雇员遵守本条规定，若参与本调研项目的雇员违反本条规定乙方应承担连带责任。

第七条　保证条款

1. 乙方保证在为甲方提供服务时，未经甲方书面同意不把该服务项目的全部或部分工作委托给第三方。

2. 乙方保证提交甲方的数据、资料及所有信息没有侵犯任何第三方的知识产权及其他权益。

第八条　违约责任

1. 乙方未按照约定日期完成调研项目及未向甲方提交有关文件的，每逾期一天乙方应向甲方支付本协议酬金总额________%的违约金。

2. 超过协议约定时间________日(宽限期)仍未完成项目的，甲方有权解除协议，乙方除退还甲方已付酬金外，还应向甲方支付本协议酬金总额________%的违约金。

3. 乙方虽按期完成任务，但提交的结果不符合双方所约定的标准时，若甲方认为调研报告经过补充或修改能够达到约定标准的，乙方应在收到甲方通知之日起________日(宽限期)内，按照甲方要求修改完成并提交甲方。每延期一天，乙方应向甲方支付本协议酬金总额________%的违约金。

4. 乙方虽按期或在宽限期内完成任务，但提交的结果不符合双方所约定的标准时，视为乙方违约，甲方有权解除协议，乙方除退还甲方已付酬金外，还应向甲方支付本协议酬金总额________%的违约金。

5. 甲方未按照约定向乙方支付调研项目酬金的，每逾期一天，向乙方支付本项调研工作酬金总额________%的违约金；逾期超过________日，甲方除继续履行协议外，还应向乙方支付本协议酬金总额的________%的违约金。

第九条　争议的解决

因本协议引起的一切争议，双方首先应当友好协商解决，若协商不成，可向本协议签订地法院提起诉讼。

第十条　生效及其他事项

1. 本协议一式两份，甲乙双方各执一份。

2. 本协议签订于________年________月________日；于签订之日起生效，任何与协议签订前经双方协商但未记载于本协议之事项，对双方均无约束力。

3. 本协议及其附件对双方具有同等的法律约束力，但若附件与本协议相抵触时以本协议为准。

4. 本协议包括如下附件：略。

5. 未尽事宜双方友好协商解决。

甲方：　　　　　　　　　　　　　　　乙方：

签字(盖章)：　　　　　　　　　　　　签字(盖章)：

日期：　　　　　　　　　　　　　　　日期：

活动设计

各模拟公司根据本公司具体的生产经营实际，开展有针对性的营销调研活动，分两种假设情况进行实训操练(由各模拟公司自行选择或实训指导老师进行分派)。

假设一：委托社会上某一市场调查公司A，完成对本公司委托的营销调查任务。

(1) 本公司编制一份"营销调研建议书"并送达市场调查公司A。

(2) 本公司拟定"营销调研代理合同书"一份，便与市场调查公司A签约之用。

假设二：本公司自行完成此次的营销调研工作，要求该公司策划并撰写《×××市场调研策划方案》。

实训成果

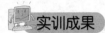

各模拟公司以Word形式提交符合要求的方案。

(1)《×××市场调研策划方案》文本一份，格式见表2-3。

表2-3　×××市场调研策划方案

时间	
模拟公司名称	
项目负责人	
执笔人	
项目团队成员	
➢ 目录	
➢ 正文	

(2)《×××市场调研合同》文本一份。

实训考核

实训考核主要分为四个阶段。

阶段一：实训成果汇报(8～10分钟)

各模拟公司推选一名代表采用PPT形式进行任务2.1实训成果汇报。

阶段二：答辩与质询(5～8分钟)

首先，汇报方接受来自其他模拟公司成员及老师对相关问题的质询；然后，学员"评审团"(由各模拟公司选派一名代表组成)至少推举一名代表进行评说。

阶段三：师生联合考评(3～5分钟)

学员"评审团"会同实训指导老师一起按考评标准对各个模拟公司的实训成果进行评定(学员"评审团"与老师的考评分数分别占总成绩的40%与60%)。

阶段四：对比式点评(5～8分钟)

由实训指导教师对各模拟公司的实训成果进行对比式点评，指出好的方面，并分析指出不足之处存在的原因及进一步改进的措施。实训任务2.1结束。

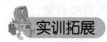

实训拓展

深探药妆：药妆市场的海外谍报

综观世界，在药店里买化妆品，在美国、日本、英国等国家已经形成了一种生活习惯。放眼天下，欧美人习惯在药房购买功效护肤品和个人护理用品，日本的连锁药房中药妆产品和日用品占其生意构成的70%。目前在日本，有6000家被称作“药妆店”的店铺，将药品、化妆品、日用品放在一起经营，数量甚至还超过了专业的药店。

当很多问题肌肤人群正在为自己的肌肤而寝食难安，如何才能让自己的肌肤看起来更加健康，让自己的皮肤看起来更加紧致，让自己的年龄不被面部和眼部的皱纹所“出卖”，于是便形成了现今这个看似狂热的药妆市场。

一、何谓药妆？

到底何谓药妆？有人说：所谓药妆，指的就是在药房销售的化妆品。

其实不然，药妆这个概念原本来源于欧美。在美国，专家指出所谓药妆实际上是一个营销专属词语，学界则认为：凡被FDA(美国联邦食品药品管理局)认为是含有药物成分而非化妆品成分的化妆品，就属于药妆产品。但是，英国美容和皮肤学资深专家苏珊·马尤博士则指出：“药妆产品所做的，就是在挑战人类逆转衰老的生命科学创新。国际知名品牌药妆产品的经久不衰的魅力就在于其添加剂成分，通常是指维生素A、金属物质、维生素以及各种植物制剂。”

看来，目前在国际上关于药妆的准确概念也还没有形成一致的定义。那么，在这里我们姑且不妨这样理解药妆，它是针对问题肌肤人群的特殊化妆品和个人护理用品。

二、药妆品的功能

几年间，“药妆”一跃成为护肤时尚领域的新兴名词，活跃在公众视线中的药妆概念一度表现的热力四溅、魅力非凡。对于问题肌肤可谓茶不思饭不想的爱美之士来说，似乎看到了希望的曙光，不再需要去美容院忍受拉皮的痛苦，不必再走进皮肤专科去对症下药，更不再需要忍受皮肤科医生的针头和累人的定期术后护理。

“忽如一夜春风来，千树万树梨花开”。当综合性药物、营养调理和皮肤护理这些耳熟能详的专业术语走进了公众视野的时候，很多人幻想着全民药妆时代能够快点到来，能够使自己的问题肌肤得到彻底的解放。

那么，药妆品究竟有何功能，竟让众多爱美人士狂热竞逐呢？

首先，药妆产品具有功能活化的效用。因为药妆产品中一般都含有高浓度的维生素C、果酸、抗氧化剂，所以具有强杀菌和消炎的功能效果。

其次，药妆产品具有辅助医疗的作用。在欧美国家，很多医生都会建议皮肤科的病人将药妆品作为医疗辅助品来使用，用于抗细菌、控制皮脂分泌、抑制痤疮等功能。

再次，药妆产品还具有修护保养的效用。因为拥有耐受性差的肤质的人或肌肤出现问题的患者不能使用市面上一般的护肤品，以免引起刺激，而经过医生验证的药妆产品就能为这些人群带来温和修复的护肤效果。

最后，药妆产品还具有术后护理的效果。在进行磨皮、激光等美容手术后，可采用性质温和的药妆品做术后护理。药妆品能有效地保护术后脆弱的肌肤，避免引起刺激。

三、别样的法国药妆

法国的药店其实更应该称作是药妆店，货架上挤满了各种品牌的瘦身霜、抗皱乳液等功能性产品，这些物美价廉的药妆产品是让法国女郎保持体态苗条、肌肤光滑的可靠盟友。

走进法国的药妆店，迎面袭来的全是“老年人”的功能性化妆品产品，这主要是因为法国人非常重视抗衰老的保养。一方面是因为气候较干燥；另一方面是因为西方人本来就较东方人显老，所以防衰老、抗衰老市场就成了最热门的保养话题。法国药房最畅销的保养品类别，几乎全是抗衰老、抗氧化的功能性产品。

根据香港美妆时尚杂志的报道：法国人平日里比较喜欢光顾两类药妆店，一种是法国最便宜的药妆店，另一种是法国最实惠的药妆店。在法国街头随处可见的 PAPASHOP 药妆店，每日店内客人络绎不绝。除此之外，PAPASHOP 药妆店的分店店铺数量已经形成了强有力的领先优势，而且其相当于中国市场的“屈臣氏”的经营战略，还助其成就了法国市场最实惠的药妆店的赞誉和美名。

很多国内女性去法国购买药妆产品，一般没有消费经验。据笔者的了解，在法国的药妆店购买药妆产品，除了节假日的折扣活动，一般很少会遇到促销。顾客如果想得到更多的优惠只能从退税上下工夫，法国的药妆店通常是提供退税服务的，如果门口贴有“可办理退税”的公示海报，消费者就可以放心地“大胆消费”了，因为只要当日的购物金额达到 70 欧元就可以办理退税业务。

四、专业制胜的美国药妆

美国的药妆市场与其说是药妆系品牌，不如称其为皮肤科系品牌。因为它强调的是对问题肌肤实实在在的改变，一般针对出现问题的肌肤譬如痘痘肌、色斑肌进行治疗，从根本上改变肌肤状况。这种效果虽然显著，但并不适合长期使用。

在美国，很多药妆连锁店内中都会设立专业的皮肤科医师驻店，消费者可以随意地向医师咨询关于肌肤的一切问题，而且医师还有义务以不同顾客的个体差异来推荐有针对性的药妆产品。

除此以外，药妆店在美国本土的电子商务业务的拓展也已经形成了独有的竞争优势。因为美国的很多药妆连锁店都会设立自己的门户网站，上面不仅详细地列出了店铺内货品的信息、店铺内的打折信息，消费者还可以在网点上定购商品，价格与在实体店购买是一样的(运费除外)。

五、长于推广的日本药妆

日本的年轻女孩很喜爱在药妆店寻宝，而比较少到百货公司或是商场超市去购买彩妆或保养品。顺应这股时尚的潮流，药妆店在日本遍地开花，里面的产品不但新鲜有趣，其价格表现还显得非常亲民。

日本，一直以来都是亚洲化妆品市场的领航者和风向标。所以，日本的时尚流行元素及节奏非常快，几乎每隔一季就会有新的素材或者新成分出现。药妆产品也紧跟流行的步伐，更新率极高，基本每一周都会推出全新的“十大人气产品”。消费者想要知道当下最红的美容话题，单看药妆店门口的陈设就一目了然。

在日本的药妆店中，除了可以找到常规的护理产品之外，还可以找到各种精巧的美容小道具。光是修甲、美甲的系列产品就有几十种之多，化妆棉也有数十种以上可供挑选。

由于日本药妆市场的同业竞争异常激烈，所以很多日本药妆连锁店会隔三岔五或是一日多次出现降价促销活动，除了降价、积点回馈还有赠品可供选择。

日本药妆连锁店之所以能够经营有道、聚揽人气，关键在于其擅长品牌推广以及商品促销技巧，比如：在日本的药妆连锁店内，在开架式销售的货架空间四周，通常都堆放着充足的试用品，没有售货员或是导购小姐尾随，广大女性消费者都可以无所顾忌地大胆放心试用！非但如此，日本药妆连锁店经营者深知没有一定规模的人群试用，是不会衍生带来新顾客的，所以很多日本药妆连锁店在店内都免费提供一些抛弃式的试妆用品，此外店内的醒目位置还悬挂或张贴有“请您下次带够足量的卫生纸、棉花棒以及粉扑，以便补妆！”、“请您随意试用！”、“情理相见、试用有礼”以及“请您留下宝贵意见，有礼物！”等温馨贴士。

长于推广的日本药妆连锁店，在新品上架后货品多会立即摆放于店铺门口，因为日本药妆店淘汰快，卖不好的产品通常3个月就会消失。虽无换季大折扣，但新货或限定品经常刚刚上架就会被消费者抢购一空。

因此，日本药妆精于细节管理、长于推广促销的商业经营理念确是值得学习的典范。

（资料来源：冯建军.深探药妆：药妆市场的海外课报.中国营销传播网，2008.）

任务2.2 市场调查问卷设计

任务要求

各模拟公司成员在学习市场调研问卷的类型、结构及设计方法等相关知识的基础上，根据本公司具体的市场调研业务要求，结合实训任务2.1中的《×××市场调研策划方案》，设计科学可行的《×××市场调研问卷/访谈提纲》，并按要求实施市场调查。

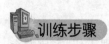

训练步骤

步骤一：营销调查问卷重要性认知

由实训指导老师介绍该项目实训的目的与要求，对市场调研问卷/访谈提纲设计、调研方法的运用、调查数据资料的统计与分析等的实际应用价值予以说明，调动学员实训操作的积极性。

步骤二：调查问卷相关知识“再现”

实训指导老师适当介绍调查问卷设计的基本内容与方法，主要包括：

(1) 市场调查问卷/访谈提纲的基本结构、设计程序、调查问卷问题设计的基本内容与方法。

(2) 入户访问、拦截访问、电话访问、直接观察、网上访问等市场调查方法的实际操作技巧及其注意事项。

(3) 市场调查数据资料整理分析的步骤、内容、方法及其注意事项。

步骤三：相关范例研读

各模拟公司成员认真研读相关的市场调查问卷/访谈提纲范例，作为本实训项目操作的参考。

步骤四：实训场景设计与模拟演练

对需要运用入户访问、拦截访问、电话访问等调查方法的，各个模拟公司需设计相应的实训场景，进行相关的准备活动和角色模拟访问的演练活动，为实际市场调查做充分的准备。

步骤五：相关资料搜集

各模拟公司根据本公司设计的市场调研问卷的实际需要，查找与实训任务相关的信息资料，为顺利开展市场调查做好充分的准备。

步骤六：市场调查问卷/访谈提纲设计

各模拟公司结合具体的市场调研业务设计科学可行的调查问卷/访谈提纲，并在老师的指导下反复进行修正与完善。

步骤七：开展市场调研

各模拟公司按各自的市场调查方案，采取适当的调研方法开展实际的市场调查，以获取第一手、第二手的信息资料。

步骤八：完成市场调查，整理调查数据

各模拟公司在规定时间内完成市场调查问卷/访谈提纲的回收、整理工作，完成调查资料的编码与录入，形成调查数据集，为撰写市场调研报告做准备。

实训指南

调查者运用事先统一设计的问卷，请被调查者填写问卷，以达到向被调查者了解有关营销方面的信息情况，这一资料搜集的方法称为问卷调研法。在这一调研方法中，问卷的设计是非常重要的。

2.2.1 营销调研问卷

1. 营销调研问卷的类型

(1) 根据传递问卷的方法不同划分

① 报刊问卷

报刊问卷就是将市场调研问卷登载在报刊上,随报刊发行传递到被调查者手中,并号召报刊读者对问卷作出书面回答后,按规定时间寄还报刊编辑部或调研组织者。报刊问卷实际上是以读者为调研对象,它具有稳定的传递渠道和广泛的传递面,费用和时间都比较节省,并能保证匿名性,调研的质量一般也比较高。

但采用报刊问卷,调查者对被调查者无法进行选择,问卷回收率比较低,调查者难以控制影响填答问卷的各种因素。

② 邮政问卷

邮政问卷是由调研人员将设计好的问卷,通过邮寄的方式送达被调查者的手中,请他们答卷后再寄回,以获取有关信息资料。采用邮政问卷进行调研,具有扩大了调查范围、增加样本量、减少调查者的劳务费等优点,但也有问卷回收率低、信息反馈周期长,影响时效等缺点。

③ 送发问卷(留置问卷)

运用送发问卷的方法进行营销调研,是由调查者将事先设计好的问卷或调查表,当面交给被调查者,并说明回答问题的要求,留给被调查者自行填写,然后当面或在约定的时间内取回。该种问卷综合了邮寄调查由于匿名而保密性强的优点,又综合了面谈访问调查回收率高的优点。

(2) 根据问卷的填答者和调研方法的不同划分

① 自填问卷

自填问卷是指由被调查者自己填写的调研问卷,上述报刊问卷、邮政问卷、送发问卷都是自填问卷。

② 访问问卷

访问问卷是指调查者按统一设计的问卷向被调查者当面提问,再由调查者根据被调查者的口头回答填写问卷。这种问卷应用于访问调研法中。

2. 营销调研问卷的结构

一般而言,调查问卷的结构由以下几部分构成。

(1) 说明词

说明词一般在问卷的开头,或者作为问卷的附件。说明词的目的是说明调查的内容、宗旨、要点等内容,使被访问者对所要调查的问题有一个明确的了解。

(2) 正文

正文是问卷的核心部分,它包括一系列按一定次序排列起来的问题。这些问题要求被访问者作答,把这些问题的答复加以整理分析便可得出调查的结果,即市场资料。

(3) 被调查者的分类资料

这部分主要是有关被调查者基本情况的资料。有了基本特征资料,就可以进行分组研究。被调查者包括自然人(其特征分类资料包括性别、年龄、社会地位、经济状况、职业、籍贯、宗教、教育水平等)和组织(其特征资料包括行业类别、资金、经营规模、职工人数等)。

(4) 电子计算机编码

在大型的问卷调查时,处理资料的工作量一般比较大,通常采用计算机处理。因此,在问卷设计上往往设计电子计算机编码。这样,在取得第一手调查资料后,便可以使用电子计算机进行处理、汇总、分类、排序及分析等。

(5) 作业证明记载

作业证明用以说明该项作业完成的情况,调查者的责任,并有利于检查、修正调查资料等。主要是调查者与被调查者的记载。如调查者的姓名、调查时间;被调查者的姓名、单位。采用匿名性调查则不写被调查者姓名。

3. 典型市场调查问卷范例

信用卡市场调查问卷

信用卡是银行或其他财务机构签发给资信状况良好的人士,用于在指定的商家购物和消费或在指定银行机构存取现金的特制卡片,是一种特殊的信用凭证。信用卡相关问题如下。请将您选择的答案填写在问题后的括号里或是按照提示标出顺序号。

1. 您了解银行信用卡吗?(　　)

A. 了解(继续答题)　　B. 不了解(仅回答7、8、9、10题即可)

2. 您对银行信用卡的了解程度?(按照了解程度在下列选项后标出顺序号,最了解的标“1”,依次类推)

A. 中国工商银行牡丹卡　　B. 中国农业银行金穗卡
C. 中国银行长城卡　　D. 中国建设银行龙卡
E. 交通银行太平洋卡　　F. 中国民生银行民生卡
G. 光大银行炎黄卡　　H. 中信银行中信卡
I. 华夏银行华夏卡　　J. 其他

3. 您知道国家要建立信用档案吗?(　　)

A. 知道　　B. 不知道

4. 您知道信用卡可以增加个人信用度吗?(　　)(即如果您在一家银行办理了信用卡,在另外一家银行再申办时,审批速度会更快;针对实际情况还会增加一定的透支额度)

A. 知道　　B. 不知道

5. 吸引您办理信用卡的因素有哪些?(　　)(最多选三个)

A. 增加诚信系数、消费积分　　B. 刷卡方便,时尚
C. 看别人用,自己也想尝试　　D. 刷卡消费有折扣
E. 广告吸引　　F. 朋友介绍
J. 其他

6. 阻碍您办理信用卡的因素有哪些？(　　)(最多选三个)(若认为没有阻碍跳至第11题继续答题)

A. 申请的途径不方便或是手续麻烦

B. 附近可使用信用卡的消费场所有限

C. 担心刷卡引起过度消费，造成经济困难

D. 对信用卡不熟悉

E. 其他原因________

7. 您认为自己每月的收支平衡情况为(　　)。

A. 收入＞支出　　B. 收入＜支出

C. 收入＝支出　　D. 不确定

8. 如果您不了解信用卡，您希望通过哪种方式来了解相关信息？(　　)(最多选三个)

A. 电视　　B. 报纸

C. 电台　　D. 网络

E. 直投广告　　F. 信用卡展会形式，专人集中讲解

G. 银行人员上门讲解　　H. 其他________

9. 您希望多长时间了解一次信用卡相关信息，才能够满足您的信息需求？(　　)

A. 一周　　B. 二周　　C. 三周

D. 一个月　　E. 随时了解　　F. 其他

10. 您主要的消费场所是(　　)。(最多选三个)

A. 超市　　B. 书店

C. 娱乐场所(酒吧、卡拉OK)　　D. 商场

E. 酒店　　F. 专卖店

G. IT电脑店　　H. 品牌折扣店

I. 休闲场所(运动、氧吧)　　J. 游玩场所

11. 如果您对信用卡有了一定的了解，您现在是否拥有信用卡？(　　)

A. 是(继续答题)　　B. 否(跳至第23题继续答题)

12. 您使用的是哪几家银行的信用卡？(　　)(可多选)

A. 中国工商银行牡丹卡　　B. 中国农业银行金穗卡

C. 中国银行长城卡　　D. 中国建设银行龙卡

E. 交通银行太平洋卡　　F. 中国民生银行民生卡

G. 光大银行炎黄卡　　H. 中信银行中信卡

I. 华夏银行华夏卡　　J. 其他________

13. 您认为哪几家银行的服务能够让您满意？(　　)(按照满意程度标出顺序号，最满意的标“1”，依此类推)

A. 中国工商银行牡丹卡　　B. 中国农业银行金穗卡

C. 中国银行长城卡　　D. 中国建设银行龙卡

E. 交通银行太平洋卡　　F. 中国民生银行民生卡

G. 光大银行炎黄卡　　H. 中信银行中信卡
I. 华夏银行华夏卡　　J. 其他＿＿＿＿＿＿

14. 您办理上述银行信用卡的原因是什么?(　　)(最多选三个)
A. 服务周到　　B. 透支额度高
C. 有各种优惠活动　　D. 广告宣传到位
E. 有各种不同于其他银行的服务项目(此服务是＿＿＿＿＿＿)
F. 亲友介绍　　G. 赠送礼品
H. 在此银行有其他业务接触

15. 您使用信用卡的频次?(　　)
A. 2次或以上/周　　B. 2次/月　　C. 2次/季度
D. 2次/半年　　E. 2次/一年　　F. 从未使用过
G. 其他频次＿＿＿＿＿＿

16. 您在哪种情况下使用信用卡?(　　)(可多选)
A. 在没有现金的情况下　　B. 可用信用卡消费的任何场所
C. 与朋友在一起消费时　　D. 仅在出差的情况下使用
E. 仅在该信用卡特殊服务项目时使用(如订机票)
F. 以卡养卡　　G. 其他＿＿＿＿＿＿

17. 您平均每月使用信用卡的金额?(　　)
A. 500元以下　　B. 500～1000元　　C. 1000～1500元
D. 1500～2000元　　E. 2000～2500元　　F. 2500～3000元
G. 3000元以上

18. 在您使用信用卡以后,还未还清的债务为(　　)。
A. 500元以下　　B. 500～1000元　　C. 1000～1500元
D. 1500～2000元　　E. 2000～2500元　　F. 2500～3000元
G. 3000元以上　　H. 无负债

19. 您希望信用卡还增加哪些服务项目?
＿＿＿＿＿＿＿＿＿＿＿＿＿＿＿＿＿＿＿＿＿＿＿＿

20. 如果您了解信用卡,您是通过什么渠道获知相关信息的?(　　)(可多选)
A. 报纸　　B. 电视　　C. 广播
D. 户外　　E. 营业厅广告　　F. 网络
G. 银行人员上门拜访　　H. 朋友介绍　　I. 其他＿＿＿＿＿＿

21. 在未来一年之内,您是否考虑再增办或是更换一张其他银行的信用卡?(　　)
A. 是(继续答题)　　B. 否(原因＿＿＿＿＿＿结束答题)

22. 您再增办或是更换一张其他银行信用卡的理由是什么?(　　)
A. 所更换银行服务周到,信息沟通及时
B. 透支额度高
C. 朋友强烈推荐
D. 各项增值服务丰富,实用

E. 商业差旅需要
F. 以卡养卡
G. 其他________

23. 您没有办理信用卡(或是在未来一年之中不会申办)的缘由?(　　)
A. 申请途径不方便
B. 手续麻烦
C. 附近可使用信用卡的消费场所有限,不方便
D. 担心刷卡引起经济危机
E. 对信用卡不熟悉
F. 其他原因________

24. 在未来的一年之中,您是否会考虑办理一张信用卡?(　　)
A. 是(继续答题)　　B. 否(原因________结束答题)

25. 如果您决定申办,您会选择哪一家银行的信用卡?(　　)
A. 中国工商银行牡丹卡　　B. 中国农业银行金穗卡
C. 中国银行长城卡　　D. 中国建设银行龙卡
E. 交通银行太平洋卡　　F. 中国民生银行民生卡
G. 光大银行炎黄卡　　H. 中信银行中信卡
I. 华夏银行华夏卡　　J. 其他________

26. 您选择上述银行的理由是什么?(　　)
A. 服务周到　　B. 透支额度高
C. 有各种优惠活动　　D. 广告宣传到位
E. 有各种不同于其他银行的服务项目(此项目是________)
F. 亲友介绍　　G. 赠送礼品
H. 在此银行有其他业务接触　　I. 其他________

谢谢您的参与!为了在您成为"幸运金融使者"之后,我们在第一时间联系到您,请留下您的个人资料。

姓名:________性别:________年龄:________职业:________
地址:________邮编:________
固定电话:________移动电话:________平均月收入:________
A. 3000 元以下　　B. 3001~3500 元　　C. 3501~4000 元
D. 4001~4500 元　　E. 4500 元以上

(资料来源:吴炜,董杰.市场营销实训教程[M].武汉:华中科技大学出版社,2009.)

2.2.2 实施市场调查

1. 市场调查步骤

市场调查基本流程如图 2-5 所示。

2. 市场调查方式与方法

在市场调查中,采用何种调查方式与方法,取决于调查对象和调查任务,为了准确、及

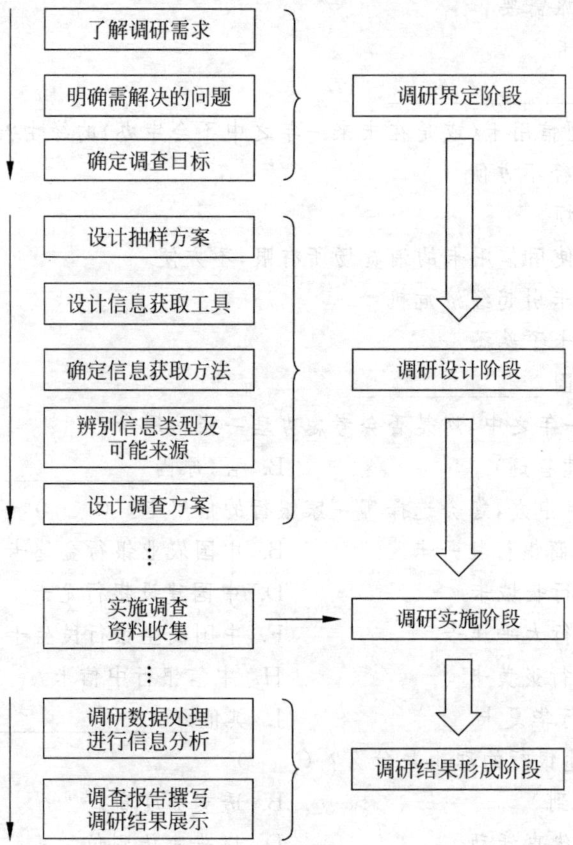

图 2-5 市场调查基本流程

时、全面地获取市场相关信息,宜将多种调查方式与方法有机结合加以综合运用。具体如表 2-4 所示。

表 2-4 市场调查的方式、方法

调查方式	调查方法
• 普查	• 文案法
• 重点调查	• 观察法
• 典型调查	• 实验法
• 抽样调查	• 访问法(包括面谈法、电话调查法、邮寄调查法、网络在线调查法等)

3. 调查资料整理与分析

市场调查资料的研究分析,主要是对搜集的大量零散的、不系统的原始信息资料进行分类、编辑、整理、加工汇总等一系列资料研究工作,使之系统化、条理化。目前,这种信息资料处理工作一般由计算机进行。因此,在调查方案设计中应考虑采用何种计算机操作程序,以保证必要的运算速度、计算精度及特殊目的。

随着经济理论的发展与现代信息技术的运用,越来越多的现代统计分析手段可供选择,如回归分析、相关分析、聚类分析等,在调查方案设计中,应根据各种分析技术自身的特点与适用性及调查的客观要求，选择最佳的资料统计分析方法。

活动设计

各模拟公司按本公司的《×××市场调研策划方案》，采取适当的调查方法开展实际的市场调查活动。

实训成果

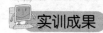

各模拟公司以 Word 形式提交符合要求的《×××市场调研问卷/访谈提纲》。

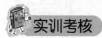

实训考核

实训考核主要分为以下四个阶段。

阶段一：实训成果汇报(8～10 分钟)

各模拟公司推选一名代表采用 PPT 形式进行任务 2.2 实训成果汇报。

阶段二：答辩与质询(5～8 分钟)

首先，汇报方接受来自其他模拟公司成员及老师对相关问题的质询；然后，学员“评审团”(由各模拟公司选派一名代表组成)至少推举一名代表进行评说。

阶段三：师生联合考评(3～5 分钟)

学员“评审团”会同实训指导老师一起按考评标准对各个模拟公司的实训成果进行评定(学员“评审团”与老师的考评分数分别占总成绩的 40%与 60%)。

阶段四：对比式点评(5～8 分钟)

由实训指导教师对各模拟公司的实训成果进行对比式点评，指出好的方面，并分析指出不足之处存在的原因及进一步改进的措施。实训任务 2.2 结束。

实训拓展

拒访的对策

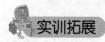

在多数情况下，受访者如果要拒绝访问员的访问，通常会找出各种各样的借口。所以，在访问过程中，为了减少被拒绝的可能性，访问员要多想想受访者可能提出的拒访借口及回应对策，如表 2-5 所示。

表 2-5 拒访对策表

受访者	访问员
太忙	完成调查只需几分钟，或××时候再来访问可以吗？
身体不舒服	对不起，打搅了，××时再来访问可以吗？
年龄大	我们正需要听听您的意见
不好答，不会答	问题一点也不难，答案无所谓对或错，很多人都做过，而且都做得很好
不感兴趣	我们是抽样调查，每一个被抽到的人的意见都很重要，否则结果就会产生偏差，请您协助一下

续表

受访者	访问员
不便说	能理解,这也是为什么调查都要保密的原因。我们不要求您填上姓名,调查结果也不是一个人的意见
我不太了解情况,访问别人更合适	没关系,您把您知道的说出来就可以了
你的问题太多了	对不起,问题看起来是多一点,但都很简单
不懂得填写	没关系,很简单,我给您讲一讲,您就会了
不识字,不会做	没关系,我们不需要您填写,只要您回答问题就行了

任务 2.3 市场调查报告撰写

任务要求

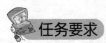

各模拟公司成员在学习市场调研报告相关知识及撰写技巧的基础上,根据实际调查资料撰写《×××市场调研报告》。

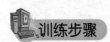

训练步骤

步骤一:市场调查报告重要性认知

由实训指导老师介绍该项目实训的目的与要求,对市场调研报告的实际应用价值予以说明,调动学员实训操作的积极性。

步骤二:调查报告相关知识"再现"

实训指导老师适当讲解市场调研报告的结构及撰写的原则、步骤及技巧。

步骤三:相关范例研读

各模拟公司成员认真研读相关的市场调研报告范例,作为本实训项目操作的参考。

步骤四:撰写市场调研报告

各模拟公司认真撰写市场调研报告,并在规定时间内提交实训指导老师。

实训指南

在对市场调查的资料进行整理和分析工作完成以后,下一步就要提出调查研究报告,供委托者或本企业管理层做决策的参考。调研报告是营销调研过程中最重要的一环,市场营销调研报告的提出和报告的内容、质量,决定了企业领导据此决策行事的有效程度。

2.3.1 市场调查报告格式

市场调研报告的格式主要包括三个部分:前言部分、主体部分和结尾部分。

1. 前言部分

前言部分主要包括标题页、目标表、委托信、摘要/工作小结等。

(1) 标题页

标题页注明营销调研的主题、委托客户的单位名称、营销调研的单位名称和报告日期,如图 2-6 所示。

温州市西服市场品牌竞争状况营销调研分析 委托单位：温州市红都服饰有限公司 调查机构：温州嘉和营销策划公司 报告日期：2012年6月

图 2-6　标题页格式

(2) 目录表

目录表帮助找出调研报告中信息的位置。目录表将调研报告的内容大纲按其出现的情况准确列出,并标明其出现的页码。

(3) 委托信

委托信是客户在调研项目正式开始之前写给调研者或组织的。它具体表明了客户对调研的总体安排与要求。

(4) 摘要/工作小结

摘要或工作小结应当包括调研的对象、调研的范围、调研方法、调研结论和建议。它是整个调研报告的"骨架",是市场调研中最有用的信息的综合,应尽可能精确地表述,篇幅不宜过长。

2. 主体部分

主体部分包括调研的目的、调研方法与步骤的阐述、样本分布的情况、调查表的内容、统计方法及数据、误差估计、在技术上无法克服的问题、调查结果、结论及建议等。是调研报告中篇幅最长的部分。具体包括以下几个部分。

(1) 引言

市场调研报告应该包括对营销调研报告目的、揭示的内容、调研原因的必要背景信息的陈述,使读者对报告有所了解。

(2) 调研方法

调研方法陈述的目的是使读者了解是怎样收集数据,结论是怎样得出的。主要描述的是:该调研是怎样进行的,调查对象是谁(或什么),是采用何种方法来达到调研目的的。如果使用了第二手信息,需要注明来源。在大多数情况下,调研方法部分不需太长。

(3) 结果

结果部分是调研报告的主要内容,它从逻辑上表述调研的最终发现,应该围绕调研目的来进行组织。以陈述形式并配以表格、图表、图形和其他适当的可视图来进行表述。

(4) 结论与建议

结论与建议可以分列,也可以合在一起,取决于汇报的必要内容的多少。结论与建议是有区别的,结论是以调研结果为基础得出的结果或决策。而建议是以结论为基础关于怎样推进工作的提议。建议属于调研发现范围之外的知识,即关于企业、产业等情况的信息。因此,调研者应慎重地提出建议。

3. 结尾部分

结尾部分包括读者进一步研读所需要的,但对报告数据并非必要的附加信息,如表格、图形、附加读物、技术性描述、数据收集表、统计资料原稿、访问者约会记录、参考资料目录等。这部分由附录组成,标题列入目录表中。

2.3.2 市场调查报告写作技巧

市场调查报告的写作技巧主要表现为运用一些图表有效地展示数据资料,清晰简洁地表述报告所要传达的信息。

1. 表格

在调研报告中恰当地运用有关表格对精确值进行确认,并使读者对数据资料进行比较。各杂志阅读比例及重复阅读率如表 2-6 所示。

表 2-6 各杂志阅读比例及重复阅读率

杂 志 名 称	阅读比例/%	重复阅读率/%
《销售与市场》	25	26
《青年文摘》	20	23
《现代营销》	15	9
其他	19	30
无	30	6

2. 饼形图

饼形图是一个被分成许多部分的完整的圆。饼形图的每一部分代表整圆面积与相关联组成部分的百分率。

有关部门对温州红枫服饰企业的顾客满意度进行的一次深入调查,调查结果用饼形图表示,如图 2-7 所示。

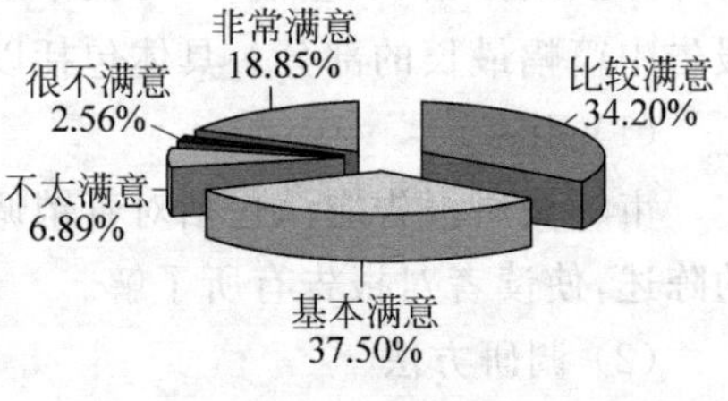

图 2-7 温州红枫服饰企业的顾客满意度

饼形图的组成部分应该有限定数目(5～6 个)。如果数据分为许多小的部分,可以考虑把最小的部分或最不重要的部分并入"其他"或"组合"类。

3. 线形图和柱状图

线形图和柱状图用来对项目进行跨时间比较或者说明各项目间的相互关系,如图 2-8 和图 2-9 所示。

4. 流程图

流程图适用于例证序列,显示各主题之间的相互关系,如步骤 1,步骤 2,…,如图 2-10 所示。

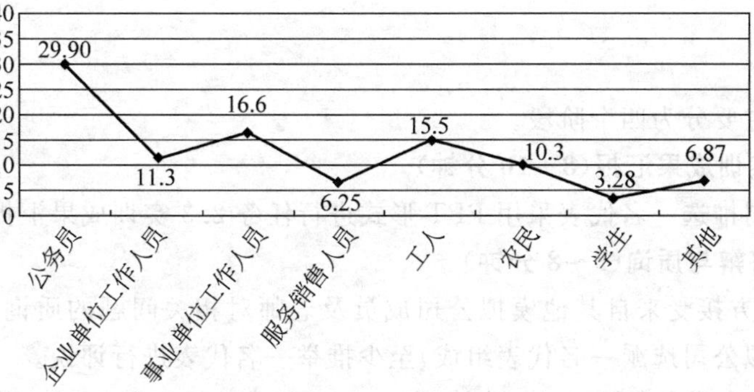

图 2-8　浙江省某旅游景区的游客职业分布曲线图

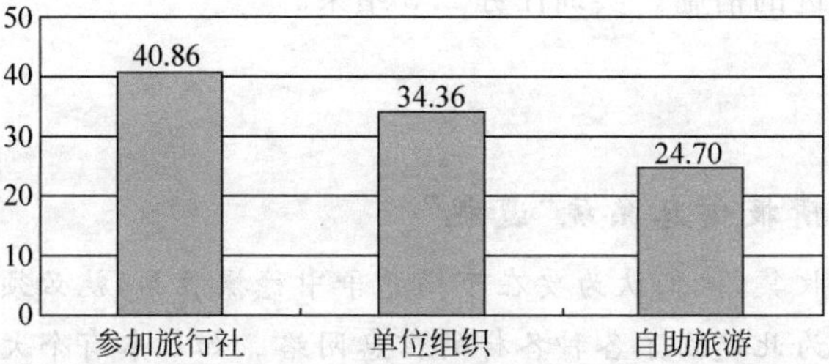

图 2-9　浙江省某旅游景区的游客旅游方式柱状图

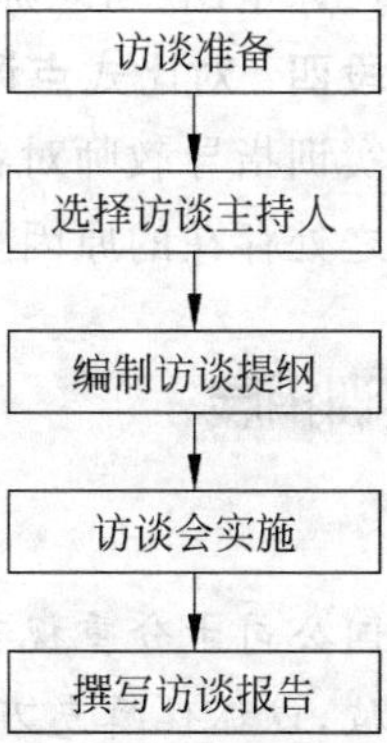

图 2-10　小组访谈程序图

活动设计

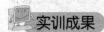

根据公司市场营销调研实际，撰写市场调研报告。

实训成果

各模拟公司按以下要求撰写、提交《×××市场调研报告》一份，见表 2-7，字数不少于 1500 字。报告内容要逻辑严谨、数据准确、文风质朴、简洁生动、通俗易懂、用词恰当，并且要善于使用表格、图示等进行表述，避免文字上的累赘。

表 2-7　×××市场调研报告

时间	
模拟公司名称	
项目负责人	
执笔人	
项目团队成员	
➢ 目录 ➢ 正文	

实训考核

实训考核主要分为四个阶段。

阶段一：实训成果汇报(8～10分钟)

各模拟公司推选一名代表采用PPT形式进行任务2.3实训成果汇报。

阶段二：答辩与质询(5～8分钟)

首先,汇报方接受来自其他模拟公司成员及老师对相关问题的质询；然后,学员“评审团”(由各模拟公司选派一名代表组成)至少推举一名代表进行评说。

阶段三：师生联合考评(3～5分钟)

学员“评审团”会同实训指导老师一起按考评标准对各个模拟公司的实训成果进行评定(学员“评审团”与老师的考评分数分别占总成绩的40%与60%)。

阶段四：对比式点评(5～8分钟)

由实训指导教师对各模拟公司的实训成果进行对比式点评,指出好的方面,并分析指出不足之处存在的原因及进一步改进的措施。实训任务2.3结束。

实训拓展

日本情报信息系统“透视”

跨国公司十分重视市场信息的收集,他们认为要在市场竞争中稳操胜券,就必须做到知己知彼,以抓住瞬息万变的商机,为此建立了各种各样的信息网络。如日本有个大综合商社的情报机构遍布全球,昼夜不停地收集政治、经济、军事、科技、社会等各类信息,进行综合性、战略性的研究。他们在信息的搜集与传递方面,甚至被认为超过了美国中央情报局。日本政府也经常利用该商社的信息。

三井物产公司的“三井环球通信网”,是日本几大综合商社海外信息网中最有代表性的,它派遣的驻外人员有1000多人,雇用当地人员2000多人。共有5个电脑控制的通信中心,与世界上79个国家的133个分支机构,进行24小时昼夜不停的联络。各通信中心之间通过人造卫星进行联系,各种信息输入电脑后由电脑自动传输,一般信件通常只需四五分钟即可传递给远方的收件人,每天的通信总量达2万次以上。三井物产公司依靠这个通信线路长达40万千米的庞大的、昼夜不停的通信网,注视着世界每一个角落的风云变幻,掌握着世界各地的经济动向和贸易上所需要的任何一个哪怕是极其微小的情报,以提高三井物产公司在世界贸易中的竞争能力,为打入、占领世界市场而不懈地工作。

日本获得经济信息的速度十分惊人：5～60秒即可获得世界各地金融市场行情；1～3分钟即可查询日本与世界各地进出口贸易商品品种、规格的资料；3～5分钟即可查询并调用国内外1万个重点公司企业当年或历年经营生产情况的时间系列数据,5～10分钟即可查询或调用政府制订的各种法律、法令和国会记录；5分钟即可利用数量经济模型和电脑模拟画出国际、国内经济因素变化以及可能给宏观经济带来影响的变动图表和曲线；随时可以获得当天全国各地汽车销售、生鲜食品批发等情况,取得市场产、销、存、价格等的变化。

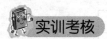

项目3

营销策划实训

知识目标

1. 加深对营销策划实际应用价值的认识，培养学生解决营销实际问题的能力。
2. 掌握常见的营销策划类型及其策划方案撰写的方法与技巧。

能力目标

通过本项目的实训，使受训人员能针对本模拟公司的市场营销实际业务，为本公司设计、制订切实可行、操作性强、实施效果好的产品策划、广告策划、公共关系策划与营业推广策划等常见的营销策划方案，并实施。

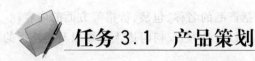

任务3.1 产品策划

任务要求

各模拟公司为本公司某一产品进行营销策划，并形成切合实际的、操作性强的“××产品营销策划书”一份。

训练步骤

步骤一：产品策划重要性认知

由实训指导老师介绍该项目实训的目的与要求，对产品策划的实际应用价值予以说明，调动学生实训操作的积极性。

步骤二：产品策划相关知识"再现"

实训指导老师适当介绍产品策划的相关知识。

步骤三：相关范例研读

各模拟公司成员认真研读相关的产品策划范例，作为本实训项目操作的参考。

步骤四：相关资料搜集

各模拟公司根据新产品上市策划的要求，查找与实训任务相关的信息资料，为撰写产品策划方案做好充分的准备。

步骤五：撰写产品策划方案

各模拟公司认真撰写"××新产品上市策划书"，并在规定时间内提交实训指导老师。

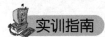

实训指南

3.1.1 产品策划认知

产品策划是指企业如何使自己的产品或产品组合适应消费者的需求与动态的市场开发活动的谋划。主要包括新产品开发工作策划、处理产品从诞生至报废的全过程策划、从核心产品、形式产品到附加产品的策划等几方面，本节重点阐述新产品上市策划。

3.1.2 新产品上市策划编写

新产品上市策划指的是新产品开发完成以后，选择适当时机、适当价格、适当市场进入方式的具体实施方案。新产品上市策划书的编写要点主要有：

(1) 大纲；

(2) 市场分析；

(3) 产品计划，主要包括产品的名称、包装、价格等方面的内容；

(4) 市场计划，主要包括以何种方式、何时进入市场以及所选择的销售渠道及销售方式等；

(5) 广告及媒介策略；

(6) 促销方式。

3.1.3 新产品上市策划书范例

【范例 3-1】

×××牌饮水机上市计划书

大纲。

略。

一、饮水机消费心理分析

1. 基本需要

自来水厂用于消毒的氯会致癌，水管生锈，水塔脏使人们对饮用水的安全性担忧，而饮水机可以有效地克服自来水所带来的这些问题。

2. 选择性需要

不能杀菌的净水器，反而成为细菌的温床。根据消费者文教基金会检验报告，本品牌产品是能杀菌的饮水机。

3. 两种需要的比较

经过其他品牌饮水机的长期市场开拓，如今本品牌产品进入市场，在传播上已无须强调基本需要，只需强调选择性需要。但由于业界在产品性能上粗制滥造且无法杀菌，更没有做好售后服务，加上 2010 年 1 月 15 日消费者文教基金会的检验报告：除 TW 牌及 JX 牌外，其他均无法杀菌；结论为可不安装滤水器。这使消费者对是否需要滤水器产生疑问，因此在信息传播上，既要强调基本需要，又要强调选择性需要。

4. 目标消费阶层素描

略。

二、产品生产计划

略。

三、渠道推广计划

渠道推广计划见图 3-1。

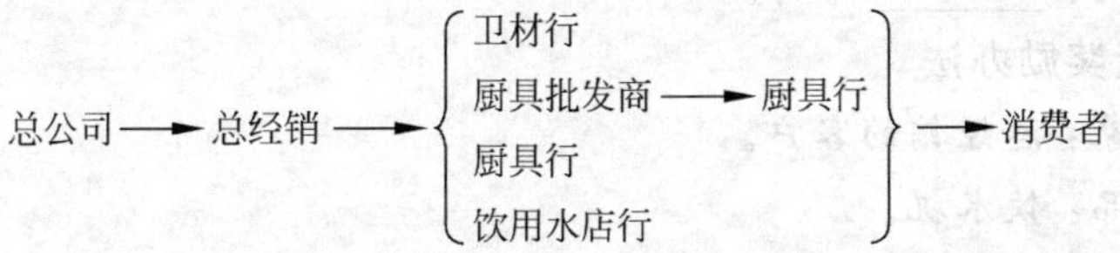

图 3-1　销售通路图

(1) 第一种销售通路。

(2) 第二种销售通路。

邮购(电话订购)。

说明略。

(3) 由于饮水机关系到人体健康，消费者购买时将非常谨慎，所以，不可采用挨家挨户的直接推销方式，否则，将破坏本公司的形象，导致销售无法顺利进行。

四、价格计划

(1) 价格表。

略。

(2) 本品牌产品价格稍高于同类品牌，但消费者购买能力并无问题。最重要的是在传播上宣传本品牌的优越性，则可以较高的价位畅销市场。

五、总公司针对总经销的促销办法

(1) 促销对象：各总经销处。

(2) 促销商品：饮水机。

(3) 促销期间、办法内容、总公司配合事项。

略。

六、总经销针对客户的促销办法

策略一：先采用早期进货办法，然后采用零星进货办法。若早期进货办法不理想，则紧接着采用累积进货台数办法。

1. 早期进货奖励办法

(1) 促销对象：总经销的客户。

(2) 促销商品：饮水机。

(3) 促销期间、办法内容、奖金发放日期、本办法评估。

略。

2. 零星进货奖励办法

(1) 促销对象：早期进货的客户。

(2) 促销商品：饮水机。

(3) 促销期间：自早期进货起至________月________日止。

(4) 办法内容。

①奖励办法(表略)；②早期进货部分也可比照此奖励比例。

例：某客户早期进货 60 台，享有 5.5%奖励。零星进货 40 台，可享有 7%的奖励。

(5) 票期规定：________个月。

3. 累积进货奖励办法

(1) 促销对象：总经销的客户。

(2) 促销商品：饮水机。

(3) 促销期间、办法内容(略)。

(4) 票期规定：________个月。

策略二：先采用累积进货办法，紧接着采用年底促销办法。

1. 累积进货奖励办法

(1) 促销对象：总经销的客户。

(2) 促销商品：饮水机。

(3) 促销期间、办法内容(略)。

(4) 票期规定：________个月。

本办法评估(略)。

2. 年度促销奖励办法

(1) 促销对象：享有上述累积进货奖励办法的客户。

(2) 促销商品：饮水机。

(3) 促销期间、办法内容(略)。

(4) 票期规定：________个月。

本办法评估(略)。

活动设计

各模拟公司为本公司的某一新产品上市进行“新产品策划”，并形成切合实际的、操作性强的、规范的、完整的"××新产品上市策划书"一份(有条件的模拟公司可以将该策划书予以实施)。

实训成果

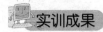

各模拟公司按以下要求撰写、提交《××新产品上市策划书》一份,见表 3-1,字数不少于 1500 字。要求内容逻辑严谨、数据准确、文风质朴、简洁生动、通俗易懂、用词恰当,并且善于使用表格、图示等进行表述,避免文字上的累赘。

表 3-1　××新产品上市策划书

时间	
模拟公司名称	
项目负责人	
执笔人	
项目团队成员	
➤ 目录 ➤ 正文	

实训考核

实训考核主要分为四个阶段。

阶段一:实训成果汇报(8～10 分钟)

各模拟公司推选一名代表采用 PPT 形式进行任务 3.1 实训成果汇报。

阶段二:答辩与质询(5～8 分钟)

首先,汇报方接受来自其他模拟公司成员及老师对相关问题的质询;然后,学员"评审团"(由各模拟公司选派一名代表组成)至少推举一名代表进行评说。

阶段三:师生联合考评(3～5 分钟)

学员"评审团"会同实训指导老师一起按考评标准对各个模拟公司的实训成果进行评定(学员"评审团"与老师的考评分数分别占总成绩的 40%与 60%)。

阶段四:对比式点评(5～8 分钟)

由实训指导教师对各模拟公司的实训成果进行对比式点评,指出好的方面,并分析指出不足之处存在的原因及进一步改进的措施。实训任务 3.1 结束。

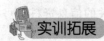

实训拓展

产品市场生命周期不同阶段的促销

企业在设计产品促销方案时应考虑促销目标、市场特性、产品性质、产品生命周期等因素的影响。产品市场生命周期不同阶段促销目标与促销组合见表 3-2。

表 3-2 产品市场生命周期不同阶段促销目标与促销组合

产品生命周期	促销目标重点	促 销 组 合
投入期	建立产品知晓度	介绍性广告、人员推销
成长期	提高市场知名度和占有率	形象建立型广告等
成熟期	提高产品的美誉度,维持和扩大市场占有率	形象建立和强调型广告、公共关系,辅以营业推广
衰退期	维持信任和偏好、大量销售	营业推广、提示型广告

任务 3.2 广告策划

任务要求

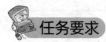

各模拟公司为本公司某一产品进行广告促销策划,并形成切合实际的、操作性强的“××产品广告策划书”一份。

训练步骤

步骤一:产品策划重要性认知

由实训指导老师介绍该项目实训的目的与要求,对广告策划的实际应用价值予以说明,调动学生实训操作的积极性。

步骤二:广告促销策划相关知识“再现”

实训指导老师适当介绍广告促销策划的相关知识,如:广告计划编制、广告创意策划、广告文稿拟定、广告经费预算、广告方案撰写等。

步骤三:相关范例研读

各模拟公司成员认真研读相关的广告促销策划范例,作为本实训项目操作的参考。

步骤四:相关资料搜集

各模拟公司根据某一产品广告促销策划的要求,查找与实训任务相关的信息资料,为撰写广告促销策划方案做好充分的准备。

步骤五:撰写广告促销策划方案

各模拟公司认真撰写“××产品广告促销策划书”,并在规定时间内提交实训指导老师。

实训指南

3.2.1 广告实施计划

广告实施计划是指整个广告活动的行动方案，包括广告目标以及为实现广告目标而采取的方法和步骤，是侧重于规划与步骤的行动文案。它包括广告调查、广告任务、广告策略、广告预算和广告实施等方面的内容。

广告实施计划按时间长短划分，可分为长期、中期及短期广告计划；按广告媒体划分，可分为媒体组合计划和单一媒体计划。

1. 广告计划的编制

广告计划的编制流程有如下几点。

(1) 进行市场调查

市场调查是制订广告计划的第一步。它是运用科学的方法，有目的、有计划、系统而客观地收集、记录、整理与广告产品或形象有关的情况和营销方面的数据，为制订广告计划提供科学的依据。

广告的市场调查内容主要包括广告环境调查、消费者调查、市场情况调查、产品调查、竞争对手调查、媒体调查等方面的调查。

(2) 确立广告目标

广告目标是指广告要达到什么目的。具体的有促进销售、传播信息、树立良好的产品形象等。制订广告目标要尽可能具体。

(3) 确立广告主题

广告主题是广告宣传的重点和所要表达的中心思想，贯穿于整个广告之中，使组成广告的各种要素有机地组合成一则完整的广告作品。主要由广告目标、信息个性(广告诉求重点)和消费心理三要素构成。

例 3-1

美国的宝来照相机公司，要向世界上生产照相机最优秀的日本推销照相机。这在局外人看来简直是不可能的，因为已经拥有佳能、美能达等优质名牌照相机的日本，不仅在国内照相机市场上实力雄厚，而且在国外的市场上也有很大的销售量。对此，宝来公司是这么做的：他们并非把一种照相机推销到日本市场上去，而是把一种“只要10秒钟就可以洗出照片”的喜悦提供给日本人，使日本的消费者感到这是一种享受与乐趣。最终，美国宝来公司在日本市场上取得了丰硕的收获。

这种“只要10秒钟就可以洗出照片”的喜悦已经超越了照相机的一般概念，而是从中寻找出另外一种意义，也就是找出了广告的主题。

(4) 确定广告创意

广告创意是表现广告主题的构思，是广告策划活动的灵魂。广告即使主题明确，但缺乏创意，也不可能引人入胜、让人注目，难以取得良好的广告效果。当然，如果广告创意标新立异，但与广告主题不协调，反而会使广告的主题思想不能得到正确有利的表现，干扰或转移广告主题，削弱广告效果。

例 3-2

孙悟空的形象第一次出现在门锁的宣传广告中：孙悟空的金箍棒有力地打下去，门锁纹丝不动，丝毫没有损伤，以显示门锁的坚固可靠，牢不可破。可以说这一广告创意准确，也很成功。

但是从此之后，孙悟空的形象频频出现在诸如金猴奶糖、金猴皮鞋等商品上，甚至手表上也来一个金猴。这种广告创意让人感到牵强附会、毫无个性。

(5) 确定广告表现形式

广告的表现手段虽无一定规则，但也应本着广告的目标与条件来选择最佳的广告表现形式。如电视广告的表现形式有说明型、证明型、名人推荐型、故事型等。广播广告的表现形式有直接型、对话型、访问型等。

(6) 确定广告预算

广告预算是广告活动经费的总投资，也是广告计划中的一项重要内容。广告预算提出广告费用可以开支的数目和具体的分配方案。原则上是以最少的广告费用取得最大的广告效果。广告预算主要包括调查预算、策划预算、设计制作预算、实施预算及评估预算等。

(7) 选择广告媒体

广告媒体是广告信息得以传播的工具。因此，广告计划必不可少的内容和程序之一便是根据产品与媒体的特点，来恰当地选择媒体，使广告信息传播取得最佳的效果。

(8) 制订广告的实施策略

广告策略是实现广告活动目标的措施与手段。广告策略实施是根据企业内外的环境、条件、广告活动的内在规律，以及广告目标的要求而制订的决策方案。其主要策略有选择合适的广告方式、广告范围、广告时机以及企业整体促销策略的运用等。

2. 广告计划编制格式

通常情况下，一份完整的广告计划需要包括前言、市场分析、广告预算、广告建议事项、广告媒体策略以及广告效果评估六项内容。具体内容如下。

(1) 前言

前言是广告计划的开头部分，具体说明广告计划报告的任务和目标，必要的时候还应把广告实施计划的要点概括出来，以方便企业了解全貌。

(2) 市场分析

市场分析主要是对公司及产品的历史、产品的具体情况、目标消费者以及竞争对手四个方面进行具体分析。

① 公司及产品的历史

一般极简短地介绍公司历史概况、产品历史。内容应围绕本产品或品牌的背景、专利权或技术上的历史、在社会上的重大影响、过去的广告预算、广告主题、媒体或媒体投放的状态、目前的广告中或推广上所使用的创意主题、目前本品牌所面临的问题点和机会点等几个方面进行展开。

② 产品状况

产品状况分析是广告计划中比较重要的一部分内容，必须对一切可能影响到产品或劳务销售的要素进行概要分析。一般可围绕本产品的价值体现；销售范围的广泛性；在过去几年中，产品线或市场开拓的变化情况；本品牌认知度、理解度和接受度如何；本产品与竞争对手相比，其独具特色之处；与竞争者相比，本产品的特点、成分、用途、消费者、接受等方面的竞争结果怎样；服务方面的情况怎样；现在的使用者满意度如何等方面进行展开。

③ 消费者分析

消费者分析在广告计划的编制中也很重要，分析的具体内容主要有目标消费者的基本情况、对本产品的态度及消费行动情况三个方面。

④ 竞争对手分析

对竞争对手的营销与广告策略进行分析，可以找到本公司广告战略的发展方向及其发展理由，为广告策划及其实施提供了一个衡量的参照物。竞争对手分析主要包括竞争对手产品的市场占有率、市场网络分布、促销方式等；竞争对手产品的知名度、美誉度；竞争者目前广告活动的策略、广告主题的变化、广告费用分配情况、针对对象以及广告产生的影响等。

(3) 广告预算

广告预算是对广告活动中可能发生的各种支出费用进行准确估计，并汇总形成预算。具体包括调查费用、广告实际制作费用、广告媒体费用、其他相关费用等。广告预算表的结构及具体内容如下。

① 表头

表头通常包括广告项目、广告时间、广告企业及其负责人、广告单位及其负责人、广告预算总额、编制人员及日期。

② 表体

表体是广告预算书的主要部分，一般包括预算项目、支出内容、广告设计费、广告制作费、广告媒体费、广告单位管理费、促销公关费、广告机动费。还包括其他费用，如邮费、差旅费、劳务费等。

③ 表脚

表脚通常是对广告预算书内容和文字的解释和说明。

(4) 广告建议事项

广告建议事项是广告计划的核心，主要包括如下内容。

① 产品问题点、机会点

产品问题点、机会点用半页左右的篇幅清晰地叙述现存的主要问题，它可能是一个产品的质量问题，也可能是行销问题。

② 广告目标

广告目标简短地说明此次广告活动的总目的。如是提高知名度、促进销售，还是树立形象等。

③ 广告定位

广告定位简要说明广告应在消费者心中占据的位置,消费者看了广告之后会产生何种反应。

④ 广告诉求对象与诉求内容

广告诉求对象与诉求内容是整个广告计划中最重要的部分,一定要陈述得清楚详细。

⑤ 广告表现

广告表现这一部分包括制作出来的具体的广告创意作品。主要内容包括:

- 印刷文体所用的文稿图案和布局
- 广播脚本
- 电视脚本
- 广告主题文辞和美工表现
- 包装设计、插图等
- 户外广告牌之设计
- 广告特制品等

(5) 广告媒体策略

广告媒体策略要对广告媒体计划进行清晰、完整而简短的陈述。至少要包括媒体目标、媒体组合及媒体计划三个方面的内容。

(6) 广告效果评估

广告效果评估是广告计划书的最后部分,主要说明广告效果的评估方法与评估控制程序,检验广告计划的执行情况以及广告是否达到预期目标。

3.2.2 广告创意策划

广告的成功与否,仅仅依靠周密的科学的程序化运作是远远不够的,还必须赋予独具匠心的创意。在广告创意策划中,应坚持以广告主题为核心,以新颖独特为中心,以形象生动为特色的原则来进行策划。广告创意策划主要表现在以下方面。

1. 广告主题的创意策划

广告主题的策划要点主要包括充分体现广告促销战略和策略,凸显促销功能,针对广告促销对象心理以及较高的审美价值等几个方面,如表 3-3 所示。

表 3-3 广告促销对象心理需求与广告促销主题

企业及其产品	广告促销对象心理需求	广告促销主题
福建“长富牛奶”	获得新鲜、营养、有益健康的奶制品	24 小时保鲜快送——“新鲜看得见”
新肤螨灵霜	拥有健康美丽的皮肤	光润健康每一天
海南养生堂一朵尔胶囊	出自健康的美丽	以内养外,以血养颜
阿尔卑斯奶糖	浪漫与甜蜜的生活	见证甜蜜每一刻

2. 广告创意策划常见模式

广告策划模式根据广告诉求的手法不同可以分为理性诉求模式、感性诉求模式、混合型模式三种。

(1) 理性诉求模式

理性诉求模式通过反复证明、示范、对比等方法向消费者仔细地解释、介绍产品或服务，诉诸消费者的理性判断。该模式强调逻辑分析，陈述产品的优点、利益与特色，进而说服消费者的选择是最理想的。具体分为直陈式、论证式、说明式、证言式等形式。

① 直陈式。这一模式要求准确、客观、直截了当、简单精练地陈述商品的特性，以事实服人，比较适用于特性比较显著的商品或服务。

例 3-3

- 福建"长富"牛奶："24 小时保鲜快运，新鲜看得见"。
- "潘婷"洗发水：强调"洗发、润发二合一功效"。

② 论证式。这一创意模式以说理为主要表现手段，要求论点突出、论据充分、论证严密，讲求以理服人。

例 3-4

药到"命"除

生病吃药，本该对症下药，以收到"药到病除"之功效。但据专家表示，中国人常服成药，位居世界第一，这种未经合格医生诊断，擅自服药的习惯，往往造成药到"命"除的不幸事件。造成这种危险性的原因是：市面伪药太多。所谓伪药就是指假药、劣药、禁药及其他违法药品。据省卫生处调查，台湾平均每年查获伪药案件多达 150 件(实际存在情形还不止此数)，被查获的只是众多伪药中的一小部分。由此可以推断，伪药在全省药品中占有相当高的比例，实在是太可怕了！

吃到伪药后果非常严重，因为伪药毫无药效可言，而且那些缺乏药学常识制造假药的不法之徒，往往采用廉价的类似原料来做代用品，大多含有致命毒素，有些即使毒性较轻，也有害于病情，延误最佳的治疗时间，戕害健康，甚而贻害子女，遗憾终生。有病找医生，不要乱吃药，因为病人体质各异，病情轻重不同，各种药品的治疗效果又不一样，不经诊断而乱服成药，未必可以治疗疾病，反而会有危险，岂能掉以轻心？生病时，还是应到合格医院诊断，按照医生处方，在指定的药房购买，以确保自己健康、幸福！

这则广告文案首先提出一个事实：国人常服成药，并指出擅自服成药会造成"药到命除"的后果，进而论述原因和避免的方法。观点明确，论述充分，消费者看后肯定会引以为戒。

③ 说明式。这一创意模式以说明为主要表现手法，主要针对商品的性质、特点、成因、功用等加以详尽说明，使消费者详细地了解商品的有关信息。

例 3-5

原色酱油好

长沙双凤酱油厂为其厂的“双凤牌”酱油所做的路牌广告如下：

本品以豆麦为原料，采用低盐固态发酵新工艺酿制，未加影响人体健康的化学合成色素，色浓味鲜、营养丰富、久储不变质。

酱油是日常生活中的必需品，城镇消费者几乎每天都离不开它。消费者对酱油的心理要求非常简单，也非常明确，那就是味道好且有益健康。这一广告的作用针对消费者的这一心理，有的放矢，用简短的文字，高度凝练地点出了产品的原料、工艺、口感、质量，宣扬了双凤酱油是色、香、味俱全，有益健康的产品这一主题。

④ 证言式。由于有关产品或服务方面的专家鉴定、获奖的名称、等级或证书、消费者的反映等这些资料具有很强的权威性与说服力，因此证言式的广告创意模式便是运用这些资料进行广告宣传，用事实来说服消费者。

例 3-6

春兰空调广告

品质超群 再获殊荣

1994 年 5 月，春兰空调率先通过由国际标准化组织颁布的 ISO 9001 国际标准认证。

ISO 9000 系列标准由国际标准化组织颁布，当时已被 50 多个国家和地区所采用，被誉为企业进入国际市场的“通行证”。其中，ISO 9001 系列标准规定了从产品设计到售后服务的质量保证体系要求，是最为全面的标准。

1995 年新春伊始，又传佳音：全国 48 家商场联袂推举公认，《消费时报》第十次产品质量市场评价揭晓：春兰系列空调再次荣居空调产品榜首。

春兰人感谢广大消费者的信任与厚爱，在新的一年中，将再接再厉，为用户提供更加精良的服务。

这则广告以无可辩驳的事实，说明了春兰空调高质量的特征，使人深信不疑。

(2) 感性诉求模式

理性诉求模式是从概念化、理性化的角度来诱导消费者购买，在产品供不应求的情况下运用，效果比较明显。而感性诱导不是从商品本身的特点出发，是通过极富人情味的方式，去激发消费者的情绪或情感，以满足消费者心理和精神方面的需求。其常见模式有：

① 描写式。这种模式大都以生动细腻的描绘和刻画来达到激发消费者情感和欲望的目的。

例 3-7

"桃花雾"润肤露广告

秋天似乎都这样
所有姿色瞬间消失在
阵风之中
或待酸雨碱尘慢慢
一片片地剥落
青春不长驻
娇颜不长保
秋天似乎就这样
秋天也许是这样
汲千年古名泉
化神奇桃花雾
补充水分
滋润肌肤
于雨后初晴时
再现春色……
秋天可以是这样

整则文案把产品的特点"汲千年古名泉,化神奇桃花雾,补充水分,滋润肌肤"以及消费者使用后所获得的雨后初晴般的感觉,都巧妙地融入这首优美的散文诗之中。

② 幽默式。幽默式的广告文案要求运用轻松、俏皮的语言,吸引和保持消费者的阅读兴趣,创造出一种轻松诙谐的气氛,以加深消费者对广告产品的印象和认识。

例 3-8

"雪铁龙"汽车的广告

春秋战国时代,孔子率门人周游列国……

一路颠簸,二度修车,花费甚多。当时,若得雪铁龙一部,子必曰:帅哉!雪铁龙!超值新价,唾手可得,不复奔波劳苦,不亦乐乎!免费维修,了却烦恼,让春风化雨,不亦乐乎!

③ 拟人式。这种模式将企业或商品的特性人格化,以达到使商品或企业等的形象更加鲜明突出,缩短消费者认知商品距离的目的。

例 3-9

"肥城桃"广告

我叫肥城桃,这次来香港,还是平生第一次。所以也难怪各位看见我就"啊呀"直叫了

(谁叫我生得大得惊人呢?)。在咱们家乡——山东,我可是早与莱阳梨、香蕉苹果齐名了。人们只要一提起山东水果的"三绝",总不会忘记我的名字的。

我所以不出"国门"一步,并不是因为我架子大,更不是因为我丑见不得人,恰恰相反,我生得一点也不丑,不是说大话,可能比莱阳梨好看得多。就是比香甜吧,我也不比它们两位差。讲内在呢,在某些方面,我还比它们强得多,什么维生素A、B、C……我都有,而且含量很丰富。只有一样,我始终没法跟它们比,那就是我生来身子(皮)单薄,而且越到好吃的时候,皮越加薄,汁越加多,谁只要把指儿一挑,我就完蛋——汁就会流个一滴不剩……

整个广告以第一人称的口气,饶有趣味的语言,使本身富有感情的"肥城桃"形象鲜明,个性突出,惹人喜爱。

(3) 混合型模式

混合型模式是将理性诉求和感情诉求融为一体的广告创意策划。广告诉求既动之以情,又晓之以理地说服消费者。多用于高档耐用品和奢侈品的宣传。

例 3-10

名粤花园广告

在众多的楼宇中,我为什么选择了名粤花园? 因为她……

唯一感到不便的是紧贴广州大道、离地铁出口太近,因而亲朋好友会轻易找上门来。唯一缺少的东西是污染,孩子认识的第一种颜色将是绿色,因为数百亩受重点保护的果树园林环绕周边,让人不看也难……

这就是名粤花园,令人神往的花园!

集别墅、住宅、写字楼、商场于一体,宝石蓝玻璃幕墙、快速电梯、自动扶梯,送IDD电话、空调器、抽油烟机;每一平方英尺仅357元起,一次性付款可享受8.5折优惠(15天内有效),每10套房设大奖一份。免一切代理费和转证费。

我打坏了算盘,算来算去,还是这里最划算。

这则广告充满了感情色彩的语言,用"讲缺点"的形式宣传名粤花园的优点,创意奇妙,让人叫绝。

3.2.3 广告文稿

广告文稿是广告的核心部分,包括相关的绘画、照片及布局等方面的内容,在本节中,只对广告文稿中的文字部分进行阐述。

广告文稿一般由标题、口号、正文、随文4个部分组成。

1. 标题

广告标题是对广告主题的凝结与提炼。在广告中,标题往往放在最重要的位置。其主要功用就是在瞬间内刺激消费者,诱导其读广告正文的兴趣,以激发其购买欲望,最终促使其采取购买行动。常言道"题好一半文"、"题高文自高",广告创作也是如此。一个成功的广告,必定有着成功的标题;一个成功的标题,往往会取得事半功倍的效果。

相关链接 3-1

大卫·奥格威在《一个广告人的自由》中说："标题是大多数平面广告最重要的部分。它是决定读者是不是读正文的关键所在。读标题的人平均为读正文的人的5倍。换句话说，标题代表着一则广告所花费用的80%。"

广告标题从其形式和内容划分，可分为直接标题、间接标题和复合标题。

(1) 直接标题

直接标题就是在标题中把最重要的广告信息开门见山地告诉消费者，具有直陈其事、简单明了、实用方便、信息量大等优点。在具体广告的创作中往往以商标、商品或企业名称来为标题命名。

例 3-11

"壮骨关节丸"

"喝了娃哈哈，吃饭就是香"

"车到山前必有路，有路必有丰田车"

(2) 间接标题

间接标题不直接点明广告主题，而是通过采用多种表现形式对消费者提醒或暗示，吸引他们去读正文或看画面。具有生动、活泼、趣味性强的优点，会让人产生非要弄个水落石出不可的吸引力，从而间接导致购买行为的发生。

例 3-12

"最小的投入，最大的收益"——春兰空调广告

"盒中自有花满谷"——日本富士胶卷广告

"发光的不完全是金子"——某银器广告

(3) 复合标题

复合标题是兼取直接标题与间接标题两者之长为一体，既直接点出商品或牌号，又采用艺术手法使之具有一定的吸引力。一般由引题、正题、副题三部分组成。有时也可由引题与正题、正题与副题两部分组成。引题在前烘托气氛，吸引顾客，并引出广告信息的主体——正题。副题是对正题的进一步补充和说明。

复合标题适用于内容较多、较为复杂的广告文案，3个标题内容由简到详，由浅入深地表述广告信息。

例 3-13

• "四川特产，口味一流 ——引题

天府花生 ——正题

越剥越开心" ——副题

- 中国名酒 ——引题

  剑南春 ——正题

  芳香浓郁 醇和甘甜 清冽净爽 余香悠长——副题

2. 口号

广告口号,又称为广告标语或广告语,是指广告主为了维持广告宣传的连续性,共同运用于同一商品或服务的一系列广告中的一个带有强烈鼓动性的简短语句。它是企业长期使用的一种特定宣传用语,借以表现企业相对不变的广告宣传的基本概念或主题。

需要注意的是,尽管在内容和形式上广告口号都很像广告标题,但口号并不是标题。两者有明显的区别:广告标题是一则广告的题目,是广告内容的高度概括,是广告主题的体现,其主要作用是引导受众注意广告和阅读广告正文,与正文是不可分离的,当然更不能改头换面、张冠李戴。

例 3-14

"东西南北中,好酒在张弓"——河南张弓酒广告

"东奔西走,要喝宋河好酒"——河南宋河酒厂广告

"穿上双星鞋,潇洒走世界"——双星集团广告

"骑车九十九,还是骑永久"——永久自行车广告

"钻石恒久远,一颗永流传"——周大福钻石广告

3. 正文

广告正文是广告文案的主体,主要是介绍商品或服务的功能、用途、个性、特征、使用方法以及品牌、价格等内容。标题的功能在于吸引受众,而正文的功能则是说服受众;标题是提出问题,正文则是回答问题。

(1) 广告正文的层次结构

广告正文的层次一般包括:

- 开端。是紧接标题对商品作简要介绍的文字部分,在标题与正文之间主要起承上启下的作用。
- 主体。是广告正文的中心,主要是用关键性的、有说服力的事实或论据,说明商品或服务的质量和功能。
- 结尾。往往是再次点明商品独有的特点或服务特色,促使消费者采取购买行为。有的广告的结束语是承诺性的语言,有的则相当于广告口号,以再次突出广告主题。

(2) 广告正文的媒体表现形式

广告正文在不同媒体的广告中有不同的表现形式。具体表现为:

- 印刷广告。广告正文以文字语言来表现,一般称做广告文稿。
- 广播广告。广告正文以口头语言报道,称为脚本(CF)。
- 电视广告。广告正文则以口头语言、文字语言结合活动画面来叙述,称为故事板。

- 实物广告。广告正文则以文字语言配合商品实体来叙述，如橱窗广告、商品展销等。
- 其他形式。如交通广告、路牌广告、灯箱广告、幻灯广告等，都与印刷广告基本相同。

4. 随文

随文是指为消费者提供一些必要的线索和资料，具有资料性和实用性的一些信息，诸如企业及其销售点的名称、地址、电话、电挂、传真、邮政编码、开户银行、户头、账号、联系人等。

随文是广告文案中较次要的、备查备用的内容，一般都以不醒目的方式，把随文放在广告的末尾或次要的位置。

3.2.4 广告预算

广告预算是企业在一定时期内广告活动经费的一种估算。

1. 广告经费的构成

广告经费具体包括：

- 市场调查研究费用
- 广告设计费用
- 制作费用
- 广告媒体使用租金
- 机动费用等

2. 广告预算的确定方法

广告预算的确定方法具体有以下几方面。

(1) 销售比例法

销售比例法是根据企业已经完成的销售额或预计完成的销售额按一定比例(一般取2%～5%)确定广告预算的方法。

(2) 毛利比例法

毛利比例法是一种以毛利为基数按比例确定广告预算的方法。

(3) 竞争对抗法

竞争对抗法是一种以主要竞争对手广告费用支出来决定自身广告预算的方法。

(4) 市场占有率法

市场占有率法是根据企业自身与竞争对手市场占有率之比来确定广告预算的方法。

(5) 目标达成法

目标达成法是根据企业的市场战略、形象战略和营销目标，具体确定广告促销目标，再根据为实现广告促销目标所确定的广告促销战略、策略来进行广告促销预算的方法。

(6) 支出可能法

支出可能法是根据企业的财务状况，可能投入多少广告促销经费来确定广告预算的方法。适应于经济实力一般的中小型企业。

(7) 任意增减法

任意增减法是依据上年或前期广告促销费用作为基数,根据财力和市场需要进行增减,以此确定广告预算的方法。

3. 广告预算的分配

企业及其广告公关部门在确定了总的广告预算后,就必须针对广告计划的各项要求,将广告费用分配到各个具体的广告活动项目中去。广告预算分配的方法主要有以下几点。

(1) 项目分配法

项目分配法是指按广告活动的项目来分配广告费用。广告活动主要有这样几个项目:调查、策划、设计制作、发布、效果测定。一般情况下,广告调查、策划、效果测定的费用占总额的5%,广告设计制作的费用占总额的10%,广告发布的费用占总额的80%,另外剩余的5%作为机动费用。当然,也可根据企业及广告活动实际情况和各种变化,对各种广告费用的比例作适当的调整。

(2) 媒体分配法

媒体分配法是按广告的媒体进行分配。在电视、报纸、杂志、广播等各种媒体中,确定每种广告媒体应分配多少广告费。

(3) 地区分配法

在广告投入费用一定的情况下,根据各地理区域的人口、收入、媒体成本、竞争产品的广告投入量以及影响产品销售量的其他指标因素,合理地计算出各区域广告预算的分配数额。

(4) 时间分配法

时间分配法是按广告推进的时间进行广告费用分配。如对于一些季节性强的产品和新上市的产品,经常采取这一方法进行广告预算分配。

(5) 对象分配法

对象分配法是按广告计划中不同的广告宣传的受众对象(如机关客户、企业用户、最终消费者)进行广告费的分配。

4. 广告预算文案

广告预算文案是对企业广告活动所需的费用计划做相应的具体安排后所整理出来的文书。其形式只是一些开支项目的罗列。

例 3-15

广告预算书

委托单位:

负责人:

预算单位:

负责人:

广告预算项目:

期限：

广告预算总额：

预算员：

日期：

预算项目		具体内容			
		开支内容	实际费用	占预算比例	执行时间
市场调研费	文献调查				
	实地调查				
	研究分析				
广告设计费	报纸				
	杂志				
	电视				
	电台广播				
	其他				
广告制作费	印刷费				
	摄制费				
	工程费				
	其他				
广告媒介租金	报纸				
	电视				
	电台				
	杂志				
	其他				
服务费					
促销与公关费	促销				
	公关				
机动费用					
其他杂费开支					
管理费用					
审核意见					

3.2.5 广告策划文案

广告策划文案是对整体广告计划的运筹规划，为提出、实施、检验广告决策的全过程所进行的预先考虑和设想的文书。

一般广告策划文案主要包括下面11个方面的主要内容。

1. 封面

策划书封面应注明广告策划的形式、完成的日期、编号。用词应简明扼要,字数宜少不宜多。

2. 目录

目录涵盖广告策划文案的主体内容,不应忽视。目录必须能使人基本了解这个广告策划的全貌、思路、整体结构。

3. 前言

前言的作用在于总领整个广告策划文案。其内容应包括策划的缘起、广告主(企业)的基本情况、广告主目前所面临的问题。

4. 市场分析

市场分析包括该产品相关的市场情况、进口的同类产品的主要牌号、同类产品在市场中的占有率。

5. 消费者分析

消费者分析就是对各类消费者(现在的、潜在的以及目标消费者)的基本情况、消费行为及消费者对企业产品、企业形象的认识程度加以分析,以便确定广告目标。

6. 产品分析

(1) 产品个性内涵:从产品的原料、产地、品种、性能等因素中发现产品在现有市场上的独特性。

(2) 产品精神意义:从产品的个性中延伸、挖掘出可能带来的消费过程中的精神上的满足。

(3) 产品优劣比较:与同类产品进行比较。

7. 销售分析

销售状况分析将从销售渠道、竞争对手销售状况及其销售策略、目前销售存在的问题等几个方面进行分析。

8. 广告战略

成功的广告战略包括广告目标、广告地区、广告对象、广告创意等内容。

9. 媒体战略

根据广告的目标和对象,选择效果最佳的媒体把信息传达给广告对象。其中包括:媒体的选择和组合、媒体使用的地区、媒体中广告出现的频率及其广告的位置和版面等。

10. 广告费用预算

广告费用预算是广告策划书所必不可少的部分。预算应该详尽周密,各种费用项目应该细化并做到准确,能真实反映出实施该策划案的投入大小。

11. 广告效果评估

广告效果评估是对广告方案实施前后的产品推广情况进行检查和评价的手段。可以不定期地以问卷、座谈会等方式做广告效果的反馈或测定,以便随时修正广告策划案。

以上所列的格式要点,并不要求在每份广告策划案的编制中都面面俱到,应该随机应变,以解决当前问题为原则。

3.2.6 广告策划书范例

广告策划书

封面

××××广告策划书				
No.	主题：	年 月 日	部门	负责人
			广告策划	×××
1. 标题				
2. 前言				
3. 广告策划的背景				
4. 商品目录				
5. 概念设定				
6. 策划的具体性"核心"				
7. 功能组合的构造				
8. 问题点与课题				

目录(略)

××化妆品广告策划书

一、前言(略)

二、市场概况

1. ××化妆品的诉求重点与追求目标(略)。

2. 一般化妆品市场研究(略)。

3. 市场竞争状况(略)。

三、消费者研究

1. 消费者对此类化妆品的购买使用情况：(略)。

2. 消费者的化妆品情报来源分析：消费者对情报的信赖度，以朋友介绍及美容师介绍较高。最值得注意的是电视广告接触率为42.4%，但其信赖度却仅有6.6%，所以，电视广告只适合做企业形象宣传。

3. 本公司产品的特性(略)。

四、产品问题点、机会点

1. 产品的问题点(略)。

2. 产品的机会点(略)。

3. 产品的支持点(略)。

五、市场建议

1. 目标、目标消费对象(略)。

2. 定位：化妆品第一品牌。

六、商品定位(略)

七、行销建议(略)

八、创意方向与广告策略

1. 广告目的。

初期——打开知名度。中期——扩大产品知名度。以后——提高企业知名度及美誉度。

2. 广告创意及策略。

(1) 广告策略：打开知名度、加深品牌印象、促进销售及指名购买、建立企业形象。

(2) 传播过程：地点、时间、方式(略)。

九、广告表现

1. CF表现特别强调：自然之美、东方色彩、携带方便，使用简便。

2. 报纸广告之表现：主标题、副标题(略)。

3. 杂志广告之表现：主标题、副标题(略)。

4. 海报广告之表现：主标题、副标题(略)。

十、媒体策略

1. 时间(略)。

2. 广告费用：(略)。

3. 以电视为主要媒体，杂志为辅，报纸为次要。

4. 媒体编排必须兼顾CPM及G1<P。

5. 电视、杂志选择、报纸(略)。

十一、预算分配

6个月内广告总预算为×××万元，其中，×××万元为制作费。

1. 电视：刊播费为×××万元，占总预算的73%。刊播时段、刊播次数与费用(略)。

2. 杂志：刊播费为×××万元，占总预算的21%(具体略)。

3. 报纸：刊登费共×××万元，占总预算的6%(具体略)。

十二、广告效果测定

广告刊播后，不定期以问卷、座谈会等方式做广告效果测定，以便随时修正广告企划案。

(1)电视广告每星期测定1次。(2)报纸、杂志广告两星期测定1次。(3)每月举办消费者座谈会。

策划：×××

创意指导：×××

AD：×××

活动设计

各模拟公司为本公司的某一产品进行广告促销策划，并形成切合实际的、操作性强的、规范、完整的“××产品广告促销策划书”一份(有条件的模拟公司可以将该策划书予以实施)。

实训成果

各模拟公司按以下要求撰写、提交《××产品广告促销策划书》一份(见表3-4)，字数不少于1500字。要求语言逻辑严谨、数据准确、文风质朴、简洁生动、通俗易懂、用词恰当，并且善于使用表格、图示等进行表述，避免文字上的累赘。

表 3-4 ××产品广告促销策划书

时间	
模拟公司名称	
项目负责人	
执笔人	
项目团队成员	
➢ 目录	
➢ 正文	

实训考核

实训考核主要分为四个阶段。

阶段一：实训成果汇报(8～10 分钟)

各模拟公司推选一名代表采用 PPT 形式进行任务 3.2 实训成果汇报。

阶段二：答辩与质询(5～8 分钟)

首先，汇报方接受来自其他模拟公司成员及老师对相关问题的质询；然后，学员“评审团”(由各模拟公司选派一名代表组成)至少推举一名代表进行评说。

阶段三：师生联合考评(3～5 分钟)

学员“评审团”会同实训指导老师一起按考评标准对各个模拟公司的实训成果进行评定(学员“评审团”与老师的考评分数分别占总成绩的 40%与 60%)。

阶段四：对比式点评(5～8 分钟)

由实训指导教师对各模拟公司的实训成果进行对比式点评，指出好的方面，并分析指出不足之处存在的原因及进一步改进的措施。实训任务 3.2 结束。

实训拓展

格力“开心”开出大市场

一、背景：二线品牌集体跳水

2003 年的空调市场从一开春就开始闹腾。尽管空调价格战在这些企业的折腾和媒体的炒作下，大有风雨欲来之势。然而，明眼人还是一眼就看出了其中的门道。那就是，吆喝降价的，无一不是罩着全国性品牌大光环、而市场占有率却不足 6%的二线品牌。价格战的空前激烈，让人觉得二线品牌正承受着前所未有的市场压力。而真实的原因却是，二线品牌厂家对由格力和海尔、美的等少数几个一线品牌所占有的 80%的市场份额的觊觎。为了这 80%的份额，许多厂商不惜牺牲行业的前景，纷纷炮制专打价格战的劣质特价机，用混淆视听的手法骗取消费者的信任，赚取市场。如今，在空调业有个公开的秘密，那就是养“特价狗”。为了应付日益激烈的价格战，许多空调企业专门把产品偷工减料或者把库存积压产品和返修的“问题产品”改头换面,制造一批低质产品,用以对付别人发动的价格战,这些业内秘密一般消费者难以洞察。

对于二线品牌的不断挑衅,一线品牌中的海尔、美的等,摆出一副置若罔闻的清高姿态,不予理睬。希望消费者能够在混乱中站稳脚跟,在混乱中练就一双火眼金睛。

二、案由:格力掏“心”引发震荡

2003年3月2日,一贯低调的格力空调在北京几家知名媒体打出了一则热辣辣的广告:“真金不怕火炼,格力空调,请消费者看‘心脏’”。旗帜鲜明地打出了自己的品牌,以质量战、攻心战叫板价格战。3月4日,格力又在众多消费者和闻风而来的记者们面前,将一个个完整的空调大卸八块,请消费者看清它的“五脏六腑”,并告诉消费者这样强健的体魄是绝对不可能与“狼心狗肺猪下水”之流的空调,去玩什么降价戏法的。此举立即引起了业界震动和市场的支持,更引起了舆论的探讨。

三、对策:以“心”攻心

俗话说:天上不会掉馅饼,而且“便宜没好货”,这本身就是消费者自己总结出来的至理名言。面对空调业愈来愈炉火纯青的价格戏法,尽管有不少蒙在鼓里的消费者以为自己成了鹬蚌相争的赢家,然而却总是有许多理智的消费者仍在冷眼旁观,在琢磨隐藏在价格戏法背后真正的秘密。

所以,尽管2003年各厂家的“特价机”在乍暖还寒的时候就出动了,却仍然没能寻找到太多的“猎物”。而消费者的这种旁观心态,恰恰给坚决要质量不要价格混战的一线品牌提供了守住阵地的良机。谁有勇气站出来告诉消费者事实真相,让老百姓明明白白地消费,谁就是最大的赢家。格力立刻果敢地抓住了这一良机,决定以攻心战叫板价格战,以优秀的品质来突破消费者的价格防线,引导消费者走出价格误区。

四、创意:巧用比喻,格力将“心”掏给你

再正确的方针、策略都必须找到一个能展示的机会,否则再伟大的方针、策略都只能是一个想法而已,而这种机会就是你的创意。

格力选择了“把‘心脏’掏给你看”这样一个形象巧妙的比喻作为创意。格力在自己的广告词中写道:好空调,格力造。格力空调好在哪里?好在“心脏”!空调的心脏是什么?压缩机!一个健康的人必然有一颗强健的心脏,“心脏”要是出了毛病,再好的身体也要打折扣。一台好空调自然也离不开品质过硬的压缩机,没有优秀的压缩机作后盾的空调再好也要打个问号。近段时间空调市场上降声不断,不少劣质空调也乘机作乱,误导消费,损害消费者权益。为了让消费者明明白白地消费,维护其合法权益,格力空调于3月4日,在长城饭店举办“明明白白看‘心脏’,安安心心购空调”的活动。这样直白的陈述,这样形象、生动的比喻,谁看了都会产生一探究竟的冲动。即使没有时间亲自前往,也会推荐家人和朋友前往,或者继续关注相关报道和格力以后的一举一动。

之后,在格力空调的展示现场,格力又当众将那些为了打价格战而不惜降低品质、拼死一搏的特价机斥为“狼心狗肺猪下水”。在讲解中,格力除了把压缩机比作“心脏”外,就连散热器、铜管、控制器、外壳等也分别比喻为“肺、血管、神经中枢和皮肤”。并以此提醒消费者购买空调时,不能只图便宜,更应看清它的“五脏六腑”,大致了解这台空调的内部结构(如:空调的外壳是钢板的还是冷轧板的;铜管是厚还是薄等)后再购买。这些贴切的比喻和得体的暗示，不仅点中了价格杀手们的死穴，让这类空调企业哑口无言，更让聪明的消费者豁然开朗，从而达到了警示消费的作用。

五、效果：开“心”开出大市场

作为业界老大的格力空调，在这种时候独树一帜地剖开“胸膛”亮品质的举动，可谓是打得又狠又准，处处表现出一个大家的理智和成熟。毫无疑问，格力在降价联盟曾经倒下的地方剖开“胸膛”，请消费者看“心脏”，其司马昭之心路人皆知。我们暂且不论这是一场精心的策划，还是老大哥出于对业界沉重的责任感使然，至少是在恰当的时候给那些不守规矩的“特价狗”当头一棒，唤起了所有迷失在空调价格战中的消费者的理智。这既迎合了冷眼旁观者“便宜无好货”的消费心理，又在“好货不便宜”这一点上，与消费者达成了“品质第一，价格第二”的共识。因此，格力在此轮攻心战中，不仅充分表现出了自己的心计，还更加绝妙地展示了自己的机智，获得“双赢”的效果。结果，格力空调当月的销售额直线上升，前往各大商场交订金的人排起了长队。嘿！这开“心”也能开出个大市场！

（资料来源：李海琼.市场营销实务[M].北京：机械工业出版社，2011.）

任务3.3　公关促销策划

任务要求

各模拟公司进行一次针对性的、具体的公关促销策划，并形成切合实际的、操作性强的“××公关促销策划书”一份。

训练步骤

步骤一：公关促销策划重要性认知

由实训指导老师介绍该项目实训的目的与要求，对公关促销策划的实际应用价值予以说明，调动学生实训操作的积极性。

步骤二：公关促销策划相关知识“再现”

实训指导老师适当介绍公关促销策划的相关知识，如：公关策划模式、公关策划步骤、公关策划方案的撰写等。

步骤三：相关范例研读

各模拟公司成员认真研读相关的公关促销策划范例，作为本实训项目操作的参考。

步骤四：相关资料搜集

各模拟公司根据公关促销策划的要求，查找与实训任务相关的信息资料，为撰写公关促销策划方案做好充分的准备。

步骤五：撰写公关促销策划方案

各模拟公司认真撰写"××公关促销策划方案"，并在规定时间内提交实训指导老师。

实训指南

3.3.1 公关策划模式

公关策划模式主要有以下几种形式。

1. 宣传型公关策划

宣传型公关策划主要是运用大众传播媒介的内部沟通方法，开展宣传工作，让各类公众充分了解企业、认同企业，进而形成有利于企业发展的社会舆论，使企业获得更多的支持者与合作者，树立良好组织形象，达到促进企业发展、扩大销售目的的一种公关策划模式。这一模式具有主导性强、时效性强、传播面广、推广企业形象效果快的特点。

例 3-16

英国著名的食品批发商立普顿，在某年圣诞节到来前，为使其代理的奶酪畅销，在每50块奶酪中选一块装进一枚英镑金币，同时用气球在空中散发传单大造声势。于是成千上万的消费者涌进销售立普顿奶酪的代销店，立普顿奶酪顿时成了市场中的抢手货。立普顿的行为引起了同行的抗议和警察的干涉。但立普顿以退为进，在各经销店前张贴通告："亲爱的顾客，感谢大家厚爱立普顿奶酪。若发现奶酪中有金币者，请将金币送回。"通告一贴出，消费者在"奶酪中有金币"的声浪中，反而更踊跃地购买。当警方再度干预时，立普顿又在报上登了一大版广告提示大家要注意奶酪中的金币，应小心谨慎，避免危险。这则广告表面上是应付警方，实际上是一次更有效的促销。同行在"立普顿奶酪中有金币"这一强大优势中毫无招架之力。

2. 交际型公关策划

交际型公关策划是通过人与人的直接接触，进行感情上的联络，进而形成有利于企业发展的人际环境，从而促进销售。这一模式的具体方式有团体交往(主要包括招待会、座谈会、工作午餐会、宴会、茶话会、慰问等)和个人交往(形式主要有交谈、拜访、祝贺、个人署名信件往来等)。

例 3-17

汽车推销员乔·吉拉德，在他经营汽车销售业务的11年中，卖出的汽车比谁都多。他成功的奥秘在于"我每月都要送出1.3万张以上的贺卡"。顾客只要在他手中买过一辆车，就再也不会忘记他。他们会像刚买车时一样，每月都收到一封信或贺卡，他们也会复信给他。一种特殊的沟通就这样形成了。乔·吉拉德每月1.3万张的贺卡真正表现了他对顾客的关心。

3. 服务型公关策划

服务型公关策划是一种以提供优质服务为主要手段的公关促销活动模式。其目的是以实际行动来获取社会的了解和好评,建立企业及其产品的良好形象。

4. 社会型公关策划

社会型公关策划是组织利用举办各种社会性、公益性、赞助性活动,来塑造组织形象的一种公关模式。其目的是通过积极的社会活动,以扩大组织的社会影响,提高其社会声誉,赢得公众的支持。其活动形式主要有:组织机构以本身的重要活动为中心开展的活动;赞助福利事业而开展的活动;资助大众传播媒介而举办的各种活动。

例 3-18

健力宝公司社会性公关策划模式

健力宝公司曾经利用赞助亚运会、全运会、足球甲A联赛等活动的公关策划模式,扩大了企业的社会影响,提高了社会声誉,并创造了良好的销售业绩。例如:1990 年北京举办亚运会前夕,亚运会资金缺口较大,正在组委会一筹莫展之际,健力宝公司体现出极大的爱国热情。公司总经理李经伟力排众议,甘冒风险,向亚运会组委会提供1亿元的体育赞助。在不久后郑州召开的订货会上,各经营单位纷纷订购“健力宝”饮料,仅此一次就为该公司带来意想不到的收获。

5. 征询型公关模式

征询型公关模式是以采集社会信息为主的一种公关模式。其目的是通过信息采集、舆论调查、民意测验等工作,了解社会舆论,为企业经营管理决策提供咨询,使企业行为尽可能地与社会的整体利益、市场的发展趋势以及公众意志统一起来。其活动的具体形式有:访问重要用户、建立信访制度、设立监督电话、处理举报和投诉及对消费者实施有奖调查等。

例 3-19

日本松下公司的征询型公关模式

日本松下公司是一家善于应用征询性公关从而在市场中不断获取胜利的公司。20 世纪 80 年代,随着电器市场的饱和,电熨斗也进入了滞销的行列。如何才能使电熨斗生产再现生机,开发出新的畅销产品,松下公司电熨斗事业部的科研人员心急如焚。一天,被人称为“熨斗博士”的事业部长宕见宪一突然想起,何不找消费者来听取一下他们的意见呢?于是他召集了几十名年龄不同的家庭主妇,让她们不客气地对松下公司的熨斗挑毛病。“有意见尽管大胆提,务必请指教!”宕见坦诚地说。主妇们望着已经改良过多次的电熨斗默不作声,突然一位妇女说:“熨斗如果没有电线就方便多了。”她的话引起了一阵哄笑。“妙!无线熨斗。”宕见兴奋地叫了起来,事业部马上成立攻关组。经过多次实验,这种熨斗诞生后立即成为当年市场中的抢手货。

6. 危机型公关策划模式

危机型公关是指当企业面临企业形象、产品形象受到损害的危机时，由企业或者是公关部门作出的解决危机、挽救企业及其产品形象的策划决策。

例 3-20

双约翰公司药品中毒事件的公关策划

当双约翰公司的泰乐诺药品中毒事件发生以后，该公司的高层和公关部门果断作出了一系列策划决策，遏制了危机向坏的方向发展。

中毒事件发生 6 个星期后，新生产的泰乐诺药品装在新的三层密封的容器内推出了市场，双约翰逊公司采取的措施是在全国各大报刊上设置了大量优惠券，凭此便宜 2.5 美元可购买一瓶泰乐诺药品，以让顾客再次接受这种产品。这样，小瓶装的泰乐诺便是免费供应。双约翰逊公司的销售人员还对内科医生和其他医护人员进行了 100 万次以上的拜访，以寻求他们对泰乐诺的支持。此外，公司还开展了精心安排，旨在服务于公众的广告宣传，语气十分谨慎周到。麦克斯承认："我们从悲剧中吸取教训，卷土重来。因此我们不能骑在大象身上吹吹打打，宣布我们的到来。"

所有的这些努力显然是成功的，到 1982 年年底，该公司的药片虽然因其与胶囊一样取名为泰乐诺而面临很大的风险，但已拥有了 29%的市场占有率，甚至高于中毒事件前的 22%，从而使公司再一次赢得了市场，成为全美主要的止痛药。

双约翰逊公司的中毒事件发生后的积极的公关运作，促使事件向公司预想的方向发展，这是一次成功的公关策划，其根本的目的是为了维护公司多年来创造的企业形象，从而使产品的营销没有因为出现如此重大的事件而在市场中消失。

3.3.2 公关策划的步骤

1. 收集公关信息

收集的公关信息主要有政府决策信息、新闻媒介信息、立法信息、产品形象信息、竞争对手信息、消费者信息、市场信息、企业组织形象信息及流通形象信息等。

2. 策划公关促销目标

公关促销目标就是公关活动所要达到的理想境地和标准，是一个复合的目标系统。其目标主要有创造知名度、提高信誉度、与公众保持经常化的信息沟通与交流、监测社会环境及舆论变化的趋势，根据这种趋势及时调整组织的政策与行动、激励销售人员和经销商以及节约促销成本等。

3. 策划公关促销对象

公关促销对象是指公关促销活动所指向的特定公众。具体包括消费大众、社区大众、企业员工、经销商、供应商及传播媒体等。

4. 选择公关促销媒体

确立了公关促销的对象后，可针对促销对象来选择促销媒体。一般来说，公关促销活动可选择的媒体有大众传播媒体(包括报纸、电视、杂志、广播)；小众传播媒体，包括书面式传播(如信函、海报、传单投递等)和口头式传播(如演讲、会议、面谈、电话联系等);企业自制的媒介,包括企业内部的刊物、企业简介、书籍及音像制品等。

5. 策划公关促销活动策略

公关促销策略是指策划者为实现组织的公关促销目标所采取的对策,以及应用的方式方法与特殊手段等,如宣传性、交际性、服务性公关策略等。在实际操作中应注意选择有利的时间与合适的地点,选择影响力最大、最直接的受众,抓住一切有价值的信息进行周密策划与安排,扩大其影响等。

6. 策划公关促销时机

适合于公关促销活动的时机通常有以下几种。

(1) 企业创办或开业之际。

(2) 企业推出新产品和新的服务项目之际。

(3) 企业更名或与其他企业合并之际。

(4) 企业发展很快需要提高声誉之际。

(5) 企业经营管理出现失误或遭到公众误解之际。

(6) 企业遭遇突发性危机事件之际。

7. 公关促销决策

公关促销决策就是对公关促销活动方案进行优化、论证和决断。是公关促销策划是否成功的关键。

8. 公关促销效果的评估

公关促销效果的评估主要检查的是原定的公关促销目标是否达到、公关促销预算执行情况、存在问题及改进措施等。

3.3.3 公关促销策划文案

公关促销指企业为树立良好的形象而开展的公共关系活动所使用的文案。

公关促销策划文案的编写要点主要有以下几点。

(1) 大纲。

(2) 前言。

(3) 公共关系目标。

(4) 媒介策略。

(5) 公关活动策略。

(6) 预算。

(7) 结束语。对公关促销活动进行展望,以增加策划书的可读性。

(8) 附件。列出该活动策划必要的参考文献。

3.3.4 公关促销策划方案范例

××集团公关促销活动策划书

一、背景(略)

二、总体公关目标

××集团此举进入上海市场的目的是:造势。

三、总体策划理念

全面显示××羊绒衫的文化穿透力和品牌竞争力。

文化穿透力、品牌竞争力及其广告语(略)。

四、总体操作原则

(一) 有气势。高屋建瓴,有战略性(策划一次高层次的“××现象研讨会”)。

(二) 大手笔。抓住“官场”和“市场”的热点,有新闻性(推出集团招聘“模嫂”即时装模特儿活动)。

(三) 显实力。滚动推出,有连续性(滚动推出四次活动,配以全方位媒介广告)。

五、公关策略

(一) 研讨会

研讨主题、主办单位、拟请人员(具体略)。

(二) 时装表演

首家推出招聘“模嫂”,成立“××时装表演队”。

主要立意、具体操作(略)。

(三) 服装节

活动口号、活动地点、活动时间(具体略)。

六、广告及媒体策划

组织上海各大媒介记者采访团赴××集团总部参观。

效果分析(略)。

七、结束语(略)

活动设计

各模拟公司有针对性地开展一次有效的公关促销策划,并形成切合实际的、操作性强的、规范的、完整的“××公关促销策划方案”一份(有条件的模拟公司可以将该策划方案予以实施)。

实训成果

各模拟公司按以下要求撰写、提交《××公关促销策划方案》一份(见表 3-5),字数不少于 1500 字。要求语言逻辑严谨、数据准确、文风质朴、简洁生动、通俗易懂、用词恰当,并且善于使用表格、图示等进行表述,避免文字上的累赘。

表 3-5　××公关促销策划方案

时间	
模拟公司名称	
项目负责人	
执笔人	
项目团队成员	
➢ 目录 ➢ 正文	

实训考核

实训考核主要分为四个阶段。

阶段一：实训成果汇报(8～10 分钟)

各模拟公司推选一名代表采用 PPT 形式进行任务 3.3 实训成果汇报。

阶段二：答辩与质询(5～8 分钟)

首先，汇报方接受来自其他模拟公司成员及老师对相关问题的质询；然后，学员“评审团”(由各模拟公司选派一名代表组成)至少推举一名代表进行评说。

阶段三：师生联合考评(3～5 分钟)

学员“评审团”会同实训指导老师一起按考评标准对各个模拟公司的实训成果进行评定(学员“评审团”与老师的考评分数分别占总成绩的 40%与 60%)。

阶段四：对比式点评(5～8 分钟)

由实训指导教师对各模拟公司的实训成果进行对比式点评，指出好的方面，并分析指出不足之处存在的原因及进一步改进的措施。实训任务 3.3 结束。

实训拓展

微软和 Windows 95

在 1995 年，即 Windows 95 首次进入市场以前，没有任何关于该产品的广告，但此时它已人尽皆知。《华尔街》杂志估计，在 6 月 1 日至 8 月 25 日之间，有近 3000 条关于 Windows 95 的新闻，共 6852 篇报道，约 300 多万字。在世界各地的微软人员都挂起来 600 英尺长的 Windows 95 巨型横幅，在纽约的总部大楼也被粉刷成象征 Windows 95 的红、黄、绿三色。微软公司使《伦敦时报》的日发行量达 150 万份。当 Windows 95 最终在市场上开始销售时，成千上万的人竞相排队购买。在它上市一周内，仅在美国市场就创造了 10.8 亿美元的销售额。

可见，微软公司在 Windows 95 上市之前，采用了宣传性的公共关系促销策略，从而在公众知晓方面产生巨大的影响力，取得了很好的宣传效果。

(资料来源：李海琼. 国际市场营销综合实训[M]. 北京：中国人民大学出版社，2012.)

任务 3.4 营业推广策划

任务要求

各模拟公司为本公司某一产品进行营业推广促销策划，并形成切合实际的、操作性强的“××营业推广促销策划”一份。

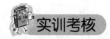

训练步骤

步骤一：营业推广促销策划重要性认知

由实训指导老师介绍该项目实训的目的与要求，对营业推广促销策划的实际应用价值予以说明，调动学生实训操作的积极性。

步骤二：营业推广促销策划相关知识"再现"

实训指导老师适当介绍营业推广促销的策划与实施等相关知识。

步骤三：相关范例研读

各模拟公司成员认真研读相关的营业推广促销策划范例，作为本实训项目操作的参考。

步骤四：相关资料搜集

各模拟公司根据该产品营业推广促销策划的要求，查找与实训任务相关的信息资料，为撰写营业推广促销策划方案做好充分的准备。

步骤五：撰写营业推广促销策划方案

各模拟公司认真撰写"××产品营业推广促销策划"，并在规定时间内提交实训指导老师。

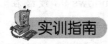

实训指南

3.4.1 营业推广策划的具体步骤

1. 确立营业推广目标

企业营业推广的目标应与企业在该时期的市场营销总目标及促销目标相结合，同时，由于促销对象的不同，营业推广的特定目标也不相同。

(1) 企业在不同时期的营业推广目标

企业在经营的不同时期，开展营业推广活动的具体目标是不同的。具体来讲，可以从两个不同的角度来加以区分。

① 产品生命周期不同阶段的营业推广目标

产品生命周期不同阶段的营业推广目标，如表 3-6 所示。

表 3-6 产品生命周期不同阶段的营业推广目标

所处阶段	营业推广目标
投入期	缩短产品与顾客之间的距离，诱使目标顾客试用、认知新产品
成长期	鼓励重复购买，刺激潜在购买者，增强中间商的接受程度
成熟期	刺激大量购买，吸引竞争品牌的顾客，保持原有的市场占有率
衰退期	大量销售，处理积压库存

② 产品销售淡旺季的营业推广目标

产品销售淡旺季的营业推广目标，如表 3-7 所示。

表 3-7 产品销售淡旺季的营业推广目标

所处季节	营业推广目标
淡季	维持顾客对产品的兴趣；刺激需求，减轻淡季的库存压力
旺季前	影响消费者的购买决策；争取竞争品牌的使用者
旺季	鼓励重复购买和大量购买；鼓励消费者接受品牌延伸的新产品
旺季后	出售旺季剩余货品，以回笼资金，减少积压风险

(2) 企业针对不同对象的营业推广目标

① 针对消费者

针对消费者的营业推广主要表现在：

- 鼓励现有消费者
- 争取潜在客户，培养新的客户群
- 从品牌竞争者手中夺走品牌转换者等

② 针对中间商

针对中间商的营业推广主要表现在：

- 改善销售渠道
- 维持较高的存货水平
- 建立品牌忠诚度
- 激励推销本品牌产品的积极性等

③ 针对销售人员

针对销售人员的营业推广主要表现在：

- 鼓励销售新产品或新品种
- 鼓励寻找更多的潜在顾客
- 刺激淡季销售等

2. 选择营业推广工具

在选择营业推广工具时，应充分考虑以下四个方面的因素对其选择的影响。

(1) 根据营业推广目标来选择营业推广工具

这是选择营业推广工具时需要考虑的首要因素。不同的营业推广工具适用于实现不同的促销目标，两者的对应关系如表 3-8 所示。

表 3-8 营业推广目标与营业推广工具

营业推广目标 \ 营业推广工具		POP 广告	优惠券	样品赠送	价格折扣	竞赛	赠品	酬谢包装
短期效果	争取试用	*	*	*	*	*		
	改变购买习惯	*			*			*
	增加购买量		*		*		*	*
	刺激潜在消费者	*	*	*		*		*
	吸引中间商				*	*		
长期效果	提升广告形象					*		
	巩固品牌形象					*	*	

说明：表中的 * 代表重点选择的营业推广工具。

(2) 根据产品生命周期来选择营业推广工具

在产品生命周期的不同阶段，其特征也不一样，企业营销工作的重点也就不同，当然，营业推广的目标也就有所区别。因此，应针对产品生命周期的不同阶段来选择不同的销售促进工具。具体如表 3-9 所示。

表 3-9 产品生命周期与营业推广工具

产品生命周期 \ 营业推广工具	对销售人员	对中间商	对消费者
投入期	培训、推销手册、销售竞赛	企业刊物、新产品发布会、派员指导	POP、现场演示、示范、样品派送、宣传小册子、广告派送
成长期	销售竞赛	价格折扣、派员协助	POP、产品展示会、示范表演、附赠品
成熟期	加强培训、新的销售用具和资料	价格折扣、销售竞赛	附赠品、竞赛抽奖、成立消费者组织、分期付款
衰退期	以折扣、降价等方式处理库存，减少促销投入		

(3) 根据产品种类来选择营业推广工具

不同类别的产品由于促销对象及促销目标的不同而适合不同的营业推广工具。因此，企业应针对不同类别的产品恰当地选用不同的营业推广工具。

(4) 根据企业在销售渠道中扮演的成员角色来选择营业推广工具

企业在销售渠道中扮演的角色不同，其营销任务、促销目标和促销对象也不同。不同的促销对象，各有适用的营业推广工具，如表 3-10 所示。如，制造商营业推广的对象是中间商、公司销售人员等；批发商营业推广的对象是公司销售人员、零售店等；零售商营业推广的对象是广大消费者。

表 3-10 促销对象与营业推广工具

促销对象	营业推广工具
消费者	样品赠送、优惠券、竞赛抽奖、免费赠品、附加赠送、演示与示范、POP 广告、价格折扣等
中间商	交易折扣、销售竞赛、贸易展览、企业刊物、派员协助等
公司销售人员	业务培训、推销手册、销售竞赛、销售奖金、销售会议等

3. 制订营业推广方案

在营业推广策划中，需要为营业推广活动的实施制订具体的行动方案。企业需要确定营业推广的范围，如产品范围、市场范围。还需要对营业推广诱因量的大小等方面进行决策。

相关链接 3-2

诱因量是指活动期间运用某种营业推广工具提供给消费者的利益大小。诱因量的大小和促销效果有密切的关系，即：

- 当诱因量很小时，消费者反应也很小，促销效果几乎为零；
- 诱因量增大时，消费者的反应也会随之增强。

但消费者反应与诱因量并不是按比例增长的，当诱因量超过一定量时，促销效果会呈递减趋势。因此，需要考察两者的变化关系以确定一个最佳诱因量。确定的方法有两种。

一是依据经验积累作出判断。

二是通过小范围的试验来确定。

(1) 确定传播媒体

确定传播媒体就是决定通过何种媒介将销售促进的信息传递给消费者。不同的媒体有不同的传达对象和传达成本，促销效果也不一样。比如优惠券，可以采取邮寄、人员发送、报纸杂志广告发送，也可随商品包装分送等形式，需要作出选择。

(2) 确定参与的条件

确定参与的条件就是确定参与促销活动对象的资格。比如优惠券对购买额达到一定量的消费者发放；免费赠品对集齐一定包装的消费者发送；样品赠送给符合特定条件的对象。

(3) 确定营业推广活动的时间

营业推广活动时间的确定包括三个方面的内容：一是举行活动的时机；二是活动持续的时间(最佳的活动持续时间应该是商品的平均购买周期)；三是举办活动的频率。

(4) 预算营业推广费用

营业推广费用通常包括两项。

一是管理费用(包括印刷费、邮寄费、对推销员的教育和培训费等)。

二是诱因成本(如赠品费、优惠或减价的成本、兑奖成本等)。

【公式 3-1】

产品最低销售量＝(非促销期间的正常销售量×正常边际利润)÷促销期的边际利润

例 3-21

如某品牌产品在非促销期间的边际利润为 3 元，每天的正常销量是 1000 袋，如果在促销活动期间每瓶的促销费用为 1.2 元，在促销期间每天需达到什么样的销售水平才能补偿促销活动的成本？

根据公式3-1计算：

$$最低销量=(1000\times3)\div1.2=2500(袋)$$

所以,促销期间的销售量至少达到2500袋,才能补偿该次营业推广活动的成本。

(5) 确定其他条款

确定其他条款主要指的是奖品兑换的具体时间、优惠券的有效期限、竞争活动的游戏规则及中间商的付款期限等。

(6) 形成营业推广企划案

营业推广企划案是企业组织营业推广活动的行动纲领,是执行者的行动准绳,也是管理者检查评估的依据。因此,营业推广活动的组织者在对以上各项内容作出确定后,还要按一定的格式将其文案化,形成企划案。

4. 营业推广策划方案的组织实施与评估

营业推广方案形成以后,就要组织实施,并对执行结果进行评价。

(1) 实施前的准备工作

实施前的准备工作主要包括商品供应的准备；促销人员的准备；零售网点的协作准备；资料的积累与收集；有关活动规则的确定；奖券奖品(赠品)的准备；管理工作与辅助支援工作,如：公证、项目审批等；活动日程安排；必要的应急计划等。

(2) 实施前的检验、预试

企业在制订了营业推广方案之后,为确保方案的科学性、效益性和可行性,在付诸实施之前,必须首先对其进行检验、预试。检验和预试的内容主要有促销工具的选择是否有效？创意能否为目标顾客群所理解？整体促销内容和形式有无违反法律和政策规定？

(3) 营业推广绩效评估

营业推广绩效评估可采用：比较活动前后销售量的变化幅度；直接观察消费者对促销活动的反应,如消费者参加竞赛和抽奖的人数、优惠券的回报率、赠品的偿付情况等；对消费者进行抽样调查等方法。

3.4.2 营业推广策划文案

营业推广策划文案是企业进行促销活动必不可少的文书,其文案的编写要点主要有：

(1) 促销目标

(2) 活动时间

(3) 活动地点

(4) 活动策略

活动策略主要包括活动的内容、程序及激励措施等,这是该文案的核心内容,编写时应具体明确。

(5) 媒体及广告策略

(6) 经费预算

(7) 结束语

结束语主要是对促销活动效果给予估计、展望，以增加各方人员对促销活动的信心。

（8）附件

附件主要指的是必要的参考资料。

活动设计

各模拟公司为本公司的某一产品进行营业推广促销策划，并形成切合实际的、操作性强的、规范的、完整的“××产品营业推广促销策划方案”一份（有条件的模拟公司可以将该策划书予以实施）。

实训成果

各模拟公司按以下要求撰写、提交《××产品营业推广促销策划方案》一份（见表3-11）。字数不少于1500字。要求语言逻辑严谨、数据准确、文风质朴、简洁生动、通俗易懂、用词恰当，并且善于使用表格、图示等进行表述，避免文字上的累赘。

表3-11 ××产品营业推广促销策划方案

时间	
模拟公司名称	
项目负责人	
执笔人	
项目团队成员	
➢ 目录 ➢ 正文	

实训考核

实训考核主要分为四个阶段。

阶段一：实训成果汇报（8～10分钟）

各模拟公司推选一名代表采用PPT形式进行任务3.4实训成果汇报。

阶段二：答辩与质询（5～8分钟）

首先，汇报方接受来自其他模拟公司成员及老师对相关问题的质询；然后，学员“评审团”（由各模拟公司选派一名代表组成）至少推举一名代表进行评说。

阶段三：师生联合考评（3～5分钟）

学员“评审团”会同实训指导老师一起按考评标准对各个模拟公司的实训成果进行评定（学员“评审团”与老师的考评分数分别占总成绩的40%与60%）。

阶段四：对比式点评（5～8分钟）

由实训指导教师对各模拟公司的实训成果进行对比式点评，指出好的方面，并分析指出不足之处存在的原因及进一步改进的措施。实训任务3.4结束。

实训拓展

高露洁-棕榈公司在印度

美国个人护理品制造商高露洁-棕榈公司在印度有很长的发展史，是印度牙膏市场的领导者，到2003年，公司在印度农村地区的牙膏销售额将超过在印度销售总额的50%。公司计划通过宣传口腔卫生知识和推广高露洁品牌，吸引成百上千的农村人口使用高露洁产品。目标人群是那些从来没有使用过口腔卫生用品、目前仍在使用牙粉的农村消费者。

印度农村地区文盲率很高，只是三分之一的农村人口家里有电视机。这表明大量的农村人口从来没有听说过牙膏和牙刷，他们倾向于使用木炭和盐这样传统的牙齿清洁剂。

为实现销售目标，高露洁-棕榈公司使用了多种促销手段，其中一项重要的推广手段是将促销车开到农村地区宣传，车上配备录像、教育材料和样品，然后每月回访一次。这项活动的覆盖范围从1995年的6000个乡村和900万人口扩大到1996年的16000个乡村和1000多万人口。

这项营销活动的另一项是向农村人口免费提供价值1比索(折合2美元)的10克袋装牙膏试用。

此外，公司推出新式牙粉盒，使用7种当地语言印制标签。公司在去各个农村地区的宣传车或火车上设有牙科诊所，诊断对象涵盖所有年龄段人群。公司高度重视批发商，由他们确保在农村地区的产品供应。最后，高露洁公司和知名的政府机构及牙科协会共同推进口腔卫生活动。

高露洁-棕榈公司在印度农村市场采用了营业推广、广告宣传及公共关系等多种促销组合策略，取得了很好的促销效果。

(资料来源：李海琼. 国际市场营销综合实训[M]. 北京：中国人民大学出版社，2012.)

项目4

商品采购实训

知识目标

1. 掌握商品采购的方式及其流程。
2. 掌握供应商的选择、评价方法等。
3. 掌握商品采购分析的方法。

能力目标

通过本项目的实训，使受训人员：

1. 能为公司设计科学可行的采购组织形式。
2. 能针对本公司的实际情况，设计、选择适合本公司的商品采购模式。
3. 能针对某一具体的商品采购业务，选择供应商、拟定采购合同以及进行采购业务的综合分析等。

任务4.1　商品采购设计

任务要求

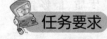

各模拟公司需针对本公司的商品采购业务实际，认真设计、形成适合本公司的商品采购的组织形式与采购模式。

训练步骤

步骤一：商品采购设计重要性认知

由实训指导老师介绍该项目实训的目的与要求，对商品采购设计的实际应用价值予以说明,调动学生实训操作的积极性。

步骤二:商品采购设计相关知识"再现"

实训指导老师适当介绍商品采购设计的相关知识,如:商品采购的基本内容、采购组织形式、采购部门职能及类型、采购人员职责及采购模式等。

步骤三:相关实例研读

各模拟公司成员认真研读商品采购设计方面的实例,作为本实训项目操作的参考。

步骤四:相关资料搜集

各模拟公司根据商品采购设计的要求,查找与实训任务相关的信息资料,为顺利开展实训做好充分的准备。

步骤五:商品采购设计与提交

各模拟公司在规定时间内向实训指导老师提交本公司商品采购设计的以下相关材料。

- 本公司的采购组织形式(含图示)。
- 本公司采购部门的职能及采购人员的工作职责。
- 本公司的商品采购模式(含流程图)。

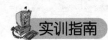

实训指南

4.1.1 商品采购的含义

公司的经营活动就是从供应商处采购商品,再把商品卖给顾客,从中获得利润。商品采购是公司向其他企业、公司购进商品的业务经营活动,是公司一项十分重要的经营活动,是公司经营活动的开始。因此,做好商品采购及其管理工作是公司能正常经营的前提条件之一。

商品采购的指导思想是:以最恰当的时机、最优惠的价格,采购到最优质、最畅销的商品。

4.1.2 商品采购管理的基本内容

商品采购的管理是公司为了实现销售计划,从适当的供应商那里,在适当的时间,以适当的价格,购入必需数量的商品所采取的一切管理活动。主要包括以下几个方面。

1. 选择适当的供应商

公司采购管理的工作原则之一,就是如何慎重地选择合格的供应商,以建立平等互惠的买卖机会,保持长期合作的交易关系。

2. 选择适当的商品品质

公司应根据本公司产品消费者群体的消费特征来确定采购商品的档次与品质。

3. 选择适当的采购时间

商品采购的时间要适当。采购时间不宜太早,也不能太晚。太早会造成产品堆积存货,占用仓储空间；太晚则可能导致商品脱销,造成公司顾客流失,影响公司及其产品的形象。因此,对于商品的采购时间,应在“零库存”的观念下,适时采购、及时交货是最理想的采购方式。

4. 选择适当的采购价格

商品的采购价格应以公平合理为原则,避免购入的成本太高或太低。如果采购的价格过高,则公司销售的商品竞争力将会下降和削弱；如果采购的价格过低也不行,由此可能会带来两种后果：一方面,“一分钱一分货”,供应商将被迫偷工减料,造成公司采购的产品“价廉”但“质次”的结果,公司的产品将无法顺利地销售出去,并会影响公司及其产品的形象；另一方面,长期的低价采购将使供应商少利甚至是无利可图,其交易的意愿就会低落,公司可能会因此少了一个进货渠道。

5. 选择适当的数量

商品采购的数量要适当,不宜太少或太多,应避免“过与不及”。因为采购数量太大,一是如果市场需求降低,商品将造成积压；二是如果市场上同类商品推陈出新,则过时的商品将难以销售。当然,如果采购数量太少,则会增加采购作业的次数,提高采购成本,或者不利于供应商送货,延误公司商机。对此,应根据经济订购批量来确定适当的商品采购数量。

4.1.3　采购部门的组织形式

适合公司采购管理的组织形式有直线式、直线职能式和矩阵式。

1. 直线式采购组织形式

直线式采购组织形式就是公司设置一个采购部,其负责人为采购主管,直接向总经理负责,并管理采购部门的下属,如：采购组长、采购人员等,如图 4-1 所示。

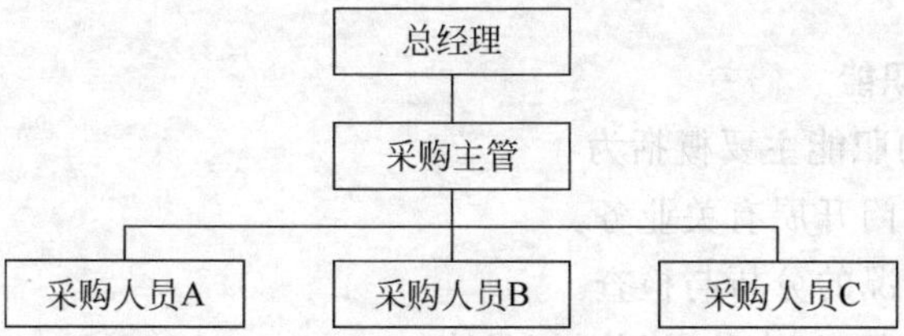

图 4-1　直线式采购组织形式

2. 直线职能制采购组织形式

直线职能制采购组织形式就是公司的采购主管与采购人员之间形成直线管理关系,而采购主管可以配备几个职能人员,如采购需求分析员、市场分析员、供应商管理员或采购助理等人员,来进行各个职能管理的具体工作,协助采购主管做好采购管理工作,对采购人员下达科学具体的采购任务,如图 4-2 所示。

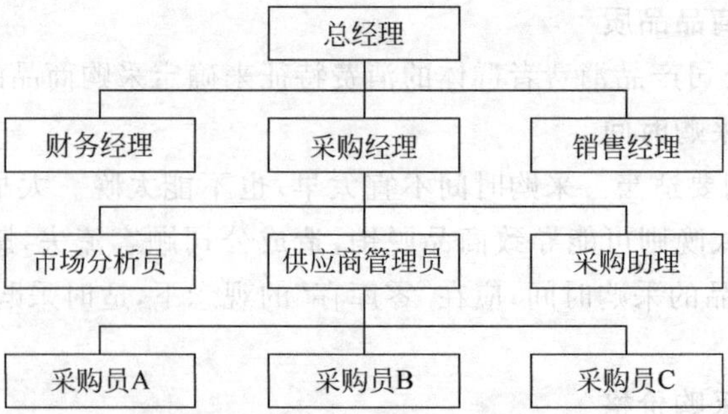

图 4-2 直线职能制采购组织形式

3. 矩阵制采购组织形式

矩阵制采购组织形式是一种临时联合组织机构，是围绕临时给定的采购任务，由公司各方面的人员临时组合起来的一种采购组织形式。

这种采购组织形式的优点是任务目标性很强，为完成给定的采购任务组成一个高效运作、结构精悍的组织。待采购任务完成后，又可以解散，实现了组织柔性化，提高了公司的运作效率，降低了运作成本。

例 4-1

某企业同时承担了建筑工程 A 与建筑工程 B 两项任务。为了工程采购管理工作的方便，该企业对每项工程单独成立了一个临时性的采购组织，即成立了建筑工程 A 采购管理小组和建筑工程 B 采购管理小组，其成员都是公司各个职能部门或科室临时抽调上来的人员组成的。各采购小组全权负责各自的基本项目任务的采购管理工作。

在采购任务执行的过程中，来自各个职能部门或科室的人员受每个采购管理小组的直接领导，同时也受原部门或科室的职能业务指导和协助。该两项建筑任务完成后，各自建筑项目的采购小组任务也随之结束，小组解散，人员回归其原来的部门或科室的原有职位。

4.1.4 采购部门职能及其类型

1. 采购部门的职能

商品采购部门的职能主要概括为：

(1) 协助售卖部门开展有关业务。

(2) 商品销售情况的分析与检查。

(3) 日常采购业务，如询价、议价、订货等。

(4) 新厂商与新商品的开发与评估。

(5) 市场情报的收集与反应，如商品资讯(价格、流行趋势等)、厂商情报等。

2. 采购组织的部门类型

采购组织的部门通常可分为采购单位、市场调查单位及新产品开发单位等。

(1) 采购单位

采购单位是采购部门的核心，主要负责公司商品的采购等业务。采购单位又可按照以下标准分为两类。

一类是商品类别采购单位。这种采购单位是按照采购商品的类别来划分的,如百货公司的商品采购部门可划分为家用电器部、日常用品部、服饰部等。

另一类是商品采购地区采购单位。这种采购单位是按照商品来源地区为基础来划分的。如设国内采购部、国际采购部等。当然,这两种标准也可合并使用,如分设国外、国内服饰部等。无论采用何种标准都应该以采购的效率及效能为前提,并依据实际情况而定。

(2) 市场调查单位

市场调查单位负责公司内部、外部各种有关资料的收集、整理、分析、建议等,是采购部门的智囊单位。

(3) 新产品开发单位

商品是企业生存与获利的基本源泉,也是企业参与竞争的关键。目前,消费者需求日新月异和多样化,产品生命周期日益缩短成了不可回避的事实与趋势。因此,企业的相关部门要适时地进行新产品的开发、研究、引进与滞销品淘汰,使公司的产品组合不断地良性循环,以保持公司产品在市场上强劲的竞争力,这是公司经营成功的一个重要因素。这是企业采购组织部门的新产品开发单位所肩负的重要职责之一。

4.1.5 采购人员的职责

1. 采购主管的职责

(1) 新产品、新材料供应商的寻找、资料收集及开发工作。

(2) 对新供应商品质量体系状况(产品性能、设备、交货期限、技术、品质等)的评估及认证,以保证供应商的优良性。

(3) 与供应商的比价、议价谈判工作。

(4) 对旧供应商的价格、产品性能、品质、交货期限的审核工作,以确定原供应商的稳定供货能力。

(5) 及时跟踪掌握原材料市场价格行情变化及品质情况,以期提升产品品质及降低采购成本。

(6) 采购计划编排,物料之订购及交货期限控制。

(7) 采购员工的管理培训工作。

(8) 与供应商以及其他部门的沟通协调等。

2. 采购技术人员的职责

(1) 主要原材料的估价。

(2) 供应商材料样板的品质初步确认。

(3) 材料样品的初期制作与更改。

(4) 替代材料的搜寻。

(5) 采购部门有关技术、品质文件的拟制。

(6) 与技术、品质部门有关技术、品质问题的沟通与协调。

(7) 与供应商有关技术、品质问题的沟通与协调等。

3. 采购员的职责

(1) 订购单的下达。

(2) 物料交货期限的控制。

(3) 材料市场行情的调查。

(4) 查验进料的品质和数量。

(5) 进料品质和数量异常的处理。

(6) 与供应商有关交货期限、数量等方面的沟通协调等。

4.1.6 商品采购模式

商品采购模式主要有集中采购、分散采购与即时采购三种类型。

1. 集中采购

集中采购是指公司设立专门的采购机构和专职采购人员，统一负责公司的商品采购工作。

(1) 集中采购的优缺点及适用性(见表 4-1)

表 4-1 集中采购的优缺点及适用性

优 点	缺 点	适 用 性
• 可获得规模效益，降低采购和物流的成本 • 可发挥采购特长，提高效率 • 易稳定与供应商的关系，实现最佳的长期合作 • 集体决策，公开采购，可有效防止腐败	• 手续较多，过程较长 • 专业性强，责任重大	• 大宗和批量的物品 • 价值较高的物品 • 关键的零配件 • 保密性强的物品 • 易出现问题的物品 • 定期采购的物品 • 连锁经营、原设备制造商、特殊经营的采购

(2) 集中采购的作业流程

集中采购的作业流程是环环相扣的，如图 4-3 所示，每一环节都是下一个环节的基础，都有不可替代的作用，每一环节都应加以足够的重视。集中采购的流程化主要包括以下四个步骤。

① 在分析国内外形势和竞争对手的基础上，制订集中采购策略。

② 在考虑销售和生产现状的基础上，制订采购计划。

③ 根据现有的库存、市场供应的信息，来相应地进行采购管理工作。

④ 执行采购计划，进行结算。

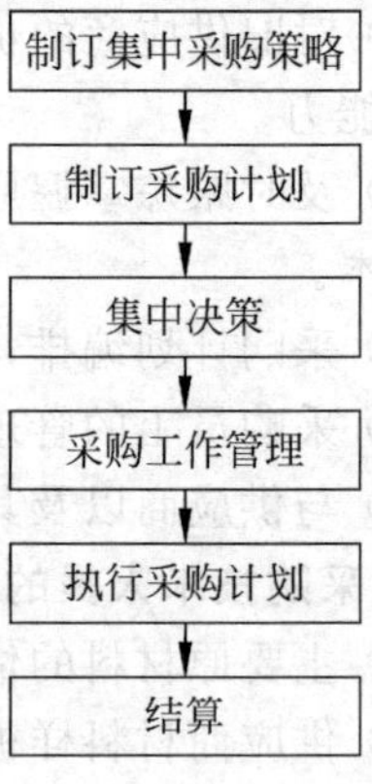

图 4-3 集中采购作业流程图

例 4-2

惠普公司的集中采购策略

一、公司原来的采购情况

众所周知，惠普公司一贯强调放权，其下属的 50 多个制造单位在采购公司产品上完全自主。这种采购策略当然具有其较强的针对性，对不断变化的市场有较快的反应速度。但是对于公司来说，这样势必会损失采购时的数量折扣优惠。

二、采用集中采购策略

惠普公司通过运用信息技术，对公司的产品采购进行了采购流程再造，使总公司与各制造单位使用一个共同的采购软件系统。公司各部门使用该系统来订购本公司的货物，总部据此掌握全公司的需求状况，并派出采购部与供应商谈判，签订总的采购合同。在执行合同时，公司的各个单位根据数据库，向供应商发出各自的订单。

三、集中采购后的成效

惠普公司采用集中采购后的成效是显著的。

- 供应商发货及时，效率提高到150%。
- 交货期缩短50%。
- 潜在顾客流失率降低75%。
- 集中采购可以享受折扣的优惠，使所购产品的成本大为降低。

2. 分散采购

分散采购是指公司各个部门在核定的商品资金金额范围内，直接向供应商采购商品。

(1) 分散采购的优缺点及适用性(见表 4-2)

表 4-2 分散采购的优缺点及适用性

优　点	缺　点	适　用　性
• 可以有效地完善和补充集中采购的不足 • 可增强基层工作的责任心，积极性高 • 占用库存空间小 • 手续简单，过程短；有利于采购环节与存货、售货、供料等环节的协调配合 • 占用资金少 • 保管简单方便 • 问题反馈直接快速	• 权力分散，不利于采购成本的有效降低 • 决策层次低，易产生暗箱操作 • 对供应商的政策可能不一致 • 市场调研分散，难以培养采购专家	• 小批量的采购 • 易于送达的物品 • 价值低的物品 • 不影响正常生产或销售的物品

(2) 分散采购的作业流程(见图 4-4)

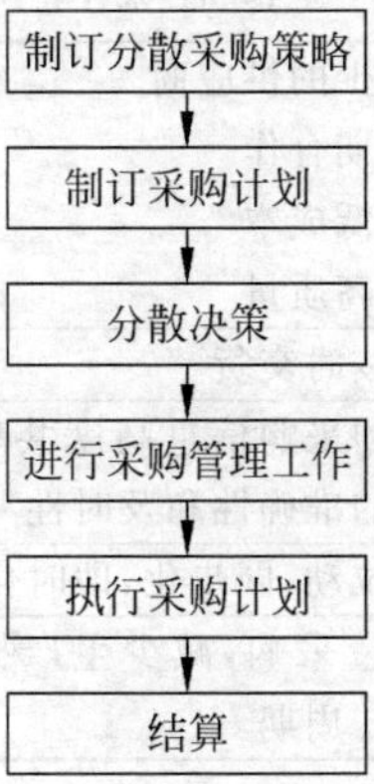

图 4-4　分散采购作业流程图

例 4-3

北京某公司的分散采购模式

北京东方俱乐部是一家健身俱乐部,在北京共有 19 家连锁健身中心,总部设在海淀区,已有 15 年历史。俱乐部为了保证各健身中心的正常运作,经常需要许多不同的物品,包括机器和设备的部件。对此,每一家俱乐部都各自负责自己的采购事务,绝大多数的健身中心不设自己的库存而是随需随买。在总部也曾经有一位兼职人员负责采购和库存控制,不过他只负责总部而不负责其他健身中心的物品采购,对其他健身中心的物品采购只是做些采购记录而已。

3. 即时采购

即时采购(JIT 采购)是指零配件、原材料恰好在所需要的时候到达需要这些零配件和原材料的加工车间。在原材料的供应过程中实施即时制采购,可以大大减少在制品的库存,减少零配件、原材料的库存,缩短原材料的供应周期,从而能有效地推动供应链的整体优化。JIT 采购的最终目标是为每种物资或几种物资建立单一可靠的供应渠道。

(1) 即时采购的前提条件

① 卖方的生产计划相对平稳,物料的需求也相应地可随时预测。

② 将更大、更稳定的订单交给少数几个供应商,从而激发供应商的绩效和忠诚。

③ 长期的采购协议,减少了很多重复的采购工作。

④ 采购方与供应商的信息沟通比较好。

⑤ 对于供应商而言,在即时改进运输配送、包装标签等方面能做出相应的及时反应。

(2) 即时采购的优势

① 能保证频繁而可靠的交货(多批次采购)。

② 能有效地减少每次采购的批量(小批量采购)。

③ 有助于保持稳定的供应质量。

(3) 即时采购与传统采购的区别(见表 4-3)

表 4-3 即时采购与传统采购的区别

比较项目	即时采购	传统采购
供应商选择	• 较少的供应商 • 长期合作 • 降低成本 • 提高质量	• 多头采购,供应商数目较多 • 价格竞争,短期合作
交货的及时性	要求按时交货	无明确要求
信息交流的要求	相关的采购信息高度共享,保证信息的准确性和及时性	视信息共享为“泄密”而加以控制和保密
采购驱动因素	订单拉动,同步化,即时化	生产推动,补充库存
采购批量策略	小批量采购,减少生产批量,缩短生产周期	强调“经济批量”、“数量折扣”,以降低采购成本

(4) 即时制采购步骤

① 创建 JIT 采购管理团队。该采购管理团队是专门处理与供应商关系的团队，主要是评估供应商的信誉、能力，指导供应商，并签订即时制采购合同。

② 分析 JIT 采购物品，确定优先型供应商。

③ 提出改进 JIT 采购模式的具体目标。需要针对供应商目前的供应状态，提出改进目标，主要有库存控制水平、供货周期与批次等。

④ 制订具体的 JIT 采购实施方案。明确主要采购活动及其负责人、完成时间、进度等的检查方法；对供应商进行培训，使之完全接受 JIT 采购的供应理念；调整相应的采购运作程序，确保供应商按质按量地完成交货任务，并使供应商的生产计划与采购方的生产计划能有机地联系起来。

⑤ 不断改进 JIT 采购的具体措施。将订单与采购预测结合起来，将独立订单改为滚动订单，并向供应商提供一定时期的固定的和可变的滚动订单，这样供应商就可按滚动订单的要求定期定量地及时供货。

⑥ 对 JIT 采购绩效进行评估。对 JIT 采购绩效进行评估的方法称为 PDCA 法，即：

P(Plan)—计划

D(Do)—实施

C(Check)—检查

A(Action)—采取行动

(5) 即时制采购作业流程(见图 4-5)

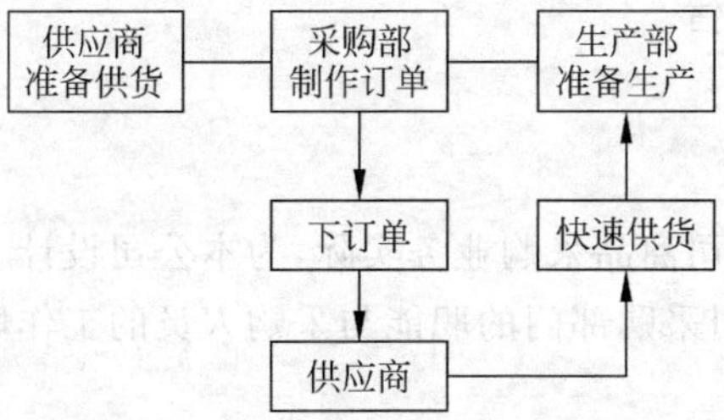

图 4-5 即时制采购作业流程图

例 4-4

中国一汽的 JIT 采购

中国第一汽车制造厂利用看板对其生产作业过程进行调整，实现了在制品零库存上的极限。

某一橡胶厂对一汽的轮胎供应过去是集中发货，最多时一次发货 20 火车皮，使轮胎库存竟高达 20000 套。现在实行多批分发，使轮胎储备从过去的 15 天降到现在的 2 天，共节约流动资金高达 190 万元。

一汽厂实行零配件直送工位制度。一汽与周边 15 个协作厂就 2000 种原材料签订了直送工位的协议，改变了厂内层层设仓库储备的老办法，从而取消了 15 个中间仓库。例如该厂的刹车碲片，过去由石棉厂每月分 4 次送往供应处总仓库，再由总仓库分发到分仓库，再分发到生产现场，现改为由石棉厂直送生产现场，减少了重复劳动，当年就节约了流动资金 15 万元。

4.1.7 商品采购流程

企业的采购流程并非仅是单纯的询价、议价、订货等步骤，而是一个受多种因素影响的精密过程。一个完整的采购流程应包含下列步骤。

第一步，拟定采购政策。

在充分了解、分析企业内外部环境因素的基础上，根据企业的经营方针与策略，拟定本企业的采购政策。

第二步，拟订采购计划。

拟订符合本企业实际情况的采购计划，采购计划主要包括：采购条件、进货厂商、进货时间、商品类别、商品金额、商品数量等。

第三步，采购计划的检验及修正。

对该采购计划进行适当的检验，并及时修正不切实际的部分。

第四步，执行、监测采购计划。

接下来就是要执行采购计划，并时时监测该计划的执行情况。

第五步，检测采购计划的执行效果。

采购流程的最后一个步骤就是需要对该采购计划的执行效果进行检测，以对整个采购管理工作的绩效进行评估。

活动设计

各模拟公司针对本公司商品采购业务实际，为本公司设计、选择适当的商品采购组织与采购模式，并制订本公司采购部门的职能与采购人员的工作职责。

实训成果

各模拟公司在规定时间内按质按量地提交以下实训成果。

(1) 本模拟公司的商品采购组织(含图示)。

(2) 本模拟公司的采购模式(含图示)。

(3) 本模拟公司采购部门的职能与采购人员的工作职责。

实训考核

实训考核主要分为四个阶段。

阶段一：实训成果汇报(8～10 分钟)

各模拟公司推选一名代表采用 PPT 形式进行任务 4.1 实训成果汇报。

阶段二：答辩与质询(5～8 分钟)

首先，汇报方接受来自其他模拟公司成员及老师对相关问题的质询；然后，学员“评审团”(由各模拟公司选派一名代表组成)至少推举一名代表进行评说。

阶段三：师生联合考评(3～5分钟)

学员“评审团”会同实训指导老师一起按考评标准对各个模拟公司的实训成果进行评定(学员“评审团”与老师的考评分数分别占总成绩的40%与60%)。

阶段四：对比式点评(5～8分钟)

由实训指导教师对各模拟公司的实训成果进行对比式点评，指出好的方面，并分析指出不足之处存在的原因及进一步改进的措施。实训任务4.1结束。

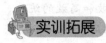

实训拓展

“阳光”采购

一、“阳光”采购解读

“阳光”采购是指企事业单位按照“公开、公平、公正”和“质量优先，价格优先”的原则，从供应市场获取产品或服务作为自身资源的行为。

“阳光”采购立足于科学化、合理化的采购制度和监管制度，通过合理的竞价议价谈判，有效降低采购成本，提高采购效率，避免采购过程中的暗箱操作、吃回扣等贪污腐败现象，是一种“阳光”下的采购行为。

“阳光”采购内涵包括以下八个方面的特点。

1. 公开透明性

公开透明性要求从采购计划的形成、市场调研的组织、采购流程的设计、采购行为的实施、采购物资的管理等各个方面均要实现公开透明，即采购过程要切实公开透明。公开透明要求计划公开、流程公开、结果公开、过程公开、实施透明管理。

2. 科学规范性

科学规范性就是要实现制度建设、制度执行、人本管理的有机统一，采购运行要做到有法可依、有法必依、自主执行制度。科学规范性要求制度要科学，机制要长效，执行要严谨，管理要人本化。

3. 集体议定性

集体议定就是要做到集体研究、集体参与、集体决定。要求物资采购全过程、结果以及重大事项的决定均要实现程序严谨、职责清晰、论证有据、运行有效的集体研究、讨论和决定。

4. 流程顺畅性

流程顺畅就是要做到采购计划形成、采购方式确定、采购行为实施、合同签订、运输方式、验收入库、结算付款、配送到位、现场使用、服务管理、供应商准入、供应商退出等各个流程环节过程连接紧密，运转高效，要实现流程各环节责任、职能、权力、义务的高度细化和统一。

5. 监督保证性

监督保证性就是要实现采购全过程的有效监督，确保决策、执行、反馈的制衡有力和运作规范，要求对物资采购的全过程必须实施全方位、有效、有力、有为的监督、制约和保证。

6. 高效快捷性

高效快捷性就是要求实现准时制采购,即要在最快的时间内决定采购模式,确保模式各组成环节的高效快捷,保证在适当的时间、适当的地点、合理的价格、科学的方式、严密的程序快速获得符合质量和数量要求的物资、产品及服务。

准时制采购的核心要求就是即用即购,按照企业要求获得质价双优物资,以实现企业的低库存甚至零库存。

高效快捷性要求采购的决策、实施、监督、反馈、整改要实现优质、有效和高效的统一,即要在规范、优质的基础上实现快节奏、高效率运作,以做到快响应、快满足、优服务、高质效地满足生产经营和资源运作的需要。

7. 标准格式性

标准格式性就是要实现采购过程的标准化格式,把物资采购的系统运作过程用标准化的格式固定下来,以标准化促进格式化,以格式化提升标准化水平,以标准格式化水平的不断提升促进采购模式运作规律的把握和运用。

8. 信息共享性

信息共享性就是要实现管理部门、监督部门、执行部门、生产用户、现场使用、供应商等各部门的信息快速流转、有效集成和系统共享,从而保证采购全过程的信息流动顺畅。

二、现代企业"阳光"采购模式

1. 招标采购模式,即招标加商务谈判方式

就是在按照法定程序排定预中标人、宣布中标顺序人之后,由招标方组成由技术、管理、采购、监督、法律等方面人员参加的商务谈判组,就技术、服务、价格等与预中标人按中标顺序进行综合性商务谈判,谈判成功后签订采购合同。

招标模式适用于企业大宗、批量、金额大的物资资源获取,是现代企业实施物料"阳光"采购的基本方式,是在更大的范围内获得所需资源的有效方式,是实现良性竞争、实施"阳光"运作的主要手段,是防止不正当交易,避免暗箱操作的重要措施和防火墙。招标模式主要有公开招标和邀请招标两种。

2. 综合比较采购模式,即综合比较加商务谈判方式

这种模式适用于零星、形不成批量或批量不足的物资资源采购。企业供应物流部门要按照"优质、高效、诚信、服务、实力、协作"的原则,经过严格的资质审查,综合考虑供需双方在供应链条件下的交往合作绩效,经过精选、集体议定等方式实施"阳光"准入,建立供应商管理网络,在合格供应商名录中经过集体议定或随机抽取的方式确定三家或三家以上的供应商,要求选定的供应商在同一时间内通过网络、传真报价或现场密封报价等方式进行报价,供应商在报价的同时,要对质量、服务、运输、付款、信誉等作出承诺性保证。

供应物流业务部门及有关部门要组织专门人员(人数必须是 2 人或 2 人以上)进行综合比较,综合比较的范围是比质量、比价格、比服务、比规模、比信誉、比运费、比交货期以及比付款方式等。经过综合比较确定供应商后,要实施商务谈判,就综合比较的内容进行细化性谈判。谈判的重点是质量和价格,谈判成功后要形成商务谈判纪要,签订采购合同。

3. 竞争性议标采购模式,即竞争性议标加商务谈判方式

这种模式适用于市场供应商不足三家,只有两家法人,不能实施招标和综合比较两种模式采购的物资。竞争性议标的使用可以避免流标现象,提高物资资源的获取效率。议标一般是在建筑领域里采取的一种采购策略。议标的实质就是谈判性采购,即采购人与被采购人通过一对一谈判达成一致意见,实现采购目标的方式。普通意义上的议标不具有公开性和竞争性,易产生不正当交易,滋生腐败。议标主要包括直接邀请议标、比价议标、方案竞赛议标等方式。

4. 集体议定采购模式,即集体谈判加集体决策的方式

集体议定模式适用于紧急采购、采购人内部市场物资采购及价格变化调整等方面的物资资源获取和有关事项决定。对企业急需物资的采购,由于时间的紧迫性来不及开展相应模式采购的,要经过快速的、有程序的研究决定实施采购行为。

5. 单一资源采购模式,即单一资源商务谈判方式

这种模式适用于下列五种情况中的任意一种。

(1) 物资资源市场中只有供给购买物资的单一生产厂家,企业供应物流只能从单一法人处采购的物资,包括专利技术产品、独家生产产品、非标产品等。

(2) 由不可抗拒的紧急情况无法全面展开模式化采购的,如发生事故后时间紧迫,要求就近采购、向能够以最快速度到达使用现场的物资所有者采购等。

(3) 生产环节长期惯用、使用效果极好的物资采购,即用户有充分经济、技术理由采购某一厂商的物资,如战略合作、战略匹配、习惯使用等方面的物资采购。

(4) 技术改造、技术创新要求的配套物资采购,如重大技术改造、技术创新、承担单位生产的特别物资采购、创新技术所需的特殊物资采购等。

(5) 与生产主要设备相配套,配合要求极高的配件、材料、产品等物资采购。

6. 执行政策性定价采购模式,即执行政策性定价采购方式

这种模式适用于国家、地方、采购人有明确定价指令的物资采购活动。对于国家、地方政府发布统一销售价格的物资,要按照国家、地方政府的规定价格就近实施采购。对于国家、地方政府发布地区指导价的物资,要就近与供应商在政策允许的价格变化幅度内实施最大限度的谈判,以最有利采购人的低价格签订采购合同,如果谈判达不到预期目的,可以启动招标程序,实施招标采购,但由于这类物资的价格变化幅度固定,所以要核算综合账,要综合考虑运费、采购成本等因素,确保采购的高质效。对于采购人对内部市场的政策性扶持定价和有关规定,供应物流部门在执行的同时,要按照厂商的质量、服务、技术改进等实际运行中存在的问题有针对性地加以管理和督促,汇同企业企管、内部市场管理、生产等部门共同促进内部市场厂商的持续性进步。

以上六种采购模式,连同指导、规范、制约其运作的六个方面的政策、法规、制度、规定,可以将其统称为"六·六"阳光采购模式。"六·六"阳光采购模式是建立现代企业供应物流体系的重要组成部分,是规范"阳光"采购和"阳光"物流的重要方法。

企业供应物流在建设"阳光"供应,实施"阳光"采购的过程中,要根据采购实践的运行情况,跟踪国内外行之有效的新方法、新技术、新策略,不断总结,不断探索,不断实施新的"阳光"采购模式。在采购模式创新过程中,要做到与时俱进,兼收并蓄,大胆开拓,只要体现"阳光"采购模式实质的方法、方式,均可以采用,比如战略协作采购、网络采购、询价采购、征求意见采购、规划性采购等。"阳光"采购无止境,"阳光"采购模式无止境。

三、"阳光"采购"不阳光"的表现

一是虚化为"关系采购"。

政府采购改以往的分散采购为集中统一性采购,将采购权明确到政府采购部门少数工作人员手中,这一部分在一定程度上掌握有采购"生杀权"的人成为供货商争先恐后拉拢腐蚀的对象,于是出现一些地方政府采购竞标,比的不是价格、不是质量,而是关系的不正常现象。当供应商和采购方结成利益共同体的时候,为牟取更大的利益,个别采购人员就会千方百计让"自己人"中标,"买的东西次一点,供应商赚一点,回扣拿一点"成为少数地方政府采购公开的秘密。

二是异化为"偏好采购"。

科学化、合理化是"阳光"采购内涵的应有之义,其前提必定是民主议定、"阳光"运作,然而事实上却由于存在制度不健全、监管不到位等问题,"阳光"采购远非名字那样"阳光",从采购审批、标底确定到招投标操作、事后公告等环节,采购部门往往依据自我私利和偏好,甚至是个别主要领导的一句话一个暗示,对相关内容进行倾向性的规定和有意识的规避,一些所谓的公开采购进而演变为结果公开过程不公开、名义公开实质不公开的"朦胧采购"。

三是简化为"定点采购"。

政府采购中最普遍出现的一种现象就是把"阳光"采购简单的等同为定点采购,变为新的市场割据和垄断。"定点"的种种看得见的实惠往往诱使供货商为了取得这种"特权"而采取非常手段,"采购腐败"应运而生。而缺乏固定监督的"定点",又使获得"定点"的供货商为追逐高利而降低服务的效率和供货的品质,最终影响政府采购的质量和信誉,一些地方政府采购中暴露出的价格高、网点少、服务差、买卖双方私下串通等问题,正是这一做法固有弊端的必然表现。

四是转化为"高价采购"。

政府采购本身是为节约交易成本而创设,但近来频频曝出的"天价采购"、"明低暗高"等政府采购领域的典型案例却充分地说明了当前少数的政府采购已经完全背离了其制度设计的初衷,个别负责采购的公职人员受个人利益驱动甚至和供货商"共谋"赚取采购差价,通过审批环节弄虚作假,招标环节露底串标,临时变更上限,招标过后低中高结等方式,使采购权力寻租成为现实,在为公共资源带来巨大浪费造成政府信任和形象质疑的同时,也为少数意志薄弱者参与采购腐败提供了温床。

(资料来源:阳光采购.百度百科,http://baike.baidu.com.)

任务 4.2 商品采购管理

任务要求

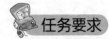

各模拟公司针对本公司某一具体的商品采购业务,采取恰当的方法选择供应商,制订采购合同,并适时对供应商进行评价,对商品采购活动进行分析。

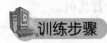

训练步骤

步骤一:商品采购管理重要性认知

由实训指导老师介绍该项目实训的目的与要求,对商品采购管理的实际应用价值予以说明,调动学生实训操作的积极性。

步骤二:商品采购管理相关知识"再现"

实训指导老师适当介绍商品采购管理的相关知识,如:供应商选择的途径、条件与方法;如何评价供应商;如何对商品购进计划、购进结构、购进渠道以及商品购进方式等进行分析。

步骤三:相关实例研读

各模拟公司成员认真研读相关的商品采购管理方面的实例,作为本实训项目操作的参考。

步骤四:相关资料搜集

各模拟公司根据商品采购管理的要求,查找与实训任务相关的信息资料,为顺利开展实训做好充分的准备。

步骤五:商品采购管理成果提交

各模拟公司在规定时间内向实训指导老师提交本公司商品采购管理的以下相关材料。

- 本模拟公司是如何选择、评价供应商的。
- 本模拟公司是如何进行商品采购活动分析的。

实训指南

4.2.1 供应商选择

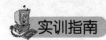

企业的采购部门和采购人员要做好采购工作,其中一个最重要的内容就是要对供应

商进行管理,以便更好地完成采购任务。供应商管理就是对供应商的了解、选择、开发、使用和控制等综合性的管理工作的总称。

对企业而言,供应商良莠不齐,如果要有效地完成采购工作,寻求合格的供应商是采购工作的首要任务之一。

1. 供应商选择的途径

(1) 征询企业现有的所有相关的供应商。

(2) 通过大型行业展会来征询和了解供应商的信息。

(3) 向社会上招聘业务熟练、实践经验丰富的采购人员。高素质的采购人员对市场变化的敏锐把握、与供应商的沟通协调等方面,都是电子工具所无法完全替代的。

(4) 通过网络进行广阔领域的电子采购,以选择符合企业要求的供应商。

2. 供应商选择的条件

不同的企业在选择各自的供应商时,要求其具备很多的条件。需要供应商提供齐全的企业资料、合理的交易条件以及完善的服务等,是企业在采购方面的共同要求。供应商选择的基本条件主要有:

(1) 齐全的企业资料

由于市场上的供应商数量众多,并不是所有的供应商都能成为企业的供应商。对于初次与企业接触的供应商,企业要求其提供以下资料,以便对其资信、资金、生产经营等方面进行调查、评估。

① 基本文件资料

- 营业执照
- 税务登记证(国税、地税)
- 生产许可证(特种商品由制造商提供)
- 卫生许可证(食品制造商适用)
- 商品检验合格证
- 安全认证
- 代理授权书(代理商适用)
- 指定/总经销证书等

② 其他资料

- 供应商简介
- 供应商基本资料表
- 供应商报价单
- 新供应商问卷调查表
- 新供应商产品问卷调查表
- 产品目录或样品等

(2) 合理的交易条件

① 过硬的商品质量

供应商提供的产品质量是否良好,直接影响采购企业的生产与经营。对供应商的产品质量体系进行考评，主要是考核其有无取得ISO系列认证，有无质量合格证、商品检验合格证等。通常，在日常的买卖合同或订单上，供应商的产品质量一般用如下形式来进行表示。

- 样品
- 商品的规格、等级
- 商业上常用的标准
- 商品的图样等

② 合适的价格

价格是选择供应商的关键所在，也是供应商选择的难点所在。企业的采购部门应选择能提供合适的、对买卖双方都有利的，且双方都能接受的采购价格的供应商。

③ 合适的折扣

理想的供应商应能向企业提供合适的折扣，为企业提供弹性的生产与经营空间。

④ 准确的交货期

供应商准确而及时的交货能降低企业的存货投资，这是选择供应商的一个重要条件。但是不切实际的压短供应商的交货期，将会降低供应商的产品质量，增加供应商的成本，这样反而会最终影响企业产品的价格与服务水平。因此，企业应根据供应商的生产与经营情况，来确定合理与可行的交货期。

⑤ 强大的促销支持

对于商业企业来说，要求供应商对其产品提供强大的促销支持是非常必要的。因为在产品促销方面，能得到供应商的强有力的支持，不仅可以减轻企业产品促销方面的压力与费用，而且对于提供供应商产品的品牌知名度与市场占有率都有很大帮助，可以达到“双赢”的结果。

3. 供应商选择的方法

(1) 加权选择法

加权选择法指的是首先规定衡量供应商的各种重要指标（如质量、价格、合同完成率等）的加权分值，再根据历史统计的资料分别计算出各个供应商的得分，然后选择其中得分最高者为最终选择的供应商。

例 4-5

运用加权选择法选择供应商

某电器公司在本地按如下标准来评价和选择供应商。

产品质量占40分，价格占35分，合同完成率占25分。

根据以上标准，依据表4-4，在各供应商上期所统计资料的基础上，从中选择出最合适的供应商。

表 4-4　各供应商统计资料

供应商	收到的商品量	验收合格量	单价	合同完成情况
A	2000	1920	89	98%
B	2400	2200	86	92%
C	600	480	93	95%
D	1000	900	90	100%

解：根据表 4-4 中的数据，计算出各供应商的综合分数如下：

A 供应商：(1920÷2000)×40＋(86÷89)×35＋0.98×25＝96.7

B 供应商：(2200÷2400)×40＋(86÷86)×35＋0.92×25＝94.7

C 供应商：(480÷600)×40＋(86÷93)×35＋0.95×25＝88.1

D 供应商：(900÷1000)×40＋(86÷90)×35＋1×25＝9404

得分最高者是 A 供应商，因此 A 供应商是最终选定的合适供应商。

(2) 成本比较法

采购成本通常包括产品售价、采购费用及运输费用等。企业在产品质量与交货期均得到满足的情况下，常常进行采购成本的比较，来选择采购成本最低的供应商。

例 4-6

运用成本比较法选择供应商

某炼钢厂需要采购矿砂 300 吨，甲乙两家供应商供应的矿砂质量、交货期和信誉都符合该炼钢厂的需要。

甲供应商距离该炼钢厂较近，其报价为 315 元/吨，运费为 5.5 元/吨，采购费用支出共 215 元；乙供应商距离该炼钢厂较远，其报价为 300 元/吨，运费 25 元/吨，采购费用共计 450 元。

问题：该炼钢厂应选择哪一供应商？

解：甲供应商：300 吨×315 元/吨＋300 吨×5.5 元/吨＋215 元＝96365 元

乙供应商：300 吨×300 元/吨＋300 吨×25 元/吨＋450 元＝97950 元

比较：乙供应商比甲供应商的采购成本高 97950－96365＝1585(元)。

选择：因为乙供应商的采购成本比甲供应商的采购成本高 1585 元，所以该炼钢厂选择甲供应商。

4.2.2 供应商评价

企业相关部门定期对供应商进行综合评价，淘汰不合格的供应商，同时加强对符合要求的、重点的供应商进行进一步的管理，以提高供应商管理的效率。

企业通常采用 ABC 法来对供应商进行评价。所谓 ABC 法就是企业对供应商的一些需要考评的指标赋予一定的分值，按考评加总后分值高低将供应商划分为 A 级、B 级、C 级、D 级等级别，企业针对不同级别的供应商采取不同的管理措施。供应商评价及评价结果分别如表 4-5、表 4-6 所示。

表 4-5 供应商评价

考核指标	具体评价				
	优	良好	一般	较差	得分
商品畅销程度	非常畅销 10 分	畅销 8 分	普通 6 分	滞销 2 分	
商品品质	很好 15 分	较好 10 分	一般 6 分	较差 2 分	
供应价格(与其他供应商比较)	优惠 20 分	相同 10 分	略高于 8 分	很高 2 分	
促销配合与支持	极佳 10 分	佳 8 分	普通 6 分	小 3 分	
配送能力	准时 15 分	偶误 10 分	常误 4 分	极常误 2 分	
退货服务	准时 10 分	偶误 10 分	常误 4 分	极常误 2 分	
市场信誉	很好 10 分	较好 8 分	一般 6 分	较差 2 分	
经营潜能	极佳 10 分	佳 8 分	普通 6 分	小 3 分	
合 计					

表 4-6 供应商评价结果

评价结果	级别	管理措施
优秀	A	1. 首选的供应商 2. 宜建立长期的业务合作伙伴关系 3. 必要时可在价格、付款等方面给予适当的优惠政策 4. 通常由采购主管亲自控制、管理或决定合作方式
良好	B	1. 督导改善,限量采购 2. 由采购主管及品质部主管共同负责对其提出改善要求,并督导、追踪、查核
及格	C	1. 督导改善,并由采购主管及品质部主管共同负责对其提出改善要求,并督导、追踪、查核 2. 改善前,企业仅在紧急采购时向该供应商采购 3. 须选择后备供应商
差	D	取消供应商资格,选择新的供应商

4.2.3 供应商管理表格

在日常的采购业务中,常见的供应商管理表格主要有以下几点。

1. 供应商评审表(见表 4-7)

表 4-7 供应商评审表

一、供应商基本情况					
供应商名称		企业性质		电报挂号	
所在地址		邮政编码		传真号码	
营业执照号码		注册资金		电子信箱	
开户银行		账号		税务登记号	
法人代表		联系电话		业务部门	
				联系电话	

续表

现有员工人数		中高级技术人员		管理人员数	
		一般技术人员			
		普工			
曾获有关荣誉					
二、具体考评项目					
档次 考评项目	优	良	一般	差	得分
产品质量					
产品价格					
交货速度					
服务能力					
促销支持					
付款期限					
市场信誉					
人员才干					
经营潜能					
合计					
三、评审结果					
评审意见					
评审部门(签字)					
总经理审批意见					

2. 合格供应商名录(见表 4-8)

表 4-8 合格供应商名录

部门：________ 编号：________ 共________页第________页

序 号	供应商名称	供应商编号	评审表编号	认可供应的产品或种类	备 注

审核日期：________ 登录者：________

4.2.4 商品购进计划完成情况分析

商品购进计划的完成情况，直接影响商品的销售。完成购进计划，可以促进销售计划的完成。如果购进计划没有完成，就可能造成产品脱销。某企业商品采购计划完成情况分析如表 4-9 所示。

表 4-9 某企业商品采购计划完成情况分析 金额单位：万元

项 目	本期计划	本期实际	实际与计划离差金额	对总计划完成的影响程度/%
	①	②	③=②-①	④=③÷5166×100%
食品类	1033.2	836.85	196.35	-3.80
饮料烟酒类	1291.5	1673.7	382.2	7.39
服装鞋帽类	1291.5	1673.7	382.2	7.39
纺织品类	1549.8	1394.75	-155.05	-3.00
合 计	5166	5579	413	7.98

【公式 4-1】

对购进计划的影响程度=(各部分计划完成的差异÷全部计划)×100%

从表 4-9 可以看出：该企业商品购进实际完成了 5579 万元，较计划 5166 万元增加 413 万元，超计划 7.98%。但在各类商品之间的购进计划的完成情况很不平衡。

- 饮料烟酒类、服装鞋帽类均超计划 382.2 万元，各超计划 29.59%，对总的购进计划的完成正向影响均为 7.39%。
- 食品类和纺织品类均未完成采购计划，与计划金额相差共达 351.4 万元，对总的采购计划的完成负影响分别为 3.8%和 3%。

4.2.5 商品购进来源的分析

企业采购的货源来自不同的部门和流通环节。具体分析企业的进货渠道，掌握从各条渠道采购的商品在采购总额中的比重，以及与历史同期的情况进行对比，可以查明货源的变化发展趋势，明确开辟货源的主攻方向，为进一步做好企业的采购管理工作提供参考。某企业商品进货来源情况分析如表 4-10 所示。

表 4-10 某企业商品进货来源情况分析

项 目	本期计划		本期实际		计划完成程度/%	差 异		各进货来源差额对进货总计划的影响/%
	金额	比重/%	金额	比重/%		金额	比重/%	
	①	②	③	④	⑤=③÷①×100%	⑥=③-①	⑦=④-②	⑧=⑥÷5166×100%
本地生产企业	516.6	10	669.5	12	129.597	152.9	2	3
本地批发企业	3874.5	75	4184.5	75	108.00	310	—	6
外地进货	774.9	15	725.5	13	93.62	-49.4	-2	-0.96
合 计	5166	100	5579.5	100	108.00	413.5	—	8

从表 4-10 资料可以看出该企业以本地批发企业商品为主要进货来源。

该企业采购总额完成计划的 108%，超额 8%，但各进货渠道完成的情况却各不相同。

其中,从外地进货计划比重下降2%。从本地生产企业进货超额完成了计划,直接从本地生产企业进货的比重从10%增加到12%,但从本地批发企业进货的比重仍然未变,说明该企业在支持本地生产,减少流转环节,就近进货等方面做了不少工作。

当然,分析商品购进来源时,还应具体查明货源改变的原因。

4.2.6 商品采购合同执行情况分析

采购合同具体明确了购销双方的权利与义务,具体规定了采购商品的品种、规格、数量、质量、价格、结算方式等重要的交易条件,对购销双方而言,认真签订并严肃地执行采购合同,是保证采购工作顺利进行的重要保障。因此,非常有必要对商品采购合同的执行情况进行分析。

【公式 4-2】

本期应执行合同数 = 本期原订合同数 + 本期补订合同数 − 本期退减合同数

本期已执行合同数 = 本期实际收货数 + 上期为本期预收数 − 本期补交上期数 − 本期预收下期数

本期合同完成率 =(本期已执行合同数之和 ÷ 本期应执行合同数之和)× 100%

说明:计量单位可以是实物量,也可以是价值量。

表 4-11 某企业采购合同执行情况分析表

商品名称	单位	采购合同签订情况				合同执行情况					本期合同完成/%
		原订数	补订数	退订数	应执行数	本期实际交数	上期预交数	补交上期数	预交下期数	本期合同完成数	
甲	件	2600	400	—	3000	3000	—	200	—	2800	93
乙	箱	1000	—	—	1000	300	100	—	—	400	40

根据表 4-11 所提供的资料,该企业商品采购合同的总额完成率为:

本期合同总完成率 =(93% + 40%)÷ 2 = 66.5%

从计算结果很明显地看出,该企业在购进商品总量上只达到66.5%,与合同要求相差较远,企业的采购部门与采购人员今后需要付出很大的努力来完成采购计划。

4.2.7 商品采购合同经济责任的分析

为了维护采购合同的严肃性,保证购销双方的正当经济利益,双方都应严格地履行采购合同。除了某些不可抗力的原因或取得双方一致同意之外,合同当事人任何一方均不得以任何理由片面地违反合同规定的条款,不履行或不全面履行采购合同。否则,违约方就要因此赔偿对方的经济损失甚至负法律责任。

例 4-7

某商业企业与当地的某生产企业签订了一份×××商品采购合同。合同规定当年5月10日前该生产企业应向商业企业交货1500万元,但该生产企业在5月10日前实际只交货800万元，其余700万元迟迟未交。在该商业企业的一再催促下，该价值700万元的货物于该年8月10才交给该商业企业。

同期，市场上该商品的进销差率为15%，利润率为10%，商业企业该批进货的资金从当地农业银行贷款，月利息为6‰。

请计算由于生产企业的不严格履行采购合同给该商业企业所带来的机会损失。

解：

$$(1500-800)\times(1+15\%)=805(\text{万元})$$

$$805\times10\%=80.5(\text{万元})$$

商业企业多支付的利息：$(1500-800)\times6‰\times3=12.6$（万元）

商业企业总的损失：$80.5+12.6+6.4=99.5$（万元）

这是生产企业没有严格履行采购合同给商业企业带来的损失。商业企业应按照合同的有关规定，向生产企业提出违约赔偿和其他要求。

活动设计

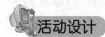

各模拟公司筹划采购一批产品，完成以下实训操作。

(1) 画出该笔商品采购的业务流程。

(2) 运用适当的方法选择该笔采购业务的供应商，并根据采购业务的进展与完成情况对供应商进行评价。

(3) 拟订该笔商品的采购合同一份，并与供货方进行采购业务模拟谈判演练。

(4) 对本次商品采购活动进行分析，主要包括：采购计划完成情况、采购来源及采购合同执行情况等。

实训成果

各模拟公司根据某一具体的商品采购业务，及时提交符合要求的以下实训成果。

(1)《××商品采购供应商选择与评价报告》。

(2)《××商品采购活动分析报告》。

实训考核

实训考核主要分为四个阶段。

阶段一：实训成果汇报(8～10分钟)

各模拟公司推选一名代表采用PPT形式进行任务4.2实训成果汇报。

阶段二：答辩与质询(5～8分钟)

首先，汇报方接受来自其他模拟公司成员及老师对相关问题的质询；然后，学员“评审团”(由各模拟公司选派一名代表组成)至少推举一名代表进行评说。

阶段三：师生联合考评(3～5分钟)

学员“评审团”会同实训指导老师一起按考评标准对各个模拟公司的实训成果进行评定(学员“评审团”与老师的考评分数分别占总成绩的40%与60%)。

阶段四：对比式点评(5～8分钟)

由实训指导教师对各模拟公司的实训成果进行对比式点评，指出好的方面，并分析指出不足之处存在的原因及进一步改进的措施。实训任务4.2结束。

实训拓展

采购管理的误区

目前不少企业的采购都存在管理的误区，有些几乎已成通病。具体表现如下：

一、采购只要保证"货比三家"就行了

很多企业的管理者认为管采购只要保证"货比三家"就行了，通常都要求负责采购的工作人员申报采购方案时都要提供至少3家报价，管理者审批就看有没有3家的比价，再选一个价格合适的(绝大多数时候是选价格最低的那一个)。这个办法很简单，在采购管理上，把这种采购方式叫做"询价采购"或"选购"。

但这样的管理方法有没有问题呢？有，而且问题还不少。其实，很多管理者都可能会发现"货比三家"的方法经常失灵。

- 这3家是怎样选出来的？
- 中间的代理商算不算数？
- 同样类别的采购，这次审批的3家和上次的3家是不是同样的3家？
- 会不会有申报者通过操纵报价信息影响审批者决策的可能？为了防备这种可能，我们往往又要求采购工程师只提供客观的报价而不能有任何主观评价，结果上边的问题依然存在，又屏蔽了可能有用的决策支持信息，还免除了申报者的责任。

为什么"货比三家"还不管用？这并不是"询价采购"方式本身的问题。问题的根本原因是没有配套的合格供方管理机制。在这种情况下，采购的管理者最终签字选择供应商，表面上拥有绝对的决策权，但由于采购人员可以自由询价，从而拥有实际的决策权。这种管理模式不改变，无论怎样，"货比三家"都是徒劳的。

解决这个问题的关键是要给采购人员的询价活动圈定一个范围，这就是"合格供方评审"。"合格供方评审"本是质量管理的概念，但从更广义和实用的角度，就是管理者按照一个质量、成本等方面的标准，划定一个范围。这个范围可以由企业高层管理者直接决定，也可以由一个委员会决定。总之，采购执行人员不能单独决定这个范围，也不能跳出这个范围活动，并要对每次采购活动中这个范围内的决策支持信息负责。

二、招标"一招就灵"

招标的采购方式给人以客观、公平、透明的印象，很多管理者认为采取招标方式，就可以引入竞争，降低成本，因此就万事大吉了。但有时候招标也不是"一招就灵"。

- 为什么要招标？
- 什么情况下该招标？
- 还有什么情况可以采用更合适的采购方式？

这涉及采购方式选择的问题。目前，常用的采购方式有很多，主要有：招标采购、竞争性谈判、询价采购、单一来源采购等。

招标：除了最终用户及相关法规要求必须实行招标的情况以外，在对采购内容的成本信息、技术信息掌握程度不够时，最好采用招标的方法，目的之一是为了获得成本信息、技术信息。

竞争性谈判：招标时，可能会遇到这样的情况：或者投标人数量不够，或者投标人价格、能力等不理想，有时反复招标还是不成，是否继续招标，很是让人苦恼——招也不是，不招也不是。其实，这时候没有必要非认准招标不可，大可以采取“竞争性谈判”的方式。竞争性谈判的方法与招标很接近，作用也相仿，但程序上更灵活，效率也更高一些，可以作为招标采购的补充。

询价采购(选购)：对于已经很好地掌握了成本信息和技术信息的采购商品(包括物资或服务)，并且有多家供应商竞争，就可以事先选定合格供方范围，再在合格供方范围内用“货比三家”的询价采购方式。

单一来源采购：如果已经完全掌握了采购商品的成本信息和技术信息，或者只有一两家供应商可以供应，公司就应该设法建立长期合作关系，争取稳定的合作、长期价格优惠和质量保证，在这个基础上可以采用单一来源采购的方式。

合理运用多种采购方式，还可以实现对分包商队伍的动态管理和优化。如，最初我们对采购内容的成本信息、技术信息不够了解，就可以通过招标来获得信息、扩大分包商备选范围。等到对成本、技术和分包商信息有了足够了解后，转用询价采购，不必再招标。再等到条件成熟，对这种采购商品就可以固定一两家长期合作厂家了。反过来，如果对长期合作厂家不满意，可以通过扩大询价范围或招标来调整、优化供应商或对合作厂家施加压力。

三、档案保存好，采购信息就都留下来了

有不少管理者很早就意识到采购管理存在问题，但苦于无力改进或来不及改进，于是要求相关人员把所有与采购相关的记录、文件统统存档，以待具备条件时分析信息、改进工作。但实际上，从这些保存完好的采购档案中，往往还是得不到充足有用的信息，甚至有很多必要的信息永远无法获得了。这在很大程度上就是由于采购工作过程不够规范引起的。如，规范的采购管理要求在询价时供应商应对不同规格型号的设备单独报价，但采购人员往往把不同规格型号的设备打包，有时甚至把不同类型的设备打包询价，每次打包的方法和数量都不一样。这样一来，历次询价信息无法落实到具体产品，无从比较，在管理者决策时还是无法判断本次采购价格是高是低。

可见，采购工作过程管理的改进和采购信息的收集是相互影响的，要改进采购管理还是要及早，把资料先存下来，等有条件了再谈改进，往往是到了想起改进采购管理的时候，相关的信息缺失就已经很严重了。

(资料来源：采购管理的误区.百度百科，http://baike.baidu.com.)

项目5

商品销售实训

知识目标

1. 掌握销售部门的组织模式以及销售人员的职责。
2. 掌握销售目标管理与销售计划制订的方式方法。
3. 掌握商品销售的具体业务过程。
4. 掌握客户管理的主要内容。

能力目标

通过本项目的实训，使受训人员：

1. 能为公司设计一套科学可行的商品销售部门的组织模式。

2. 能针对本公司商品销售业务实际，进行有效的销售目标管理，并制订切实可行的商品销售计划。

3. 能针对公司某一具体的商品销售业务，按事先制订的商品销售计划，开展商品销售模拟活动，并能在这一活动中有效地进行客户管理。

任务5.1　销售组织设计

任务要求

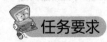

各模拟公司需针对本公司的商品销售业务实际，认真设计适合本公司的商品销售部门的组织形式，并能在具体的销售业务中进行有效的销售目标管理。

训练步骤

步骤一：商品销售设计重要性认知

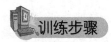

由实训指导老师介绍该项目实训的目的与要求，对商品销售设计的实际应用价值予以说明，调动学生实训操作的积极性。

步骤二：商品销售设计相关知识“再现”

实训指导老师适当介绍商品销售设计的相关知识，如：销售组织模式、销售人员职责、销售目标的制订与管理等。

步骤三：相关实例研读

各模拟公司成员认真研读商品销售设计方面的实例，作为本实训项目操作的参考。

步骤四：相关资料搜集

各模拟公司根据商品销售设计的要求，查找与实训任务相关的信息资料，为顺利开展实训做好充分的准备。

步骤五：商品销售设计与提交

各模拟公司在规定时间内向实训指导老师提交本公司商品销售设计的以下相关材料。

- 本公司的商品销售组织模式
- 本公司销售人员的工作职责
- 本公司的商品销售管理的主要内容

实训指南

5.1.1 销售部门的组织模式

销售本身是营销管理的重要组成部分，离开了销售工作的配合与支持，公司的经营方针、策略规划是很难实现的。企业的销售部门在发现市场需求，满足顾客需求，全面体现公司的营销策略，实现公司的销售目标等方面，其作用显而易见，销售部门是企业伸向市场的桥头堡。从企业的多种销售管理模式看，销售部门的组织模式一般分为以下几种。

1. 地区型组织模式

地区型组织模式是按地区划分销售区域，是最常见的销售组织模式之一。相邻销售区域的销售人员由同一名销售经理来领导，而地区销售经理向更高一级的销售主管即销售总经理负责。地区型组织模式如图 5-1 所示。

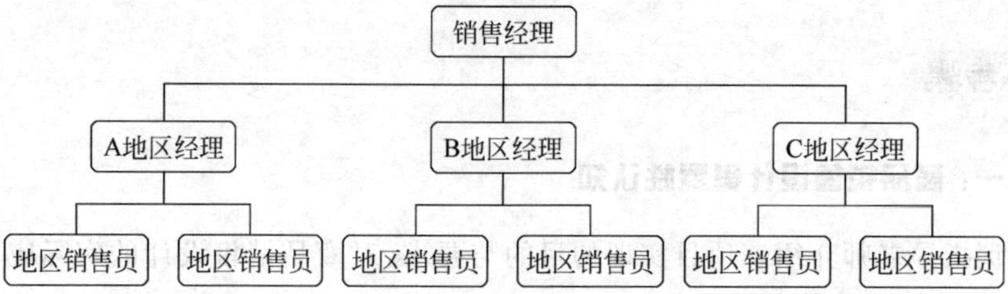

图 5-1 地区型组织模式

(1) 优点

地区性组织模式具有以下优点。

- 地区经理权力相对集中，决策速度快
- 地域集中，费用低
- 人员集中，容易管理
- 区域内有利于迎接挑战等优点

(2) 缺点

地区性组织模式中的销售人员从事所有的销售活动，技术上不够专业，不适应种类多、技术含量高的产品。

2. 产品型组织模式

产品型组织模式是按一种产品或一组相关产品来划分的。一般情况下，技术含量高的产品采用这种组织模式。产品型组织模式如图 5-2 所示。

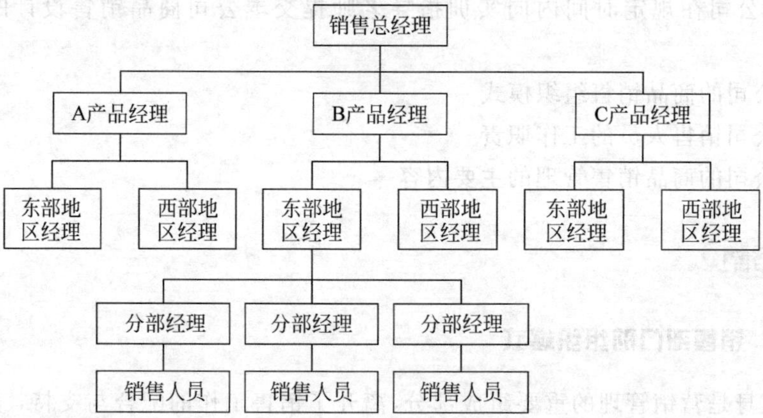

图 5-2 产品型组织模式

(1) 优点

产品型组织模式由于销售队伍与相关的生产线相联系，便于熟悉与产品相关的技术、销售技巧及产品的使用、维护、保养；有利于培养销售专家；产销联系紧密，产品供货及时等。

(2) 缺点

产品组织型模式由于工作重叠，容易造成工作重复。

3. 顾客型组织模式

企业采取顾客型组织模式,便于销售人员集中精力服务各种类型的顾客,从而成为服务于某类顾客的专家。顾客型组织模式如图 5-3 所示。

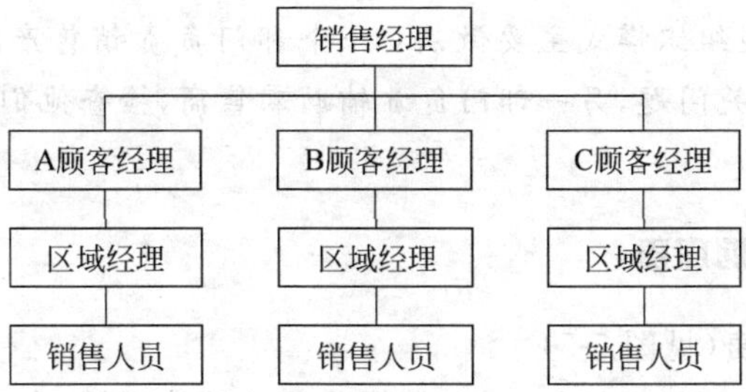

图 5-3 顾客型组织模式

(1) 优点

- 更好地满足顾客需要
- 可以减少销售渠道的摩擦
- 为新产品开发提供思路等

(2) 缺点

- 销售人员需熟悉所有产品,培训费用高
- 主要消费者流失带来威胁
- 销售区域重叠,造成工作重复,销售费用高等

4. 职能型组织模式

在实际的销售活动中,销售人员不可能擅长所有的销售活动,但有可能是某一类销售活动的专家。基于这种思路有些公司采用职能型组织模式。职能型组织模式如图 5-4 所示。

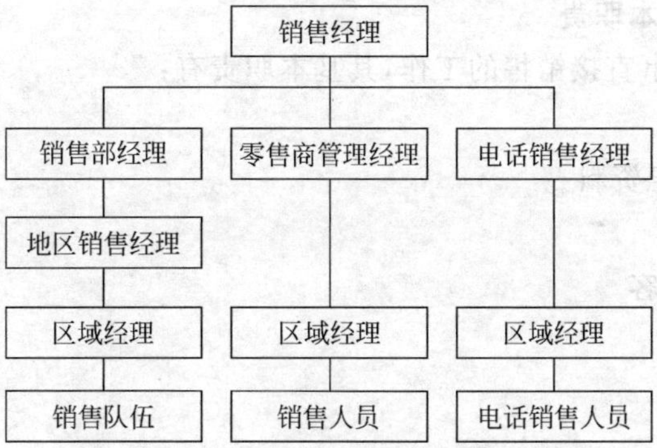

图 5-4 职能型组织模式

(1) 优点

- 分工明确
- 有利于培养销售专家等

(2) 缺点

费用高等。

例 5-1

吉列公司的职能型组织模式

吉列公司的职能型组织模式主要做法：一个部门负责销售产品及协调产品的价格、促销、展示及分销的有关问题，另一部门负责辅助零售商，检查他们的商品展示，协助他们销售吉列产品。

5.1.2 销售人员的职责

1. 销售经理的职责(见图 5-5)

销售经理为完成本部门的销售目标，依据公司的整体规划，全面负责本部门的业务及人员管理，其职责大致有：

- 市场分析、销售预测
- 确定销售目标
- 制订销售计划
- 确定销售策略
- 设计组织模式
- 人员的招募、选择、培训、调配
- 设计人员薪金方案、激励方案
- 销售业绩的考查评估
- 销售渠道及客户的管理
- 财务管理、防止呆账对策、账款回收
- 制订各种规章制度等

图 5-5 销售经理的五大角色

2. 销售人员的基本职责

销售人员一般从事直接销售的工作，其基本职责有：

- 市场考察
- 收集、整理信息资料
- 制订销售计划
- 发掘及选择顾客
- 制订访问计划
- 开展销售活动
- 订购商品
- 销售统计
- 销售分析
- 销售报告
- 信用调查
- 账款回收
- 招募培养新销售人员等

5.1.3 销售目标的内容

1. 销售目标管理

在销售计划管理当中，销售目标的制订相当重要，好的销售目标能指导销售行为，激励销售人员，降低销售成本，提高企业利润。销售目标管理(SBO)的过程如表5-1所示。

表5-1 销售目标管理(SBO)的过程

步骤	示例
1. 制订目标	每月售出价值10万美元的产品，成为公司的优秀销售人员
2. 明确关键性成果	每月成交两笔新业务
3. 评估优势、劣势	虽然拥有可靠的安装基础，但竞争对手的新产品价格更具优势
4. 确立行动方针	采取电话销售攻势，以挖掘新客户，并建立一个“客户数据库”，以帮助自己调整销售时间
5. 规划资源(时间、人力、奖金)	把80%的销售时间用于现有客户，把20%的时间用于开拓新业务
6. 确立达标期限	8月1日之前实现销售目标
7. 编制计划	已经编制好计划，并做好了销售活动的时间安排
8. 监督结果	与销售经理每周审核一次进展规模
9. 落实奖赏	一旦成为优秀销售人员，就带全家到欧盟国家旅行一个月

2. 销售目标的内容

一般而言，企业的销售目标应包括以下几个方面的内容。

(1) 销售额指标

- 部门、地区、区域销售额
- 销售产品的数量
- 销售收入
- 产品的市场占有率等

(2) 销售费用估计

- 旅行费用
- 招待费用
- 运输费用
- 费用占净销售额的比例
- 各项损失等指标

(3) 利润目标

- 区域利润
- 产品利润
- 每一位销售人员所创造的利润等

(4) 销售活动目标

- 访问顾客数
- 营业推广活动

- 订单数量
- 商务洽谈等指标

5.1.4 目标管理流程

1. 设定目标

在每年度开始时，最高管理者依据上年度经营业绩、逐年成长率、竞争对手动向、市场预测等，配合施政方针与经营政策，设定年度总目标，各单位再依企业总目标分别拟定本部门的目标。每个人再根据单位目标拟定个人目标。具体表现为：

总目标：是整个企业经营的目标，可分为长期性目标与短期性目标。

单位目标：是各个业务单位依据总目标，制订的本单位承接上级目标而需完成的目标。

个人目标：是相关个人的工作项目。

目标期限的拟订可以设定为一年目标、六个月目标、三个月目标、一个月目标、一周目标、一天目标。目标分解如图 5-6 所示。

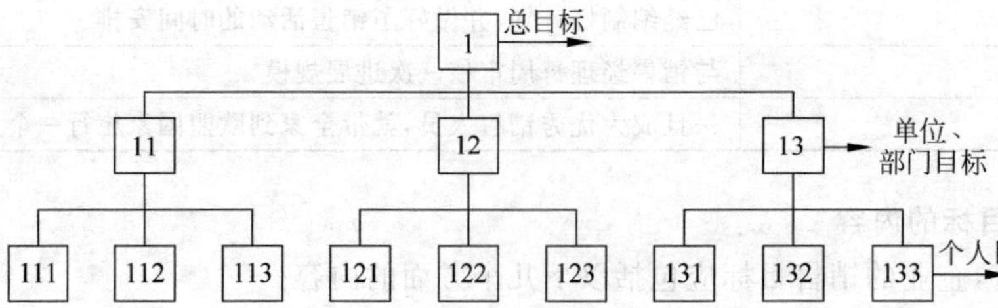

图 5-6 目标分解

2. 目标执行

目标执行方向如图 5-7 所示。

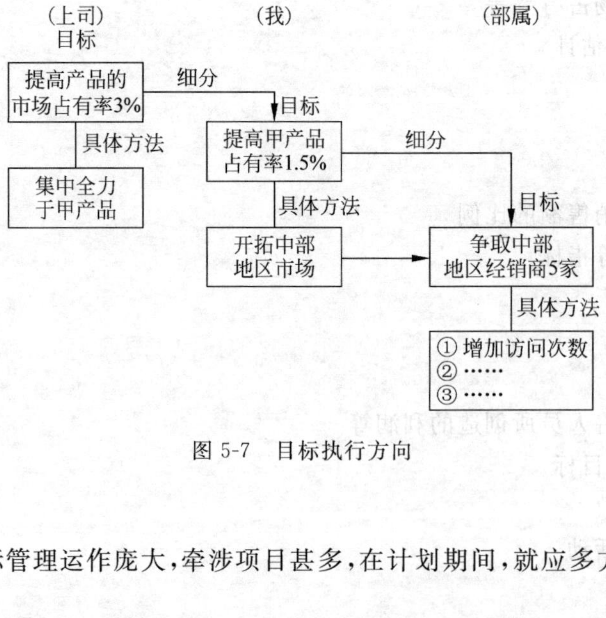

图 5-7 目标执行方向

3. 目标修正

全公司的目标管理运作庞大，牵涉项目甚多，在计划期间，就应多方协调、考虑，最后才设定目标与工作项目。因此,非不得已,“目标管理”之目标尽量不变动或修正。但是,当营运环境发生变化时,就必须检查原先的目标是否要修正。目标修正卡如表 5-2 所示。

表 5-2 目标修正卡

申请日期： 年 月 日

原定目标	原定工作计划	原定进度(月) 单位：%											
		1	2	3	4	5	6	7	8	9	10	11	12
修正目标	修正工作计划	修正进度(月) 单位：%											
		1	2	3	4	5	6	7	8	9	10	11	12
修正原因													

4. 目标管理的稽核

(1) 稽核方式

目标管理执行结果与过程必须时时加以稽核,具体表现为：

- 由谁评价(Who)：上司、主办评价部门
- 何时评价(When)：日常评价、定期评价、年底评价
- 评价原因(Why)：改善业务；改善组织、人事管理资料
- 评价什么(What)：完成结果的评价、完成过程的评价
- 如何评价(How)：绝对评价、相对评价

(2) 稽核对象

具体包括：

① 产品目标管理的稽核(见表 5-3)。主要了解：产品线销售量,并与目标相比较,及早掌握消长状况与原因；市场销量变化,以拟订促销战术。

表 5-3 产品目标管理 单位：台

销售产品(电视机)		本期			前期构成比	说明	
		实绩	目标	完成率			
豪华式28英寸电视机	本品牌销售	100	120	120%	140	38.5%	业界均有跌幅,品牌虽仍居销售第一位,但下跌幅度达 28.6%,值得注意。各单位的具体销售量,请上级参考所附电脑报表
	竞争者甲销售	40			45	15.4%	
	竞争者乙销售	30			40	11.5%	
	业界总销售	260				100%	
20英寸							
5英寸							

② 部门目标管理稽核(见表 5-4)。部门目标管理稽核是每月每季或年度举行,是评估团队绩效的重要资料。

表 5-4 部门业绩目标管理稽核

分公司 项目	温州分公司			南昌分公司		
	A 组	B 组	C 组	A 组	B 组	C 组
目标额						
实绩额						
收款额						
排名						

③ 干部目标管理稽核(见表 5-5)。干部目标管理稽核是考核业务单位主管所应完成的各项行动方针与执行方案的情况。

表 5-5 干部的目标管理稽核

项　目	目　标	达成率	分量	评分	特别事项
1. 销售计划之达成	实际利益 50 万元	%	×25%	分	
	该科直接利益 12 万元	%	×25%	分	
	新产品 5 万元	%	×25%	分	
	新客户 10 个	%	×25%	分	
2. 应收账款	滞留天数 75 日	%	×25%	分	
3. 退货率	每天平均 0.7%	%	×25%	分	
4. 交际费	每年 12 万元以内	%	×25%	分	
5. 销售固定费	每年 5 万元	%	×25%	分	
6. 部属训练	每年 120 小时	%	×25%	分	
综合评分			100%		

④ 营业人员目标管理的稽核(见表 5-6)。各部门或干部的目标管理稽核,仍有赖于第一线的营业人员的工作,故应着重于评估营业员的目标管理稽核。

表 5-6 业务员的目标管理稽核

稽核 项目		目　标	实　绩	说　明
营业额、回收货款	每日平均接受订货额	50	48	单位：百元
	营业额	1000	956	单位：百元
	毛利	16%	16.4%	
	回收货款率	98%	83%	
	新产品(重点产品)的营业额	200	191	单位：百元

续表

项目 \ 稽核		目 标	实 绩	说 明
顾客管理	每日平均拜访客户数	6 户	5.5 户	
	总拜访次数(每月)	120 次	103 次	
	每一客户平均停留时间	30 分钟	48 分钟	
	每一客户平均拜访次数	3 次	2.3 次	
	负责的客户数	46 户	39 户	
	每一客户平均营业额(只有 A 级客户)	38	32	单位：百元
开发新客户	拜访户数(每月)	3 户	4 户	
	拜访次数(每月)	7 次	12 次	
	契约成立的数量	每月一家	0	
	每客户平均营业额	10	0	单位：百元
情报管理	竞争对手动向报告	2 次		

⑤ 经销商业绩目标管理稽核(见表 5-7)。经销商业绩目标管理稽核是评估各经销商的实绩，沟通厂商与经销店的关系，以形成更紧密的业务合作关系。

表 5-7 经销商的目标管理稽核

辖区	经销商名称	组别	目标额	实绩				评核	原因	对策		
				1月	2月	3月	累计			经销商	业务员	其他

5.1.5 目标销售额的分配与执行

1. 决定目标销售额

决定目标销售额需要做以下四个方面的工作。

(1) 需求预测

需求预测主要是预测整个市场(业界)在特定期间的需求量。

(2) 销售预测

销售预测主要是估计未来特定期间内，企业特定产品的销售数量与销售金额。

(3) 销售利润计划

以往的销售利润观念是：销售额－销售费用＝销售利润。这种销售利润观念有可能愈卖愈亏本。因此，应树立新的销售利润观念，即：计划利润＋可允许的销售费用＝计划销售额。

(4) 决定目标销售额

决定目标销售额的方法有三种。

分配法：从经营最高阶层起，往下一层一层分配销售计划值。

上行法：由第一线的业务员估计销售计划值，然后再一层一层往上呈报。

综合法：即根据经营最高层所提出的基本方案→编制到“科”为止的“计划草案”→科内各业务员以此为指标，依照产品别、月别制订“计划销售额”→呈报“科”单位作为拟订计划之参考→科长再调节“计划草案”与“计划销售额”之间差异，据以制订未来目标。

2. 分配目标销售额

业务部门的销售目标值必须有效地分配下去，以确定分摊责任。

(1) 销售分配基准

销售分配之初，需要设定销售分配基准。其形式一般有以下几种。

① 产品别分配。产品别分配是决定何种产品应达成多少销货收入的目标值。其分配基准可根据市场占有率、市场扩大率、成长率、毛利贡献率、销货百分比及销货预测等来确定。产品销售目标计划如表 5-8 所示。

表 5-8 产品销售目标计划 金额单位：元

数量 / 产品	2012 年		2013 年预计		成长率
	数量	金额	数量	金额	
甲产品系列	750	225	888	266.4	18%
乙产品系列	420	126	525	157.5	25%
丙产品系列	90	27	99	29	10%
合　计	1260	378	1512	453.3	20%
说　明	经济成长率预计 8%，顾及当年为企业成立 40 周年庆与市场深耕策略，本公司推出新产品，整体产品线完整化，并且辅以强大促销广告与奖励办法，故成长率挑战目标定为 20%				

② 地域分配。地域分配是将市场分成若干地域，然后按各个地域建立责任体系进行销售的方法。其分配基准可根据市场占有率、市场销售百分比、市场指数及个别估计等来确定。地域销售目标计划如表 5-9 所示。

表 5-9 地域销售目标计划 金额单位：万元

目标值 / 产品别	内销			外销	小计
	北京	上海	天津		
产品甲	200	100	100	128	528
产品乙	70	60	20	100	250
产品丙	20	20	10	60	110
合　计	290	180	130	288	888

③ 客户分配。客户分配是将业务员本身应达成的目标，依照客户属性分配下去。客户分配计划如表 5-10 所示。

表 5-10 客户分配计划

业绩 产品	3月							
	A店		B店		C店		D店	
	目标额	实绩额	目标额	实绩额	目标额	实绩额	目标额	实绩额
电视机								
DVD机								
音响								
合　计								

④ 月份分配。月份分配是将业务员的各产品年销售目标值，按季节变动分析，求出各月份所占的比率。月份目标销售计划如表 5-11 所示。

表 5-11 月份目标销售计划

月份 产品	1	2	3	4	5	6	7	8	9	10	11	12	合计
产品甲	18	12	10	10	10	10	10	10	12	14	16	30	162
产品乙	8	2	0	0	0	0	0	0	2	2	4	16	34
产品丙	2	2	2	0	0	0	0	0	0	2	2	4	14
合　计	28	16	12	10	10	10	10	10	14	18	22	50	210
说　明	暑假前后为销售淡季，农历过年后则呈现明显业绩上升的旺季迹象												

⑤ 部门、业务员的分配。当某部门负责该地域时，则地域的目标销售额就是该部门分配额，由某一组业务员一起达成此部门目标。可根据顾客需求量、负责的市场、过去业绩、业务员能力等方式，加以分配各业务员的目标销售额。业务员对各产品的挑战目标如表 5-12 所示。

表 5-12 业务员对各产品的挑战目标 单位：推销1组

地区 产品		鹿城区		龙湾区	瓯海区	合　计
		李小明	张海涛	姚鸣	雷诺	
产品甲	配额	80	40	20	200	216
	挑战	85	45	23	—	
产品乙	配额	17	25	15	70	84
	挑战	20	30	19	—	
产品丙	配额	7	3	3	20	28
	挑战	10	5	4	—	

另外，关于目标销售额的分配，还可以按照销售途径、销售方法、销售条件等基准来进行。

(2) 销售分配的程序

由于产品、地域、业务员及月份分配是销售分配的中心主体，所以，一般销售分配的程序是先以产品分配为中心，然后再依地域、部门、业务员将每年目标值分配。

(3) 销售分配的单位

销售分配的最小单位是“科”，再依性质将“科目标值”分配到各业务员。

3. 目标销售额的执行

在对目标销售额分配完毕之后，就需要有关的销售负责人来执行分配后的目标销售额。

以下以经销商的分配访问为例，来表述目标销售额的执行情况。

(1) 制订经销商分配计划

经销商分配计划是指各业务员将各产品月份应达成的销售额，根据责任区内的经销商的性质、过去实绩、市场特性，加以分配其目标销售额，未来更可对目标额与实绩额加以比较，以检查绩效。

(2) 制订经销商访问计划

将经销商按照ABC重点管理原则，并按经销商目标销售额分配计划拟出“访问日程计划”(见图5-8)。

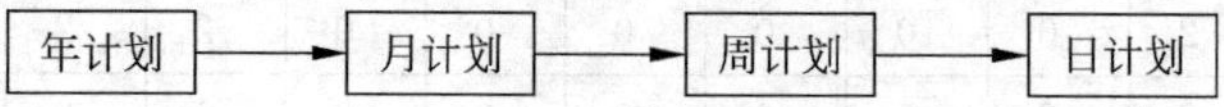

图5-8 经销商访问日程计划

例5-2

将客户按重点管理原则，区分为老客户与潜在客户。

• 拜访老客户

目标：每月访问客户100次。经销商访问老客户计划如表5-13所示。

表5-13 经销商访问老客户计划

客 户	家 数	频 率	访问次数
A级客户	8	4	32
B级客户	15	2	30
C级客户	32	1.2	38
合 计	55	1.8	100

• 开拓潜在客户

目标：每月拜访20家；每月成功开拓3家。经销商访问潜在客户计划如表5-14所示。

表 5-14　经销商访问潜在客户计划

客户名称＼日		1	2	3	4	5	6	7	8	9	10	访问结果
A 企业	预定			○			◎					
	实际			○		△						
B 企业	预定							○				
	实际							×		△		
C 企业	预定					○						
	实际					○						

注：○＝拜访　　◎＝再度拜访　　×＝抗议　　△＝其他

活动设计

各模拟公司针对本公司商品销售业务实际，为本公司设计适当的商品销售组织模式，并进行具体销售业务的销售目标管理。

实训成果

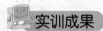

各模拟公司在规定时间内按质按量的提交以下实训成果。

(1) 本模拟公司的商品销售组织模式(含图示)。

(2) 本模拟公司销售人员的工作职责。

(3) 符合本模拟公司商品销售实际的销售目标管理措施。

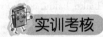

实训考核

实训考核主要分为四个阶段。

阶段一：实训成果汇报(8～10 分钟)

各模拟公司推选一名代表采用 PPT 形式进行任务 5.1 实训成果汇报。

阶段二：答辩与质询(5～8 分钟)

首先，汇报方接受来自其他模拟公司成员及老师对相关问题的质询；最后，学员“评审团”(由各模拟公司选派一名代表组成)至少推举一名代表进行评说。

阶段三：师生联合考评(3～5 分钟)

学员“评审团”会同实训指导老师一起按考评标准对各个模拟公司的实训成果进行评定(学员“评审团”与老师的考评分数分别占总成绩的 40%与 60%)。

阶段四：对比式点评(5～8 分钟)

由实训指导教师对各模拟公司的实训成果进行对比式点评，指出好的方面，并分析指出不足之处存在的原因及进一步改进的措施。实训任务 5.1 结束。

实训拓展

“饥饿”销售法

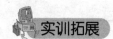

所谓“饥饿”销售法，是指企业将生产规模严格控制在比市场容量小20%～30%的范围内。这是一种有意识地压缩产量以达到产品畅销为目的的销售策略。

1. “饥饿”销售法的模式

“饥饿”销售法模式是指商家采用通过断货的方式而造成市场上的“饥渴效应”来提升人气，吸引消费者眼球，在市场上不断采用限量供应，控制铺货速度，从而引发价格在产品销售初期的飙升，达到更好的市场与经济效益。

2. “饥饿”销售法的目的

这样的销售模式是商家为了保证自身的产品在市场上获得足够的关注度，保证产品销售的持续性，并且通过该手段来拉高产品竞争力的一种做法。

3. “饥饿”销售法的影响

市场的变化，使得大部分商家实行此模式，其出发点无非是为了争取更多的利润，但是在实际操作上却忽视了许多问题，渐渐将消费者引向了另一个怪圈，那就是加价销售。

商家为了能够使产品的销售更有前景，推出了所谓的“饥饿”销售法。但是“饥饿”是否就等于变向加价？“饥饿”的本意将是最后以“饿谁”为代价？

一款产品能否受到用户信赖并不是单纯地依靠销售手段来获得的，而是通过产品本身的实力，以及售后服务的质量而定。如果一再使用这样的方式进行误导消费，最后将会使整个市场变得混乱不堪，整个行业都将受到威胁。

(资料来源：采购管理的误区.百度百科，http://baike.baidu.com.)

任务5.2 销售业务操作

任务要求

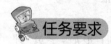

各模拟公司及其所有员工(受训人员)，按照本公司某一具体的商品销售实际业务流程完成该商品销售业务，要求：

(1) 每个公司至少完成2笔交易，一笔买进，一笔卖出。

(2) 每位员工(受训人员)至少参加1笔交易。

(3) 销售业务流程完整，销售单据(如报价单、订货单、合同、交货通知单、商业发票、增值税发票等单据)规范、齐备。

训练步骤

步骤一：商品销售业务操作重要性认知

由实训指导老师介绍该项目实训的目的与要求，对商品销售业务操作的实际应用价值予以说明，调动学生实训操作的积极性。

步骤二：商品销售业务操作相关知识"再现"

实训指导老师适当介绍商品销售业务操作的相关知识，如：销售计划的制订、销售流程、销售单据等。

步骤三：相关实例研读

各模拟公司成员认真研读商品销售业务操作方面的实例，作为本实训项目操作的参考。

步骤四：相关资料搜集

各模拟公司根据商品销售业务操作的要求，查找与实训任务相关的信息资料，为顺利开展实训做好充分的准备。

步骤五：商品销售业务操练与材料提交

两个模拟公司为一组，轮流扮演某一商品买进与卖出的角色，彼此进行商品销售业务模拟演练。并在规定时间内向实训指导老师提交本公司商品销售业务操作的以下相关材料。

- 某一具体的商品销售计划
- 规范、齐全的商品销售单据等

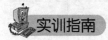

实训指南

5.2.1 销售计划制订

1. 销售计划内涵解读

销售计划是直接实现销售收入的一连串过程的安排，即依据销售预测、设定销货目标、编制销售配额和销售预算，是企业战略管理的最终体现。

销售计划一定要成为能够实现公司的经营方针、经营目标以及符合发展计划、利益计划、损失计划、资产债计划的整个内容。

简而言之，销售计划的内容指的是：

要把什么(商品计划)

→卖到何处(销售途径或顾客计划)

→以什么价格(售价计划)

→由谁(组织的计划)

→卖出去(销售额计划)。

2. 销售计划的制订步骤

销售计划的制订步骤如图 5-9 所示。

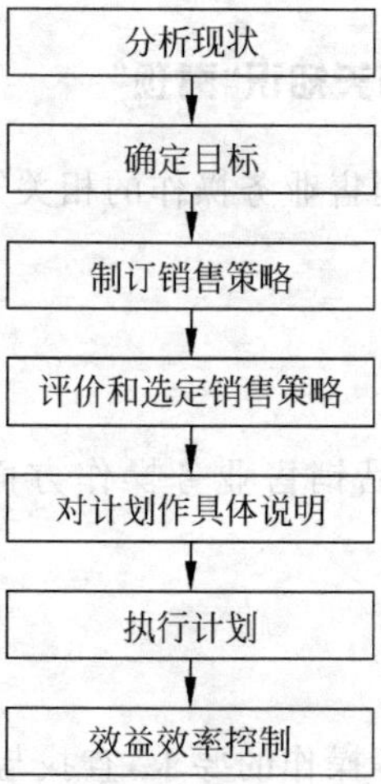

图 5-9 销售计划的制订步骤

3. 常见销售计划的制订

(1) 月别、商品别销售额计划的制订方法(见表 5-15)

表 5-15 月别、商品别销售额计划表

<table>
<tr><th colspan="3" rowspan="2">项目
商品别</th><th colspan="2">去年同月</th><th colspan="2">1 月计划</th></tr>
<tr><th>销售金额/千元</th><th>构成比/%</th><th>销售金额/千元</th><th>构成比/%</th></tr>
<tr><td rowspan="10">月间总销售额</td><td rowspan="3">1. 畅销商品群</td><td>小计</td><td></td><td></td><td></td><td></td></tr>
<tr><td>(1)</td><td></td><td></td><td></td><td></td></tr>
<tr><td>(2)</td><td></td><td></td><td></td><td></td></tr>
<tr><td rowspan="3">2. 高利益率商品群</td><td>小计</td><td></td><td></td><td></td><td></td></tr>
<tr><td>(1)</td><td></td><td></td><td></td><td></td></tr>
<tr><td>(2)</td><td></td><td></td><td></td><td></td></tr>
<tr><td rowspan="3">3. 销售及利益率均不佳的商品群</td><td>小计</td><td></td><td></td><td></td><td></td></tr>
<tr><td>(1)</td><td></td><td></td><td></td><td></td></tr>
<tr><td>(2)</td><td></td><td></td><td></td><td></td></tr>
<tr><td colspan="2">总 计</td><td></td><td></td><td></td><td></td></tr>
</table>

（2）单位别、客户别销售计划表（见表5-16）

表5-16 单位别、客户别销售额计划表

单位别	顾客		去年同月		1月计划	
			销售金额/千元	构成比/%	销售金额/千元	构成比/%
温州支店	A级客户	(1)				
		(2)				
		小计				
	B级客户	(1)				
		(2)				
		小计				
	C级客户					
	其他					
	合计					
绍兴支店	A级客户	(1)				
		(2)				
		小计				
	B级客户	(1)				
		(2)				
		小计				
	合计					

（3）销售费用计划表（见表5-17）

表5-17 销售费用计划表

科目				年间合计							
				金额/千元	构成比/%	1月		2月		12月	
						金额/千元	构成比/%	金额/千元	构成比/%	金额/千元	构成比/%
销售费合计	销售变动费	(1) 销售手续费									
		(2) 运费									
		(3) 包装费									
		(4) 保管费									
		(5) 燃料费									
		(6) 销售促进费									
		小计									
	销售固定费	销售人员费	(1) 薪金								
			(2) 奖金								
			(3) 法定福利费								
			(4) 保健费								
			(5) 各种津贴								
			(6) 其他								
			小计								
		销售固定经费	(1) 差旅费交通费								
			(2) 交际费								
			(3) 通信费								
			(4) 折旧费								
			(5) 修缮费								
			(6) 保险费								
			(7) 利息								
			(8) 其他								
			小计								
销售合计											

(4) 赊销款回收计划(见表 5-18)

表 5-18 赊销款回收计划(实例)

月别	销售计划/千元	回收计划				赊销款余款/千元	回收率/%	回收不良率/%
		现金/千元	90日以内票据/千元	90日以上票据/千元	合计/千元			
1								
2								
⋮								
12								

注:① 现金之中包括支票、邮政汇票、预付支票。
② 回收率=本月回收计划合计÷(月初赊销款余额+本月销货计划)×100%。
③ 回收不良率=两个月以上的赊销款÷(月初赊销款余额+本月销货计划)×100%。

(5) 员工教育训练计划

员工教育训练计划的重点是与提高实务能力直接相关的内容。当今,很多公司都比较重视所属从业人员的在职训练(OJT)。OJT 的训练形式与方法有很多,如请公司的管理层或专家为讲师,以授课方式实施实务教育训练;由相关人员陪同,受训者做“实地推销训练”或推销员之间以“案例研究”进行演练;利用录像带开展推销技术实例的研究会;利用销售手册及销售会议进行主题商讨;与顾客做生意洽谈的实际演练等。

(6) 推销员的行动管理计划制订如表 5-19 所示。

表 5-19 推销员行动计划

① 月底重点行动目标表

经理	主任	科长	组长

本月的销售方针和计划		
重点销售商品	重点访问客户	新开发客户
1 2		

② 星期行动计划表

第　　周　　　　姓名:

部门重点目标						
重点销售产品						
重点访问对象						
重点行动目标	星期一	星期二	星期三	星期四	星期五	星期六
1 2						
1 2						
1 2						

(7) 年度营业计划

传统的年度营业计划是列出该年度预计的销售数量和销售金额。而将销售目标管理应用到年度营业计划中去,可以使企业在销售计划方面实现目标明确、便于操作、效果显著的目的。

将企业的销售目标管理应用到年度营业计划中去的这一套“架构”具有很多优点,如:

- 针对过去的缺失落实改进措施,使今年比去年更进步
- 数据化,目标明确
- 不空喊口号,列出具体实施措施
- 分工合作,责任分明
- 列出进度,限期完成。

4. 执行销售计划

在完成销售分配、制订好销售计划以后,各销售负责人即可执行相关的销售计划。

5.2.2 销售流程

1. 询盘

询盘是买方或卖方有意购买或出售某种商品而对所要买卖商品情况进行说明,目的是要对方进一步介绍情况。有时还指定具体的商品,甚至连数量、包装、交货期都明确提出,要求对方报价或递价。

(1) 询盘的类型

询盘可分为买方询盘,又称为“邀请发盘”;卖方询盘,又称“邀请递盘”。

(2) 初询函件应说明的事项

一是如何得知对方的名称和地址。

二是写信人经营的业务。

三是对方提供的交易条件等。

例 5-3

询 盘 实 例

我方为本城最大的电视机进口商之一,欲与贵公司建立业务联系,目前对电视机感兴趣,详见随函附上的第5678号询价单,请尽速答复。如价格合理、装运期可以接受,我方会下大订单。

2. 发盘

发盘是指交易一方向另一方提出的交易条件,并按照这些交易条件签订合同,达成交易。发盘可以直接向客户发盘,也可以在收到客户询盘时作出答复。发盘的内容具体包括:

一要准确阐明各项主要交易条件,如:产品的品名、规格、价格、数量、包装、装运、付款及保险八个方面。

二要声明此发盘的有效期及其他约束条件。

三要鼓励对方订货并保证供货满意。

例 5-4

发 盘 举 例

- 感谢贵公司 7 月 10 日的询价。今晨已经去函,报 50 公吨红茶每公吨×××美元 CFR 上海净价,装运期为 11 月和 12 月,以 7 月 30 日前复到为准。
- 收悉贵公司 2013 年 2 月 12 日的询价函,非常感谢,并奉上贵方所需样品一份。兹按下列条件报价。

货品:"天鹅"牌 WWM-6800 型洗衣机;

规格:自动,能洗 10 磅衣物;

数量:300 台,附全套附件;

装运期:收到订单后一个月;

价格:每台人民币贰仟捌佰元整;

付款:见票即付的不可撤销信用证;

本报价单有效期至 2 月 22 日为止(限 10 日复到有效)。

3. 还盘

还盘指的是受盘人在收到发盘后,不同意或不完全同意发盘人的条件而提出修改原发盘条件。在出口方发盘后,进口方往往就价格进行还盘。此时,出口方通常有三种选择。

一是完全接受对方的还价,合同即告成立。

二是坚持原价,即拒绝对方还价。

三是针对对方的还价进行再还价,或有条件的接受对方的还价。

在具体还盘时,应包含以下内容。

- 确认对方来函。
- 强调原价的合理性,并说明理由。
- 无论最后是否接受对方的还价,一般要坚持原报价的合理性,同时给出各种适当的理由:认为报价符合市价、强调产品品质超群、言明利润已降至极限、目前原材料价格上涨、人工成本提高等。
- 提出我方条件,并催促对方行动。这部分的写法并没什么定式,非常灵活,关键要有说服力,常带有促销性质,如:以数量折扣吸引对方大批订购;以库存紧张激励对方早下订单等。

例 5-5

还 盘 实 例

收悉贵方 4 月 20 日来信,报 100 台标的货物每台×××美元。我方认为计算机质量不错,但是价格太高,其他国家的类似质量的产品有些低于你方报价的 30%,如果可以降价 10%,我们就可以成交。请尽速答复。

4. 接受

接受是交易的一方完全同意对方的发盘,或对对方还盘的全部内容表示肯定。一经接受，交易即达成，合同即告成立。

例 5-6

接受实例

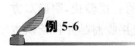

贵公司2013年2月20日来函收悉。经过仔细考虑之后，我方接受贵方2013年2月12日的报盘，并愉快地寄上我方201301号订货单，以便贵方从容办理。

5.2.3 销售单据

1. 报价单

例 5-7

报价单

________公司________先生　　　　　　　　　　　　编号：

蒙贵公司________月________日(□电话 □来函 □当面赐教)，不胜感激，并将我公司部分产品报价提供如后，供贵公司选择参考。

一、报价日期：________年________月________日

二、报价有效日期：________年________月________日以前

三、报价项目

产品项目	规格说明	数　量	单　价	金　额	参考资料
合　计					

四、交货日期：订货后________日内交货

五、付款条件：

经手人________

经　理________

2. 订货单

订货单格式如表5-20所示。

表 5-20　订货单

企业名称			联系方式		
地址			负责人		
品名	规格	单位	数量	单价	总价
合计					
承办人			客户签单		

3. 购销合同

购销合同是经济合同的一种,是供需双方为实现一定数量商品的有偿转让,明确双方相互权利义务关系的协议文书,是供方将商品售给需方,需方按规定接收商品并付给供方价款的书面协议。

(1) 格式

商业购销合同一般有两种格式:一种是表格式,即将合同内容逐项列表,双方签订合同时,把协商确定的内容逐项填入表中;另一种是条款式,即将双方达成的协议归纳为几条,以条款表达合同内容。

(2) 内容

购销合同无论采用什么格式,主要内容均包括以下四个部分。

① 标题。即合同名称。

② 签订合同双方当事人名称。如果是多方签合同,应写明所有当事人名称。一般付款方称甲方,收款方为乙方。订立合同时,应在当事人名称后边括号内注明甲方、乙方或丙方等。

③ 正文。我国《合同法》规定,经济合同应具备五项主要条款,并且购销合同的正文应以这五项法定条款为主。

- 标的。即购销商品的名称。注意要写明商品全称、品牌、规格、商标、款式等。
- 数量和质量。一般应按国际通用标准、国家标准、部颁标准、行业标准、地方或企业标准执行质量要求。其中数量包括购销商品总数量、分批量交货的数量;质量包括商品质量、包装质量。
- 价款或酬金。价款是取得对方商品支付的代价,酬金是获得对方劳务而支付的代价。二者均需用货币表示,在订立合同时需写清单价和金额或总金额。
- 履行期限、地点和方式。履行期限即合同的有效期或履行期限,一定要写准确;地点和方式是指交货地点和方式。需写明交货的详细地址和位置、运输方式等有关事项。
- 违约责任。是对违约者的惩罚措施。是使合同顺利执行的保证,又是解决合同纠纷的依据,要写得明确、具体。

④ 结尾。结尾要写明合同份数、合同的保管方法、合同的生效日期。并注明附件的名称、附件的份数,然后由签约双方署名、盖章;签合同的双方代表签名盖章;公证机关代表署名、盖章。最后是日期。

(3) 写作要求

一份规范、科学的合同,在写作时需要注意以下事项。

- 合同内容要符合法律、法规、方针政策。
- 合同语言文字要简洁明确,周密严谨,避免有漏洞。
- 合同签署生效后,任何一方不得涂改。如需涂改,须经双方当事人共同协商,改写之处要加盖公章。如修改处较多,可另写补充协议,补充协议也需履行签署、公证等程序。

例 5-8

购销合同

立约人　需方(甲方):

　　　　供方(乙方):

甲方向乙方采购下列商品,双方议定各项条件如下:

一、销售商品:

货品名称	规　　格	单　　价	数　　量	交货日期
总计金额(大写)				

二、产品质量标准:

三、包装要求:

四、价格规定:

五、运输方式:　　　　　　到达地点(港、站):

六、费用负担:运费、保险费由________方负担

七、交货:

期限:

地点:

方式:

验收:地点________,时间________

八、货款结算方法:

九、其他:

供方单位(盖公章)	需方单位(盖公章)
代表人(签字盖私章)	代表人(签字盖私章)
开户银行	开户银行
账号	账号
电话	电话
电报挂号	电报挂号
地址	地址

附则:

(1) 本合同依法签订,经供需双方盖章和代表盖章(或签字),即具有法律效力,双方均应严格执行,任何一方不得擅自变更或解除。如因故需要变动,应经双方协商一致另立协议才能变更或解除。任何一方不按规定履行合同,应按《经济合同法》承担经济责任。

(2) 本合同一式4份,供需方各执2份。

签订日期:　年　月　日

4. 交货通知单

例 5-9

交货通知单

编号：　　　　　　　　　　　　　年　月　日

企业

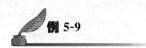

承蒙惠顾，贵公司所订购的产品如下：

合同编号	产品品名	产品规格	数　量	单　价	金　额	备　注
合计人民币	万　仟　佰　拾　元　整					

上列货物总计________件________箱，今日由________(货运、邮局)奉上，敬请验收，如3天内未收到，请即来函告知，以便查询为盼。

此致

________公司敬启

本公司经销单位		单位主管		本公司经办人		制表	

活动设计

各模拟公司按照完整、规范的商品销售业务流程，模拟演练本公司某一具体的商品销售业务。

实训成果

各模拟公司在规定时间内按质按量的提交以下实训成果。

(1) 该笔商品销售业务的销售计划一份。

(2) 该笔商品销售业务完整、规范的销售单据一套。

实训考核

实训考核主要分为四个阶段。

阶段一：实训成果汇报(8～10 分钟)

各模拟公司推选一名代表采用 PPT 形式进行任务 5.2 实训成果汇报。

阶段二：答辩与质询(5～8 分钟)

首先，汇报方接受来自其他模拟公司成员及老师对相关问题的质询；最后，学员“评审团”(由各模拟公司选派一名代表组成)至少推举一名代表进行评说。

阶段三：师生联合考评（3～5分钟）

学员“评审团”会同实训指导老师一起按考评标准对各个模拟公司的实训成果进行评定（学员“评审团”与老师的考评分数分别占总成绩的40%与60%）。

阶段四：对比式点评（5～8分钟）

由实训指导教师对各模拟公司的实训成果进行对比式点评，指出好的方面，并分析指出不足之处存在的原因及进一步改进的措施。实训任务5.2结束。

实训拓展

窜货管理

一、窜货认知

窜货（bugsell）又名倒货、冲货、越区销售，指制造商各种渠道成员由于利益驱动，以低于商品正常价格跨区域销售的行为。

二、窜货的类型

1. 根据窜货性质划分

（1）恶性窜货

恶性窜货是指中间商或销售人员为了谋求利益，蓄意向非辖区倾销货物。

（2）自然性窜货

自然性窜货一般发生在辖区临界处或物流过程，非中间商或销售人员亲自所为。

（3）良性窜货

良性窜货是指经销商流通性很强，货物经常流向非目标市场。

2. 根据窜货市场划分

（1）同一市场内部的窜货——甲乙互相倒货。

（2）不同市场之间的窜货——两个同一级别的总经销之间相互倒货。

（3）交叉市场之间的窜货——经销区域重叠。

三、窜货表现

（1）分公司为完成销售指标，取得业绩，往往把货销售给需求量大的兄弟分公司，造成分公司之间的窜货。

（2）中间商之间的窜货：甲乙两地供求关系不平衡，货物可能在两地低价抛售走量流转。

（3）为减少损失，经销商低价倾销过期或即将过期的产品。

（4）更为恶劣的窜货现象是经销商将假冒伪劣商品与正品混同销售，掠夺市场份额。

四、窜货的危害

（1）一旦价格混乱，将使中间商利润受损，导致中间商对厂家不信任，对经销其产品失去信心，直至拒售。

（2）供应商对假货和窜货现象监控不力，地区差价悬殊，使消费者怕假货、怕吃亏上当而不敢问津。

（3）损害品牌形象，使先期投入无法得到合理的回报。

（4）竞争对手品牌会乘虚而入，取而代之。

五、从根源上解决窜货问题

1. 消除窜货产生的条件

要避免窜货现象的发生,必须消除窜货产生的条件。窜货的发生需要三个条件:窜货主体、环境、诱因。所以,要想从根源上解决窜货问题,就必须从这三点入手。

(1) 选择好经销商(窜货主体)

在制订、调整和执行招商策略时要明确的原则就是避免窜货主体出现或增加。要求企业合理制订并详细考察经销商的资信和职业操守,除了从经销的规模、销售体系、发展历史考察外,还要考察经销商的品德和财务状况,防止有窜货记录的经销商混入销售渠道。对于新经销商,企业不是太了解他们的情况,一定做到款到发货。宁可牺牲部分市场,也不能赊销产品,防止某些职业道德差的经销商挟持货款进行窜货。此外,企业一定不能让经销商给市场拓展人员发工资,企业必须学会独立承担渠道拓展人员的基本工资与补贴。

(2) 创造良好的销售环境

① 制订科学的销售计划

企业应建立一套市场调查预测系统,通过准确的市场调研,收集尽可能多的市场信息,建立起市场信息数据库,然后通过合理的推算,估算出各个区域市场的未来进货量区间,制订出合理的任务量。一旦个别区域市场进货情况发生暴涨或暴跌,超出了企业的估算范围,就可初步判定该市场存在问题,企业就可马上对此做出反应。

② 合理划分销售区域

合理划分销售区域,保持每一个经销区域经销商密度合理,防止整体竞争激烈,产品供过于求,引起窜货;保持经销区域布局合理,避免经销区域重合,部分区域竞争激烈而向其他区域窜货;保持经销区域均衡,按不同实力规模划分经销区域、下派销售任务。对于新经销商,要不断考察和调整,防止对其片面判断。

(3) 制订完善的销售政策

① 完善价格政策

许多厂家在制订价格政策时由于考虑不周,隐藏了许多可导致窜货的隐患。企业的价格政策不仅要考虑出厂价,而且要考虑一批出手价、二批出手价、终端出手价。每一级别的利润设置不可过高,也不可过低。过高容易引发降价竞争,造成倒货;过低调动不了经销商的积极性。价格政策还要考虑今后的价格调整,如果一次就将价格定死了,没有调整的空间,对于今后的市场运作极其不利。在制订了价格以后,企业还要监控价格体系的执行情况,并制订对违反价格政策现象的处理办法。企业有一个完善的价格政策体系,经销商就无空可钻。

② 完善促销政策

企业面对销不动的局面,常常是促销一次,价格下降一次。这就表明企业制订的促销政策存在着不完善的地方。完善的促销政策应当考虑合理的促销目标、适度的奖励措施、严格的兑奖措施和市场监控措施。

③ 完善专营权政策

在区域专营权政策的制订上,关键是法律手续的完备与否。企业在制订专营权政策时,要对跨区域销售问题作出明确的规定:什么样的行为应受什么样的政策约束,使其产生法律约束力。此外,还应完善返利政策。完善的营销政策可以从根本上杜绝窜货现象。

2. 有效预防窜货策略

(1) 制订合理的奖惩措施

在招商声明和合同中明确对窜货行为的惩罚规定,为了配合合同有效执行,必须采取一些措施,包括:

① 缴纳保证金。

保证金是合同有效执行的条件,也是企业提高对窜货经销商的威慑力的保障。如果经销商窜货,按照协议,企业可以扣留其保证金作为惩罚。这样经销商的窜货成本就高了,如果窜货成本高于窜货收益,经销商就不轻易窜货了。

② 对窜货行为的惩罚进行量化。

企业可选择下列模式:警告、扣除保证金、取消相应业务优惠政策、罚款、货源减量、停止供货、取消当年返利和取消经销权。同时奖励举报窜货的经销商,调动大家防止窜货的积极性。

(2) 建立监督管理体系

① 把监督窜货作为企业制度固定下来,并成立专门机构,由专门人员明察暗访经销商是否窜货。

在各个区域市场进行产品监察,对各经销商的进货来源、进货价格、库存量、销售量、销售价格等了解清楚,随时向企业报告。这样一旦发生窜货现象,市场稽查部就马上可以发现异常,企业能在最短时间对窜货做出反应。

② 企业各部门配合防止窜货的发生。

企业可以把防止窜货纳入企业财务部门日常工作中。财务部门与渠道拓展人员联系特别紧密,多是现款现货,每笔业务必须经过财务人员的手才能得以成交。因此财务人员对于每个区域销售何种产品是非常清楚的。所以只要企业制订一个有效的防窜流程,将预防窜货工作纳入财务工作的日常基本工作中,必将会减少窜货现象的发生。如,利用售后服务记录进行防止窜货。售后记录记载产品编号和经销商,反馈到企业后,企业可以把产品编号和经销商进行对照,如果不对应就可以判断为窜货。

③ 利用社会资源进行防止窜货。

方式一:利用政府"地方保护行为"。与当地工商部门联系,合作印制防伪不干胶贴。

方式二:组成经销商俱乐部,不定期举办沙龙,借此增进经销商之间的感情。

方式三:采取抽奖、举报奖励等措施。

方式四:也是最好的方式,即把防伪防窜货结合起来,利用消费者和专业防窜货公司协助企业防窜货。

(3) 减少渠道拓展人员参与窜货

① 建立良好的培训制度和企业文化氛围。

企业应尊重人才、理解人才、关心人才,讲究人性化的人才管理方式,制订人才成长的各项政策,制订合理的绩效评估和酬赏制度,真正做到奖勤罚懒,奖优罚劣。公正的绩效评估能提高渠道拓展人员的公平感,让员工保持良好的工作心态,防止渠道拓展人员和经销商结成损害企业的利益的共同体。

② 内部监督渠道拓展人员。

同时不断培训和加强对市场监督人员管理。

(4) 培养和提高经销商忠诚度

随着行业内技术的发展与成熟,产品的差异化越来越小,服务之争成为营销竞争一个新的亮点。完善周到的售后服务可以增进企业、经销商与顾客之间的感情,培养经销商对企业的责任感与忠诚度。企业与渠道成员之间的这种良好关系的建立,在一定程度上可以控制窜货的发生,经销商为维系这种已建立好的关系,不会轻易通过窜货来破坏这份感情。有条件或无条件地允许经销商退货,尽量防止经销商产品出现积压而窜货。

(5) 利用技术手段配合管理

利用技术手段配合管理的效果和目的如同在交通路口安装摄像头:利用技术手段弥补营销策略缺陷,建立中选销售服务防窜货平台,适时监控经销商,帮助收集窜货证据。基于这种目的,采用带有中选防伪防窜货编码的标签对企业产品最小单位进行编码管理,把防伪防窜货结合起来,便于对窜货做出准确判断和迅速反应。可借助消费者力量建中选科技窜货预警平台,在矛盾激化前平息问题,保证整个销售体系的和谐、平顺。目前,许多先进的生产企业已经率先采用了中选科技防窜货技术。这种技术手段的特点,主要借助通讯技术和电脑技术,在产品出库、流通到经销渠道的各个环节中,追踪产品上的编码,监控产品的流动,对窜货现象进行适时的监控。

(资料来源:窜货管理.百度百科,http://baike.baidu.com.)

任务5.3 公司客户管理

任务要求

各模拟公司针对本公司商品销售业务中的客户进行有效管理,妥善处理客户投诉等问题。

训练步骤

步骤一:客户管理重要性认知

由实训指导老师介绍该项目实训的目的与要求,对客户管理的实际应用价值予以说明,调动学生实训操作的积极性。

步骤二:客户管理相关知识"再现"

实训指导老师适当介绍客户管理的相关知识,如:选择客户管理模式、设计客户管理流程、编制客户管理表格、处理客户投诉等。

步骤三:相关实例研读

各模拟公司成员认真研读客户管理方面的实例,作为本实训项目操作的参考。

步骤四：相关资料搜集

各模拟公司根据客户管理的要求，查找与实训任务相关的信息资料，为顺利开展实训做好充分的准备。

步骤五：设计公司客户管理整套流程

各模拟公司以本公司某一销售业务为背景，精心设计客户管理的整套流程(包括客户投诉与处理)，并以两个模拟公司为一组，轮流扮演买家与卖家，并进行模拟演练。

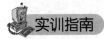

实训指南

5.3.1 客户管理认知

客户是企业发展壮大的根本，是企业得以生存的命脉。随着市场经济日趋激烈的竞争，企业争取客户的难度和成本越来越大，进行客户管理，建立与客户的长期友好合作关系，使客户忠诚于企业，已成为企业市场营销之“重头戏”。客户管理的实质就是采取一定的方法与措施，对所拥有的客户资源进行维护、运用、开发并使其增值的管理过程。

对客户进行管理，重要的是对客户价值的正确认识以及处理好企业与客户之间的关系。传统的营销模式认为客户价值就等于销售额，而在今天，客户的价值不仅包括销售额，也包括其对需求的贡献。

客户价值＝当前销售＋终身潜在销售预期＋需求贡献＋信用等级＋利润贡献

新型的企业与客户的关系应当是“以客户为中心”，遵循尊重客户、长久合作、突出重点、动态管理、灵活运用、专人负责的客户管理原则，将满足消费者需求与实现企业经营目标很好地统一起来，形成企业与客户的互动关系，通过满足客户需求来提高客户满意度和忠诚度，进而吸引和留住客户，建立和保持企业的竞争优势。产品中心制与客户中心制的区别如表 5-21 所示。

表 5-21 产品中心制与客户中心制之比较

产品中心制	客户中心制
尽力争取更多的客户	发现客户最有可能购买的东西
尽力争取让客户多买	竭力找出哪些客户对公司最有价值
着眼于价格竞争	着眼于满足客户需求
根据既定方针或预先安排行动	根据实际反馈信息，安排行动
依靠销售人员、客户服务代表解决投诉	销售和服务不分家
从每笔销售中获取收入和销售数据	从每笔销售中获取收入和客户数据
销售公司想卖的产品	销售客户需要的产品

5.3.2 客户管理模式

在客户管理的模式方面，可以采取以下方式：客户管理的主体分为二级，一级主体是企业,二级主体是推销人员。应该由企业的营销副总负责这项管理工作,具体的执行单位是销售部门。在这样一个管理模式下,每一个营销人员都管理着自己的客户,企业则管理着整个销售队伍和整个客户队伍。这一客户管理模式的优点是:企业既能加强与客户的信息交流,获得客户需求的第一手资料,又能提高对客户队伍的可控性,避免由于营销人员的流动而造成客户的流失。

5.3.3 客户管理内容

客户管理的内容通常包括以下方面。

1. 基础资料

基础资料也就是客户的基本原始资料,是客户管理的起点和基础,主要是通过推销人员进行的客户访问收集的。主要包括:

(1) 个人客户

个人客户具体指的是个人客户的姓名、年龄、职业、籍贯、学历和经历、兴趣爱好、家庭状况、民族、信仰及通信联络方式等方面。

(2) 企业客户

企业客户主要指的是企业客户的名称、所有制性质、注册资本、业务范围、职工人数、交通条件及通信联络方式等。

2. 客户特征

客户特征主要包括客户的经营观念、经营政策、经营方向、企业规模、销售能力、经营特点、服务区域及发展潜力等。

3. 业务状况

业务状况主要包括销售实际业绩、经营管理者和业务人员的素质、与同类企业竞争者的关系、与本企业的业务关系及合作态度等。

4. 交易现状

交易现状主要包括客户的销售活动现状、保持的优势、企业形象、商誉状况、与本企业交易的状况、存在的问题及将来的对策等。

5.3.4 客户管理流程

一个完整的客户管理流程一般要经过客户资料卡的制作、资料的整理、划分客户等级、客户名册登记、客户访问计划及客户综合评价等。

1. 制作客户资料卡

客户资料卡是推销人员了解市场的重要工具之一。通过客户资料卡,推销人员可以动态地了解客户情况,并据此对市场事态做出判断,开展相应的推销活动。更重要的是,推销人员可以根据客户资料卡有关信息,来制订相应的推销策略和采用适当的推销方法,使推销工作高效化。所以,在客户管理的过程中,应对每一个经过资格鉴定的顾客制作详细的资料卡,便于在推销工作中查阅,使推销工作系统化、表格化。

在实际的推销工作中,推销人员可以根据实际需要来设计客户资料卡的具体格式,表 5-22 和表 5-23 所反映的是两种比较常见的客户资料卡。

表 5-22 消费者个人或家庭资料卡

姓名		性别		住址	
学历		年龄		婚否	
工作单位		职业		性格	
购买商品		购买日期		付款方式	
备注					

填卡人：　　　　　　　　　填卡日期：

表 5-23 客户(组织)资料卡

组织名称		营业地址	
企业性质		经营规模	
联系电话		付款方式	
日销售额		营业状况	
订购商品		信用等级	
交易日期			
备注			

不论采用哪种形式，一般来说，客户资料卡应包括表 5-24 中所罗列的内容。

表 5-24 客户资料卡的详尽内容

编号	组织类顾客	个人或家庭类顾客
1	公司名称	姓名
2	公司地址	年龄
3	联系方式	学历
4	所属行业	职业
5	公司创办日期	性格
6	员工人数	籍贯
7	注册资本额	民族
8	负责人	兴趣爱好
9	业界信用	工作单位
10	市场地位(市场占有率)	职务
11	采购主管	住址
12	采购协办人员	联系方式
13	与本单位开始交易日期	与本单位开始交易日期
14	交易实绩	交易实绩
15	信用评价状况	信用状况
16	开户银行	往来银行
17	付款方式	付款方式
18	付款日期	付款日期
19	付款条件	付款条件

2. 整理资料

推销人员可以把对客户的访问资料与自己的推销业绩整理在表5-25中。

表5-25 推销业绩和访问资料

序号	客户代号	销售额	累计	访问次数	累计
1					
2					
⋮					
N					

3. 客户等级划分

根据以上的有关资料,推销人员可以将准客户进行等级划分,类别不同,推销人员所采取的策略也就不一样。

(1) 根据可能成交的紧迫性来分类

所谓紧迫性,指的是顾客对购买推销品或服务或成交时间的迫切程度。

- 渴望顾客:1个月内可能成交的顾客。该类顾客推销人员可以增加访问的频率与深度。
- 有望顾客:3个月内可能成交的顾客。这类顾客推销人员需要积极争取,主动出击。
- 观望顾客:超过3个月才能成交的顾客。对于此类顾客,推销人员需要作进一步的判断与鉴定,然后再进行实质性的推销。

(2) 根据顾客的重要性来分类

所谓重要性,是指顾客可能购买产品数量的多少。虽然每个潜在顾客对于企业和推销人员而言都很重要,但是根据80/20法则,人们更关注给企业带来80%利润的20%的关键顾客。根据这一标准,可以将顾客分为三类。

- A级顾客,即重点顾客。该类顾客具有完备的购买条件,交易数额大,占累计销售额的80%左右,与企业利润、推销人员的销售业绩密切相关,一定要加强访问,努力集中进行推销,效果突出。
- B级顾客,即次要顾客。此类顾客占累计销售额的15%左右,虽然目前交易量不大,有的甚至尚不具备完备的购买推销品的条件,但无论是从购买的数量还是获取的利润的角度来看,都具有很大的潜力,是具有发展前途的客户,应给予相当的关注,使其将来发展成为A级顾客。
- C级顾客,即普通顾客。这类顾客尚不具备完备的购买推销品的条件,交易数额很小,占累计销售额的5%左右。该类顾客的许多信息还很缺乏,尚待开发。在时间和精力允许的情况下,推销人员可以去访问这类顾客,但不要给自己太大的压力,应将主要精力投入在A类和B类顾客身上。

4. 客户名册登记

将分级后的客户登记成册。

5. 确定客户访问计划

企业以及推销人员对客户的访问工作应有一个周密而恰当的访问计划。访问的次数因客户的等级不同而不同。

6. 进行客户综合评价

推销人员利用客户资料卡可以定期地对客户进行综合评价，及时发现推销过程中存在的问题，并提出改进措施。表 5-26 就是一则利用客户资料卡编制的客户综合评价表。

表 5-26 客户情况综合评价表

编号	客 户 资 料	评 语	存 在 问 题	改 进 措 施
1	客户的基本情况			
2	每次订购量			
3	订购频率			
4	占公司销售总额的比例			
5	销售费用水平			
6	货款回收情况			
7	客户对本公司的评价			
8	客户对销售业务的支持程度			
9	访问计划			
10	延迟的情况			

例 5-10

有一位日本商社的职员松下先生，当年到西德一家机械工厂访问时，其总务科长是一位年轻的德国人。这位总务科长不仅热情而郑重地招待了松下先生，而且对松下先生的家庭、兴趣、爱好、出生年月日、所属的社会团体、所信仰的宗教等都很了解。松下先生对他的敬业精神大为感动，尽力促成他的商社继续购买这家公司的机械。从此以后，数十年的时间里，双方保持着密切的交易关系。

5.3.5 客户投诉处理

1. 客户投诉表现

在商品销售的过程中，顾客投诉主要表现在：

(1) 产品及其质量方面的投诉。它主要表现在质量缺陷、规格不符、产品故障、产品品牌、产品式样及产品包装等方面。

(2) 购销合同投诉。它主要表现在产品数量、等级、规格；交货时间、地点；交易条件；结算方式；与原购销合同的有关条款不符等方面。

(3) 货物运输投诉。它主要包括产品在运输过程中发生超规定的损失、丢失以及因包装、装卸不当而造成的损失等方面。

(4) 服务投诉。它主要表现在对质量保证的投诉(如：安装、调试、检修等)；对产品供应服务的投诉；对技术培训服务的投诉；对满足心理需要服务的投诉等方面。

2. 顾客投诉处理流程

在销售活动中,处理客户投诉流程大致如下：

(1) 认真倾听顾客的抱怨。

(2) 真诚地道歉。

(3) 提出解决方案。

提出解决顾客投诉方案具体表现在：

① 了解并掌握问题的关键所在,分析所发生问题的严重性。

例 5-11

顾客投诉：购买了公司出售的不新鲜或已变质的熟食。

处理：了解顾客是否已经食用；食用的数量有多少；给顾客造成的损害如何；顾客希望公司给予怎样的赔偿；赔偿多少等。

② 确定责任归属。顾客投诉的责任有以下归属：经销商、生产厂家及顾客本身。

例 5-12

一位顾客没有看包装上的"食用方法"说明而将产品生食,造成肠胃不适,误以为是产品质量方面的问题而进行投诉。此种投诉的责任应该归属于顾客,相关的经销商要作出使顾客信服的解释。

③ 按照企业既定的规定处理。企业在经营过程中事先一般都制订了关于顾客投诉与抱怨的处理办法与规定。事件发生时,对于常规性的抱怨可遵照既定办法处理,如退换商品等；而对于例外事件,要遵照既定原则进行处理,同时要有一定的弹性,使双方都满意,避免媒体曝光。

④ 明确划分处理权限。企业要视顾客投诉或抱怨的影响程度(或危害程度)来划分处理权限。例如：

商品退换→一线工作人员办理，赔偿问题→管理人员处理

⑤ 与顾客协商处理方案,使其同意企业的处理办法。

⑥ 执行处理结果。重大问题的处理方案一经协商同意,就要尽快执行。主要是拟订有关投诉处理协议。具体包括：协议一式三份,企业、顾客、中间人各一份；协议签字,顾客方必须是当事人或其委托人签字,企业方必须是法人代表或其委托人签字。该协议一旦签订,就具有法律效力,受法律保护。

⑦ 反省检讨。对顾客的每一次投诉,企业应指派专人登记备案,并定期分析,检查产生问题的原因。如果责任在企业员工,应追究其责任,并执行有关规定,杜绝此类事件再度发生；如果是例外事件,应制订出处理的原则,以便以后有章可循。

3. 客户投诉管理表格

顾客投诉管理的表格主要有：

(1) 客户投诉登记表(见表5-27)

表5-27 客户投诉登记表

年 月 日

投诉客户姓名或名称		地址		联系方式
受理日期		受理编号		
客户要求				
受理各单位意见	质量管理单位		受理单位	营业单位

主管： 科长： 制表：

(2) 客户投诉调查表(见表5-28)

表5-28 客户投诉调查表

年 月 日

受理案件		投诉原因	处理经过	处理建议	
编号				对策	改进
内容					

营业单位： 质量管理单位： 受理单位：

(3) 客户投诉处理表(见表5-29)

表5-29 客户投诉处理表

客户名称		订单编号		制造部门		交运日期及编号	
品名及规格		单位	交货数量		金额		
投诉理由							
客户要求		赔偿	折价		退货		其他
		元	%	元	数量：	金额：	
经办人意见							
销售部门意见							
采购部门意见							
制造部门意见							
研究开发部门意见							
财务部门意见							
销售经理批示							
副总经理批示							
总经理批示							

(4) 客户投诉处理通知书(见表 5-30)

表 5-30　客户投诉处理通知书

<table>
<tr><td>客户姓名或名称</td><td colspan="3"></td></tr>
<tr><td>订单编号</td><td></td><td>问题发生单位</td><td></td></tr>
<tr><td>订购日期</td><td></td><td>制造日期</td><td></td></tr>
<tr><td>索赔数量</td><td></td><td>制单号码</td><td></td></tr>
<tr><td rowspan="2">索赔金额</td><td rowspan="2"></td><td>订购数量</td><td></td></tr>
<tr><td>处理期限</td><td></td></tr>
<tr><td colspan="2">发生原因及调查结果</td><td colspan="2">客户要求：
○退货　○退换　○打折扣　○到客户处更换产品　○其他</td></tr>
<tr><td colspan="2">营业部观察结果</td><td colspan="2"></td></tr>
<tr><td colspan="2" rowspan="2">处理及公司对策</td><td>公司对策实施要领</td><td></td></tr>
<tr><td>对策实施确认</td><td></td></tr>
</table>

(5) 客户投诉统计表(见表 5-31)

表 5-31　客户投诉统计表

投诉		客户	品名规格	交运日期		不良品数量	投诉内容	责任单位	处理方式			损失
日期	编号			日期	数量				退货	折价	赔偿	

活动设计

两个模拟公司为一组，轮流扮演某一商品的买家与卖家，彼此精心设计发生客户投诉的背景与处理客户投诉的过程，并进行模拟演练。

实训成果

各模拟公司根据本实训任务的要求与内容，在规定时间向实训指导老师按质按量地提交以下实训成果。

本公司某一具体的销售业务过程中客户管理(包括客户投诉与处理)的全套相关材料。

实训考核

实训考核主要分为四个阶段。

阶段一：实训成果汇报(8～10 分钟)

各模拟公司推选一名代表采用 PPT 形式进行任务 5.3 实训成果汇报。

阶段二：答辩与质询(5～8 分钟)

首先，汇报方接受来自其他模拟公司成员及老师对相关问题的质询；然后，学员“评审团”(由各模拟公司选派一名代表组成)至少推举一名代表进行评说。

阶段三：师生联合考评(3～5分钟)

学员“评审团”会同实训指导老师一起按考评标准对各个模拟公司的实训成果进行评定(学员“评审团”与老师的考评分数分别占总成绩的40%与60%)。

阶段四：对比式点评(5～8分钟)

由实训指导教师对各模拟公司的实训成果进行对比式点评，指出好的方面，并分析指出不足之处存在的原因及进一步改进的措施。实训任务5.3结束。

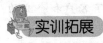

实训拓展

大客户管理的应用价值

1. 保证大客户能够成为销售订单的稳定来源

20%客户带来公司80%的业务。从企业的角度来看，80%的项目和收益来自只占其客户总数20%的大客户，而数量众多的中小客户所带来的零散项目却只占其营业收益的20%。当然，这数字随企业的具体经营范围和特点，在具体的比例上会有所差异，但大客户对企业而言具有重要意义则是毋庸置疑的。

2. 使成功的大客户产生最大辐射效应

从行业客户角度看，每个行业中都有一些领军企业，这些企业的需求却占了该行业整体需求的绝大部分，而这些企业就是被大多数企业所竞争的大客户。如果这些大客户在需求上发生大的变化，很可能将直接影响到其所在的行业市场的整体走势。而企业对这些客户的成功应用经验将起到标杆作用，进而辐射到整个行业客户中。

3. 通过发展大客户提高市场占有率

大多数大客户的自身组织体系复杂，覆盖地理区域广，业务种类丰富，这使得行业大客户的需求必然是一个整体性、稳定性和持续性的规划，而不似中小客户那样，需求具有零散性和相对独立性。同时，大客户对需求的投入数额可观，因此发展大客户不仅仅是整体提升销售业绩的最佳选择，更是提高市场占有率的有效途径。

4. 促使大客户需求成为企业创新的推动力

传统企业在特定的经济环境和管理背景下，企业管理的着眼点在于内部资源管理，往往忽略对于直接面对以客户为主的外部资源的整合，缺乏相应管理。

在大客户经营战略中，更加重视外部资源的整合与运用，要求企业将市场营销、生产研发、技术支持、财务金融、内部管理这五个经营要素全部围绕着以客户资源为主的企业外部资源来展开，实现内部资源管理和外部资源管理的有机结合，保持不断的创新。

5. 使大客户成为公司的重要资产

大客户成为企业发展的动脉，当客户这种独特的资产与其他资产发生利益冲突时，企业应当首先留住客户资产。因为只要不断给予客户足够的满意，客户资产就能够为企业带来长期效应。

企业通过实施大客户导向的经营战略，强化大客户的口碑效应，充分利用其社会网络，来进一步优化企业客户资源的管理，从而实现客户价值最大化。

6. 实现与大客户的双赢

在传统的市场竞争中,往往会形成一种以企业本身利益最大化为唯一目的的企业文化,这种企业文化因为能够有效地使企业各项资源围绕企业如何获取更多利润而展开,在很长一段时间内促进了企业的发展。在这一思想指导下,许多企业为获利自觉不自觉地损害客户利益,而导致客户的满意度和忠诚度很低。

而以大客户为导向的经营战略,我们将大客户作为企业重要的资产,因而企业应当更加重视客户满意、客户忠诚和客户保留,企业在与众多大客户建立稳定的合作关系的基础上,在为客户创造价值的同时,企业也能获得很大的利润,真正实现了客户和企业的"双赢"。

大客户是企业,特别是中小企业维持生存和发展的命脉。"得大客户者,得天下"已是不少老板的共识。在当今激烈竞争的前提下,企业首要的工作是做好大客户管理,防止大客户叛离,稳固大客户,降低大客户跳槽率。

(资料来源:客户管理.百度百科,http://baike.baidu.com.)

项目6

营销会计控制实训

知识目标

1. 掌握会计的基本原理和核算方法。
2. 掌握采购业务与销售业务的会计控制制度。
3. 掌握销售业务环节的财务处理方法。

能力目标

1. 能针对本公司的商品采购业务与销售业务，提出切实可行的措施进行有效的会计控制。
2. 能很好地进行某一商品销售环节的财务处理。

任务6.1　公司采购业务会计控制

任务要求

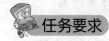

各模拟公司需针对本公司某一具体的商品采购业务，提出具体的"××商品采购业务的会计控制方案"。

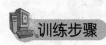

训练步骤

步骤一：采购业务会计控制重要性认知

由实训指导老师介绍该项目实训的目的与要求，对商品采购业务会计控制的实际应用价值予以说明,调动学生实训操作的积极性。

步骤二:采购业务会计控制相关知识"再现"

实训指导老师适当介绍商品采购业务会计控制的相关知识,如:会计部分设置及会计工作人员的职责、采购业务的会计控制制度等。

步骤三:相关实例研读

各模拟公司成员认真研读商品采购业务会计控制方面的实例,作为本实训项目操作的参考。

步骤四:相关资料搜集

各模拟公司根据商品采购业务会计控制的要求,查找与实训任务相关的信息资料,为顺利开展实训做好充分的准备。

步骤五:商品采购业务会计控制方案撰写与提交

各模拟公司认真撰写本公司"××商品采购业务的会计控制方案",并在规定时间内向实训指导老师提交。

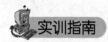

实训指南

6.1.1 会计部门设计原则

会计部门的设计应遵循以下三条原则。

第一,要与企业业务类型和规模相适应。

第二,会计部门内部分工要明确具体。

第三,要有利于提高工作效率。

6.1.2 会计机构与财务机构的分与合

会计和财务在实际工作中关系甚为密切,既相互制约又相互促进。在机构设置方面,要视企业的具体情况与管理要求来合设或分设会计机构与财务机构,具体表现为:

会计部门履行核算与监督的职能,在作好记账、算账和报账的同时,还要参与预测、决策,参与制订经济计划、考核、分析计划,并对各项资金收支及其他财务活动进行监督。

财务部门的职责是资金的筹集、管理和使用,通过预测、决策、负责编制财务计划(或预算),并组织计划的实施,对企业实现的利润进行分配,并办理日常货币收支。

6.1.3 会计工作人员的职责

1. 会计员的职责

- 费用凭证、销货凭证、采购凭证的制作
- 转账凭证的制作

- 登记明细账
- 作凭证汇总表，并登记入账
- 总账和明细账核对。核对不相符要查出原因，并改正错误
- 会计主管交办的其他事项等

2. 出纳员的职责

- 接受会计主管监控和指导
- 妥善保管库存现金和银行支票等
- 根据会计主管审核无误后的费用报销单、其他付款凭证和收款凭证，出纳进行日常的收付款工作
- 登记出纳现金日记账和出纳银行存款日记账
- 现金管理应日清月结，每星期书面汇报一次收、支、存情况，当月份终了后，应与总账核对现金借方发生额、贷方发生额及库存现金余额
- 严格履行内部控制制度，出纳员应尽职尽责，严格把好收、付款最后一关，白条不准充抵现金，未经批准无合法单证不得随意付款等

6.1.4 货币资金控制与主要结算方式

1. 货币资金控制

货币资金是企业在生产经营过程中停留在货币形态的资金，包括现金、银行存款和其他货币资金三部分。货币资金具有流动性强、与其他经济业务联系广泛、受国家宏观管理严格等特点。

货币资金控制的核心是建立货币资金的职务分离制度、控制程序、稽核制度和与其相关的岗位责任制度。其最基本的要求就是负责货币资金收付业务的人员应与记账人员和负责审批的人员相分离。具体地说，主要包括以下几个方面。

(1) 货币资金的收付及保管应由被授权批准的专职出纳人员负责，其他人员不得接触。

(2) 出纳人员不能同时负责总分类账的登记和保管。

(3) 出纳人员不能同时负责非货币资金账户的记账工作。

(4) 出纳人员应与货币资金审批人员相分离，实施严格的审批制度，货币资金的收付和控制，货币资金收支的专用印章不得由一个人兼管。

(5) 出纳人员应与货币资金的稽核人员、会计档案保管人员相分离。

(6) 负责货币资金收付的人员应与负责现金的清查盘点人员和负责与银行对账的人员相分离。

(7) 建立出纳人员、专用印章保管人员、会计人员、稽核人员、会计档案保管人员及货币资金清查人员的责任制度。

2. 资金结算方式

按照我国现金管理的规定，企业的库存现金以及现金开支范围都有一定的限制，企业的资金结算通常以银行存款结算为主，常见的支付结算方式有：

(1) 支票结算方式

在支票结算方式下，企业收进的支票，应在当日填制进账单，连同支票送交银行，根据

银行盖章退回的进账单第一联和有关原始凭证编制收款凭证；开出的支票，应根据支票存根和取得的有关原始凭证编制付款凭证。

以现金存入银行的，应根据银行盖章退回的送款单回单联编制现金付款凭证（不再编制银行收款凭证）；以现金支票向银行提取现金的，根据现金支票存根编制银行付款凭证（不再编制现金收款凭证）。

（2）银行汇票结算方式

在银行汇票结算方式下，收款单位应根据银行的收账通知和有关原始凭证编制收款凭证；付款单位应在收到银行签发的银行汇票后，根据“银行汇票委托书”存根联编制付款凭证。如有多余款项，或因汇票超过付款期等原因退款时，应根据银行的多余款项收账通知或退票通知编制收款凭证。

（3）银行本票结算方式

在银行本票结算方式下，收款单位收进的银行本票，应在当日填制进账单，连同本票送交银行，根据银行盖章退回的进账单第一联和有关原始凭证编制收款凭证；付款单位应在收到银行签发的银行本票后，根据“银行本票申请书”存根联编制付款凭证。如因银行本票超过付款期限或其他原因要求退款时，应交回本票并填制进账单，经银行审核盖章后，根据进账单第一联编制收款凭证。

（4）商业汇票结算方式

在商业承兑汇票结算方式下，收款单位将要到期的商业承兑汇票送交银行办理收款后，收到银行的收账通知时，据以编制收款凭证；付款单位在收到银行的付款通知时，据以编制付款凭证。

在银行承兑汇票结算方式下，收款单位将要到期的银行承兑汇票、解讫通知连同进账单送交银行办理转账，根据银行盖章退回的进账单第一联编制收款凭证；付款单位在收到银行的支款通知时，据以编制付款凭证。

商业汇票可用于国内同城结算，也可用于国内异地结算。

（5）汇兑结算方式

在汇兑结算方式下，收款单位对于汇入的款项，应在收到银行的收账通知时，据以编制收款凭证；付款单位对于付出的款项，应在向银行办理汇款后，根据汇款单等有关原始凭证编制付款凭证。

（6）委托收款结算方式

在委托收款结算方式下，收款单位对托收的款项，应在收到银行的收账通知时，根据收账通知编制收款凭证；付款单位收到银行转来的委托收款凭证，并据以付款后，在付款期满的次日根据委托收款凭证的付款通知联编制付款凭证。如拒绝付款，全部拒付的，不做账务处理；部分拒付的，企业应在付款期内出据部分拒付理由书并退回有关凭证，根据银行盖章退回的拒付理由书第一联，编制付款部分的付款凭证。

（7）异地托收承付结算方式

在异地托收承付结算方式下，收款单位对于托收的款项，应在收到银行的收账通知时，根据收账通知编制收款凭证；付款单位对于承付的款项，应在承付后根据托收承付结算凭证的承付通知，编制付款凭证。

6.1.5 采购业务的会计控制制度

采购是生产或销售的准备阶段,采购业务与生产和销售计划联系密切,直接导致货币资金的支出或对外负债的增加。并且采购业务发生频繁,工作量大,运行环节多,容易产生管理漏洞。为实现采购业务控制,通常采取以下六个方面会计控制措施。

1. 职务分离制度

存货采购环节中的主要业务有提交请购单、签订采购合同、订货、收货和入账等。在这些业务中需要进行职务分离的主要有:

(1) 在请购单中,对需要采购的存货品种、数量,由生产或销售部门、保管部门根据需要量和现有库存量共同制订,然后交采购部门进行公开询价。

(2) 采购合同应由生产或销售部门、采购部门、财务部门和法律部门会同供货单位共同签订。

(3) 存货的采购人员不能同时负责存货的验收保管。

(4) 存货的采购人员、保管人员、使用人员不能同时负责会计记录。

(5) 采购人员应与负责付款审批的人员相分离。

(6) 审核付款人员应与付款人员相分离。

(7) 记录应付账款的人员应与负责付款的人员相分离。

2. 存货采购的请购单控制制度

为使存货既能够满足需要,又能防止由于存货过多而造成的积压风险,在确定存货采购时,必须由存货的使用部门(如制造企业的生产部门、流通企业的销售部门等)根据未来一定期间的需要量提前通知存货保管部门,由保管部门再根据现有存货的库存量计算出请购量后,正式提交请购单。经过存货使用部门和存货保管部门主管签字的请购单,还必须通过采购部门和资金管理部门的确认后方可生效。

采购部门确认的目的在于两个方面:一是防止已经采购的存货又重复执行;二是咨询现行市场价格,对所需采购资金进行估算。

采购部门签署同意采购的意见并将估算的资金需要、付款时间说明后交资金管理部门,由资金管理部门根据企业的经营目标、资金预算范围和企业的现有资金状况进行综合审查后批准。

存货采购的请购单由使用部门、保管部门、采购部门和资金管理部门签署同意执行的意见后,再交采购部门,将请购单存档备案,并办理招标订货手续。

3. 订货控制制度

采购部门凭被批准执行的请购单办理订货手续时,首先必须向不同的多家供应商发出询价单,待获取报价单后,比较供应货物的价格、质量标准、可享受折扣、付款条件、交货时间和供应商信誉等有关资料,初步确定适合的供应商并准备谈判。然后,根据谈判结果签订订货合同及订货单,并将订货单及时传送给生产、销售、保管和财会(或称会计下同)等有关部门,以便合理安排生产、销售、收货和付款。在订货控制制度中,核心是对购货询价、签订合同的控制和订货单的控制。

4. 货物验收控制制度

企业所订购的货物到达时,必须由与采购部门、使用部门和会计部门相分离的保管部门进行验收保管。所收货物的检验包括数量和质量两个方面。根据订货单和供货方发货单验收合格的货物入库后,仓库保管部门必须及时填制“收货单”一式数联,并分别传送给采购部门和财会部门。货物验收控制制度的核心是保证所购货物符合预定的品名、数量和质量标准,明确保管部门和有关人员的经济责任。

5. 入账付款或应付账款控制制度

由采购请购单、订货单和收货单共同构成的收货业务完成后,会计部门就取得了供货方的发票和收货单等表示货物已经验收入库,并应支付货款或应付账款已经发生的原始凭证。这些原始凭证经过审核无误后,财会部门应及时记录存货的增加和银行存款的减少或应付账款的增加。对存货的核算,必须根据企业的整体管理要求设置一级账户和明细账户,并正确地进行记录。会计入账时应注意做到两个方面:一是记入适当的账户和适当的会计期间;二是正确地进行计量。

6. 会计稽核与对账制度

会计稽核与对账制度一方面要求,无论是货款的支付还是应付账款发生的记录,对进货业务涉及的所有原始凭证、记账凭证,都必须经过稽核人员或会计主管审核后方能记账;另一方面要求,对进货业务发生的应付账款,必须及时、定期地与客户对账,防止债务虚列及由此造成的业务人员舞弊行为。

相关链接 6-1

物流控制中的会计控制

物流控制即控制企业物资流动的全过程,从原材料申购、投料,到产品、半成品至产成品都要严格监控,也就是控制资金在企业实物化的运动过程。加强物流控制是企业从内部寻找利润的有效途径,也是企业增强竞争力的有力举措。物流控制是企业内部控制的一项十分重要的内容,被经济学家称为继劳动力、自然资源之后的“第三利润源泉”,日渐引起企业界的广泛关注。

一、会计人员有权监督财产物资

要加强企业物流控制,在很大程度上取决于会计机构、会计人员在会计核算和会计监督中的作用。只要会计机构、会计人员真正起到“把守关口”的作用,物流失控问题会得到有效制止和纠正。账实、账款、账账、账表相符,是会计工作的基本要求,也是加强物资管理的重要措施。

账实不符的问题在许多企业经常发生,造成会计工作混乱和会计资料失真,除企业内部财产物资管理制度不健全等原因外,与单位负责人和会计人员不重视对财产物资的监督或者故意在此方面造成混乱,以牟取非法利益有很大关系。因此,会计机构、会计人员应从其业务特点出发,加强对本单位财产物资的监督和管理。

一是各单位要建立账簿、款项和实物核查制度,保证账实相符。通过建立健全制度,使会计机构、会计人员对本单位各项财物、款项的增减变动和结存情况及时进行记录、计算、反映、核对等。一方面，要做到账簿上所反映的有关财物的结存数同其实存数完全一致，即账实相符。另一方面，发现账实不符时，会计机构、会计人员应先将查明属实的财产盈亏数做出会计记录，在账簿上据实反映，然后，根据差异发生的原因和责任以及经过批准的处理办法，将处理结果登记入账。

二是会计人员对账实不符的情况要及时做出处理。造成账实不符的原因是多方面的，有的是由于工作上的差错，有的是由于生产技术上或经济管理上存在的问题，有的则是不法分子徇私舞弊引起的。对于账实不符问题，会计机构、会计人员要反映查明原因，提出处理意见。因管理不善，发生大量盘盈盘亏，或库存物资大量被盗、霉烂变质等，会计人员应当立即向单位负责人报告，请求查明原因，及时做出处理，以保证会计资料的真实、完整以及单位财产的安全。

二、重视对财产物资的内部审计

内部审计是在一个组织内部对各种经营活动与控制系统的独立评价，以确定既定的政策和程序是否贯彻，建立的标准是否遵循，资源的利用是否合理有效，以及单位的目标是否明确。不少企业单位设置了内部审计机构或内部审计人员，主要从事内部财务审计，对会计工作实行控制和再监督，内部审计对会计资料的监督、审查，不仅是内部控制的有效手段，也是保证会计资料真实、完整和财产物资安全、完整的重要措施，内部审计的重点为：

- 财物保管人员的职责权限是否明确，是否做到相互分离、相互制约，以明确责任，防止舞弊。
- 资产处置是否体现相互监督、相互制约的要求，以明确责任，防止权限失控、决策失误和徇私舞弊。
- 是否定期或不定期开展财产清查，以保证财产清查制度得以实施，进而保证财产的安全完整。

针对一些单位不重视内部审计的实际情况，为保护资产的安全、完整，防止、发现、纠正错误与舞弊，必须重视内部审计。

三、切实加强对企业物流的监管

加强对企业物流的监管要通过加强对会计工作的监管来体现，企业资产是否安全与完整，从会计核算资料可以发觉，因此，就必须通过法律约束、社会监督、政府监管等手段来规范和约束会计行为，从而确保企业资产安全、完整。对会计工作的监管包括社会监督和国家监督。社会监督主要是社会中介机构如会计师事务所的注册会计师依法对受托单位的经济活动进行审计，并据实做出客观评价的一种监督形式。近年来，会计师事务所对企业出具的审计报告比较客观、公正，真实地反映了企业在物流控制中的问题，对企业如何加强物资管理提出了有效的整改建议书，对帮助企业强化物流控制起到了积极作用。国家监督主要是指政府有关部门依据法律、行政法规的规定和部门的职责权限，对有关单位的会计行为、会计资料所进行的监督检查。《会计法》规定，财政部门为各单位会计工作的监督检查部门，对各单位会计工作行使普遍监督权，监督各单位是否依法设账、会计资料是否真实完整、会计核算是否符合法定要求、财产物资是否安全完整。通过国家监督，从客观上督促企业强化物流控制。

（资料来源：物流控制. 百度百科，http://baike.baidu.com.）

活动设计

本模拟公司某一商品采购业务的会计控制操练。

实训成果

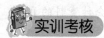

各模拟公司根据本实训任务的要求与内容,在规定时间向实训指导老师按质按量地提交《××商品采购业务的会计控制方案》。

实训考核

实训考核主要分为四个阶段。

阶段一:实训成果汇报(8~10分钟)

各模拟公司推选一名代表采用PPT形式进行任务6.1实训成果汇报。

阶段二:答辩与质询(5~8分钟)

首先,汇报方接受来自其他模拟公司成员及老师对相关问题的质询;最后,学员"评审团"(由各模拟公司选派一名代表组成)至少推举一名代表进行评说。

阶段三:师生联合考评(3~5分钟)

学员"评审团"会同实训指导老师一起按考评标准对各个模拟公司的实训成果进行评定(学员"评审团"与老师的考评分数分别占总成绩的40%与60%)。

阶段四:对比式点评(5~8分钟)

由实训指导教师对各模拟公司的实训成果进行对比式点评,指出好的方面,并分析指出不足之处存在的原因及进一步改进的措施。实训任务6.1结束。

实训拓展

采购控制案例分析

一、案例回放

2001年8月8日,星龙湾大酒店在鲜花簇拥和鞭炮的喧嚣中正式对外营业了。这是一家集团公司投资成立的涉外星级酒店,该酒店不仅拥有装潢豪华、设施一流的套房和标准客房,下设的老宁波餐厅更是特色经营传统宁波菜和海派家常菜肴,为中外客商提供各式专业和体贴的服务。由于集团公司资金雄厚,实力强大,因此,在开业当天,不仅社会各界知名人士到场剪彩庆祝,更吸引了大批新闻媒体竞相采访报道。一时间,星龙湾大酒店门前是人头攒动,星光熠熠。

最让星龙人感到骄傲和自豪的是酒店大堂里的一盏绚丽夺目、熠熠生辉的水晶灯。这盏水晶灯是公司王副总经理亲自组织货源,最终从奥地利某珠宝公司高价购回的,货款总价高达120万美元。这样的超级豪华水晶灯不仅在全国罕见,即使在国外,也只有在少数几家5星级大酒店里能见到。开业当天,来往宾客无不对这盏豪华的水晶灯赞不绝口,称羡不已。尤其是经过媒体报道,更成为当天的头条新闻,星龙湾大酒店在这一天也像那盏水晶灯一样,一举成名,当天客房入住率就达到了80%以上。

王副总经理也因此受到了公司领导的高度赞扬,一连几天,王总的脸上都洋溢着快乐而满足的笑容。

然而,好景不长。两个月后,这盏高规格、高价值的水晶灯就出了状况。首先是失去了原来的光泽,变得灰蒙蒙的,即使用清洁布使劲擦拭都不复往日的光彩。其次,部分金属灯杆都出现了锈斑,还有一些灯珠破裂甚至脱落。人们看到这破了相的水晶灯,议论纷纷,这就是破费数百万美元换回的高档水晶灯吗?鉴于情况严重,公司领导责令王副总经理在限期内对此事做出合理解释,并停止了他的一切职务。这个时候,王副总经理是再也笑不出来了。

事件真相很快就水落石出,原来这盏价值近千万元人民币的水晶灯根本不是从奥地利某珠宝公司购得的,而是通过南方某地的W公司代理购入的赝品水晶灯。王副总经理在交易过程中贪污受贿,中饱私囊。虽然出事之后,王副总经理受到了法律的严惩,然而星龙湾大酒店不仅因此遭受了数千万元的巨额损失,更为严重的是酒店名誉蒙受重创,成为同行的笑柄。这对于一个新开业的公司而言,不啻是个致命的打击。

那么,星龙湾大酒店怎么会发生这样的悲剧,在以后的企业经营中又如何防范呢?

二、专家诊断

这个案例其实并不复杂,却很有代表性。星龙湾大酒店在未经过公开招标的情况下,即与南方W公司签订了价值为120万美元的代购合同。依照合同规定,南方W公司必须提供奥地利某著名珠宝公司出产的水晶灯,并由W公司向星龙湾大酒店出具该公司的验证证明书,其中200万元为支付给W公司的代理费。然而,交易发生后,W公司并未向星龙湾大酒店出具有关水晶灯的任何品质鉴定资料,星龙湾大酒店也始终没有同W公司办理必要的查验手续。

经查实,这笔交易都是由王副总经理一人操纵的,从签订合同到验收入库再到支付货款都是由他说了算,而他之所以会这样做,正是因为收受了W公司的巨额好处费。

这样简单的过程和手法,却真实地发生了,甚至可以说这样一笔交易毁了整个企业,这里面的教训是深刻和发人深省的。一笔采购业务,特别是金额庞大的业务通常涉及采购计划的编制、物资的请购、订货、采购、验收入库、货款结算等多个环节。因此,应当针对各个具体环节的活动,建立完整的采购程序、方法和规范,并严格依照执行。只有这样,才能防止营私舞弊,保证企业经营活动的正常进行。

三、加强采购的内部会计控制

根据这个案例涉及的环节应做如下控制。

首先,要做到职务分离,采取集体措施。

诸如采购申请必须由生产、销售部门提出,具体采购业务由采购部门完成,而货物的验收又应该由其他部门进行。在本案例中,采购大权由王副总经理一人独揽,反映出该公司控制环节中权责不明:货物的采购人不能同时担任货物的验收工作,以防止采购人员收受客户贿赂,购买伪劣材料影响企业生产乃至整体利益;付款审批人和付款执行人不能同时办理寻求代理商和索价业务;付款的审批通常经过验货或验单后执行(预付款除外),以保证货物的价格、质量、规格等符合标准。

其次,要做好入库验收控制。

应根据购货单及合同规定的质量、规格、数量以及有关质量鉴定书等技术资料核查收到的货物,只有两者相符时才予以接受;对于所有已收到的货物,应定期完整填写收货报告,将货物编号并登记明细账簿,对验收中所出现的问题要及时向有关部门反映;货物入库和移交时,经办人之间应有明确的职责分工,要对所有可能接触货物的途径加以控制,以防调换、损坏和失窃。本案例中,王副总经理同时主管验货,那么验货查假自然只是走走过场了。

最后,还必须做好货款支付控制。

发票价格、运费、税费等必须与合同符合无误,凭证齐全后才可办理结算、支付货款,如有部分退货,则注意要从原发票中扣除后再办理结算;除了向不能转账支付和不足转账金额的单位、个人支付现金外,货款一般应办理转账。货款支付前应由企业授权人签字,支票签章时应仔细审核有关票据;在购货发票以外增加的费用如装卸、搬运以及在途损耗等,支付前必须经会计部门进行审核,有关部门进行耗损原因分析,以确定其合法性和合理性;付款凭证要连续编号,付款业务及时准确记录;与供货商定期联系,了解未付款情况,追查耽误原因。

本案例中,价格高昂的赝品水晶灯能堂而皇之地挂在豪华的酒店大厅中,没有技术证明资料,没有必要的查验手续,就慷慨大方地将支票签了,将钱付了,这是无意的疏忽,还是当事人有意的回避和遮掩?不管实情如何,都反映了该公司整个材料采购环节内部控制中存在着巨大漏洞,以至让不法分子有利可图,有机可乘。在市场经济的洪流中要提高警惕,让这些幕后的黑手不再得逞!

(资料来源:采购控制案例分析.中华会计网校,http://www.chinaacc.com.)

任务 6.2 公司销售业务会计控制

任务要求

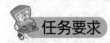

各模拟公司需针对本公司某一具体的商品销售业务,提出具体的“××商品销售业务的会计控制方案”。

训练步骤

步骤一:销售业务会计控制重要性认知

由实训指导老师介绍该项目实训的目的与要求,对商品销售业务会计控制与账务处理的实际应用价值予以说明,调动学生实训操作的积极性。

步骤二:销售业务会计控制相关知识“再现”

实训指导老师适当介绍商品销售业务会计控制与账务处理的相关知识,如:销售业务的会计控制制度、销售环节账务处理等。

步骤三：相关实例研读

各模拟公司成员认真研读商品销售业务会计控制与账务处理方面的实例，作为本实训项目操作的参考。

步骤四：相关资料搜集

各模拟公司根据商品销售业务会计控制与账务处理的要求，查找与实训任务相关的信息资料，为顺利开展实训做好充分的准备。

步骤五：商品销售业务会计控制方案撰写与提交

各模拟公司认真撰写本公司"××商品销售业务的会计控制方案"，并在规定时间内向实训指导老师提交。

实训指南

6.2.1 销售业务的会计控制制度

企业无论是自行生产的产品还是外购的商品，都只有通过销售业务的完成才能获得营业收入并赚取利润。销售业务具有如下特点。

一是营业收入的确认时间具有复杂性。

二是从销售业务发生到收回款项，有多种因素影响到营业收入的计量金额，如商业折扣、发票价格、现金折扣、销售退回和销售折让等。

三是销售业务直接导致货币资金或应收账款的增加。

1. 销售收入确认

根据《企业会计准则——收入》的规定，商品销售收入应在下列条件均能满足时予以确认。

一是企业已将商品所有权的主要风险和报酬转移给购货方。

二是企业既没有保留通常与所有权相联系的继续管理权，也没有对已售出的商品实施控制。

三是与交易相关的经济利益能够流入企业。

四是相关的收入和成本能够可靠地计量。

相关链接 6-2

常见商品销售方式的收入确认时点为：

- 采用预收货款方式的，销售收入于企业根据合同规定将商品发出时确认。
- 采用代销或寄销方式的，委托方应在受托方售出商品并取得受托方提供的代销清单时确认收入。

- 按照合同规定,企业必须随同商品的售出提供安装或检验等售后工作,且此项工作是销售合同的重要组成部分,且只有在安装完毕并检验合格后才能确认收入。
- 在销售合同中规定了由于特定原因买方有权退货的条款,而企业又不能确定退货的可能性时,只有在可能导致退货的不确定因素消除之后才能确认销售的实现。
- 采用交款提货方式时,销售收入于买方按照卖方的要求支付货款,并取得卖方开出的提货单时予以确认。
- 采用托收承付方式的,当卖方按照合同规定将货物发运出去,并向银行办理好委托收款手续时确认销售收入。
- 在分期收款销售方式下,企业应按照合同约定的收款日期分期确定销售收入。

2. 销售业务会计控制

销售业务会计控制主要按照以下七个相关的制度来进行控制。

(1) 职务分离制度

销售业务环节需要办理的主要事项有:制订商业折扣标准、接受客户订单、核准付款条件、填制销货通知、发出商品、开具发票、核准现金折扣、核定销售折让或退货条件并办理退款或接受退货、收取货款以及各环节相应的会计记录等。在这些事项中需要进行职务分离的有:

- 接受客户订单的人,不能同时负责核准付款条件和客户信用调查工作。
- 填制销货通知的人,不能同时负责发出商品工作。
- 开具发票的人,不能同时负责发票的审核工作。
- 办理各项业务的人,不能同时负责该项业务的审核批准工作。
- 记录应收账款的人,不能同时负责货款的收取和退款工作。
- 会计人员不能同时负责销售业务各环节的工作。

(2) 订单控制制度

企业产品的销售一般是从接受客户的订单开始的,建立订单控制制度是销售业务控制的重要环节。订单控制制度包括以下几个方面。

- 根据不同的客户和销售形式设计多种订单格式,以满足企业内部各个部门协调工作、相互制约的经营管理需要。
- 规定订单在企业内部各环节的流转程序,并规定相应的授权批准程序。
- 实行订单顺序编号法,对已执行的订单和尚未执行的订单分别进行管理和控制,以便随时检查订单的执行情况和每一笔订单的处理过程。

(3) 销售价格政策控制制度

产品的销售价格直接影响产品的销售市场,同时也影响企业当期利润指标的实现。因此,企业必须制订一个良好的销售价格政策控制制度。这项制度至少包括以下两个方面。

- 制订统一的产品销售价格目录。
- 规定灵活的商业折扣、现金折扣标准,并建立相应的授权批准权限。

(4) 销售发票控制制度

产品发出后向客户开具销售发票，既是企业销售成立的标志，也是向客户收取货款的依据。如果在向客户开出销售发票和账单时缺乏有效的控制，不但会导致营私舞弊行为的发生，还会使会计的营业收入记录不真实。销售发票控制制度主要包括：

- 指定专人负责发票的保管和使用，明确发票管理制度。
- 发票使用人领用发票时应签字，注明所领用发票的起讫号码。
- 发票使用人所开具的发票，必须以发货通知单等有关凭证上载明的客户名称、日期、数量、单价、金额等为依据，如实填列各项内容。
- 财会部门必须指定独立于发票使用人的专人，定期或不定期地对所有使用过的发票与会计记录和有关手续凭证进行核对检查。

(5) 收款业务控制制度

根据订单的规定期限和结算方式，收取销售款项是销售业务的最终环节，它直接影响企业的财务状况，保证足额、安全地收取款项，是收款业务控制制度的根本目标。对应收账款的控制主要体现在以下几个方面。

- 客户信用审查。收到客户订单后，首先应由负责客户信用调查的部门进行客户的信用审查，然后才能决定是否接受订单，将信用差的客户排除在赊销范围之外。
- 现金折扣政策。确定切实可行的现金折扣政策，鼓励客户及早付款。
- 应收账款记录。会计部门的应收账款记录必须严格地以销售部门销售业务的原始凭证为依据，防止应收账款的虚计；应收账款的总分类账记录和明细分类账记录，应由不同的会计人员负责。
- 对账制度。会计部门应建立定期或不定期地与客户的对账制度，及时了解客户的财务状况，并将对账结果和对客户财务状况的了解通报给销售部门、客户信用部门，以便及时采取有效措施，减少坏账损失。
- 账龄分析。客户信用部门应定期编制应收账款账龄分析表，对账龄较长的客户重点采取措施。

(6) 退货业务控制制度

企业发生的销货退回，相对于正常销售来说是少量的不经常发生的业务，但由于其直接影响企业的信誉和销售收入、应收账款的确认，直接抵减了企业的经济效益，也可能产生舞弊行为。因此，建立退货业务的控制制度依然是至关重要的。退货业务的控制制度主要体现在以下几个方面。

- 建立退货损失惩罚制度。在整个销售控制制度中，明确每一个环节的责任人，当发生退货业务时能够找到承担损失的责任人，并给予相应的处罚，以加强生产、销售等各环节业务人员的责任意识，减少不必要的退货损失。
- 设立独立于销售部门的销货争议处理机构。当客户验收商品，发现问题并通知企业时，销货争议处理机构能够立即展开调查，积极与客户协调，确认责任方。对由于本企业责任而造成客户争议的，应拿出双方都能够接受的解决方案。
- 建立销售折让优先制度。对确认为本企业责任的，第一解决方案应是给予客户销售折让，以减少可能发生的退货损失。

- 理顺销售折让和销售退回的凭证流转程序。它可使会计记录所使用的原始凭证真实可靠,从而保证相应会计记录的客观性。
- 建立退货、索赔、销售折让审批制度。任何退货、索赔及销售折让的执行,必须有授权领导的批准。
- 建立退货验收制度和退款审查制度。这个制度的具体内容与进货验收制度和付款制度基本相同。

(7) 售后服务控制制度

在激烈的市场竞争中,企业为树立信誉、扩大销路,须对售出商品进行质量担保。如规定一定的保修期,商品在保修期内发生的质量问题,由企业负责免费修理。在规定的范围内为客户做好服务,同时又必须将保修费用降到最低标准,这是售后服务控制制度的核心。

6.2.2 销售环节账务处理举例

A 公司为一般纳税人,其增值税税率为 17%。2011 年 4 月份发生如下销售业务。

(1) 3 日,向 A 厂发出甲产品 6 件,每件售价 3500 元,货款 21000 元,增值税税额 3570 元,发货时垫付运输费 600 元,发票和运单已交付 A 厂,货款尚未收到。其会计分录如下:

借:应收账款——A 工厂　　25170
　贷:主营业务收入——甲产品　　21000
　　　应交税金——应交增值税(销项税额)　　3570
　　　银行存款　　600

(2) 5 日,委托 M 商店代销乙产品 15 件,每件生产成本 810 元,代销售价 12000 元,产品均已发出。

由于委托代销产品是以收到受托单位销售清单为销售实现的标志,所以发出的代销产品仍属企业财产,这时不能确认产品销售收入。为核算企业发出委托代销产品,可设置"委托代销商品"账户。该账户借方反映已发出,但尚未销售的产品实际成本,贷方反映销售产品成本的结转。虽然委托代销商品在发出货物时不能确认销售收入,但税法规定,委托代销商品在发出货物时视同销售,应计增值税税额。其会计分录如下:

① 发出委托代销商品,结转库存商品实际成本

借:委托代销商品——乙产品　　12150
　贷:库存商品——乙产品　　12150

② 发出代销商品,视同销售,计提增值税销项税额

借:应收账款——M 商店——应收销项税额　　3060
　贷:应交税金——应交增值税(销项税额)　　3060

(3) 6 日,销售 B 厂甲产品 10 件,每件销售价格 3500 元。根据销售合同,C 厂可享受现金折扣,其条件为 3/10,1/20,n/30(即 10 天内付款打 9.7 折,20 天内付款打 9.9 折,30 天付款必须全额付清)。其会计分录如下:

借：应收账款——B厂 49140

贷：主营业务收入——甲产品 42000

应交税金——应交增值税（销项税额） 7140

（4）15日，销售C厂丙产品4件，每件售价1200元，C厂用现金支票付款，发票及提货单已交C厂采购员。其会计分录如下：

借：银行存款 5616

贷：主营业务收入——乙产品 4800

应交税金——应交增值税（销项税额） 816

（5）16日，收到B厂支付5件甲产品货款，计23832.9元（49140/10×5×97%），企业发生销售折扣737.1元（49140/10×5×3%）。其会计分录如下：

借：银行存款 23832.90

折扣与折让——销售折扣 737.10

贷：应收账款——B厂 24570.00

（6）18日，因销售与A公司的产品出现质量问题，同意给2%的销售折让，折让额491.4元[（25170－600）×2%]。其会计分录如下：

借：折扣与折让——销售折让 491.40

贷：应收账款——A厂 491.40

（7）19日，接银行通知，A厂的货款和代垫运输费已收到。其会计分录如下：

借：银行存款 24678.60

贷：应收账款——A厂 24678.60

（8）25日，以分期收款销售方式销售给D厂甲产品，根据销售合同，每件售价3600元，发货时支付货款的一半，其余部分两个月付清，甲产品已发出，因D厂效益较好，企业估计收回其余货款有一定保障，所以企业在发货时确认销售实现。企业已收到第一期货款8424元。其会计分录如下：

借：银行存款 8424

应收账款——D厂 8424

贷：主营业务收入——甲产品 14400

应交税金——应交增值税（销项税额） 2448

（9）28日，收到B厂剩余货款，计24570元。其会计分录如下：

借：银行存款 24570

贷：应收账款——B厂 24570

（10）29日，收到M商店开来的商品代销清单，乙产品14件，每件售价1200元。其会计分录如下：

借：应收账款——M商品 16800

贷：主营业务收入——乙产品 16800

（11）30日，收到M商品汇来的代销商品货款，计18956元，其中扣除代销费用后的货款16100元（1200×14－700），增值税税额2856元（1200×14×17%）。其会计分录如下：

借：银行存款 18956

贷：应收账款——M商品——应收销项税款 2856

——应收货款 16100

6.2.3 销售有关费用账务处理

A 公司 2013 年 4 月发生如下销售费用。

(1) 5 日,委托 M 商场销售产品 15 件,支付运输费 400 元。其会计分录如下:

借:营业费用 400

  贷:银行存款 400

(2) 29 日,收到 M 商场委托代销清单,代销产品 14 件,每件售价 1200 元。根据代销合同规定,代销手续为每件商品 50 元。其会计分录如下:

借:银行存款 700

  贷:应收账款——M 商品——应收货款 700

(3) 用银行存款支付广告费 500 元,其会计分录如下:

借:营业费用 500

  贷:银行存款 500

(4) 2013 年 4 月,A 公司销售甲产品 20 件,每件生产成本 2244.95 元,销售乙产品 18 件,每件生产成本 810 元,其中委托 M 商店销售 14 件。4 月 30 日结转已销商品成本,其会计分录如下:

借:主营业务成本——甲产品 44899

        ——乙产品 14580

  贷:库存商品——甲产品 44899

      ——乙产品 3240

    委托代销商品——乙产品 11340

(5) A 公司 2013 年 4 月销售的甲产品按税法规定应交消费税,税率为 10%,甲产品 4 月份实现的销售收入为 77440 元(21000+42000+14400),A 公司 4 月份应缴纳的消费税为 7740 元(77400×10%)。其会计分录如下:

借:主营业务税金及附加 7740

  贷:应交税金——应交消费税 7740

(6) 2013 年 4 月,按税法规定,A 公司应缴纳城市维护建设税 6930 元、教育费附加 207.9 元,其会计分录如下:

借:主营业务税金及附加 7137.90

  贷:应交税金——应交城市维护建设税 6930.00

    其他应交款——应交教育费附加 207.90

活动设计

本模拟公司某一商品销售业务的会计控制与销售环节账务处理操练。

实训成果

各模拟公司根据本实训任务的要求与内容,在规定时间向实训指导老师按质按量地提交《××商品销售业务的会计控制方案》。

实训考核

实训考核主要分为四个阶段。

阶段一：实训成果汇报(8～10分钟)

各模拟公司推选一名代表采用PPT形式进行任务6.2实训成果汇报。

阶段二：答辩与质询(5～8分钟)

首先,汇报方接受来自其他模拟公司成员及老师对相关问题的质询；最后,学员"评审团"(由各模拟公司选派一名代表组成)至少推举一名代表进行评说。

阶段三：师生联合考评(3～5分钟)

学员"评审团"会同实训指导老师一起按考评标准对各个模拟公司的实训成果进行评定(学员"评审团"与老师的考评分数分别占总成绩的40%与60%)。

阶段四：对比式点评(5～8分钟)

由实训指导教师对各模拟公司的实训成果进行对比式点评,指出好的方面,并分析指出不足之处存在的原因及进一步改进的措施。实训任务6.2结束。

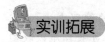

实训拓展

BBC公司销售与收款内部会计控制案例

一、案例回放

BBC公司是从事机电产品制造和兼营家电销售的国有中型企业,资产总额4000万元,其中,应收账款1020万元,占总资产额的25.5%,占流动资产的45%。近年来企业应收账款居高不下,营运指数连连下滑,已到了现金枯竭,举步维艰,直接影响生产经营的地步。造成上述状况,除了商业竞争的日愈加剧外,企业自身内部会计控制制度不健全是主要原因。

会计师事务所2013年3月对BBC公司2012年度会计报表进行了审计,在审计过程中根据获取的不同审计证据,将该公司的应收账款作了如下分类。

(1) 被骗损失尚未作账务处理的应收账款60万元。

(2) 账龄长且原销售经办人员已调离,其工作未交接,债权催收难以落实,可收回金额无法判定的应收账款300万元。

(3) 账龄较长回收有一定难度的应收账款440万元。

(4) 未发现重大异常,但后期能否收回,还要到时再定的应收账款220万元。

针对上述各类应收账款内控存在的重大缺陷,会计师事务所向BBC公司管理当局出具了管理建议书,提出了改进意见,以促进管理当局加强内部会计控制制度的建设,改善经营管理,避免或减少坏账损失以及资金被客户长期无偿占用,同时也为企业提高会计信息质量打下良好的基础。

二、存在问题分析

(1) 企业未制订详细的信用政策,未根据调查核实的客户情况,明确规定具体的信用额度、信用期间、信用标准并经授权审批后执行赊销,而是盲目放宽赊销范围,在源头上造成大量的坏账损失。如:1999 年年末四川李老板前来 BBC 公司购买 20 万元电视机,并一次支付现金结算货款,2000 年春节前夕,李老板再次携现金 20 万元要求购买 80 万元的电视机并承诺剩余 60 万元货款在春节后一个月内结清,同时留下其公司营业执照和其本人身份证复印件以及联系方式。BBC 公司销售部门及有关人员在未进一步调查核实李老板真实身份及其资信状况,也未经公司领导批准的情况下,仅凭李老板提供的复印件以及携带的大量现金就断定遇到了财神爷,怕失去此次乃至今后财源滚滚而来的机会,积极组织货源向李老板供货。谁知此后李老板便从人间蒸发,毫无音讯。待之后公安机关侦破此案时,货款已被李老板挥霍一空,60 万元血本无归。

(2) 企业没有树立正确的应收账款管理目标,片面追求利润最大化,而忽视了企业的现金流量,忽视了企业财富最大化的正确目标。这其中一个重要的原因就是,对企业领导以及销售部门和销售人员考核时过于强调利润指标,而没有设置应收账款回收率这样的指标,一旦发生坏账则已实现的利润就会落空。由于企业产品销售不畅,为了扩大销量,完成利润考核指标,企业一味奖励销售人员"找路子"促销产品,而对货款能否及时收回无所顾忌,一时间应收账款一路攀升,甚至出现个别销售人员在未与客户订立合同的情况下,"主动"送货上门,加大了坏账风险,同时大量资金被客户白白占用。

(3) 企业没有明确规定应收账款管理的责任部门,没有建立起相应的管理办法,缺少必要的合同、发运凭证等原始凭证的档案管理制度,导致对应收账款损失或长期难以收回的账款无法追究责任。公司财务每年年度过账时抄陈账、抄死账,尤其是当销售人员调离公司后,其经手的应收账款更是无人问津或相互推诿,即使指派专人去要账,也经常因为缺失重要的原始凭证,导致要账无据而无功而返。由于上述原因,企业对造成发生坏账损失以及资金长期难以回笼的责任人无法追究其责任。

(4) 对应收账款的会计监督相当薄弱。企业没有明确规定财务部门对应收账款的结算负有监督检查的责任,没有制订应收账款结算监督的管理办法,财务部门与销售部门基本上是各自为政,"老死不相往来",造成对客户的信息资料失真或失灵。此外,财务部门未定期与往来客户通过函证等方式核对账目,无法及时发现出现的异常情况,尤其是无法防止或发现货款被销售人员侵占或挪用的风险。

三、完善企业应收账款内部控制制度的建议

企业应贯彻不相容职务相互分离的原则,建立健全岗位责任制,在此基础上,对应收账款管理抓好以下几个环节。

(1) 加强对赊销业务的管理,制订企业切实可行的销售政策和信用制度管理政策,对符合赊销条件的客户,方可按照内控管理制度规定的程序办理赊销业务。

(2) 加强对销售队伍的管理,包括建立对销售与收款业务的授权批准制度、销售与收款的责任连接与考核奖惩制度、销售人员定期轮岗及经手客户债务交接制度等。

(3) 加强对客户信息的管理,企业应充分了解客户的资信和财务状况,对长期、大宗业务的客户应建立包括信用额度使用情况在内的客户资料,并实行动态管理、及时更新。

(4) 加强对应收账款的财务监督管理,建立应收账款账龄分析制度和逾期督促催收制度,定期以函证方式核对往来款项,发现异常现象及时反馈给销售部门并报告决策机构。

(资料来源:内部会计控制——销售与收款案例.百度文库,http://wenku.baidu.com.)

项目7

商务谈判与经济合同管理实训

知识目标

1. 掌握商品推销与谈判的技巧与策略。

2. 掌握经济合同签订及如何识别无效经济合同的技巧。

3. 掌握正确处理经济合同纠纷的方式与方法。

能力目标

通过本项目的实训,使受训人员:

1. 能在实际的商品采购或销售业务过程中,精心筹划商务谈判,制订切实可行的商务谈判方案,并采用恰当的谈判方法与策略,和对方进行有效的商务谈判。

2. 能有效地进行经济合同管理,包括:

- 能拟定一份有效、实用的经济合同并运用于公司的业务实际。
- 能识别无效经济合同,并很好地处理经济合同纠纷。

任务7.1 商务谈判筹划

任务要求

根据本模拟公司某一商品的采购或销售业务实际,确定一个商务谈判主题,并制订切实可行的谈判方案,精心筹划、实施商务谈判。

训练步骤

步骤一：商务谈判重要性认知

由实训指导老师介绍该项目实训的目的与要求，对商务谈判的实际应用价值予以说明，调动学生实训操作的积极性。

步骤二：商务谈判相关知识"再现"

实训指导老师适当介绍商务谈判的相关知识，如商务谈判准备、常见商务谈判策略与技巧、商务谈判能力评估等。

步骤三：相关实例研读

各模拟公司成员认真研读商务谈判方面的实例，作为本实训项目操作的参考。

步骤四：相关资料搜集

各模拟公司根据商务谈判的要求，查找与实训任务相关的信息资料，为顺利开展实训做好充分的准备。

步骤五：商务谈判策划方案撰写与提交

各模拟公司认真撰写"××商务谈判策划方案"，并在规定时间内向实训指导老师提交。

实训指南

7.1.1 商务谈判认知

1. 商务谈判的含义

商务谈判是指交易的双方为了协调双方的经济关系，满足需求，围绕涉及双方利益的交易条件，彼此通过信息交流、磋商而达到交易的目的的行为与过程。

2. 商务谈判构成要素

商务谈判是一个有机联系的整体。一般来说，商务谈判由五个基本的要素所构成，即谈判主体、谈判客体、谈判议题、谈判时间与谈判地点等。

(1) 谈判主体

所谓谈判主体，就是指参加谈判活动的双方。谈判的主体构成非常广泛，可以是自然人，也可以是组织或团体。谈判主体又可以分为关系主体和行为主体两种。

① 关系主体

关系主体是指有资格参加谈判，并能承担谈判后果的自然人或组织、实体等。关系主体必须是谈判关系的构成者；必须直接承担谈判后果；必须有行为能力和谈判资格。

② 行为主体

行为主体是指通过自己的行为完成谈判任务的人。行为主体必须是参加谈判的自然人,必须通过自己的行为来直接完成谈判任务。

(2) 谈判客体

谈判客体是相对谈判主体而言的,指谈判主体所要了解并企图去影响、说服的一方。谈判客体可以是一个自然人,也可以是两人或两人以上的团体。可以只代表个人利益,也可以代表集体乃至国家的利益。

(3) 谈判议题

谈判议题是指谈判双方共同关心并在谈判中所要协商解决的问题。它是谈判的主要内容,也是谈判主体利益要求的体现。商贸谈判的议题主要有:商品的基本条款、装运条款、保险条款、支付条款、异议与索赔条款等。

(4) 谈判时间

谈判时间适当与否,对谈判是否成功影响颇大。因此,谈判者在进行谈判决策时,不能对谈判时间的选择掉以轻心。一般而言,应以获得最佳谈判效果作为选择谈判时间的基准。

对谈判时间限制的宽松与严格,对谈判主体双方的心理影响是不同的。如果对谈判时间进行严格的限制,就会给谈判主体造成很大的心理压力,就要针对紧张的谈判时间限制来安排谈判人员,选择谈判策略。反之,则谈判策略就会不同。另外,谈判中的时间因素对谈判者对谈判时机的选择与把握方面也有影响。

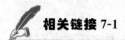

相关链接 7-1

谈判时间的安排

- 避免在身心不舒适时进行谈判。
- 尽量避免在用餐时谈判。
- 不要在连续紧张工作之后进行谈判。
- 不要在最急需或亟待出售产品时进行谈判,要有一个适当的提前量,做到“同事预则立”、“早则资舟”。
- 文娱活动的安排要恰到好处。在时间较长的谈判中,如果条件允许,适当地安排一些文娱活动对活跃谈判气氛,增进友谊,松弛神经,消除疲劳是有益的。文娱活动最好安排在谈判的第二天以及商谈焦点性问题的当天,不要安排在第一天和谈判结束以后。
- 机动时间要安排进去。一次较大型的谈判很可能出现一些意想不到的事情,如果把谈判的时间安排满满的,一旦出现意外事情,就会打乱全盘计划。所以,机动时间的安排是十分必要的,机动时间最好安排在谈焦点问题的第二天或最后一天,并且尚需考虑一旦谈判顺利无须动用机动时间时,应如何使谈判对方在机动时间里过得愉快。

(5) 谈判地点

谈判地点的选择对谈判效率也有很大的影响,特别是谈判场地布置可以直接影响谈判者才智的充分发挥。选择谈判地点时,要考虑许多因素,包括便利程度、中立性、会议设施等。

适宜的商务谈判地点,通常需要具备交通、通信设备,生活设施良好,环境优美安静,医疗、卫生、保卫条件齐备,文化生活较丰富等条件。谈判地点的类型如表 7-1 所示。

表 7-1 谈判地点的类型

谈判地点		考虑因素
主场	公司大厦的办公室或会议室	• 比较容易运用策略性的暂停 • 方便向自己的专家讨教
中立地带	第三方的办公室,或租借的公共会议室	• 鉴于对环境的熟悉程度,双方都不能占上风 • 双方都必须随身携带谈判所需的背景材料,并有专家陪同
客场	谈判对方的办公室或会议室	• 对谈判环境不熟悉 • 不能控制谈判中的细节部署

7.1.2 商务谈判准备

1. 明确谈判的目标

商务谈判准备的第一步就是要明确谈判的目标。谈判的目标一般有三个层次,即最优期望目标、中等目标和最低目标。

(1) 最优期望目标

最优期望目标是指对谈判的一方最有利的理想目标,即在满足己方实际需求利益之外,还有一个增加值。

例 7-1

浙江中天电器集团与中国建设银行温州分行之间的资金供求的谈判中,中天集团实际只需要资金 50 万元人民币,但谈判开始时,中天集团却报价需要资金 80 万元。这 80 万元就是中天集团谈判的最优期望目标,这个数目比其实际所需的 50 万元人民币还多 30 万元。这可用下面一个公式进行表达:

$$E=Y+\Delta Y$$

这里的 E 就是需方(中天集团)谈判的最优期望目标,Y 就是需方实际需要达到的谈判目标,ΔY 是需方谈判代表多报的目标增量。

(2) 中等目标

中等目标是比较实际的、有实现可能的谈判目标,在特定力量对比下最大限度地满足了己方的利益。因此,要正确地选择、制订洽谈目标,最好具有一定的弹性,规定一个可以上下浮动的界限。在实际商务洽谈中,只要环境允许,谈判方要力争实现这一目标,不要轻易放弃。

(3) 最低目标

最低目标是商务洽谈中必须保证达到的最基本的目标，是洽谈成功的最低界限。如最低成交价格，分期付款的次数与期限，交货期限等，只有实现这一目标，谈判方才能获得一定的利益。显然，最低目标是一个下限目标，是宁愿谈判破裂也不能放弃的要求或立场，因此又称"底线"、"底盘"。商务谈判目标的步骤如下：

第一步，写下所有的谈判目标。

第二步，用一句话来描述每个目标。

第三步，将所有的目标进行优先等级的划分。

第四步，将划分的目标按优先级进行排序。

第五步，明确可以让步和不能让步的目标。

商务谈判目标的不同优先级分配如表7-2所示。

表7-2 商务谈判目标的不同优先级分配

对公司	优先级	对供货商
价格	1	质量
时间	2	价格
质量	3	时间
数量	4	数量

2. 信息准备

全面、准确、及时的信息是制订谈判策略的依据。信息准备就是根据谈判的需要，搜集、整理、分析、筛选各种与谈判有关的信息资料。信息准备工作既需要在商务谈判前开展，也需要在谈判中进行，需准备的主要内容包括：

(1) 本方信息准备

本方信息准备是指谈判者所代表的组织及本方谈判人员的相关信息。主要包括以下内容。

- 经济实力评价。主要是对诸如：财务状况、销售状况、资产价值、产品及服务的市场定位、产品竞争情况、企业经营管理水平等的评价。
- 商务谈判项目的可行性分析。
- 商务谈判的目标定位及相应的策略定位。
- 谈判人员的整体评价。主要对谈判人员的构成结构、知识结构、心理素质、谈判经历及成败记录、人际交往及谈判能力等方面的评价。
- 本方所拥有的各种相关资料的准备状况。主要指的是相关资料的齐全程度、对核心情报的把握程度、谈判人员对相关资料的熟悉程度等。

(2) 对方信息准备

- 对方经济实力和资信评价。主要对其财务状况、资本构成、商务信誉、履约能力、销售及盈利情况、经营管理状况、产品及服务的知名度与美誉度等情况的评价。
- 谈判对手的真正需求。如对方的谈判诚意、谈判动机、谈判目标、可能提出的要求及条件、可能接受的最低条件等。

- 对方谈判人员的实力情况。主要指的是谈判人员的组成情况、谈判作风、心理素质、性格特征、个人经历、爱好、人际交往及谈判能力、谈判经历及成败记录等。
- 谈判对手的谈判时限。指对方所规定的谈判时间及谈判的最后期限。
- 对方所掌握的信息情况。主要指的是对方所拥有的信息资料、可能掌握的核心机密、对方对我方所了解的程度等。

(3) 市场信息准备

市场信息是指与谈判内容有关的市场方面的信息资料。主要包括：

- 市场总体状况。包括与谈判内容相关的国内外市场的总体情况,如地理位置、运输条件、市场辐射情况、市场容量及潜力等。
- 商品需求情况。指的是与谈判相关商品的市场容量、消费者数量及构成、消费者收入及购买力、潜在需求量及消费趋势、消费者的特殊需求等。
- 商品销售情况。包括与谈判相关的商品的市场销售量、销售价格、预期的商品市场生命周期、营销策略、措施及其效果等。
- 市场竞争情况。主要包括竞争者构成、竞争格局、竞争对手的数量及规模、竞争对手的经济实力、竞争对手的营销能力、竞争对手的产品特征及其知名度与美誉度等。

(4) 环境信息

环境信息指的是与谈判相关的宏观环境方面的信息资料。主要包括政治状况、经济状况、科技环境、法律制度及社会文化等。

3. 人员准备

商务谈判往往不是一个人所能完成的,要以一定的组织形式作保证,成立谈判小组,并做好谈判团队的配备、管理等方面的工作。

(1) 谈判人员的组织构成

在一般的商务谈判中,所需的专业知识大体上可以概括为：有关工程技术方面的知识、合同权利与义务等法律方面的知识以及有关价格、货运、保险、支付、商检、报关、语言翻译等方面的知识。谈判队伍的组织构成及其要求如表 7-3 所示。

表 7-3 谈判队伍的组织构成及其要求

人员类型	要求及其他
谈判领导人员	委派专人担任或从下述人员中选合适者担任
技术人员	由熟悉生产技术、产品性能和技术发展动态的技术人员、工程师或总工程师构成
商务人员	1. 熟悉交易惯例、价格谈判条件 2. 由了解交易行情、有经验的业务员或厂长经理担任
法律人员	1. 律师或学习经济、法律专业知识的人员 2. 通常由特聘律师、企业法律顾问或熟悉有关法律规定的人员担任
财务人员	1. 熟悉成本情况、支付方式及金融知识 2. 由具有较强的财务核算能力的财务会计人员担任
翻译人员	熟悉外语和有关知识,善于与他人紧密配合,工作积极、纪律性强的人员
记录人员	委派专人担任或由上述人员兼任

(2) 谈判队员的分工配合

当挑选合适的人员组成谈判团队后，就必须在成员之间根据谈判的内容、要求以及个人的专长，做适当的分工，以明确各自的职责，并在谈判过程中相互协调与配合，取得预期的谈判效果，如表7-4所示。谈判团队中各角色的内容如表7-5所示。

表7-4　谈判人员的分工

层　次	类　　型	具体职责
第一层次	主谈人(即谈判小组的领导人或首席代表)	• 监督谈判程序，把握谈判进度 • 协调谈判班子的建议或意见 • 决定谈判过程的重要事项 • 代表单位签约 • 汇报谈判工作
第二层次	懂行的专家和专业人员(即商务、技术、财务、法律、翻译等人员)	• 阐明己方谈判的意图、条件，弄清对方的意图、条件 • 找出双方的分歧或差距所在 • 同对方进行专业方面的磋商 • 草拟、修改有关的谈判文书
第三层次	必需的工作人员(如速记员或打字员)	准确、完整、及时地记录谈判内容，包括： • 双方谈判过程的问题 • 提出的条件 • 达成的协议 • 谈判人员的表情、用语、习惯等

表7-5　明确谈判团队中各角色的内容

角色名称	特　　征	责　　任
首席代表	由最具专业水平的人担任，不一定是小组中职位最高的人	• 指挥谈判，需要时召集他人 • 裁决与专业知识有关的事 • 精心安排小组中的其他人
白脸	由被对方大多数人认同的人担当。对方非常希望仅与白脸打交道	• 对对方的观点表示同情与理解 • 看起来要做出让步 • 给对方安全的假象，使其放松警惕
红脸	白脸的反面就是红脸，这个角色就是使对手感到如果没有此人，会比较容易达成一致	• 需要时终止谈判 • 削弱对方提出的任何观点和论据 • 胁迫对方并尽力暴露对方的弱点
强硬派	此人在每件事情上都采取强硬立场，使问题复杂化，并要使其他组员服从	• 用延时战术来阻挠谈判进程 • 允许他人撤回已提出的未确定的报价 • 观察并记录谈判的进程 • 使谈判小组的讨论集中在谈判目标上
清道夫	此人将所有的观点集中，作为一个整体提出来	• 设法使谈判走出僵局 • 阻止讨论偏离主题太远 • 指出对方论据中自相矛盾的地方

4. 场地安排

(1) 场地的布置

场地的布置主要包括座位的安排、必要的谈判设备(如计算机、打字机、投影仪、录像设备等)的摆设。谈判场地布置及座位安排是否得当,是检验谈判人员素质的标准之一。对较大型正规的商务谈判,如果主方连谈判会场及座位的安排都不符合有关要求和惯例,会让对方怀疑主方对本次谈判的重视程度、诚意乃至谈判者的素质,由此可使客方占尽心理优势,甚至使主方被动,最终影响谈判的效果。

(2) 安排座位(见图 7-1)

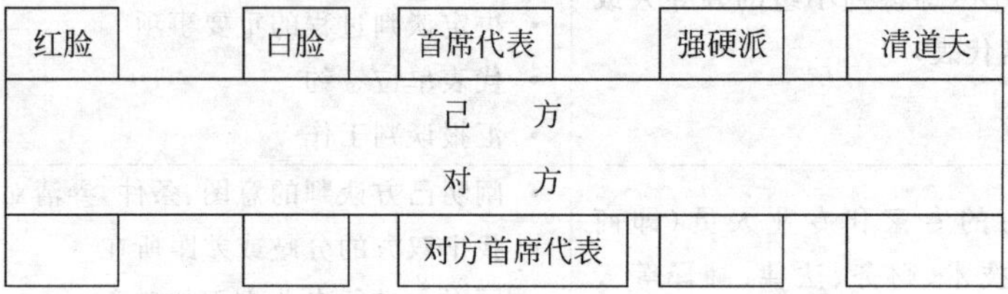

图 7-1 谈判座位安排

说明:

- 首席代表坐在中间,团结所有队友。
- 白脸紧挨着首席代表,形成友好、随和的结盟。
- 强硬派与清道夫相临,彼此谈判技能相互补充。
- 红脸坐在桌尾,与其他队员分开。
- 清道夫可以从桌尾看到谈判对手的反应。

相关链接 7-2

谈判中的排位战术

战术一,公然对抗式:谈判双方面对面坐在方桌的两边,为了削弱对手,尽量让我方的首席代表坐在上首,造成控制会议局面的印象。

战术二,对付强硬派:尽可能以非正式的方式安排座位,最好使用圆桌。

战术三,穿插排位法:把我方谈判队员穿插在对方成员之中,让对方成员难以提出一致的反对意见。如有可能,让对方最好斗的成员紧挨着我方首席代表就座。

5. 模拟谈判

为了能更好地预见谈判情况,检查谈判准备过程中存在的漏洞,在谈判实践中,常常需要采取模拟谈判的方法来改进和完善谈判的准备工作。

模拟谈判,就是将谈判小组成员一分为二,或在谈判小组之外再成立一个实力相当的谈判小组,由一方实施己方的谈判计划与方案,而另一方以谈判对手的立场、观点和谈判策略为依据,开展近似实战的演习,以预测即将进行的正式谈判。

(1) 模拟谈判的必要性

模拟谈判是商务谈判准备工作的重要组成部分,尤其对一些重要的、难度较大的谈判更显重要。模拟谈判是正式谈判前的一次临场操练，可以达到磨合谈判队伍、锻炼和提高协同作战能力的目的。通过模拟谈判可以及时发现被忽视的问题，并想方设法解决，使谈判的准备工作更具针对性。及时修订和完善原订的谈判计划与方案，使其更具实用性与有效性，使谈判人员能找到在正式谈判中充当角色的真实感觉，为临场发挥做好心理准备。

(2) 模拟谈判的主要任务

模拟谈判是对即将展开的正式谈判的一场预演，它的主要任务是寻找谈判小组合作的最佳策略组合及其效果，寻找可能被忽略的环节并及时做出调查，检验各项谈判准备工作是否到位等。具体要解决的问题有：确定正式谈判过程中不便当着谈判对手直接交流的暗号，发现己方的优势与劣势，并进一步明确如何加强和发挥优势，弥补或掩盖劣势的策略；确定开场时的陈述顺序和辩论时的应答顺序；预测并准备相应的对策；检查各项谈判准备工作等。

(3) 模拟谈判的关键

模拟谈判是正式谈判前的仿真练习，其依据是建立在各种假设基础之上的。因此，模拟谈判的关键在于提高条件假设的精确度，使之尽可能接近于事实。为此，在拟订模拟谈判条件假设时要注意以下事项。

- 必须让谈判经验丰富的人提出假设，以此来提高假设的真实性和可靠性。
- 必须明确区分事实本身与主观臆测。
- 要区分经验与事实。必须按照正确的逻辑思维推理，遵循思维的一般规律。
- 以对方的实际总体情况为假设的依据。
- 条件假设必须以事实为基础，所依据的事实越多、越全面，假设的精确度就越高。

(4) 模拟谈判的形式

模拟谈判的主要形式有：

① 分组辩论式

分组辩论式是一种近似实战的模拟谈判演习，由一方实施己方的谈判计划与方案，而另一方以谈判对手的立场、观点和谈判策略为依据与之对抗，以此来寻找己方的薄弱环节和相应对策。

② “戏剧式”

“戏剧式”是一种以规定谈判情节和策略来预演的谈判练习方式，以此来进行角色分配和角色练习，寻找各种角色的最佳表现方式和谈判中的分寸感。

③ “沙龙式”

“沙龙式”是一种不分组、不规定角色，全体谈判成员充分发表意见、互相启发、共同策划谈判方案和策略的方式，以此来激发并汇集各成员的智慧，达到相互借鉴谈判经验的目的。

7.1.3 商务谈判策略与技巧

1. 商务谈判的策略

(1) 避免争论策略

在谈判开局阶段，建立积极、融洽、和谐的谈判气氛对谈判效果的影响非常重要。然而，谈判双方为了谋求各自的利益，不可避免地要在一些问题上发生分歧。分歧出现以后，尽可能地避免争论，应采取下列态度进行协商。

① 冷静地倾听对方的意见。在谈判中，“听”往往比“讲”更重要。在倾听的过程中，即使对方讲出不中听或对己方不利的话，也不要立即打断对方或者反驳，最好的方法是让其陈述完毕之后，先表示同意对方意见，承认自己在某些方面的疏忽，然后提出对对方的意见进行重新讨论。这样，在重新讨论问题时，双方就会心平气和地进行，从而使谈判双方达成比较满意的结果。

例 7-2

在一次关于建材销售价格的谈判中，买方甲提出“你方的水泥售价太高，不降价无法达成协议。”对此，卖方乙不是立刻讨价还价，而是表示歉意，对甲方说道：“我们也认为价格订得高了些，但由于它成本高，所以报价时只考虑了它的生产成本和赢利指标，忽视了你们的承受能力，这是我们的疏忽。对此，我们表示歉意。大家都不会为了亏本来谈判。因此，我们愿就价格问题专门进行协商。”这样一来，对方就不会觉得你方是为了掏他的腰包，而是真诚地为了继续合作。在重新讨论价格的问题时就显得十分的宽容与大度。

② 婉转地提出不同意见。谈判中，当不同意对方的不同意见时，切忌直接提出否定对方的意见，以免使对方产生抵触情绪。最好的方法是先同意对方的意见，然后再作探索性的提议。

③ 当分歧使谈判无法继续进行，应马上休会。谈判实践证明，休会策略不仅可以避免出现僵持局面和争论发生，而且可以使双方保持冷静，调整思绪，平心静气地考虑双方的意见，达到顺利解决问题的目的。

(2) 抛砖引玉策略

所谓抛砖引玉策略就是在谈判过程中，一方主动地摆出各种问题，但不提出解决问题的办法，而是让对方去解决。这种策略，一方面可以达到尊重对方的目的，使对方感觉到自己是谈判的主角和中心；另一方面又可摸清对方的底细，争得主动。但此种策略在谈判出现分歧时，以及对方自私自利、寸利必争的时候不适用。

(3) 留有余地策略

留有余地策略要求谈判人员对所要陈述的内容应留有余地，以备讨价还价之用。在实际谈判中，不管你是否留有余地，对方总是认为你会留一手，你的报价即便是分文不赚，对方也会认为你会赚一大笔，总要与你讨价还价，不作出让步，对方就会不满意。同样，对方提出任何要求，即使能百分之百地满足对方，也不要一口承诺，要让对方觉得你是作了让步后才满足其要求的。这样以增加己方要求对方在其他方面作出让步的筹码。

一般来说，此种策略在用于对付自私狡猾、见利忘义的谈判对手，以及在不了解对手或开诚布公失效的情况下使用。

(4) 避实就虚策略

避实就虚策略是指我方为了达到某种目的和需要，有意识地将洽谈的议题引导到无关紧要的问题上，故作声势，转移对方的注意力，以实现己方的谈判目标。具体做法是：

在无关紧要的事情上纠缠不休，或在自己不成问题的问题上大做文章，以分散对方对己方真正要解决的问题上的注意力，从而在对方失去警觉的情况下顺利实现自己的谈判意图。

（5）沉默策略

谈判开始就保持沉默，迫使对方发言。沉默是处于被动地位的谈判者常用的一种策略。这种策略主要是给对方造成心理压力，使之失去冷静，不知所措，甚至乱了方寸，发言时就有可能言不由衷，泄露出其想急于获得的信息。同时还会干扰对方的谈判计划，从而达到削弱对方力量的目的。

（6）情感沟通策略

如果与对方直接谈判的希望不大，就应采取迂回的策略。即先通过其他途径接近对方，彼此了解，联络感情，沟通情感之后，再进行谈判。实践证明，在谈判中运用感情的因素去影响对手是一种可取的策略。

灵活运用该策略的方法很多，可以有意识地利用空闲时间，主动与谈判对手聊天、宴请、娱乐、馈赠小礼品、谈论对方感兴趣的问题、提供交通食宿的方便、帮助解决私人的疑难问题等。

（7）最后期限策略

从心理学角度来讲，人们对得到的东西并不十分珍惜，而对要失去的本来在其看来并不重要的东西，却一下看得很有价值。在谈判双方各抒己见，争执不下时，处于主动谈判地位的一方可以利用人们的这种心理定式，提出解决问题的最后期限和解决条件。期限是一种时间性通牒，既给对方造成压力，又会随着最后期限的到来，使对方感到如不迅速作出决定，将会失去机会，令对方的焦虑与日俱增。因而，最后期限压力，迫使对方快速作出决策。一旦对手接受了这个最后期限，交易就会很快地顺利结束。

2. 商务谈判的技巧

（1）入题技巧

谈判双方刚进入谈判场所时，难免会感到拘谨，尤其是谈判新手，在重要谈判中，往往会产生忐忑不安的心理。为此，必须讲究谈判入题技巧，采用恰当的方法入题。

① 迂回入题。迂回入题切入点常见的有：

- “自谦”
- 介绍己方谈判人员
- 介绍本企业的生产、经营、财务状况等
- 题外话（天气、趣闻逸事、流行事物、社会新闻等）

② 先谈细节，后谈原则性问题。

③ 先谈一般原则，后谈细节问题。

（2）阐述技巧

① 开场阐述。谈判入题后，接着便是双方进行开场阐述，这是谈判的一个重要环节。在开场陈述时应做到：

- 开宗明义，明确此次谈判的议题
- 表明谈判的基本立场及其应得到的谈判利益
- 认真倾听并归纳对方的开场阐述

- 若双方在开场阐述时分歧较大,不要立即与对方争论
- 开场阐述应简明扼要,应是原则性的,而非具体详细

② 让对方先谈。

③ 坦诚相见。

④ 注意正确使用语言。在运用语言方面要做到:

- 准确易懂,简明扼要,具有条理性
- 富有弹性,不走极端
- 发言紧扣主题,避免一泻千里
- 注意语调、语速、声音、停顿和重复
- 使用解围用语

例 7-3

- “真遗憾,只差一步就成功了!”
- “就快要到达目标了,真可惜!”
- “行百里者半九十,最后阶段是最难的啊!”
- “这样做,肯定对双方都不利!”
- “再这样拖延下去,只怕最后结果不妙。”
- “我相信,无论如何,双方都不希望前功尽弃。”
- “既然事已至此,懊恼也没有用,还是让我们再做一次努力吧!”

⑤ 不以否定性的语言结束谈判

从人的听觉习惯考察,在每一场合,所听到的第一句话与最后一句话,常常能留下深刻的印象。故在谈判中,不要以否定性的语言来结束谈判,以免给对方不愉快的感觉。应在谈判终了时,最好给谈判对手以正面的评价,并可稳健、中肯地把谈过的议题予以归纳。

例 7-4

- “您在这次谈判中表现很出色,给我留下了深刻的印象。”
- “您处理问题大刀阔斧,钦佩! 钦佩!”
- “对贵方这一要求将予以研究,待下次会议再谈。”
- “今天在某些问题上达成一致,但在其他方面还需要再谈。”

(3) 提问技巧

① 提问的类型。

- 封闭式提问。是在一定范围内引出肯定或否定答复的提问。

例 7-5

“您是否认为售后服务没有改进的可能?”

- 开放式提问。是指在广泛的领域内引出广泛答复的提问。

例 7-6

“您对当前市场销售状况有什么看法?”

- 婉转式提问。是在没有摸清对方虚实的情况下,采用婉转的语气或方法,在适宜的场所或时机向对方提问。

例 7-7

“这种产品的功能还不错吧? 您能评价一下吗?”

- 澄清式提问。是指针对对方的答复重新措辞,使对方证实或补充原先答复的一种提问。

例 7-8

“您刚才说对目前正在进行的这宗生意可以作取舍,这是不是说您拥有全权与我进行谈判?”

- 探索式提问。是针对谈判对手的答复要求,引申举例说明的一种提问。

例 7-9

“我们想增加购货量,您能否在价格上更优惠些?”

- 借助式提问。是借助权威人士的观点和意见影响谈判对手的一种提问。

例 7-10

“我们请教了营销专家史密斯先生,对该产品的价格有了较多的了解,请您考虑,是否把价格再降低一些?”

- 强迫选择式提问。是一种以己方的意志强加给对方,并迫使对方在狭小范围内进行选择的提问。

例 7-11

“付佣金是符合国际贸易惯例的,我们从法国供应商那里一般可得到3%～5%的佣金,请贵方予以考虑。”

② 提问的时机。

- 在对方发言完毕后提问
- 在对方发言停顿、间歇时提问

例 7-12

当对方停顿时,可以借机提问:

"您刚才说的意思是……?"

"细节问题我们以后再谈,请谈谈您的主要观点好吗?"

"第一个问题我们听明白了,那第二个问题呢?"

- 在自己发言前后提问

例 7-13

"您刚才的发言要说明什么问题呢?我的理解是……对这个问题,我谈几点看法。"

"价格问题您讲得很清楚,但质量和售后服务怎样呢?我先谈谈我们的要求,然后请您答复。"

- 在谈判议程规定的辩论时间提问

③ 提问的注意事项。

- 提问的速度快慢适中,既使对方听明白,又不使其感到拖沓、冗长
- 注意对方心境,在适当的时候提出相应的问题
- 提问后,给对方以足够的答复时间
- 提问应尽量保持问题的连续性

(4) 答复技巧

答复技巧是商务谈判技巧中的重要组成部分,一个谈判者水平的高低,很大程度上取决于其答复问题的水平与艺术。商务谈判中,往往正确的答复并不是最好的答复。答复的艺术在于知道一定条件下该怎么答复,哪些该说,哪些不该说,而不在于答复得正确与否。所以,答复谈判对方的问题也必须运用一定的技巧来进行。

① 不要彻底答复对方的提问。

例 7-14

对方对产品的价格非常关心,急于直接询问该产品的价格。此时,我方应该首先避开对方的注意力和所提问题的焦点,作如下答复:"我相信产品的价格会令你满意的,请允许我先把这种产品的几种性能作一个说明。我相信你们会对这种产品感兴趣的……"

② 不要确切答复对方的提问。在谈判中,对于很难答复或不便确切答复的问题,可采取含糊其词、模棱两可的方法作答,也可利用反问将重点转移。

例 7-15

当对方询问我方是否将产品价格再压低一些时,我方可以如下答复:"价格确实是大家非常关心的问题。不过,我方产品的质量和我们的售后服务是一流的。"也可这样答复:

“是的，我想您一定会提出这一问题的，我会考虑您提的问题。不过，请允许我问一个问题……”

③ 降低提问者追问的兴致。

例 7-16

- “这个问题容易解决，但现在还不是时候。”
- “现在讨论这个问题还为时过早，是不会有什么结果的。”
- “这是一个暂时还无法回答的问题。”

④ 让己方获得充分的思考时间。
⑤ 礼貌地拒绝那些不值得答复的问题。
⑥ 找借口拖延答复。

例 7-17

在谈判中，当对方提出问题而你尚未思考出满意的答复且对方又追问不舍时，可以如此回答：“对您所提的问题，我没有第一手的资料来做答复，我想您是希望我为您做详尽并圆满的答复的。但这需要时间，您说对吗？”

7.1.4 商务谈判的全过程演练

一次完整的商务谈判应包括谈判准备、正式谈判与结束谈判三个阶段。

1. 谈判准备

谈判准备过程如图 7-2 所示。

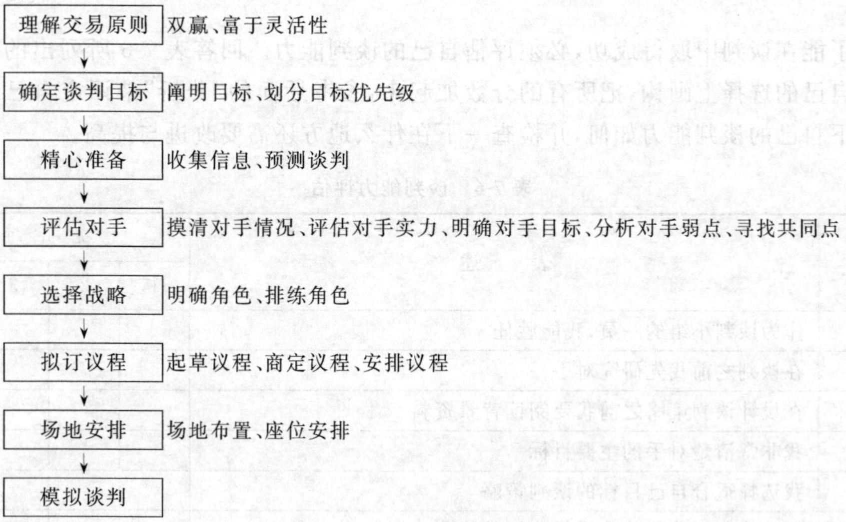

图 7-2　谈判准备过程图

2. 正式谈判

正式谈判过程如图 7-3 所示。

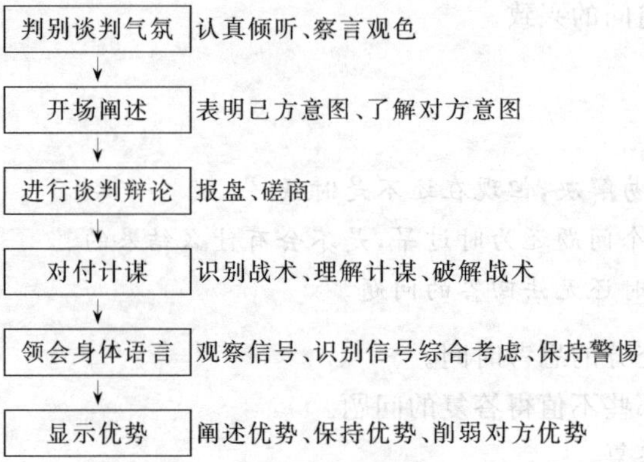

图 7-3　正式谈判过程图

3. 结束谈判

结速谈判过程如图 7-4 所示。

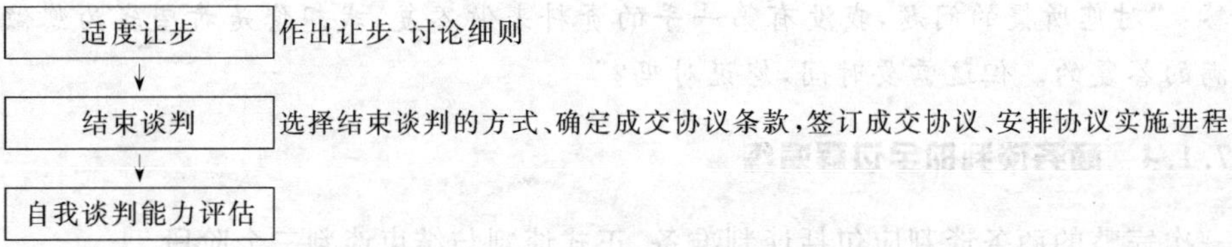

图 7-4　结束谈判过程图

7.1.5　谈判能力评估

为了能在谈判中取得成功,必须评估自己的谈判能力。回答表 7-6 所列出的问题,在最接近自己的选择上画钩,把所有的分数加起来,参考后面的"分析"来评定自己的得分,测试一下自己的谈判能力如何,并检查一下在什么地方还需要改进与提高。

表 7-6　谈判能力评估

序号	表　述	选	项		
		1	2	3	4
1	作为谈判小组的一员,我能胜任				
2	在谈判之前我先研究对手				
3	在设计谈判策略之前我要阅读背景资料				
4	我非常清楚对手的主要目标				
5	我选择适合自己目标的谈判策略				
6	我的谈判策略能使我取得预期的谈判目标				
7	对于谈判我态度灵活				

续表

序号	表　述	选　项			
		1	2	3	4
8	我认为谈判是双方获利的机会				
9	进入谈判我志在达成满意的协议				
10	我逻辑清晰、条理清楚地表达己方观点				
11	我有意识地运用身体语言与对方交流				
12	我避免暴露己方的弱点				
13	在谈判的任何时候我都保持礼貌				
14	我提出的最后期限合乎实际，并由谈判认可				
15	我用直觉来帮助我理解对方的策略				
16	我能客观地看问题，并能从对方的角度看问题				
17	我知道如何引导对方提出报价				
18	我避免首先提出报价				
19	通过一系列有条件的报价，我在达成一致意见上取得进步				
20	我把表露感情仅作为策略的一部分				
21	我定期地总结谈判中已经取得的进步				
22	我有策略地运用拖延来让自己有时间思考				
23	当谈判陷入僵局时，我引入第三方作为打破僵局的有效途径				
24	我一步步地接近最后目标				
25	在任何可能的时候，我宁愿谈判的各方都是赢家				
26	我保证任何条款都由各方签署同意				
总分合计					

注：选项中1为“从不”，2为“有时”，3为“经常”，4为“总是”。

分值为26～52，表示谈判能力差，需学会使用并明白谈判成功所需的基本战略战术。

分值为53～83，表示有一定的谈判能力，但某些地方有待提高。

分值为84～116，表示谈判相当成功。

活动设计

各模拟公司根据本公司某一具体的商品销售或采购业务实际，确定一商务谈判的主题，完成以下实训任务。

第一步：

详细描述交易的背景；

谈判对方的情况与整体实力描述；

明确此次谈判的目标，并进行优先级划分；

谈判人员的构成及角色分配；

罗列并描述与谈判相关的信息(情报)资料；

拟订详细的谈判议程；

场地布置与座位安排；

进行模拟谈判。

第二步：

罗列模拟谈判中发现的问题；

写出有针对性地解决问题的办法。

第三步：

详细描述建立积极、融洽的谈判气氛的方式与过程；

详细描述双方的谈判辩论；

归纳并评价谈判过程双方谈判策略与技巧的运用；

预测可能出现的谈判僵局，并采取相应的对策。

第四步：

罗列结束谈判的方式；

起草成交协议，并进行讨论；

拟订实施成交协议的进程；

签订成交协议。

第五步：

进行自我谈判能力评估。

实训成果

各模拟公司在规定时间内向实训指导老师提交以下实训成果。

(1)《××商务谈判策划方案》。

(2) 以两个模拟公司为一谈判分组，扮演商务谈判双方，进行模拟谈判演练。

实训考核

实训考核主要分为四个阶段。

阶段一：实训成果汇报(8～10 分钟)

各模拟公司推选一名代表采用 PPT 形式进行任务 7.1 实训成果汇报。

阶段二：答辩与质询(5～8 分钟)

首先，汇报方接受来自其他模拟公司成员及老师对相关问题的质询；最后，学员“评审团”(由各模拟公司选派一名代表组成)至少推举一名代表进行评说。

阶段三：师生联合考评(3～5 分钟)

学员“评审团”会同实训指导老师一起按考评标准对各个模拟公司的实训成果进行评定(学员“评审团”与老师的考评分数分别占总成绩的 40%与 60%)。

阶段四：对比式点评(5～8 分钟)

由实训指导教师对各模拟公司的实训成果进行对比式点评，指出好的方面，并分析不足之处存在的原因及指出进一步改进的措施。实训任务 7.1 结束。

实训拓展

商务谈判的“八字”箴言

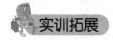

谈判能力在每种谈判中都起到重要作用，无论是商务谈判、外交谈判，还是劳务谈判，双方谈判能力的强弱差异对谈判结果具有重要的影响。对于谈判中的每一方来说，谈判能力来源于八个方面，即NO TRICKS每个字母所代表的八个单词——need，options，time，relationships，investment，credibility，knowledge，skills。

NO TRICKS中的各个字母代表的含义如下：

“N”代表需求(need)。对于买卖双方来说，谁的需求更强烈一些？如果买方的需要较多，卖方就拥有相对较强的谈判力，你越希望卖出你的产品，买方所拥有的谈判力就越强。

“O”代表选择(options)。如果谈判不能最后达成协议，那么双方会有什么选择？如果你可选择的机会越多，对方认为你的产品或服务是唯一的或者没有太多选择余地，你就拥有较强的谈判资本。

“T”代表时间(time)。是指谈判中可能出现的有时间限制的紧急事件，如果买方受时间的压力，自然会增强卖方的谈判力。

“R”代表关系(relationship)。如果与顾客之间建立强有力的关系，在同潜在顾客谈判时就会拥有关系力。但是，也许有的顾客觉得卖方只是为了推销，因而不愿建立深入的关系，这样，在谈判过程中将会比较吃力。

“I”代表投资(investment)。在谈判过程中投入了多少时间和精力？为此投入越多，往往拥有较少的谈判力。

“C”代表可信性(credibility)。潜在顾客对产品可信性也是谈判力的一种，如果推销人员知道你曾经使用过某种产品，而其产品具有价格和质量等方面的优势时，无疑会增强卖方的可信性，但这一点并不能决定最后是否能成交。

“K”代表知识(knowledge)。知识就是力量。如果你充分了解顾客的问题和需求，并预测到你的产品能如何满足顾客的需求，你的知识无疑增强了对顾客的谈判力。反之，如果顾客对产品拥有更多的知识和经验，顾客就有较强的谈判力。

“S”代表技能(skill)。这可能是增强谈判力最重要的内容了，不过，谈判技巧是一门综合的学问，需要广博的知识、雄辩的口才、灵敏的思维……

总之，在商业谈判中，应该善于利用“NO TRICKS”中的每种能力，再加上NO TRICKS。

任务7.2 经济合同管理

任务要求

根据本模拟公司的商品采购或销售业务实际，采取切实可行的措施对经济合同进行有效管理，并能很好地处理经济合同纠纷。

训练步骤

步骤一：经济合同管理重要性认知

由实训指导老师介绍该项目实训的目的与要求，对经济合同管理的实际应用价值予以说明，调动学生实训操作的积极性。

步骤二：经济合同管理相关知识“再现”

实训指导老师适当介绍经济合同管理的相关知识，如经济合同的构成要素、无效经济合同的识别及经济合同纠纷处理等。

步骤三：相关实例研读

各模拟公司成员认真研读经济合同管理方面的实例，作为本实训项目操作的参考。

步骤四：相关资料搜集

各模拟公司根据经济合同管理的要求，查找与实训任务相关的信息资料，为顺利开展实训做好充分的准备。

步骤五：经济合同管理方案撰写与提交

各模拟公司认真撰写“××公司经济合同管理方案”，并在规定时间内向实训指导老师提交。

实训指南

签订经济合同是市场营销活动中的一个重要环节，也是一种法律行为。但在实际社会中，由于一些业务人员缺乏相应的经济合同知识，给企业和自身带来许多不必要的麻烦，甚至使企业蒙受巨大损失。因此，作为一名业务人员，在经济合同签订中，应该具备丰富的合同知识。

7.2.1 经济合同的法律规范

经济合同的签订是一种有效的法律行为，必须遵循一定的原则和具备一定的条件。因此，经济合同的特征及要素，是当事人之间建立经济合同关系所必须了解和掌握的基本合同知识。

1. 经济合同的基本特征

经济合同必须是合法的法律行为，即双方当事人按照法律规范的要求而达成的协议。它具有以下四个方面的特征。

(1) 经济合同的当事人，必须是具有法人资格的社会组织。

(2) 经济合同必须是等价有偿的，一切调整不具有商品货币性的、非等价有偿的财产关系的合同都不是经济合同。

(3) 经济合同在不同程度上受国家计划的制约和影响。

(4) 经济合同必须采取书面形式。

2. 经济合同的要素

从法律关系来看，经济合同中的主体、标的、权利、义务构成了经济合同的基本要素。缺少其中任何一个要素均不能构成经济合同的法律关系，当然，变更其中任何一部分，也就是改变了原来的法律关系。

(1) 主体

经济合同的主体是经济合同法律关系的参加者，也是民事权利与义务的承担者。经济合同法律的参加者，主要是法人，但根据我国《经济合同法》的规定，有时主体也可以是公民。在经济合同的法律关系中，当事人双方既是权利主体，又是义务主体。

(2) 标的

标的是合同双方当事人权利和义务共同指向的对象，在法律上也是双方所指明的客体。合同中的标的，是双方当事人行为的始终目的和目标。没有共同指向的标的，或标的不明确，经济合同就无法履行。

(3) 权利与义务

经济合同法律关系最重要的特征，就是双方当事人之间存在着权利与义务的联系。在经济合同中，权利与义务是相对而言的。所谓权利，就是当事人依法享有的权利与利益。所谓义务，就是当事人对社会或对他人所负的一种责任。权利与义务关系，反映了经济合同中的当事人所处的地位及其相互关系。

合同的谈判双方一旦掌握和了解了合同的基本要素，就可以使订立的合同内容完备，合理合法，以维护自己的合法权益，同时也能自觉地履行应尽的义务。这样，才能使谈判双方订立的合同顺利兑现，达到经济协作的目的。

7.2.2 经济合同的主要条款

经济合同要具备基本的内容，这就是合同的基本条款。经济合同的条款一般都必须包括以下几项内容。

1. 合同当事人

在经济合同中必须写明当事人的正式全称、隶属关系、地址以及代理人的姓名、年龄、职务、住址等。

2. 合同标的

合同标的是合同法律关系的客体，是双方当事人权利和义务共同指向的对象。没有标的，双方当事人的权利和义务就不能落实，合同也就无法履行。合同标的包括交易客体的名称、规格、型号或代号、花色、品种、商标和质量等内容。其具体形式有：实物、货币、某项劳务或是一定的工作等。

相关链接 7-3

买卖合同中,卖方交付出实物,买方支付价款。基本建设包工合同中,建设单位支出劳务报酬,施工单位完成一定劳务的工作量等。但是矿藏、水流、森林、荒地以及其他陆海资源等国家的专有财产,不能作为合同的标的。武器、弹药、毒品等只能在特定的组织之间进行转让,外币禁止在国内流通。

3. 数量和质量

数量和质量条款是经济合同的一项基本条款,是衡量标的指标与计算价格的依据。所以,应在经济合同的条款中明确、具体地规定交易标的的数量和计量单位。

例 7-18

工业产品的质量,必须具体规定哪年哪月颁布的国家或部标准。如果是协商标准,还必须另附协议书或提交样品,否则,其权利与义务的大小、责任的轻重程度就难以确定,容易造成纠纷,所以要把好质量关。

4. 价款和酬金

合同中的价款与酬金是取得交易对方产品、接受对方劳务所支付的代价,以货币数量表示。合同中应规定明确的价款和酬金。合理的价款和酬金应按照标的物的数量、质量、成本、季节差别、地区远近、包装条件及市场情况等方面综合确定。

相关链接 7-4

在对待合同价款和酬金方面,应按以下相关规定处理。

- 凡有国家牌价的,要按牌价执行
- 没有牌价的,可双方议价,但议价不能违背国家的价格政策和法律的有关规定
- 价款不明确的,应按物价管理机关或者劳动管理机关的规定履行
- 没有规定的,要参照同类物品的价格或者同类劳务的报酬履行

5. 履行的期限、地点和方式

一切经济活动都是有一定的期限的,违背期限会给生产经营活动造成损失。因此,双方当事人在签订合同时,必须明确、具体地规定合同履行的期限。履行期限是指交付标的和支付价款、酬金的时间。另外,合同还应对合同履行的地点与方式进行明确的规定。

6. 结算方式

法人之间的经济往来,除按规定可以使用现金的以外,其余的必须由银行办理转账结算。结算方式一般有支票和承付两种。通常本埠结算采用支票形式,外埠结算采用承付形式。

7. 违约责任

违约责任是对当事人不按合同的有关规定履行义务的一种制裁措施。主要制裁措施有支付违约金和赔偿两种形式。

7.2.3 经济合同中的语言规范

在签订经济合同的实践中，因合同中的用语不准确、不规范而引起的经济纠纷屡见不鲜。因此，在签订经济合同时，做到用语准确、规范，是避免合同纠纷的一项重要措施。

要做到合同用语准确、规范，关键是要注意以下几点。

1. 避免使用含混不清的词

避免使用含义不清、定义不明确的词语，如"大部分"、"小部分"、"基本上"等容易造成争议的语句。

2. 合同中的前后语句不能相互矛盾

例 7-19

合同条款中，在前文规定是货到目的地后付清全部货款，但合同后文又说可以按照货到目的地后付70%货款，剩下的30%货款一年内付清。这样前后矛盾的语句容易引起争议。

3. 数量词要准确、具体

例 7-20

在合同中写道："需要红色T恤衫(型号：M)两箱。"这里使用的量词"两箱"就是不准确的，因为没有明确每箱究竟有多少件T恤衫，容易造成误解，引起纠纷。

4. 合同中的计量单位要使用国家统一的计量单位

公斤、克、米等。

5. 尽量使用书面用语和专业术语

7.2.4 无效经济合同的识别

对无效经济合同，可以从以下几方面入手分析。

1. 经济合同主体是否合法

经济合同是法人与法人之间所达成的协议，不具备法人条件的单位、法人的下属单位都不能成为经济合同的主体。但在现实生活中，一些不具备法人资格的部门代替法人签订了经济合同，使合同本身都不具备法律约束力，更谈不上有效合同了。

例 7-21

华东一粮油加工厂向东北销售面粉，因供货时间未履行合同，给对方造成与第三方之间30万元的销货款纠纷。供销合同的供方不是粮油加工厂，而是该厂下属的一个不具有法人资格的门市部，这个合同的后果是可想而知的。

更有甚者，在现实社会中，一些乡政府、村民委员会也充当法人代表，与另一方签订经济合同，做了些害人又害己的蠢事。

2. 经济合同是否符合“平等互利，等价有偿”的原则

“平等互利，等价有偿”是经济合同主体必须遵循的一个重要原则。如果经济合同的签订违背了这一原则，该合同就是违法合同，是一个不平等条约，给合同有关当事人带来意想不到的，甚至是巨大的损失。

例 7-22

东南沿海一家公司几经周折，与某信用社签订了共同做钢材生意的合同。合同规定：信用社提供 300 万元资金供该公司使用，该公司除按规定的时间和利率归还本付息外，再按本金每年第 50%的比例分红。由于受骗，一年下来该公司不但不挣钱，反而赔了 500 多万元，在履行合同无望的情况下，双方对簿法庭。因这一合同违背了“平等互利，等价有偿”的原则，是违法合同，法院不予受理。至此，某信用社损失惨重，还得不到法律的保护，高利贷使它们“赔了夫人又折兵”。

无独有偶，一家国有企业与另一家机电公司合伙买卖“走私车”，前提是出资企业按利润额的 40%比例收取利息，负赢不负亏。可惜东窗事发后，这一不平等条约蒙遭厄运，双方连打官司的勇气都没有了。

3. 合同是否实际履行

经济合同签订之后，双方当事人均要及时、正确地履行合同。实际履行是合同履行当中应坚持的重要原则。所谓实际履行原则，是指经济合同的当事人必须按照法律或合同规定的标的来实际履行各自应尽的义务。合同规定的标的是什么，就应该如实履行，不能擅自用其他标的来代替，也不得用违约金、赔偿金来代替履行，除非法律和合同另有规定。

【个案分析 7-1】

- 案例陈述

某罐头厂有两台闲置的机器设备要处理，某果品加工厂听说后，即到罐头厂联系购买事宜。双方几次协商后，签订了合同。合同规定，果品加工厂以 15 万元的价格购买机器设备，合同生效后十天内果品加工厂到罐头厂付款提货，任何一方违约须承担总价格的 2%的违约金。

某冷库也听说罐头厂要处理两台设备，冷库正需要，也派人到罐头厂洽谈购买。但迟了一步，设备已卖给了果品加工厂。冷库考虑若购买新的设备要花上近三倍的价格，见设备未运走，机不可失，就对罐头厂说，愿以 20 万元的价格购买该机器设备。罐头厂见有利可图，便让冷库尽快来人付款提货。冷库第三天即派车来提货，不巧这一天果品加工厂也派人来提货。双方互不相让，均有合同为据。罐头厂自觉理亏，对果品加工厂说愿意支付违约金，合同就不再履行了。但果品加工厂坚决不同意，一定要机器设备。罐头厂与该冷库联合强行让冷库将设备拉走，对果品加工厂置之不理。于是，果品加工厂向法院起诉，要求罐头厂履行合同，支付违约金。罐头厂表示愿意承担违约责任，支付违约金，但履行合同已不可能，设备已经卖掉。法院受理后，将冷库列为第三人，一同参加审理。

- 问题

案例中的合同当事人能否以支付违约金为由拒绝履行合同？

• 案情分析

对本案例中的合同当事人来说，能否以支付违约金为由拒绝履行合同？回答当然是否定的。因为在合同订立后，合同标的已特定化、具体化。合同的履行即以此特定的标的为基础，如果情况发生变化，需要改变标的的，应双方协商一致，任何一方擅自改变标的均是违约行为。

本案例中的合同标的——两台机器设备，只因被告罐头厂谋求更好的价格而不想履行原来的合同，即转卖给了第三方，意图用支付违约金的办法代替履行合同的标的是不行的。对此，法院是如下审理的。

(1) 原告与被告签订的合同是合法有效的，应予支持。被告擅自违约转卖合同的标的，应承担全部责任。

(2) 在原告要求继续履行合同的情况下，被告应继续履行合同。被告交付机器设备，原告支付货款。

(3) 又鉴于被告的违约行为，根据合同的规定，还应支付违约金给原告。

(4) 第三方明知被告已与原告签订了合同，却出高价诱使被告将机器设备转卖于已方，被告与第三方的串通行为已损害了原告的利益，因此，他们之间的合同是无效的，双方均应对此负责。故被告需归还第三人的设备款，第三人需归还机器设备。双方的损失各自承担。

4. 合同当事人的变动是否影响合同履行

经济合同是双方当事人的合法行为。因此，合同的变动也必须符合法律规定的条件。《合同法》第七十六条规定："合同生效后，当事人不得因姓名、名称的变更或者法定代表人、负责人、承办人的变动而不履行合同义务。"

【个案分析 7-2】

• 案例陈述

某钢铁公司与某机床厂于2012年3月签订了一份买卖钢材合同，约定钢铁公司在2013年7月底前，供给机床厂钢材400吨，单价每吨5000元，总价款200万元。同时机床厂向钢材公司按总价款的5%支付订金10万元。如果机床厂违约，无权要求返还订金，如果钢铁公司违约则应双倍返还订金。此外，合同还规定了违约金的比例。合同签订后，机床厂向钢铁公司汇出了10万元订金。2013年6月，钢铁公司的经理调离该公司，新上任的经理看到钢材价格上涨，不少厂家向钢铁公司求购钢铁，于是新上任的经理就打算把钢材卖与其他厂家。7月，机床厂多次要求钢铁公司发货，钢铁公司突然电告机床厂要求解除合同，理由是合同是原任经理签订的，该人已调离，签订的合同也随之解除。机床厂据理力争，要求钢铁公司履行合同，但钢铁公司置之不理，拒不履行合同义务。当机床厂要求双倍返还订金时，钢铁公司仍以各种借口推托。同年10月，机床厂向法院提起诉讼，要求保护其利益。

• 问题

钢铁公司拒绝履行原任经理签订的合同是否合法？

• 案情分析

(1) 该钢材买卖合同是有效合同，当事人双方应认真履行。因为《合同法》第七十六条规定："合同生效后，当事人不得因姓名、名称的变更或者法定代表人、负责人、承办人的变动而不履行合同义务。"

(2) 就案例中的钢铁公司而言,经理有权代表法人并以法人的名义订立合同。合同的主体是法人,而不是经理个人,合同的权利与义务自然应由法人承担。企业的法定代表人或其授权的承办人,只能代表法人从事法律活动,而不是以个人身份签订合同。经理本人并不是权利和义务的承受人,不管经理如何变换,合同主体并没有发生变换,也不会影响合同的效力。所以,案例中的钢铁公司借口原任经理调离,拒绝履行前任经理签订的钢材买卖合同,单方面解除合同,是违反《合同法》有关规定的,应承担全部违约责任。

(3) 钢铁公司应双倍返还定金 20 万元,或者按合同约定比例支付违约金,并由钢铁公司负担全部的诉讼费用。

5. 合同当事人的意思表示是否一致、真实

订立经济合同,当事人双方的意思表示必须一致、真实,否则就不能成为有效合同。对此《中华人民共和国经济合同法》第五条规定:"订立经济合同,必须贯彻平等互利、协商一致、等价有偿的原则。任何一方不得把自己的意志强加给对方。"

【个案分析 7-3】

• 案例陈述

A 贸易公司经与他人联系,于 2013 年 9 月填写了一份单方盖章的合同书。

合同书上写明:

供电解铅国标 1 号 200 吨,单价 5500 元,总金额 110 万元。

交货日期:第一批 100 吨,2013 年 11 月 30 日,第二批 100 吨,同年 12 月 30 日。

货款结算办法:需方须在 2013 年 10 月 5 日前将 10%的货款(即 11 万元)电汇汇入供方账户,其余货款在交货验收时一次付清。如果 10%的货款未到,此合同即告无效。

A 贸易公司将合同填写完毕后将这一合同书通过他人交给 B 蓄电池厂,B 蓄电池厂收到合同书后,除填写了需方单位名称以外,在合同有效期栏内填写了"本合同有效期自 2013 年 11 月 8 日至 2013 年 12 月 31 日"。并在合同书上加盖了 B 蓄电池厂的合同专用章。

2013 年 11 月 9 日,B 蓄电池厂信汇 7 万元货款给 A 贸易公司。不料 A 贸易公司根本就没有电解铅国标 1 号,收到 B 蓄电池厂的货款后,A 贸易公司便以不是按照合同上要求的日期和方式汇款为由,认为该合同是一个无效的经济合同,拒不将 B 蓄电池厂的 7 万元货款退回,并将这笔货款偿还了公司的债务。双方为此发生纠纷,B 蓄电池厂便向某市人民法院起诉,要求追究 A 贸易公司的违约责任,包括根据《中华人民共和国经济合同法》支付违约金和继续履行合同。

A 贸易公司答辩称:A 贸易公司在合同书中明确注明"在 2013 年 10 月 5 日前 10%的货款未到,此合同无效",而原告直到 2013 年 11 月 9 日才将货款付到,而且没有按照合同的要求电汇。所以,此时 B 蓄电池厂的汇款行为与 A 贸易公司无关,A 贸易公司对此不承担法律责任。至于 A 贸易公司所收到的 B 蓄电池厂的货款,由于已经把这笔钱偿还了债务,所以现在无钱退还给 B 蓄电池厂,要还也必须在 5 年以后。

• 问题

(1) 该合同是否是有效合同?

(2) 该怎么处理 A 贸易公司与 B 蓄电池厂之间的这种纠纷?

• 案情分析

法院经过审理认为：订立经济合同，当事人双方的意思表示必须一致，否则就不能成为合同，被告在合同书上写明“在2013年10月5日前10%的货款未到，此合同无效”；原告则在合同有效期一栏上填写“自2013年11月8日开始生效。”可见，双方当事人在此所谓合同中的意思表示互相矛盾，违反了《中华人民共和国经济合同法》第五条“订立经济合同，必须贯彻平等互利、协商一致、等价有偿的原则。任何一方不得把自己的意志强加给对方”的规定，所以该合同是无效经济合同。

在该无效经济合同中，双方当事人都有过错，都有一定的责任。在法院的调解下，双方当事人自愿达成如下协议。

(1) 双方所签订的电解铅购销合同无效，立即终止履行。

(2) 被告所收原告货款7万元返还给原告，返还期限为3年，2014年11月前返还1万元，2015年1月31日前返还3万元，2015年2月28日前返还3万元。

(3) 如被告不按期返还货款，则按每日万分之三计赔偿金。

(4) 本案诉讼费2610元，原被告双方各承担一半。

就本案的处理看，人民法院主持调解所达到的协议是符合法律规定和精神的。从本案纠纷的产生来分析，至少有两点必须引起生产经营企业的重视。

其一，经济合同是平等主体之间为实现一定经济目的而订立的协议，它有赖于双方意思表示的一致与真实。本案的当事人之一B蓄电池厂显然没有与A贸易公司就合同的签订达成一致意见。然而，B蓄电池厂却错误地认为，既然在A贸易公司的盖章合同书上明确提出了自己的要求(即“本合同有效期自2013年11月8日至2013年12月31日”)，只要自己在该要求的时间范围内履行了合同，当事的另一方必须同样受此约束。事实上，B蓄电池厂的行为至多是一种反要约行为，没有A贸易公司的再承诺，则该合同对双方当事人均无法律约束力。更为遗憾的是，B蓄电池厂竟然在这种错误认识的前提下，匆忙地单方履行“合同义务”。

其二，A贸易公司这种在没有同经济合同的另一方当事人达成协议的情况下，先行在合同书中加盖单位印章的行为是极不严肃的，在实际经济活动中，极容易被他方利用，并因此给企业带来经济上的损失和法律上的被动。

6. 合同条款是否齐全，概念是否清晰

合同条款不全，概念不清，责任不明，都是签订经济合同的大忌，都会在无形中给合同的有关当事人造成意想不到的损失。

例 7-23

某水产公司与另一公司签订了一份水产供销货合同，双方协商一致“价格随行就市，销货方货到付款”。供货方在半月时间内组织货源送货去销货方。可就在半月时间内，供货地该种水产的价格每吨上涨1200元，销货地上涨700元。货款支付究竟按哪方的市场价为准，合同没有规定。买卖双方因此发生了争执，最后该批水产腐败变质，给供货方造成了上百万元的损失。这就是“随行就市”概念惹的祸。

7.2.5 经济合同纠纷的处理

签订经济合同的双方当事人在执行合同的过程中，发生争议的情况是比较常见的。当发生经济合同纠纷时，应该认真地分析经济合同纠纷产生的原因，并采取积极的措施加以正确处理。

1. 经济合同纠纷产生的原因分析

经济合同纠纷是多方面的，其原因主要表现在以下几个方面。

一是在经济调整、改革中，由于企业转产、停产、合并或分立等方面的原因，致使经济合同不能履行或不能完全履行而产生经济合同纠纷。

二是由于经济合同的当事人相互之间对对方的实际情况缺乏调查了解，盲目签订合同，结果导致这一经济合同无效，从而导致经济合同纠纷的产生。

三是由于经济合同当事人缺乏法律、法规与合同方面的知识，无视经济合同的严肃性，随意变更、撕毁合同而产生经济合同纠纷。

四是由于经济合同当事人不能严格按照合同条款的规定来严格履行合同，如交易标的数量短缺，质量、包装不合乎要求等发生经济合同纠纷。

五是由于拒付、少付货款或逾期付款、产品价格变动等原因，而发生经济合同纠纷。

六是有的企业在超出本企业自身能力的情况下与他方签订合同，以致不能按期、按质、按量交货，而导致经济合同纠纷。

2. 经济合同纠纷的处理

《经济合同法》第四十八条规定："经济合同发生纠纷时，当事人应及时协商解决。协商不成时，任何一方均可向国家规定的合同管理机关申请调解或仲裁，也可以直接向人民法院起诉。"由此可见，经济合同纠纷的处理，可以采取协商、调解、仲裁和诉讼四种法定方式。

(1) 经济合同纠纷的协商

所谓经济合同纠纷的协商，就是在经济合同发生纠纷时，由双方当事人在自愿、互谅的基础上，按照《经济合同法》以及合同条款的有关规定，直接进行磋商。通过摆事实、讲道理，取得一致意见，自行解决合同纠纷。

(2) 经济合同纠纷的调解

所谓经济合同纠纷的调解，是指发生经济合同纠纷时，当事人双方协商不成，根据一方当事人的申请，在国家规定的合同管理机关主持下，通过对当事人进行说服教育，促使当事人双方相互让步，并以双方当事人自愿达成协议为先决条件，达到平息争端的目的。

通过调解方法使问题得到恰当地解决，是合同管理机关解决经济合同纠纷的基本方法。调解的程序如图 7-5 所示。

图 7-5 经济合同纠纷调解的程序

(3) 经济合同纠纷的仲裁

所谓仲裁，亦称"公断"，是指经济合同当事人双方对某一问题或事件争执不决时，由无直接利害关系的第三者作出具有约束力的裁决。

经济合同纠纷的仲裁，就是由国家规定的合同管理机关，根据合同当事人的申请，对合同纠纷在查清事实、分清是非的基础上，根据相关的法律作出仲裁，并制作成仲裁决定书，交合同双方当事人执行。

(4) 经济合同纠纷的诉讼

在经济合同纠纷中，如果当事人一方不愿意采取仲裁方式来解决合同纠纷时，就只能采用诉讼的方式来解决相关当事人之间的争议。

经济合同纠纷诉讼是指人民法院根据合同当事人的请求，在所有诉讼参与人的参加下，审理和解决合同争议的活动，以及由此而产生的一系列法律关系的总和。诉讼是解决经济合同纠纷的最终形式。与其方式相比，诉讼因其权威性、强制性而成为解决经济合同纠纷最有效的一种方式。

活动设计

在模拟公司内部或模拟公司之间的交易中：

(1) 精心设计一份无效经济合同。

(2) 精心设计因这一份无效经济合同而发生经济合同纠纷的背景。

(3) 精心设计解决这一经济合同纠纷的方案。

(4) 对"解决某一经济合同纠纷"进行现场模拟演练。

实训成果

根据实训任务要求与活动设计，各模拟公司提交《××经济合同纠纷处理方案》。

实训考核主要分为四个阶段。

阶段一：实训成果汇报(8～10分钟)

各模拟公司推选一名代表采用PPT形式进行任务7.2实训成果汇报。

阶段二：答辩与质询(5～8分钟)

首先，汇报方接受来自其他模拟公司成员及老师对相关问题的质询；最后，学员"评审团"(由各模拟公司选派一名代表组成)至少推举一名代表进行评说。

阶段三：师生联合考评(3～5分钟)

学员"评审团"会同实训指导老师一起按考评标准对各个模拟公司的实训成果进行评定(学员"评审团"与老师的考评分数分别占总成绩的40%与60%)。

阶段四：对比式点评(5～8分钟)

由实训指导教师对各模拟公司的实训成果进行对比式点评，指出好的方面，并分析指出不足之处存在的原因及进一步改进的措施。实训任务7.2结束。

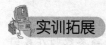

实训拓展

企业法律顾问与商务律师

一、企业法律顾问

企业法律顾问，也称企业律师。是指经全国统一考试合格，取得《企业法律顾问执业资格证书》，并经注册登记，由企业聘用，专职从事企业法律事务工作的专业人员。

1. 企业法律顾问的种类

企业法律顾问分为企业专职法律顾问、企业兼职法律顾问、助理企业法律顾问和外聘律师顾问。(律师与律师事务所是劳动合同关系,律师顾问从律师事务所派遣到企业来从事法律服务是劳务合同关系。)

(1) 专职企业法律顾问

专职法律顾问又分为两种情况。

一是通过人事部的企业法律顾问执业资格考试,在企业中专职从事企业法律顾问工作的企业法律顾问(具有律师资格被聘为助理企业法律顾问)。

二是通过司法考试的执业律师,接受企业聘用成为劳务性的律师顾问。

律师事务所和企业都是经济组织,一个自然人不能对一份法律工作签订两份劳动合同。所以专职企业法律顾问不得从事除受聘公司以外的其他法律服务业务。

(2) 聘请的律师法律顾问

聘请的律师法律顾问是指企业与律师事务所签订法律顾问劳务合同,律师事务所指派或者派遣企业指定的律师从事企业法律顾问工作。这类律师法律顾问可以从事律师事务所的其他法律服务业务。

2. 企业法律顾问工作内容

- 制订并审核公司的法律文件包括各类合同、协议
- 为公司人员提供法律咨询指导,协助公司人员解决法律问题
- 参与公司经营决策,依法提出法律意见
- 组织做好公司知识产权管理、工商事务、仲裁诉讼等方面的法律事务工作
- 对公司业务进行法律监督,保证公司商业行为的合理合法性
- 协助公司相关人员和有关部门就业务相关法律问题进行协商

二、商务律师

商务律师一词来自英语 business lawyer,是指专业从事企业及商务法律服务的律师。商法被认为是民法的一个分支,随着市场经济的发展,经济事务变得日益纷繁复杂,社会的分工也越来越明细,原有的包罗万象的民事法律已无法适应经济社会发展的需要,“万金油式”的律师更是难以胜任日益专业化的法律事务。越来越多独立的商事法律被制订了出来,与之相适应的专业从事商事法律事务的商务律师也应运而生。

商法一般包括公司法、合同法、担保法、劳动合同法、保险法、金融与证券法、金融法、海商法及对外贸易法等。商务律师群体中既有律师事务所的执业律师,也有为公司企业提供法律顾问的律师和为特定企业所雇佣的公司律师。与普通的民事律师不同的是,商务律师主要从事公司、合同、劳动关系以及与商业有关的法律事务。商务律师是继民事律师、刑事律师之后的又一个律师分支。

商务律师的称谓在我国尚未为受众所广泛熟悉,甚至有人认为我国的律师群体不分民事律师或者商务律师。然而事实是,随着我国经济的日益国际化,专业商务律师在我国不仅存在,而且在政治、经济、生活中正发挥着越来越重要的作用。业内人士认为:一个好的商务律师除了必须具备应对政治、经济及商务活动所需的丰富知识和准确的判断力,还应具有国际眼光,才能最大限度地维护客户的利益。优秀的商务律师是企业及商务人士的好参谋,好助手,是企业立于不败之地的中流砥柱。

模块三

网络营销实践

【模块综述】

当今世界，互联网正以惊人的速度快速地发展与普及，在对人们的生活产生深刻影响的同时，也给企业带来了无限的商机与诸多的挑战，应用互联网开展网络营销成为企业在激烈的市场竞争中长久立足与发展的重要环节。

随着网络营销的发展壮大，企业对网络营销人才的需求不断增加。网络营销相关岗位的需求与日俱增，带来了巨大的从业机会；同时，也对从业者的职业技能有了新的要求。

项目8

网络营销实训

知识目标

1. 掌握网络营销的基本理论知识。
2. 熟悉和掌握网络营销的操作方法与注意事项。
3. 掌握利用网络提升公司生产经营管理效率的方式方法。

能力目标

通过本项目的实训，使受训人员：

1. 能利用网络平台进行公司经营管理方面相关信息的搜集、分析与信息发布。
2. 能利用 B2B、B2C、C2C 等主要电子商务方式进行公司业务网络营销。

任务 8.1 公司网站创建

任务要求

各模拟公司根据本公司生产经营管理实际，结合不断变化的市场需求及其发展趋势，为本公司精心设计、创建一个商务网站，并采取适当的方式进行网站推广，作为公司网络营销的平台。

训练步骤

步骤一：创建商务网站重要性认知

由实训指导老师介绍该项目实训的目的与要求，对在新的市场形势下创建商务网站的实际应用价值予以说明,调动学生实训操作的积极性。

步骤二:商务网站创建相关知识"再现"

实训指导老师适当介绍创建商务网站的相关知识,如网络营销内涵、商务网站的设计、创建、传播与推广等。

步骤三:相关实例研读

各模拟公司成员认真研读商务网站创建方面的实例,作为本实训项目操作的参考。

步骤四:相关资料搜集

各模拟公司根据创建商务网站的要求,查找与实训任务相关的信息资料,为顺利开展实训做好充分的准备。

步骤五:商务网站创建方案撰写与网站展示

各模拟公司认真撰写"××公司商务网站创建方案",并按该方案积极进行本公司商务网站的创建、传播与推广,在适当的时间向大家展示该网站。

实训指南

8.1.1 网络营销认知

1. 网络营销的含义

网络营销,从广义来说,凡是以 Internet 为主要手段进行的并为达到一定营销目标的营销活动,都可称为网络营销(或网上营销),亦即网络营销贯穿于企业开展网上经营的整个过程,而且从信息发布、信息收集,到开展以网上交易为主的电子商务阶段,网络营销一直都是一项重要的内容。

从"营销"的角度来说,网络营销又可定义为"营造网上经营环境",即企业内、外部与开展网上经营活动相关的环境,包括企业网站、网络顾客、网络服务、网上合作伙伴、网络供应商、相关行业的网络环境等。企业网络营销活动的开展就是与这些环境建立关系的过程,如果企业与这些环境关系处理好了,则网络营销的成效也就非常显著了。

2. 网络营销产生的基础

(1) 消费者消费观念的改变

消费者消费观念的改变是网络营销产生的观念基础。以市场需求为中心,满足消费者需求,是企业生产经营的核心。当今,由于市场竞争的激烈,卖方市场向买方市场的演变,消费者面临更为纷繁复杂的商品与品牌选择,这一变化使现今消费者的消费心理与特征呈现出新的特点与趋势。

(2) 信息网络技术的应用与发展

信息网络技术的应用与发展是网络营销产生的技术基础。进入网络时代(Network

Age),Internet 是一种集通信技术、信息技术、计算机技术为一体的网络系统,在广阔的领域内实现网上资源的共享和网络信息的共享。从而为企业利用互联网从事各种营销活动提供了很好的技术基础。

(3) 市场竞争的日益激烈

市场竞争的日益激烈是企业网络营销产生的现实基础。随着市场竞争的日益激烈,企业仅仅依靠传统的、浅层次的营销手段来取得竞争优势是比较困难的,因此,各个企业不断地寻找与推出新的营销手段,以期取得竞争优势。

开展网络营销,可以节约大量的经营管理费用,如昂贵的店面租金、库存资金占用、客户开发费用、经营场地的限制等。而这些都可以降低企业的经营成本与费用,缩短企业的经营运作周期,从而从根本上增强企业的竞争优势,增加赢利。

3. 网络营销的特点

网络营销具有以下三个方面的特点。

(1) 无形化

网络营销是在一种虚拟的环境中有关当事人之间无接触的间接交易。其无形性表现在:

- 书写电子化
- 传递数据化
- 支付手段电子化
- 经营规模不受场地限制

(2) 成本低

网络营销充分运用网上各项资源,形成以最低的成本投入,获得最大的市场销售量的新型营销模式。其成本低主要表现在:

- 无店面租金成本
- 无商品库存压力
- 很低的行销成本
- 极低的结算成本

(3) 标准化

网络营销标准化主要指的是:

- 商品信息的标准化
- 商品交易的标准化
- 市场建设的标准化
- 市场监督的标准化

4. 网络营销的发展阶段及其主要活动

按照企业网上经营的发展阶段,可以将企业的网上经营活动划分为三个阶段:了解 Internet 阶段、网络营销阶段和电子商务阶段。不同的阶段,企业的网络营销所采取的具体形式与手段也会有所不同,如表 8-1 所示。

表 8-1 网络营销发展阶段及其活动内容

阶　段	主要活动	备　注
了解 Internet 阶段	没有自己的网站和专门的网络营销组织结构,但只要具备基本的上网条件(如计算机、调制解调器、拨号上网账号、电话线),也可开展一些基本的网络营销活动: • 免费发布供求信息 • 直接向潜在客户发送信息 • 网上拍卖 • 加入专业经贸信息网、行业信息网等	• 网络营销的初级阶段 • 从严格意义上说,该阶段真正的网络营销还没有开始
网络营销阶段	• 企业域名申请 • 网站规划 • 网页制作 • 网站发布 • 网站推广及其管理、维护等	真正意义上的网络营销阶段
电子商务阶段	• 市场与售前服务(主要通过企业自己的网站建立的主页等手段来树立产品的品牌形象) • 销售活动,如 POS 机管理、智能目录、安全付款等 • 客户服务,即完成电子订单及售后服务 • 电子购物与电子交易	通过网络营销手段后进入电子商务阶段。该阶段的主要目的是通过新的市场和电子渠道来增加企业的经济收入

5. 正确认识网络营销

通过以上内容的阐述,人们应对网络营销有一个正确的认识。

- 网络营销不是网上销售
- 网络营销是手段而不是目的
- 网络营销不等于电子商务
- 网络营销不是“虚拟营销”
- 网络营销是建立在传统营销理论基础之上的
- 网络营销不仅仅限于网上

8.1.2 企业商务网站的创建

在商务环境中,企业的商务网站是展示经营理念、营销策略、产品特征等方面的主渠道与主窗口。企业商务网站的创建是开展网络营销的第一步。

1. 企业网站建立的过程

企业如果希望将本单位的一些信息挂在 Internet 上供其他有关方共享和了解,就必须建立企业网站,将企业的有关信息发布在网站(Web Site)上,通过他人登录、访问企业的网站,来了解企业所希望对外宣传的内容。

企业网站建设的基本过程有:

(1) 域名申请

域名即网站的地址(或称网址)。企业建立网站,实行信息资源上网,就必须首先申请域名。

申请域名的手续和过程很简单,只需上网登录中国万网的网站(http://www.net.cn),如图8-1所示,就可以了解申请域名的全部手续和过程。申请者可以直接在网上办理申请域名的手续。

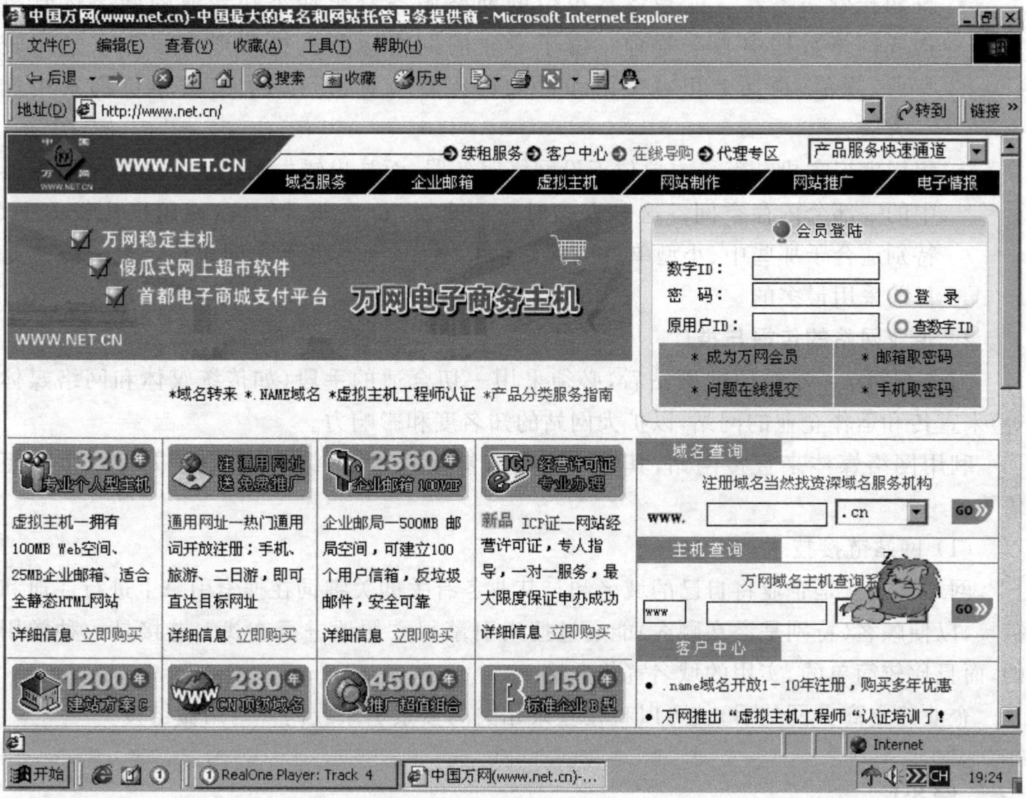

图8-1　中国万网网站页面

(2) 设计网页

① 确定网站主题。设计网页的第一步就是确定网站宣传内容的主题,如用来展示企业及其产品形象、企业业务、营销策略、产品促销及售后服务等主题。

② 脚本设计。网站主题确定之后,就可以设计出网站的具体内容和工作流程。这一步通常称为"脚本设计"。

③ 程序编制与调试。脚本设计完成后,根据脚本设计来整理企业的各种必备信息,并利用各种网站开发工具(如FrontPage,Hotdog等)将其编写成可以执行的程序。程序编制与调试完成后,将其放在网络服务器上,这样企业网站的设计开发工作就完成了。

④ 服务器设置。企业网站程序开发出来后，需要将其放在一台联网计算机的硬盘上(即网络服务器)才能执行。所谓网络服务器就是一台常年不间断地连在互联网上的计算机设备。

通常，网络服务器的配置一般有以下几种。

- 自建自管服务器。就是由单位自行购买服务器并自己来管理。这种方式对大多数单位来说不够经济，一般是特大型单位或网络业务服务商采用这一方式。
- 自购托管服务器。就是将本单位的网络服务器出钱委托专业的网络运营机构或网络数据中心来管理。由于专业的网络运营机构管理和服务水平比较专业、规范，再加上相对费用和投入也比较节省，所以，大多数单位都采用这一方式。
- 租用虚拟主机。就是本单位不设网络服务器，而是出钱去租用他人的网络服务器中的一部分内存空间。这一方式对企业来说，价格非常便宜，使用也比较方便。特别适合于那些中、小型单位或网站信息不多、规模也不大的单位。这一方式是目前采用最多的。

2. 企业网站的传播与推广

当企业创立了本单位的网站后，必须采用一切合适的手段(如传统媒体和网络媒体等)来宣传和运作企业的网站，以扩大网站的知名度和影响力。

利用网络媒体来宣传网站，其方式主要有链接技术、网络广告、电子邮件及手机短信等。

(1) 网站链接技术

网站链接就是企业将自己的域名和与其业务有关的关键词在搜索引擎上进行注册和链接，以便顾客(特别是潜在顾客)能通过搜索引擎很方便地进行查找。链接是一种常用的，而且比较简单的、实用的域名宣传方法。

企业建立商务网站后，就可以直接登录相关的搜索引擎或门户网站做链接。

例 8-1

登录 Yahoo 网站的链接过程

(1) 打开中文 Yahoo，地址为：http://cn. yahoo. com. 。

(2) 选择登录目录。Yahoo 是目录型搜索引擎，针对不同的网站进行分类，所以要想你的网站能被消费者搜索到，你要选择正确的目录，搜索引擎也会核对你的网站和目录，如果相差较大，会拒绝收录网站。

(3) 选择登录网站，如图 8-2 所示。

(4) 如果目录正确，就选择“下一步”按钮。

(5) 填写相关网站信息，一直按“下一步”按钮直到结束。

(6) 搜索引擎核对你提交的信息并决定是否收录网站。

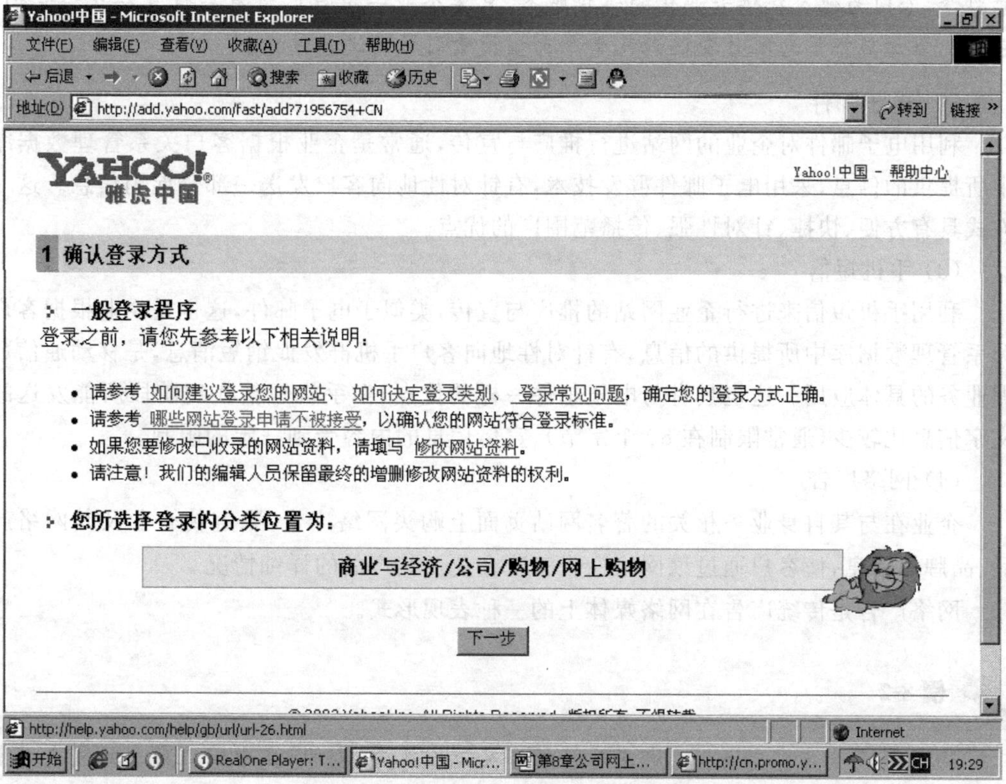

图 8-2 登录 Yahoo 网站的链接过程

相关链接 8-1

网站链接要点

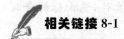

网站链接虽是一项简单的工作，但企业再进行链接时，一定要注意以下要点。

- 要尽可能多地与多个同自身业务相关的搜索引擎进行链接。因为互联网上的搜索引擎太多，而且客户上网查询的习惯又区别很大。
- 企业要尽可能地将与自身业务相关的关键词都填到相关搜索引擎所给出的关键词表格上。这样，不论客户从何角度上网查找，都有可能成功查找到企业的网站，增加企业潜在业务的可能性。
- 要尽量把企业的域名链接到该内容的第一个页面，增加该网站的访问量。

相关链接 8-2

网络链接工具与服务

企业如果想与多个搜索引擎进行网站链接，则工作量太大，因此可以在网络上查找一些工具或服务机构来帮助做链接。这些专业化的网站固定地联系了世界上许多个大型搜索引擎,专门为他人提供专业化的链接服务,只要企业一次性地将有关信息提交给它们,它们就会立刻将信息同时发送到几十个大型搜索引擎而进行链接。

(2) 电子邮件

利用电子邮件对企业的网站进行推广与宣传,通常是企业根据客户关系管理数据库中所提供的信息,采用电子邮件群发技术,有针对性地向客户发送一部分促销信息。这一方式具有方便、快捷、针对性强、传播范围广的优点。

(3) 手机短信

利用手机短信来进行企业网站的推广与宣传,类似于电子邮件,这也是企业根据客户关系管理数据库中所提供的信息,有针对性地向客户手机群发促销短消息,是移动通信数据业务的具体应用。这也具有与电子邮件一样的优点,但手机短信在现阶段所能发送的文字信息比较少(通常限制在 80 个字节),宣传信息的内容受到一定的限制。

(4) 网络广告

企业在与其自身业务相关的著名网站页面上购买网络广告,来宣传企业及其网络产品、品牌等信息,使客户通过该网络广告知晓企业及其产品的详细情况。

网络广告是传统广告在网络媒体上的一种表现形式。

例 8-2

1997 年湖南省在筹备"97 湖南对外经济交流洽谈会"期间,在中国之窗中的湖南之窗开辟"网上湘交会"栏目,利用网络的传播和辐射能力来扩大展会的影响力。结果在展会期间和展会结束后,陆续收到来自美国、英国、德国、法国、俄罗斯、加拿大、阿拉伯联合酋长国等 50 多个国家和地区 600 多家客商 831 封电子邮件与 39 封传真件,意向标的金额高达数千万美元。

3. 网络信息查找

网络空间上有非常丰富的商务和市场信息资源。利用这些信息资源,企业可以大大扩展自己的市场范围。

(1) 重要的搜索引擎

据不完全统计,到目前为止,能够在网上查找到的搜索引擎有几千个。其中比较有名和常用的如表 8-2 所示。

表 8-2 常见的重要的搜索引擎

一、国际大型搜索引擎	
Google	http://www.google.com/
Yahoo	http://www.yahoo.com/
Infoseek	http://www.infoseek.com/
HotBot	http://www.hotbot.com/

续表

二、中国内地中文搜索引擎(GB)码	
百度中文搜索引擎	http://www.baidu.com/
搜狐网	http://www.sohu.com/
网易网	http://www.netease.com/
tom 网	http://www.tom.com/
新浪网	http://www.sina.com.cn/
北大天网	http://e.pku.edu.cn/
Yahoo 中文	http://www.yahoo.com.cn/

在众多的搜索引擎中,Google 是目前全球使用最多、信息量最大、查询服务最好的网上搜索引擎。这一搜索引擎开发了迄今为止最便捷的网上信息查询方法。通过对 30 多亿网页进行整理,为世界各地的用户提供需要的搜索结果,而且搜索速度非常快,通常不到半秒钟。现在,Google 每天需要提供 2 亿次查询服务。

(2) 利用搜索引擎寻找信息举例

① 网上寻找有用信息举例一。我国西南部有一家生产扎染的手工艺品公司,国内销售市场非常火爆。但该公司不甘寂寞,积极寻求与开拓国际市场,想将该产品打入海外市场。但该公司以前从未做过国际业务。对此,该公司有几种选择与做法。

一是求助第三方——外贸进出口代理。这种选择与做法的结果,致使销售利润中相当一部分被转移给了外贸代理,并且还会使公司与市场脱节,沦为完全意义上的“生产、加工作坊”。

二是先访问相应的网站,再委托有关外贸代理来开展工作。公司可以在找外贸代理之前,先访问有关外贸管理机构的网站(如中国对外经济贸易部网站 http://www.mofcom.gov.cn),以了解我国商品进出口管理的规定、法律、法规、程序以及各类证照文件的管理等内容;然后再委托有关的外贸代理来开展相应的工作。这样,公司就可以避免支付大量的不必要的服务费用了。

例 8-3

进入中华人民共和国商务部网址 http://www.mofcom.gov.cn,点击“外贸指南”,然后便可查看到有关外贸方面的政策法规等大量内容。

假如该公司还想将自己的产品展示给世界各地的客商,也有以下做法。

- 传统做法,就是在一些比较大型的进出口商品交易会上租展位来展示公司的产品。

这种做法不仅展位租金很高,而且布展费时、费力,况且这样的交易会在一年中仅有那么几次,参加的国外客商非常有限,对公司产品开拓国外市场的帮助比较有限。

- 将公司产品发布到我国对外的一些虚拟展会(或窗口)上。

例 8-4

进入阿里巴巴网站(http://china.alibaba.com),便会出现如图 8-3 所示的内容。

图 8-3 利用阿里巴巴网站发布公司产品信息图

如果是会员,只需要进入该网站,然后再点击“发布”或“注册”商品按键,此时发布产品的表格就会出现。只需按表格填写要求,键入公司产品的名称、规格型号、性能、价格、联系方式等内容即可。如果公司产品的外观设计非常有特色,则可用数码相机拍照后嵌入该表中,一同发布出去。

产品发布出去后,有关产品的相关信息就会立刻出现在该网站上。以后如果有国外客商访问该网站,就有可能看到该公司产品的信息,便于公司产品的推广与市场开拓。

② 网上寻找有用信息举例二。寻找所有电子商务网站,步骤如下。

步骤一:按规定进入 Internet(电话或宽带网)。

步骤二:双击浏览器图标,进入 IE 窗口。

步骤三:在 URL 地址栏中输入搜索引擎网站地址(如 http://www.google.com),出现窗口后在搜索栏中输入“电子商务网站”,并单击“Google 搜索”按钮,便出现如图 8-4 所示的内容。

从图 8-4 得知,共查询到 895000 项有关电子商务网站的信息。然后,可以通过网页页面所示的具体内容来寻找具体的网站,再双击该站点即可。

假设选择的是“电子商务网”这一信息,双击后便会出现如图 8-5 所示的内容。

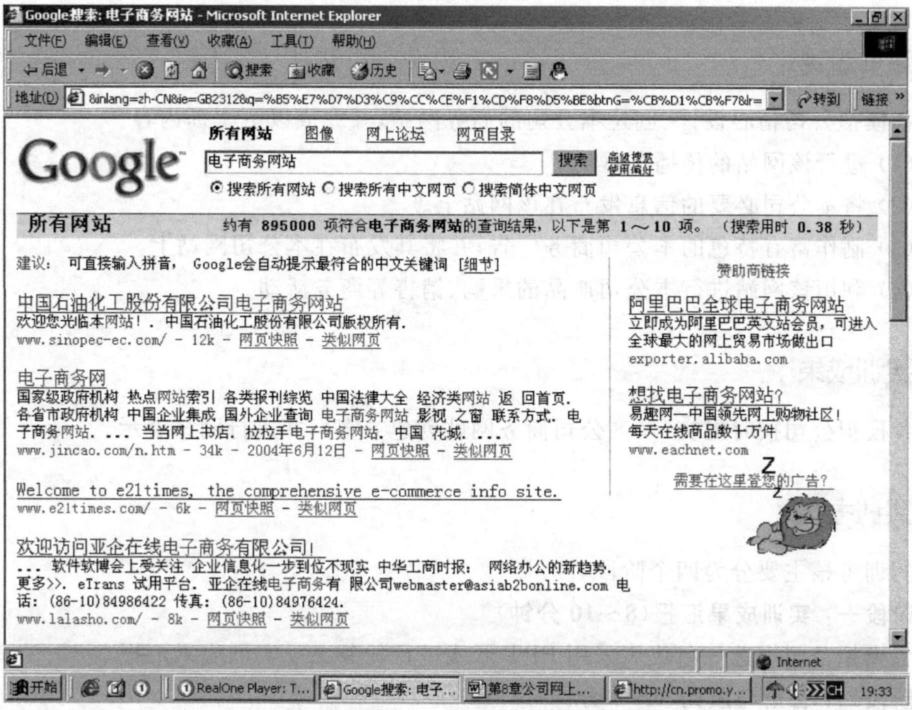

图 8-4 利用 Google 搜索网上有用信息

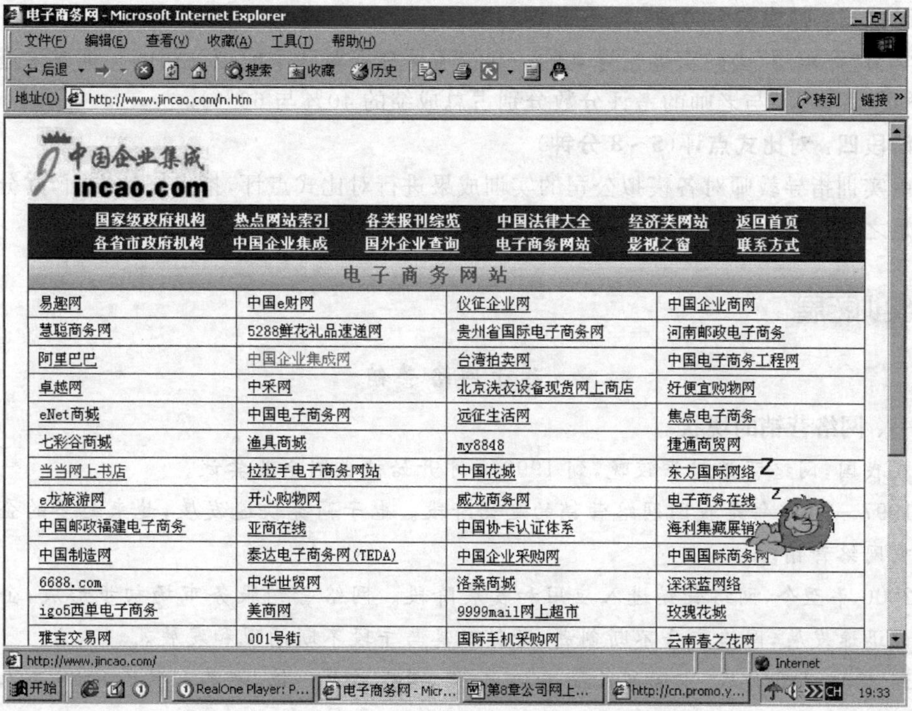

图 8-5 利用 Google 搜索网上有用信息的过程

活动设计

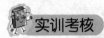

各模拟公司精心设计、创建本公司的商务网站,并完成以下实训内容。

(1) 进行该网站的传播与推广。

(2) 将本公司必要的信息发布在该网站上。

(3) 制作富有特色的本公司商务广告,并将其发布在本公司网站上。

(4) 利用该网站进行本公司产品的采购、销售等商务活动。

实训成果

各模拟公司按时提交《××公司商务网站创建方案》,并进行网站展示。

实训考核

实训考核主要分为四个阶段。

阶段一:实训成果汇报(8～10 分钟)

各模拟公司推选一名代表采用 PPT 形式进行任务 8.1 实训成果汇报。

阶段二:答辩与质询(5～8 分钟)

首先,汇报方接受来自其他模拟公司成员及老师对相关问题的质询;最后,学员“评审团”(由各模拟公司选派一名代表组成)至少推举一名代表进行评说。

阶段三:师生联合考评(3～5 分钟)

学员“评审团”会同实训指导老师一起按考评标准对各个模拟公司的实训成果进行评定(学员“评审团”与老师的考评分数分别占总成绩的 40%与 60%)。

阶段四:对比式点评(5～8 分钟)

由实训指导教师对各模拟公司的实训成果进行对比式点评,指出好的方面,并分析指出不足之处存在的原因及进一步改进的措施。实训任务 8.1 结束。

实训拓展

关于网络营销

一、网络营销的现状

在我国,网络营销起步较晚,到 1996 年才开始被我国企业尝试。

1997—2000 年是我国网络营销的起始阶段。电子商务快速发展,越来越多的企业开始注重网络营销。

2000 年至今,网络营销进入应用和发展阶段。网络营销服务市场初步形成,企业网站建设迅速发展,网络广告不断创新,营销工具与手段不断涌现和发展。

到 2008 年 6 月底,中国网民高达 2.53 亿,居世界第一位,网购人数达 6329 万人。

到 2009 年年底,中国网民高达近 4 亿人,居全球第一。

到 2010 年 6 月,总体网民规模达到 4.2 亿人。

到2011年6月底，我国网民总数达到4.85亿人，互联网普及率为36.2%，较2010年年底提高1.9个百分点。

截至2011年12月底，中国网民数量突破5亿人，达到5.13亿人，全年新增网民5580万人。互联网普及率较上年底提升4个百分点，达到38.3%。

2012年，全球网民总数量(以独立访问用户量为标准)将超过19亿人，将近占全球总人口的1/3。巨大的上网人数，带来了巨大的商机。在欧美国家，90%以上的企业都建立了自己的网站。通过NNT流量网络寻找自己的客户，寻找需要的产品，这已经成为了习惯。网上巨大的消费群体，特别是企业的商务习惯变化，给网络营销提供了广阔的空间。网络营销的跨时空性无疑是一枚“重型炮弹”，将对整个营销产生巨大的冲击。目前，网络调研、网络广告、网络分销、网络服务、网上销售等网络营销活动，正异常活跃地介入到企业的生产经营中。

二、专家眼中的“网络营销”

清华大学总裁班特聘网络营销专家刘东明在《网络整合营销兵器谱》中指出，网络营销界中，传统的营销经典已经难以适用。在传统媒体时代，信息传播是“教堂式”，信息自上而下，单向线性流动，消费者们只能被动接受。而在网络媒体时代，信息传播是“集市式”，信息多向、互动式流动。声音多元、嘈杂、互不相同。网络媒体带来了多种“自媒体”的爆炸性增长，博客、论坛、IM、SNS、NNT……借助此，每个草根消费者都有了自己的“嘴巴”和“耳朵”。面对这些“起义的长尾”，传统营销方式的“狩猎”要变成“垂钓”：营销人需要学会运用“创意真火”煨炖出诱人“香饵”，而把品牌信息作为“鱼钩”巧妙地包裹在其中。

(资料来源：网络营销.百度百科，http://baike.baidu.com.)

任务8.2 公司电子商务

任务要求

各模拟公司能通过自建的公司商务网站，熟练地进行常见电子商务模式，如B2B业务、B2C业务与C2C业务的操练。

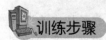

训练步骤

步骤一：公司进行电子商务重要性认知

由实训指导老师介绍该项目实训的目的与要求，对在新的市场形势下公司开展电子商务的实际应用价值予以说明，调动学生实训操作的积极性。

步骤二：公司进行电子商务相关知识“再现”

实训指导老师适当介绍公司开展电子商务的相关知识，如常见电子商务模式(B2B、

B2C、C2C)的业务操练。

步骤三：相关实例研读

各模拟公司成员认真研读成功开展电子商务的实例，作为本实训项目操作的参考。

步骤四：相关资料搜集

各模拟公司根据开展电子商务的要求，查找与实训任务相关的信息资料，为顺利开展实训做好充分的准备。

步骤五：常见电子商务模式业务演练

各模拟公司利用本公司的商务网站，进行常见电子商务模式(B2B、B2C、C2C)的业务演练。

实训指南

8.2.1 电子商务解读

电子商务指交易当事人或参与人利用计算机技术和网络技术(主要是互联网)等现代信息技术所进行的各类商务活动，包括货物贸易、服务贸易和知识产权贸易。这里的“利用信息技术和计算机网络”和“进行商务活动”都具有丰富的含义。

1. 电子商务是一种采用最先进信息技术的买卖方式

交易各方将自己的各类供求意愿按照一定的格式输入电子商务网络，电子商务网络便会根据用户的要求，寻找相关信息并提供给用户进行多种买卖选择。一旦用户确认，电子商务就会协助完成合同的签订、分类、传递和款项收付等全套业务。这就为卖方以较高的价格卖出产品，买方以较低的价格购入商品和原材料提供了一条非常好的途径。

2. 电子商务实质上形成了一个虚拟的市场交换场所

电子商务能够跨越时空，适时地为用户提供各类商品和服务的供应量、需求量、发展状况及买卖双方的详细情况，从而使买卖双方能够更方便地研究市场，更准确地了解市场和把握市场。

3. 对电子商务的理解，应从“现代信息技术”和“商务”两个方面考虑

一方面，“电子商务”概念所包括的“现代信息技术”应涵盖各种使用电子技术为基础的通信方式；另一方面，对“商务”一词应作广义解释，使其包括不论是契约型或非契约型的一切商务性质的关系所引起的种种事项。如果把“现代信息技术”看作一个子集，“商务”看作另一个子集，电子商务所覆盖的范围应当是这两个子集所形成的交集，即“电子商务”标题之下可能广泛涉及的互联网、内部网和电子数据交换在贸易方面的各种用途。

4. 电子商务不等于商务电子化

真正的电子商务绝不仅仅是企业前台的商务电子化，更重要的是包括后台在内的整个运作体系的全面信息化，以及企业整体经营流程的优化和重组。也就是说，建立在企业全面信息化基础上,通过电子手段对企业的生产、销售、库存、服务以及人力资源等环节实行全方位控制的电子商务才是真正意义上的电子商务。

狭义的电子商务仅仅将通过 Internet 网络进行的商业活动归属于电子商务,而广义的电子商务则将利用包括 Internet、Intranet、LAN 等各种不同形式网络在内的一切计算机网络进行的所有商贸活动都归属于电子商务。从发展的观点看,在考虑电子商务的概念时,仅仅局限于利用 Internet 网络进行商业贸易是不够的,将利用各类电子信息网络进行的广告、设计、开发、推销、采购、结算等全部贸易活动都纳入电子商务的范畴则较为妥当。所以,美国学者瑞维·卡拉可塔和安德鲁·B. 惠斯顿提出:电子商务是一种现代商业方法,这种方法以满足企业、商人和顾客的需要为目的,通过增加服务传递速度改善服务质量,降低交易费用。今天的电子商务通过少数计算机网络进行信息、产品和服务的买卖,未来的电子商务则可以通过构成信息高速公路(I-Way)的无数网络中的任一网络进行买卖。

传统企业要进行电子商务运作,重要的是优化内部信息管理系统(Management Information System,MIS)。MIS 是企业进行电子商务的基石,MIS 本质上是通过对各种内部信息的加工处理,实现对商品流、资金流、信息流和物流的有效控制和管理,从而最终扩大销量、降低成本、提高利润。

8.2.2 电子商务模式之 B2C

B2C 电子商务是指商家与顾客之间的商务活动,它也将成为电子商务一种主要的商务形式,又称为网上零售。典型的 B2C 电子商务主要经过如图 8-6 所示的过程。

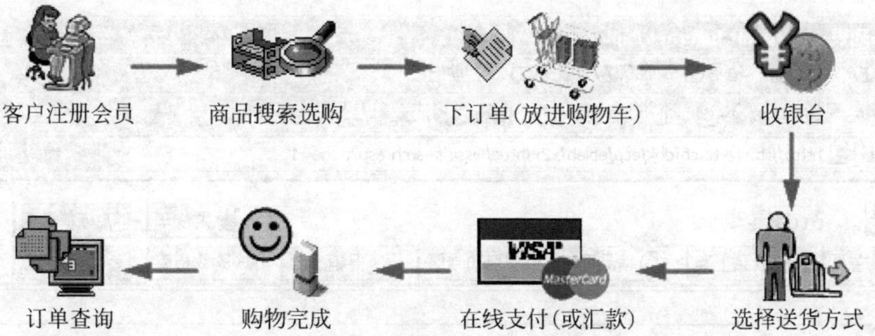

图 8-6 B2C 电子商务主要过程图

下面详细说明 B2C 电子商务的业务过程。

(1) 消费者访问电子商务网站,通过站内搜索、商品推荐等方式选择自己喜欢的商品,如图 8-7 所示。

(2) 用鼠标点击立即购买,或放入购物车按钮选购商品,如图 8-8 所示。

(3) 确定购买数量,如果还想购买其他的产品,可以选择继续购买,也可以选择清空购物车,放弃购买。点击收银台可以进入付款程序,如图 8-9 所示。

(4) 如果你是新的用户,需要注册成为会员。如果你已经是会员,就可以输入用户名和密码进入收银台,如图 8-10 所示。

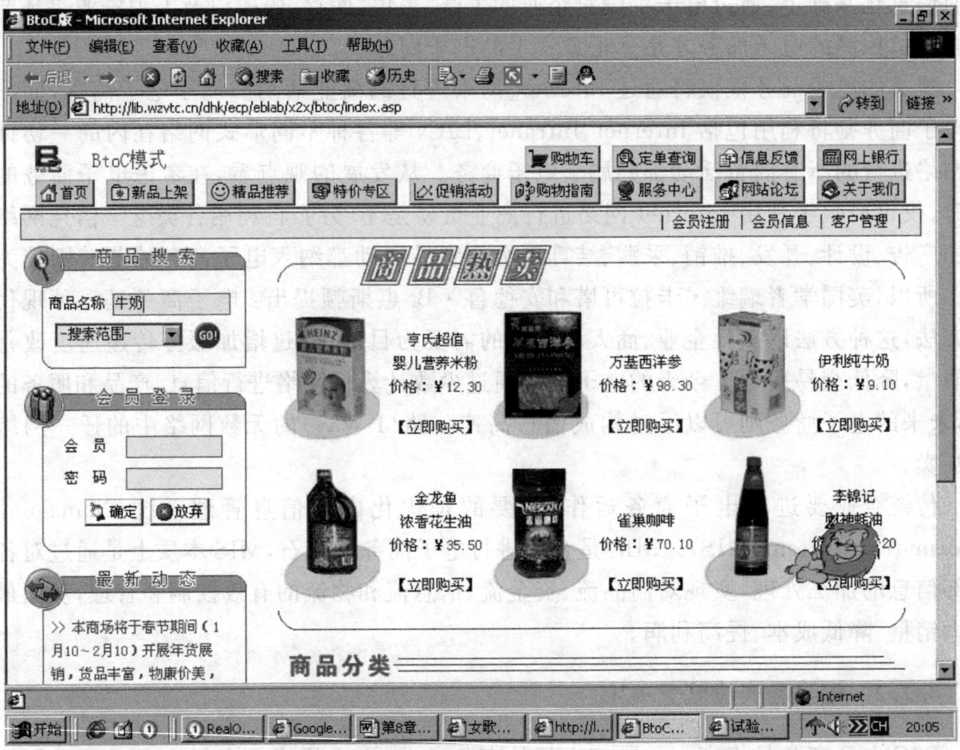

图 8-7 消费者访问电子商务网站图

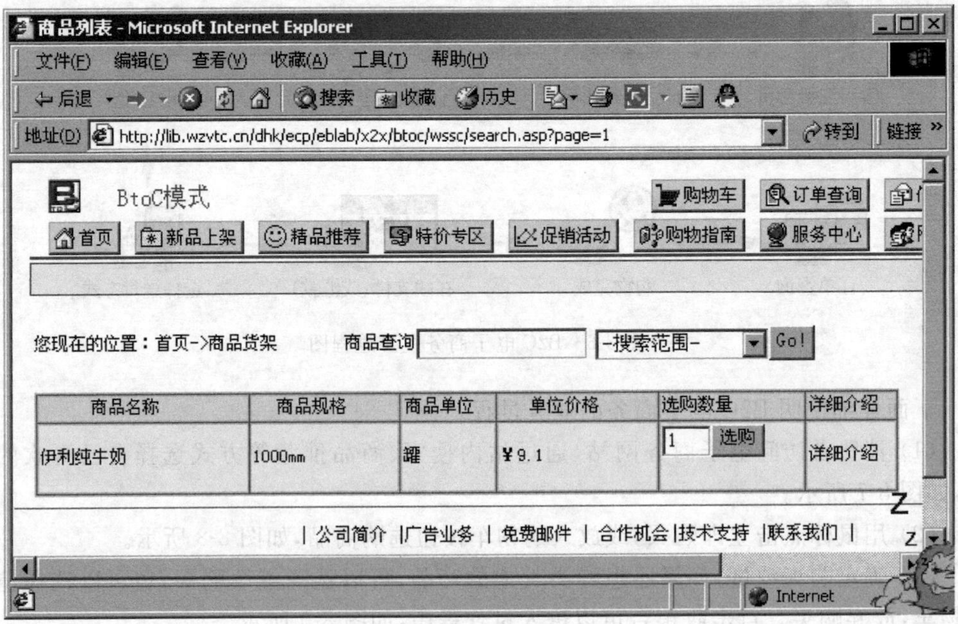

图 8-8 消费者网上选购商品图

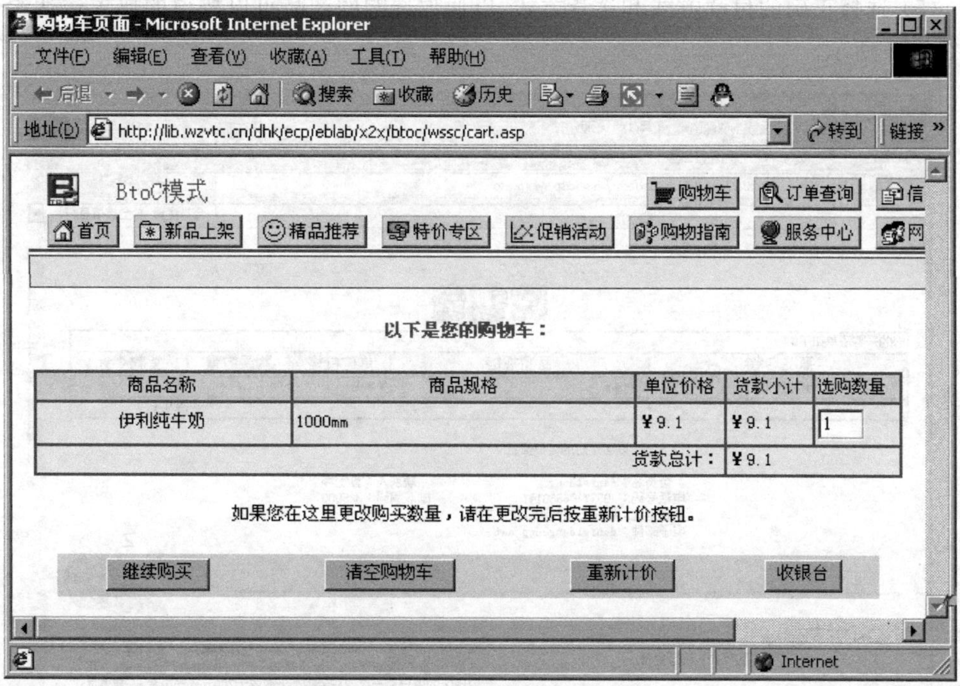

图 8-9 消费者网上确定购物数量图

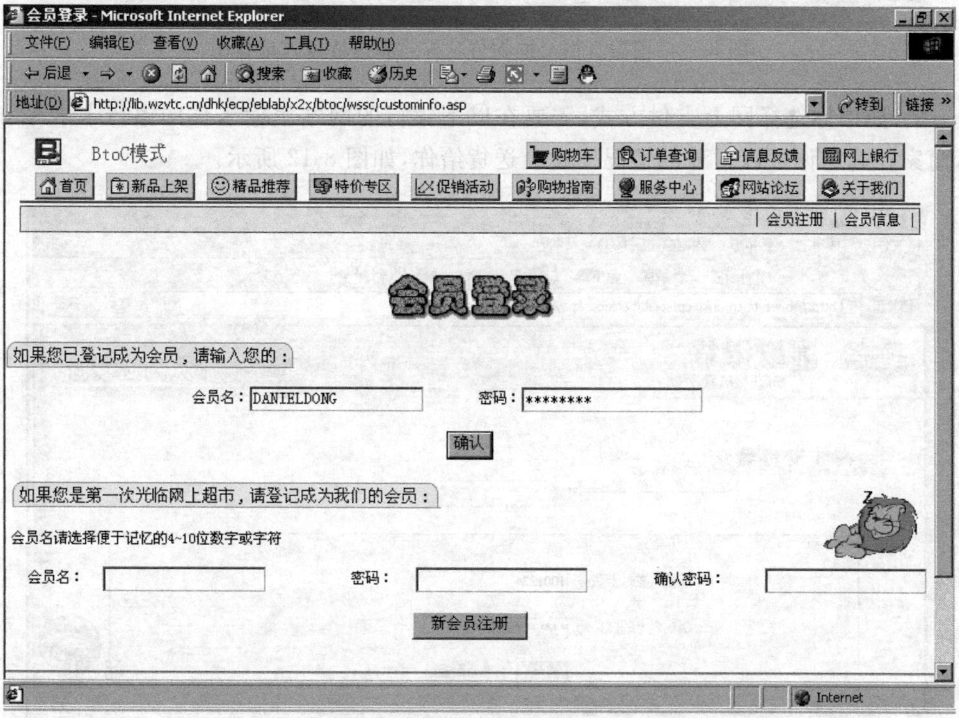

图 8-10 消费者网上购物会员与非会员的付款程序图

（5）选择正确的付款方式和送货方式，以便你选购的产品可以按你的要求送达给你，如图 8-11 所示。

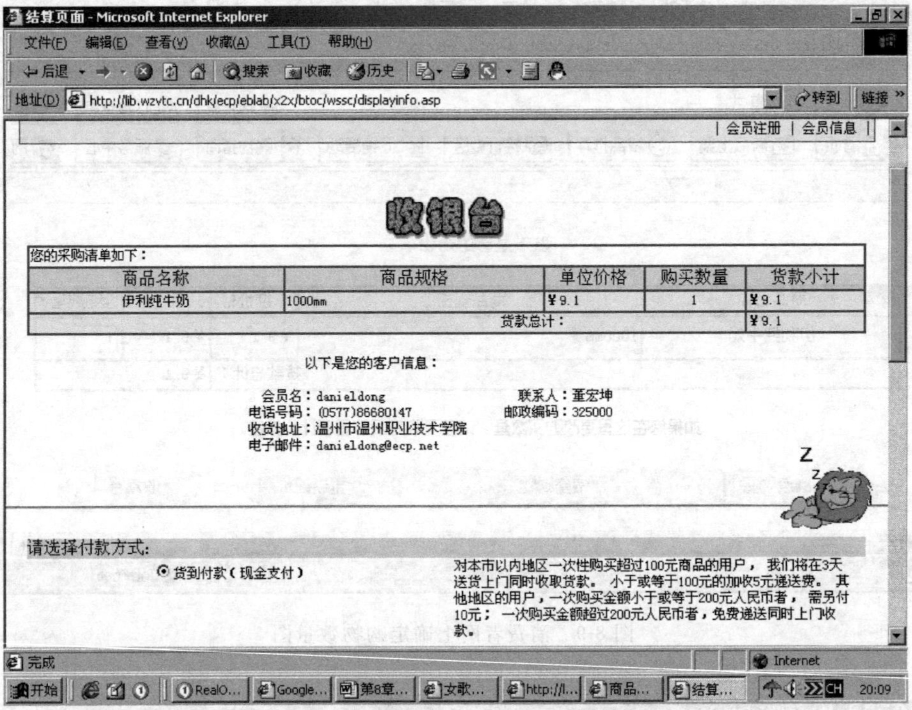

图 8-11　消费者网上购物付款方式和送货方式选择图

（6）如果你选择网上支付方式，需要在以下银行的网站里输入你的银行卡卡号和密码，商家在确定你可以付款的情况下就会送货给你，如图 8-12 所示。

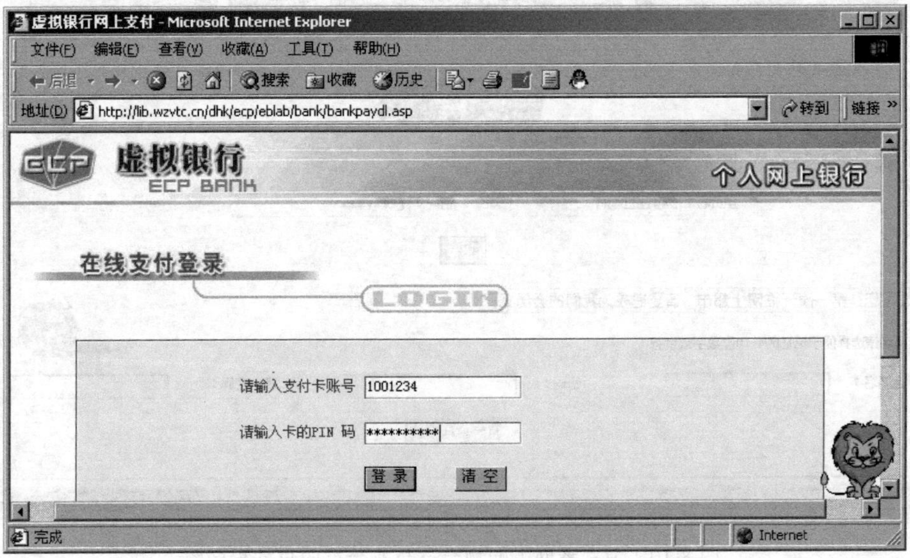

图 8-12　在线支付登录图

8.2.3 电子商务模式之 B2B

B2B 电子商务是指是企业与企业之间通过互联网进行产品、服务和信息的交换，它是一个将买方、卖方和中间商之间的信息交换和交易行为集成在一个平台上的电子运作方式。传统的企业间的交易往往要耗费企业大量的资源和时间，无论是销售和分销，还是采购，都要占用产品成本。通过 B2B 的交易方式，买卖双方能够在网上完成整个业务流程，从建立最初印象，到货比三家，再到讨价还价、签单和交货，最后到客户服务。B2B 使企业之间的交易减少许多事务性的工作流程和管理费用，降低了企业经营成本。网络的便利及延伸性使企业扩大了活动范围，企业发展跨地区、跨国界更方便，成本更低廉。B2B 电子商务有好几种方式。其中比较典型的是企业间通过互联网进行在线谈判并达成合同。其过程如下：

(1) 需求方通过登录 B2B 网站，搜索供应方的产品，选择自己需要的产品，并进行询价，如图 8-13 所示。

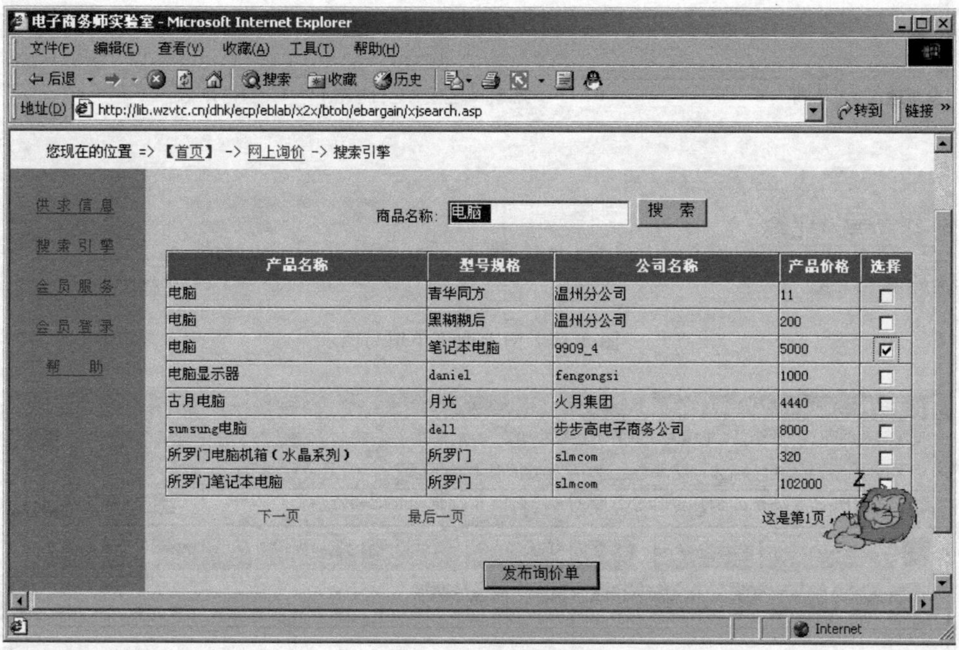

图 8-13 网上询价图

(2) 需求方填写询价单向供货公司询价，如图 8-14 所示。

(3) 供货公司登录 B2B 网站进行网上报价，如图 8-15 所示。

(4) 供货公司填写报价单报价，如图 8-16 所示。

(5) 需求方即询价方在收到供货公司的报价后，可以选择与供货公司进入在线洽谈室进行商务谈判，如图 8-17 所示。

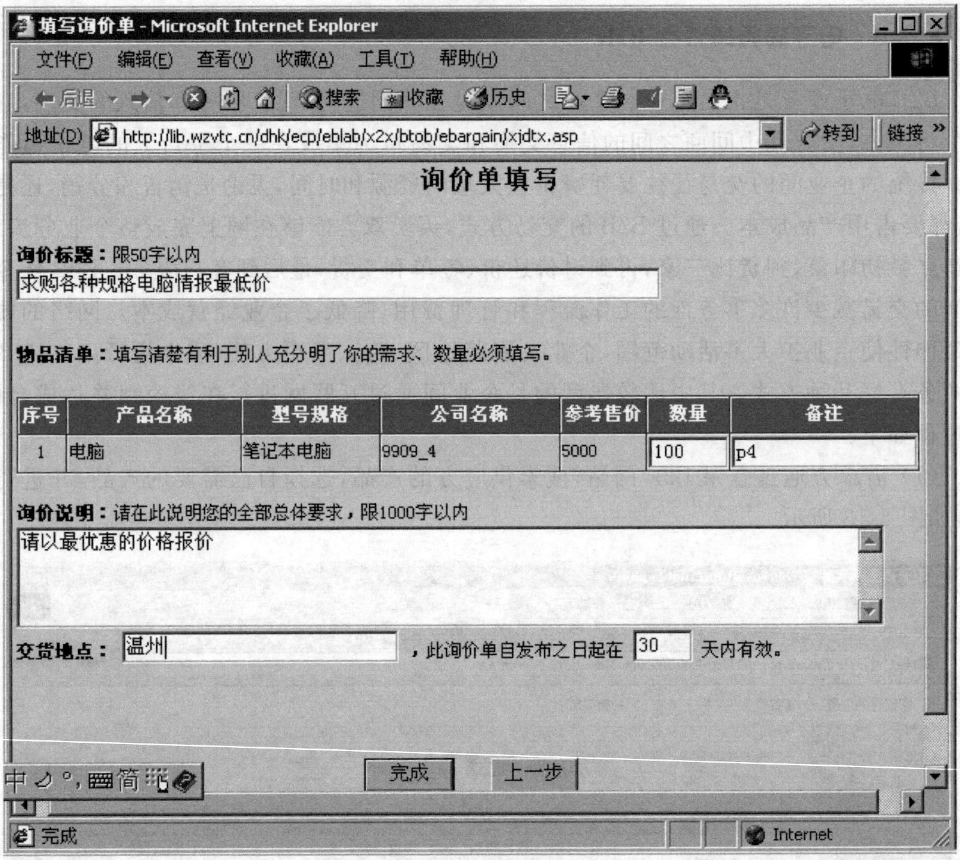

图 8-14　网上询价单填写图

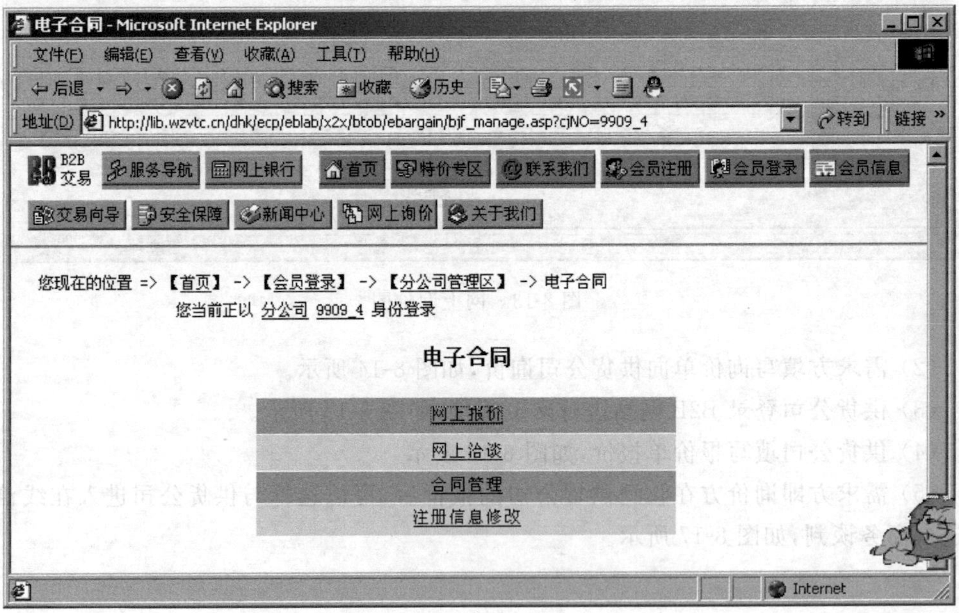

图 8-15　网上报价流程图

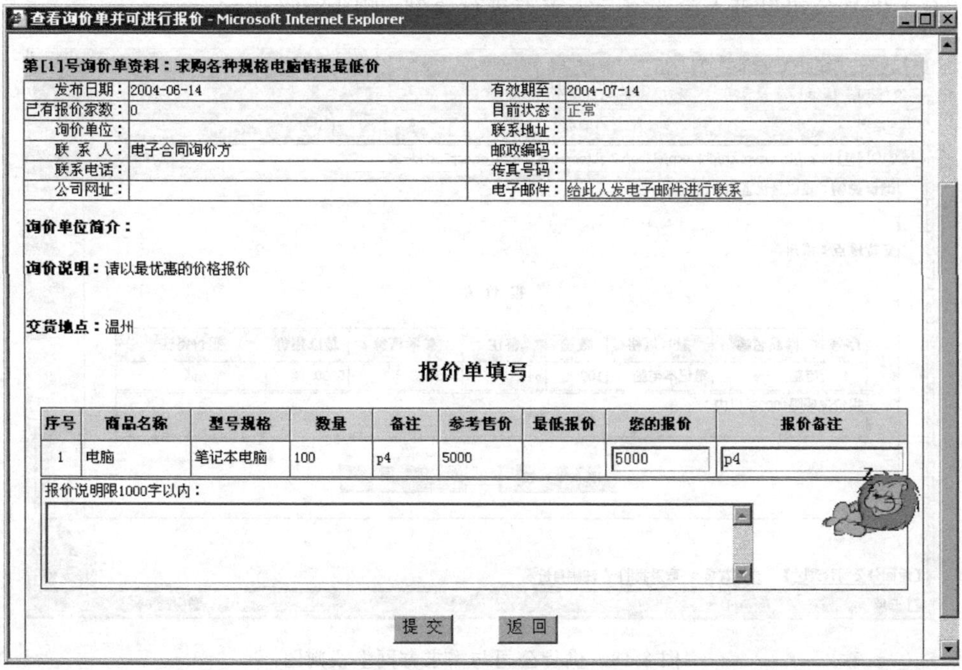

图 8-16 报价单填写图

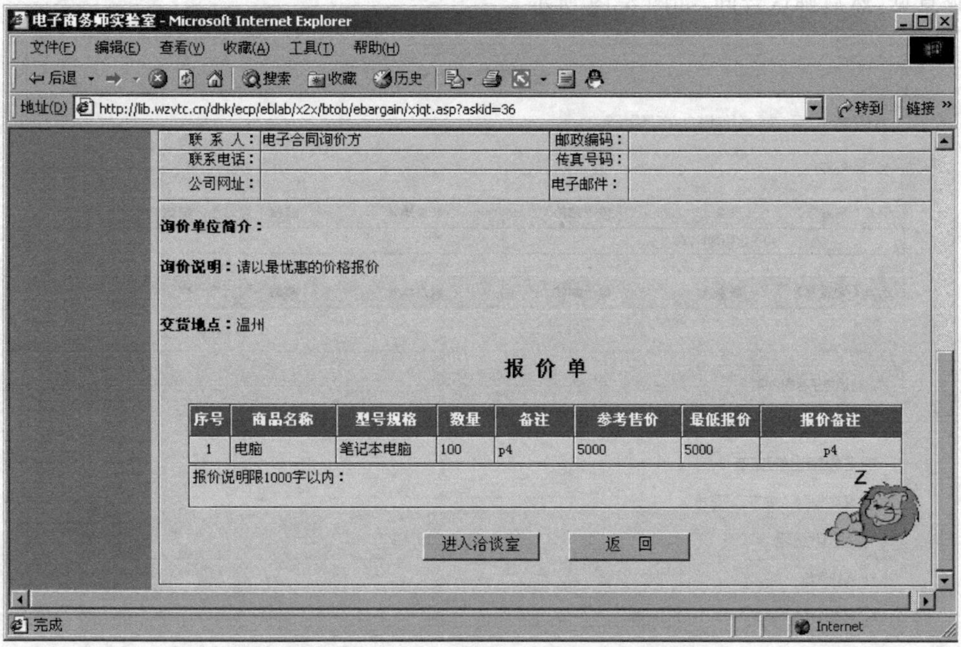

图 8-17 询价方与供货公司网上谈判图

（6）供货公司也进入洽谈室与需求方进行谈判，如图 8-18 所示。

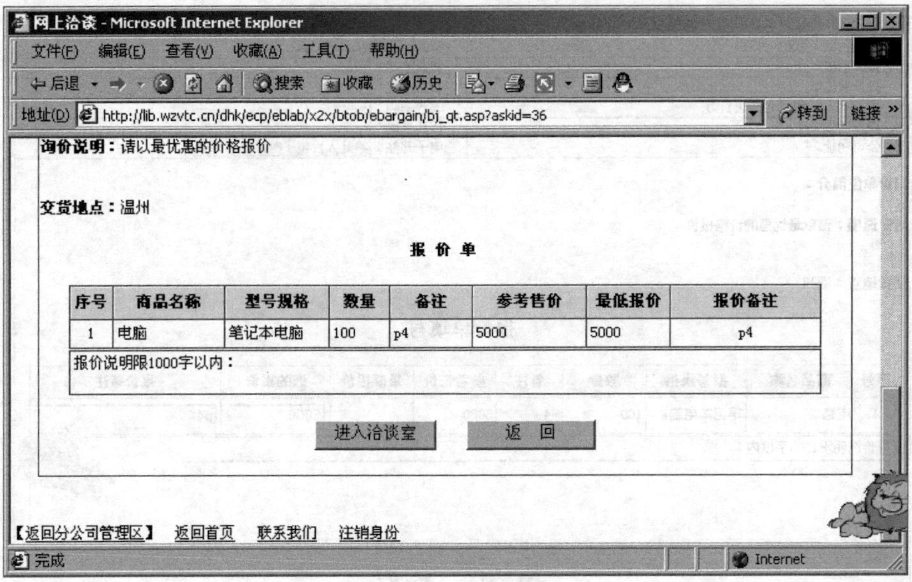

图 8-18　供货公司与需求方网上谈判图

（7）在洽谈室里，买卖双方可以就各种商业条款进行谈判，直到双方对所有条款达成一致意见，然后确认合同，如图 8-19 所示。

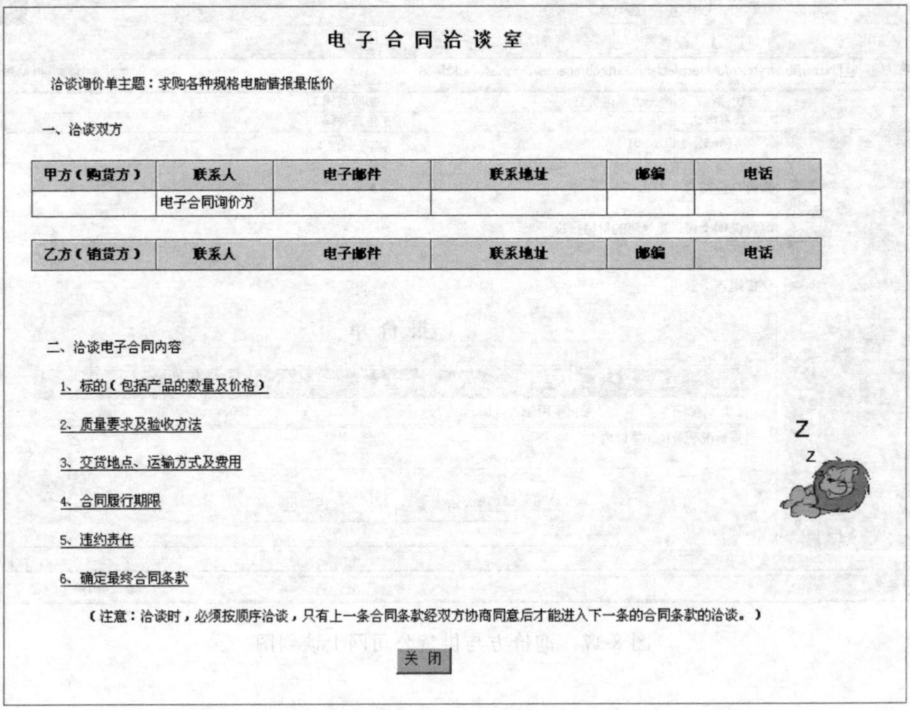

图 8-19　网上电子合同图

在合同条款谈完之后，双方可以在合同管理中签订合同。B2B市场作为见证方，为合同作证。

8.2.4 电子商务模式之C2C

C2C电子商务是指消费者之间通过网上商务平台实现交易的一种电子商务模式。由于消费者在进行C2C购买产品时，产品出售方将产品最终卖给出价最高的买方，交易时买家竞相出价，类似于拍卖方式，又称为网上拍卖。网上C2C电子商务的典型流程如下：

(1) 产品购买者访问C2C网站，注册成为会员，如图8-20所示。

图8-20 C2C网站图

(2) 产品购买者登录C2C网站，如图8-21所示。

(3) 选择买入，如图8-22所示。

(4) 选择感兴趣的商品，并在图中点击"出价"，如图8-23所示。

(5) 如果在拍卖结束时你的出价最高，你将获得该项产品。如果你发现有其他买方的出价比你的还要高，你可以再次出价。

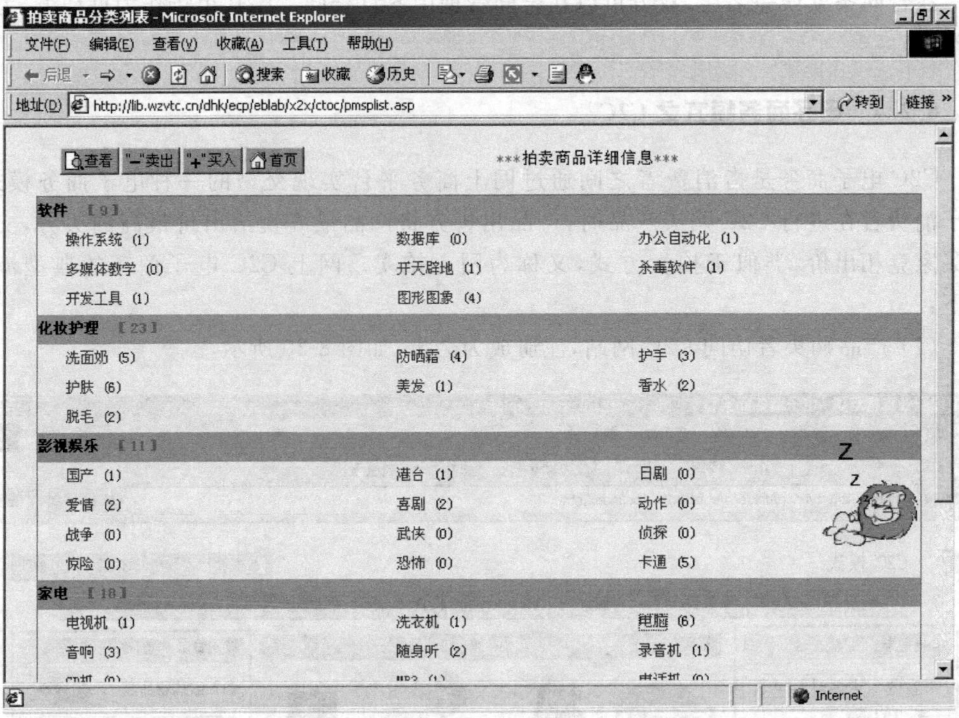

图 8-21 产品购买者登录 C2C 网站图

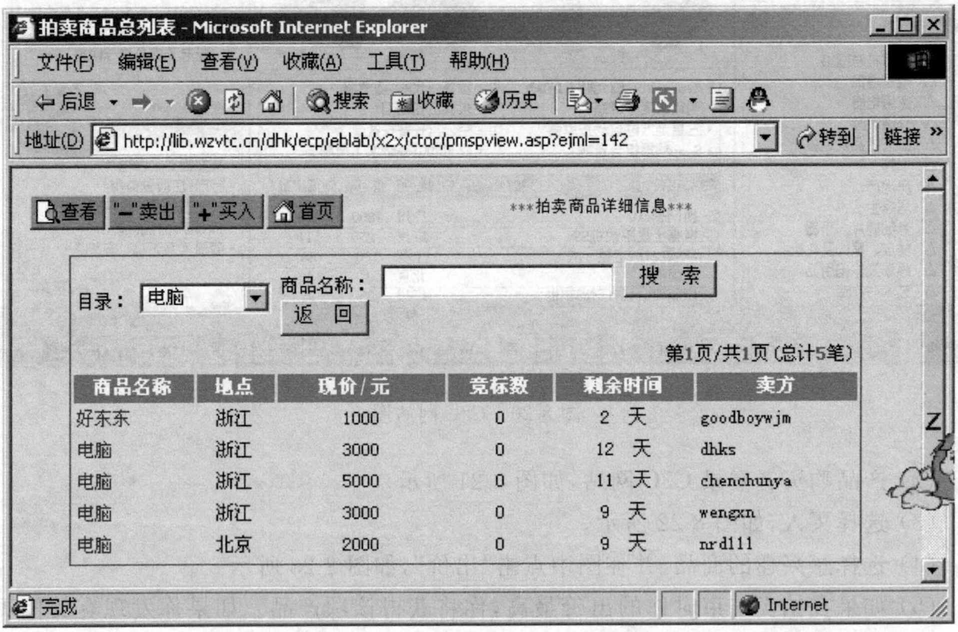

图 8-22 产品购买者网上选择商品图一

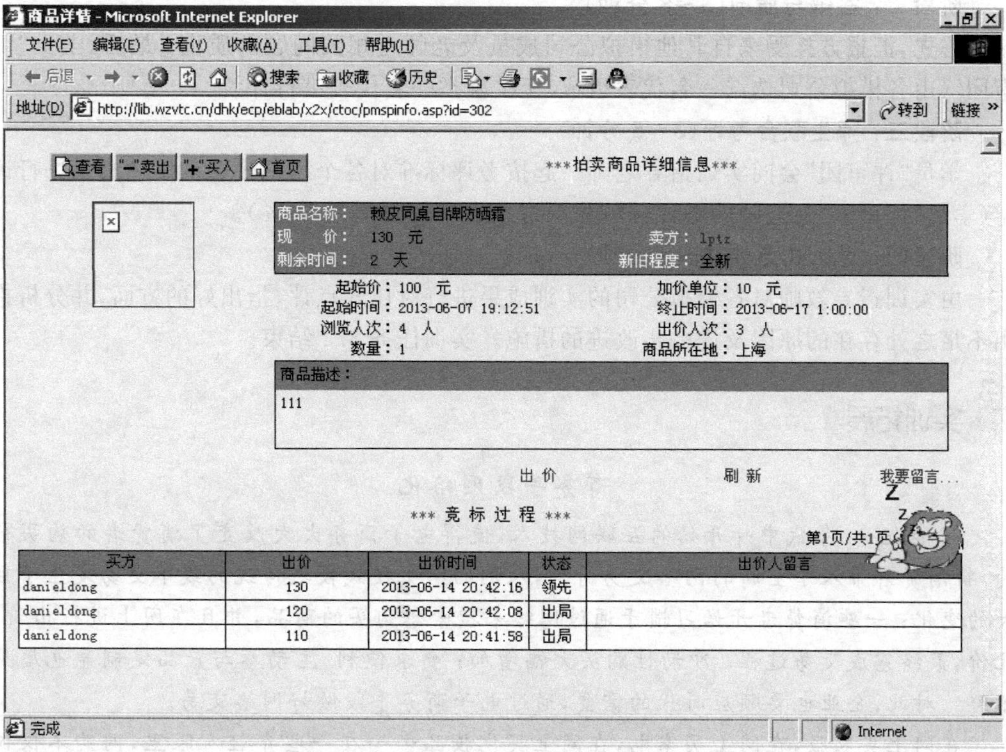

图 8-23 产品购买者网上选择商品图二

活动设计

各模拟公司利用本项目任务 8.1 设计创建的公司商务网站完成以下实训内容。

(1) 访问电子商务实验室 B2C 网站，购买产品一件，制作该过程的所有交易资料。

(2) 访问电子商务实验室 B2B 网站，进行电子交易，达成一份电子合同，制作该过程的所有交易资料。

(3) 访问电子商务实验室 C2C 网站，拍卖产品一件，制作该过程的所有交易资料。

实训成果

各模拟公司按时提交活动设计中利用 B2B、B2C、C2C 等主要电子商务方式进行公司业务网络营销的所有资料(含电子资料)，并进行交易过程模拟演示与讲解。

实训考核

实训考核主要分为四个阶段。

阶段一：实训成果汇报(8～10 分钟)

各模拟公司推选一名代表采用 PPT 形式进行任务 8.2 实训成果汇报。

阶段二：答辩与质询(5～8 分钟)

首先，汇报方接受来自其他模拟公司成员及老师对相关问题的质询；最后，学员“评审团”(由各模拟公司选派一名代表组成)至少推举一名代表进行评说。

阶段三：师生联合考评(3～5 分钟)

学员“评审团”会同实训指导老师一起按考评标准对各个模拟公司的实训成果进行评定(学员“评审团”与老师的考评分数分别占总成绩的 40%与 60%)。

阶段四：对比式点评(5～8 分钟)

由实训指导教师对各模拟公司的实训成果进行对比式点评，指出好的方面，并分析指出不足之处存在的原因及进一步改进的措施。实训任务 8.2 结束。

实训拓展

商务手段网络化

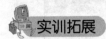

20 世纪 90 年代中叶开始的互联网技术，使得电子商务大大改变了消费者的购买行为，将消费者带入了全新的网络交易时代，人们的购买模式较之传统的线下交易发生了巨大的变化：一些消费者开始习惯于通过网络来搜索想购买的商品，并且在网上进行出价、比价，最终完成交易过程；冲动性购买大幅增加；要求便利、主动参与产品定制等也屡见不鲜。对此，企业也要顺应时代的需要，通过电子商务手段做好网络交易。

在网上买衣服，在网上买家电，在网上买化妆品……在一些年轻人眼里，网购不仅仅是时尚，也渐渐成为一种生活方式。

互联网权威调查机构艾瑞咨询的统计显示：2007 年全国 2.1 亿名网民中，参与网购的总人数超过 5500 万人，人均消费达 1080 元。据艾瑞咨询的一项调查显示，2007 年国内网络购物市场的销售总额达 594 亿元。网络零售业向传统零售业发起了挑战。记者从淘宝网获悉，2007 年这家网络零售商在中国零售市场上的销售额甚至超过了沃尔玛和家乐福的总和。

“仅在淘宝网上，2007 年就卖掉了 9000 万件化妆品、7300 万张充值卡、6000 万件衣服、2600 万件首饰、800 万台家电、800 万束鲜花……越来越多的人变得乐于在网上选购商品。”淘宝网负责人说。

(资料来源：李海琼. 市场营销实务[M]. 北京：机械工业出版社，2011.)

模块四

会展营销实践

【模块综述】

随着经济全球化与我国改革开放的进一步深化，会展经济在我国快速崛起与发展。我国会展市场对内“群雄割据”，对外“与狼共舞”的竞争格局也已呈现。面对日趋严峻激烈的市场竞争，坚持现代会展营销理念，系统掌握会展活动的运行规律，科学地规划、组织、经营与管理会展活动，全面提升会展从业人员的职业技能与素养，成为会展企业提高市场竞争力、赢得竞争、获得可持续发展的关键。

项目9

会展营销实训

知识目标

1. 了解会展经济在国内外的发展情况。
2. 掌握会展活动的组织与管理程序。
3. 掌握会展营销的基本技巧。

能力目标

通过本项目的实训，使受训人员：

1. 能利用各种类型的会展活动进行产品推介或市场营销。
2. 能针对具体的会展活动进行有效的会展营销策划。
3. 能有效地组织与管理主要类型的会展活动。

任务9.1 会展业务运作

任务要求

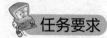

各模拟公司成员有选择地参加社会上某一次具体的会展活动，观察、了解、熟悉不同类型会展活动的基本操作程序、组织与管理等，为顺利开展下一步的实训任务做好准备。

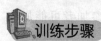

训练步骤

步骤一：会展业务运作重要性认知

由实训指导老师介绍该项目实训的目的与要求，对在新的市场形势下，利用各种类型的会展活动进行产品推介或市场营销的实际应用价值予以说明,调动学生实训操作的积极性。

步骤二:会展业务运作相关知识"再现"

实训指导老师适当介绍会展业务运作的相关知识,如会展活动申办、会展计划制订、会展推广及会展现场管理等。

步骤三:相关实例研读

各模拟公司成员认真研读会展业务运作方面的实例,作为本实训项目操作的参考。

步骤四:相关资料搜集

各模拟公司根据会展业务运作的要求,查找与实训任务相关的信息资料,为顺利开展实训做好充分的准备。

步骤五:会展活动方案撰写

各模拟公司根据本实训任务的要求,在参加社会上某一具体的会展活动后,认真撰写"××会展活动运作方案"。

实训指南

9.1.1 会展活动解读

"会展"是会议、展览、展销等集体性活动的简称,是在一定地域和空间,由多个自然人、单位或组织聚集在一起,形成的定期或不定期、制度或非制度的集体性活动。包括各类大型会议、地方及民族节庆、展览展销活动、文化艺术表演、体育竞技活动及商品交易活动等。

近年来,会展经济作为一种新的经济形态和社会生活中重要的经济形式,在全球范围内已经成为经济竞争的一个新热点,越来越引起各行各业业界的重视。

会展经济伴随全球经济的发展,经历了从会展活动、会展产业到会展经济三个发展阶段。

9.1.2 会展活动的类型

在日常社会生活中,典型的会展活动及其特点主要有:

1. 会议+展览

会议+展览这类会展活动多属于科技经贸类,因此有必要了解这些参加者可能最关心的问题。

- 演讲质量
- 论述是否有新意,以及是否有新的结论
- 其他参会人员情况

- 会议中心的设施如何
- 旅游花费
- 注册费
- 会场和会议城市的形象如何
- 会议和展览的效益
- 旅游节目是否有吸引力
- 同声翻译情况
- 购物的氛围
- 运动及其他娱乐设施如何

在对这类会展活动进行操作时，除了按照一般会议的规则与要求进行操作之外，更需要了解展览的特殊性、展览的性质(如是专业展还是公众展)；还需要根据客户的要求以及活动规模、日期、预算确定合适的展馆，寻找合适的展台搭建商、运输报关商、家具供应商等次一级合作伙伴；核对分配费用流向，同时还对展览进行正确的营销，有时甚至需要组织现场观众。

2. 政府会议

政府会议分为在国内举行的本国政府会议、国际性政府间会议以及在异地举行的国际性政府间会议。政府会议的特征十分明显，主要表现在：

- 组织时间非常短
- 政治和文化差异大
- 很难控制预算
- 活动安排紧凑，但内容易更改
- 无法按照常规的程序安排住宿
- 大量的安全保卫工作以及外交礼仪、签证和税收
- 复杂的交通安排
- 对住宿的要求十分特殊，规格不同
- 复杂的社会活动以及配偶活动的安排
- 签到时间十分短暂
- 诸多的新闻发布工作

了解了政府会议以上的特点，在进行操作时，就不会产生歧义或者因为专业知识匮乏而导致操作失误。

3. 学术会议

学术会议往往偏重论文陈述，所以在论文征集、取舍、陈述方式以及会后的论文选编上要花更多的工夫。而现场活动中的论文陈述，则需要特别注意演示设备的精良。在陈述形式上要争取灵活多样，如可以安排讲台上的论文宣讲演示，也可以安排让代表的论文通过海报展示出来，然后大家分组讨论。还可以在所有论文中选取几个具有代表性的论题进行大会讨论，当然也可以将代表分组，由专家们陈述论文，而不是所有人都集中起来听一个人的宣讲。

目前，会展专业组织者承办该类会议较为普遍，尤其是国内学术会议。

9.1.3 会展专业组织者

1. 会展专业组织者

在国际会展活动中,一个会展活动的组织通常是由客户和会展专业组织者共同组成一支特殊的专业队伍来运作。

会展专业组织者就是通常所说的PCO(Professional Congress Organizers),是指在国际会展活动中,往往由专门的一个或一群特殊人士或组织对具体的会展活动进行策划、准备并实施,这些特殊人士或组织就是会展专业组织者。

会展专业组织者在会展活动中实施会展活动组委会的决定,并且运用自身多年的专业经验来操作会展活动。

2. 会展专业组织者的分类

会展专业组织者按不同标准可以进行以下方面的分类。

(1) 根据会展专业组织者的工作性质划分

① 独立会展专业组织者。这类会展专业组织者是一个企业,有独立的公司,比较注重所提供的服务与所收入利润的对应关系。

② 非独立的会展专业组织者。这类会展专业组织者是某一协会的会展专业组织者部门,从属于该组织,也考虑所提供服务和收入利润的相对应关系,但有时利润收入并不是考虑的第一因素。

(2) 根据会展专业组织者的业务内容

① 非商业性的PCO。是指划分某个协会为会员提供会展专业组织者服务的非营利性的部门,类似于非独立的PCO。

② 单体PCO。是指某些具有丰富经验的会展活动专家来运作一个会展活动。当然,他们必须得到其他专业人士的配合来共同完成这一会展活动。

③ 核心PCO。是指一些规模大的专业会展公司,能够提供会展所需的各项服务,包括会展设备等。一般这类会展公司都拥有一大批专业的会展人员,而且通常已经成为某些会展活动的国际顾问。

3. 会展专业组织者的服务内容

会展专业组织者首先面对的是客户,必须满足客户提出的一切合理的要求,实现会展活动的所有目标。其提供的服务主要包括:

(1) 技术类

技术类指的是会展活动中心场地的预订、技术设备、各种印刷品的印制、现场工作人员的配备、各类娱乐活动的安排、各种材料的准备与分发等。

(2) 旅游类

旅游类指的是宾馆预订、交通安排(客运和货运)、旅游安排、特色活动(如开幕式、欢迎酒会、闭幕式、告别宴会等)。

4. 会展业对会展专业组织者的要求

会展活动是一项复杂的活动,要求组织会展活动的会展专业组织者应是全能的行家。

(1) 业务方面

会展专业组织者首先应该是一个企业家和商人,应当将每一次的会展活动当成是一笔业务,在实际的操作过程中,需要考虑投入和产出的比例关系,注重会展活动所带来的经济效益和社会效益。

(2) 管理方面

要做好某一具体的会展活动,会展专业组织者还必须通晓财务、法律、营销、管理、公共关系等诸多方面的知识与技能,甚至还需要充当多方面的控制者。

(3) 创新方面

新颖别致的会展活动策划与实施是在当今竞争激烈的会展业中制胜的法宝之一,这就要求会展专业组织者在具体操作会展活动中,要常常出新招,出奇制胜,在创新方面高人一筹。

(4) 领导才能方面

会展活动需要各方面的人士组成的团队来参与和共同完成。作为会展专业组织者,应该是这一团队的领导者,应具备很好的领导才能,以指挥和组织很多人来完成各自的工作任务。

(5) 奉献精神

会展活动要求会展专业组织者必须具有极强的奉献精神,所有会展活动都具有时间紧和任务集中的特点,而且在营销过程中更需要 PCO 具有持之以恒的工作态度,要始终保持自信心和工作激情。

总之,作为合格的会展专业组织者必须具备的特征是:思维活跃并具有创造力,擅长策划、交流、谈判,具有敏锐的洞察力和广阔的视野。

9.1.4 会展业务的操作要点

1. 申办

申办大型的国际会展活动程序主要分两大步骤。

(1) 成立申办组委会。

成立组委会后,才可以收集相关的资料并制订申办计划。通常这种国际性的会展活动组委会主要由以下人员构成。

- 申办的发起者及该行业内的支持者
- 会展专业组织者公司的代表
- 申办会展活动地的代表
- 申办会展活动地的政府主管部门

(2) 进入申办正式日程。在进入申办的正式日程后,具体要着手做的工作有以下方面。

① 了解该次会展活动的主要内容。包括:

- 会展活动的主题
- 同期的相关活动
- 该活动以前使用的场地、赞助商、活动预算、社会活动情况、住宿餐饮等

② 列出申办活动的规则。包括：

- 举办会展活动的具体要求
- 举办地理位置的特殊要求
- 财务方面的要求
- 参加会展活动的与会人员与组织的数量情况
- 申办截止日期

③ 设计申办使用的推广材料。包括：

- 正式申办的申请函
- 申办情况简介
- 申办的其他相关材料等

2. 签约

会展活动申办成功后，就必须着手与各方签订合作协议，即落实签约工作。会展专业组织者总体要签署以下方面的协议。

(1) 与客户签约

与客户签约意味着客户参与会展活动的所有费用都要通过会展专业组织者，并表明会展专业组织者操作会展活动是一种经济行为，通过这一活动获取利润，当然也意味着要承担相应的风险。

在与客户所签的合同中，必须注明佣金的情况。

(2) 与设备商签订合同

这些合同将列出会展活动所涉及的具体设备，包括会展活动的场地等，或者需要通过其他途径进行租赁。

(3) 展览合同

一份展览合同一般包括四部分：展览资料；展览示意图和场地平面图；展览规定规则和预定表。

(4) 赞助合同

是与愿意赞助会展活动的赞助商所签订的合同，其目的有三方面。

- 与赞助商确认赞助金额
- 让赞助商了解何时需要赞助
- 使赞助商清楚其能从赞助中获得的利益

(5) 宾馆合同

在举办大型的会展活动中，会展专业组织者与所在地的宾馆、饭店等餐饮部门需要签订合同。在与餐饮部门确定了价格、预订日期等项目后，合同中应明确规定以下各方面的内容。

- 正确估计本次活动的房间数量与设施的要求
- 团队价格
- 免费房间的数量
- 取消预订的有关规定等

(6) 代表合同

在会展专业组织者和与会代表之间,最常见的合同就是注册和宾馆预订登记表。

在会展活动中,会展专业组织者视情况需要为会展活动办理相关的保险。

当然,在会展活动中,需要签署哪些合同,会展活动的举办方应根据会展活动的规模等具体情况而定。

3. 制订会展活动计划

会展活动取得成功的关键之一是准备一份详细完备的展览计划书。计划书是会展管理人员、营销人员和有关法律咨询人员集体努力的结果。根据会展活动规模的不同,计划书可以是一本彩页宣传册或是一本简单的小册子。计划书的设计要具有创造性,内容要清晰,以通过它来树立专业会展活动的形象。

由于各个机构的规章制度各异,计划书的具体内容也不尽相同。但是有一些共性的基本内容必须包括其中,主要有:

- 正式举办会展的时间、地点和持续时间
- 其他规定的日期和时间,包括布展和撤展的截止日期
- 参展商资格要求
- 允许参加的参展商数量
- 展台面积
- 展台平面规划图(包括图解说明和展位号)
- 展台的费用(包括展台所需的设施)
- 付款条件,包括订金和最后付款日期
- 展位申请、接收的程序和预订分派政策
- 登记手续和资格授权书
- 赞助机构的特权
- 其他方面

4. 进行会展活动推广与促销

要想达到预期的目标,会展举办方就要采取一定的方法与策略对该会展活动进行事先和现场的推广与促销。这样才能引起媒体和公众的注意,并能吸引更多的参展商与观众来参加,如举行新闻发布会、设立专门的网站或网页进行展会的网上推广、制作携带和使用方便的光盘、宣传册进行分发等。

5. 募集赞助

募集赞助已成为会展专业组织者一项不可忽视的任务。在实施募集赞助之前,会展专业组织者需要对每一次的会展进行客观的分析,如会展的时间、历史、目标、市场、影响、与会者等。

对于中型或大型的会展活动来说,有关会展组织部门要提前 6～12 个月来讨论赞助计划。一个中型规模的会展大约需要 2 年时间才能做好募集赞助,而大型会展活动则需要 3 年左右的时间。

例 9-1

一中型会展的募集赞助计划时间表如表 9-1 所示。

表 9-1 一中型会展的募集赞助计划时间表

时　　间	具体内容
前 18～24 个月	• 分析、研究、推广活动并达到一定的知名度 • 制订募集计划 • 第一次发布关于代表总体形象的通知
前 18 个月	对相关募集赞助的文件进行初步研究
前 12～18 个月	寻找主要赞助商,并签约
前 9～15 个月	确定次要赞助商,收集赞助款项
前 9 个月	确定注册费和预算
前 6～9 个月	制作赞助手册
前 0～8 个月	联络赞助商,确保落实赞助协议

从表 9-1 中可以看出,募集赞助有很多必要的工作需要做。

6. 现场管理

现场管理是检验会展专业组织者在会展活动中的现场的具体管理,它具有以下三个方面的功能。

(1) 为代表服务

参加会展的代表是活动的主体。一支优秀的、训练有素的专业队伍在会展现场为代表服务,其宣传效果是非常有效的。为代表服务主要体现在以下几个方面。

① 行政秘书处。行政秘书处是代表会展活动第一次直接与参加会展的代表接触的部门,所以这一部门的服务内容是最重要的。主要负责代表的签到、分发材料、提供相关咨询、邮寄服务和收费等工作。

② 社会活动处。社会活动处主要负责会展余票的出售、提供相关咨询、提供会展举办地的旅游信息,以及帮助代为联络旅行社等工作。

③ 专业考察处。专业考察处主要负责销售考察活动的余票、接收各种变更和取消的要求、满足各种计划外安排的要求、解答专业考察的咨询及代为联络考察点的安排等工作。

④ 饭店处。饭店处主要负责现场订房、预订变更、落实入住情况及与客户联络等工作。

⑤ 旅游处。旅游处主要负责提供新的旅游线路预订、航班座位的再确认、各种变更要求、咨询、代为办理到其他城市的饭店预订等工作。

(2) 为演讲者服务

在会展的现场工作组中,有以下三个部门专门为会展活动特邀的演讲者服务。

① 演讲者处。演讲者处主要是协助演讲者进行签到注册、分发材料以及相关的行业协会、秘书处的联系等工作。

② 设备处。设备处主要是负责检查演讲者演讲时所需要的各种设备、协助演讲者进

行现场操作。

③ 海报展览处。海报展览处主要是协助海报展览者进行签到注册、提供海报展示所需要的材料、准备海报上所展示的内容(数量、主题、内容提要等)、负责海报板架的搭置以及活动结束后的拆除,同时负责与专业协会联系等工作。

(3) 为协调者或其他部门服务

活动协调者主要是指国际相关的行业组织和本地的专业协会。对会展的协调者或其他部门来说,会展专业组织者应提供以下方面的服务。

① 会议组织工作处。会议组织工作处主要是负责落实会展组织所交付的所有相关任务。

② 翻译处。翻译处与专业协会联系。对各种文件、设备和日程安排进行必要的翻译。

③ 技术设备服务处。技术设备服务处主要负责落实专门的技术人员,提供所需要的各种设备,并按规定时间放置在指定的场所等工作。

④ 新闻办公室。新闻办公室主要负责协助新闻工作者的签到、分发活动材料、准备并召开新闻发布会、准备并提供新闻工作所需要的相关设备等工作。

⑤ 安全保卫处。安全保卫处提供相应的事先承诺的安保服务。

⑥ 其他服务。其他服务包括银行、邮局、新闻报刊、鲜花预订、特色餐饮预订等服务。

⑦ 突发事件处理。会展组织者必须事先制订切实可行的突发事件处理预案,做好灵活处理活动现场所发生的一切非计划内的突发事件,做到临危不乱,并保证活动的正常进展。

例 9-2

某旅行社会展部在操作一个会展时间为一个月、大约有4500人参加的盛大晚会,直至演出前几个小时,突然接到通知,某重要领导无法准时出席。在活动日程中,该领导将在演出开始时致欢迎词。经过请示、协商,最后该领导决定在活动中途的某个特定时间保证赶到会场致辞,从而不影响整台演出的进行,不影响参加者的兴致。

定下了这个安排,富有经验的会展专业组织者立即作出书面调整通知,下发给各个环节的工作人员。具体调整内容有:

(1) 活动开场时的电子屏幕在出席领导人名单中取消该领导人的名字。

(2) 主持人宣读名单时也必须省略且要求主持人与现场控制负责人联系,在某个特定节目后宣布该领导致辞。

(3) 指定专人和该领导保持密切联系。

在预订时间前5分钟,该领导终于赶到会场,晚会现场负责礼仪工作的人员立即给贵宾戴上胸花,悄悄地将该领导领至主席台。现场控制负责人随即通知主持人按照已经变更的日程宣布领导致辞,而观众丝毫未察觉出其中的变化。

7. 签到注册

对于每一位代表而言,都希望在签到注册的时候得到工作人员真诚而细致的关照,成为一个活动的“明星”。因此，会展的主办方对这些工作人员进行严格而专业化的培训显得尤其重要。让这些工作人员对整个活动都做到充分了解，如安排了哪些社会活动、举办地在哪里、对举办城市的熟知等。在现场签到的那一刻，负责签到者可能代表了会展举办各方及其所在地区的形象。

在邮寄给代表的注册信息中，应尽可能包含以下内容：专业活动安排、社会活动安排、注册详细资料、代表配偶的活动安排、住宿情况介绍、该会议或会展的概况、注册登记表。

在现场签到注册过程中，通常要为代表准备一个特别的信封，这个信封内放有：欢迎词、胸牌、各种活动入场券、个人使用的小文具或标签、发票以及随身携带的活动日程表等。

负责签到注册的工作人员还须交付一份注册总汇，内容包括：注册人数分析统计、付款情况分析、饭店入住情况、各种活动参加情况、最终的代表名录等。

例 9-3

会展的社会活动安排

安排社会活动是为了让参加会展的人能够进行更多的交流。在设计社会活动节目之前，应该已经了解到：参会代表的人数，参会者的构成(年龄、性别、国籍、专业、社会地位、婚姻状况)、会期以及会议召开的季节。

表 9-2 是某会展专业组织者承办的一个常规五天的会议日程安排。

表 9-2　五天会议日程安排

第一天 17：00～18：30 18：30～20：00	1. 代表陆续报到 2. 开幕式(所有代表参加) 3. 欢迎鸡尾酒会 (费用已含在注册费中，代表和配偶都参加)
第二天	1. 代表全天公务活动 2. 配偶市内观光旅游 3. 配偶参观博物馆等 全体人员参加当地具有特色的文化之夜
第三天	1. 配偶全天游览 2. 代表会务活动 3. 代表进行市内观光 4. 自由安排
第四天	1. 代表全天公务活动 2. 配偶进行购物 3. 配偶自由活动 4. 全体人员参加告别晚宴
第五天上午	1. 早餐后自由活动 2. 12：00 前退房

从以上可看出社会活动主要包括：

(1) VIP接待。在索引参会人员中，VIP是“A”类客人，特邀演讲者是“B”类客人，在各个环节中一定要注意VIP的特殊性，负责VIP接待的人员必须熟记每一位贵宾，而且最好是采用不同的请柬颜色，便于工作人员辨别。

(2) 机场迎接。通常情况下在报到的当天，根据代表们不同航班和要求，进行机场迎接。

(3) 开闭幕式。95%的代表都参加开幕式，当然还有一些特邀嘉宾和新闻记者，而参加闭幕式的代表则会少一些。开闭幕式一般设计得比较严谨，可以有演出，如交响乐、合唱、舞蹈等，有时只是一场专题演讲。例如，在香港召开的ICCA第41届年会的开幕式，就是简单而富有特色的香港警乐队的演出和中国特色的舞狮表演，接下来放映一部关于中国香港的百年变迁录影，最后是一个专题演讲《中国加入WTO后的香港角色》，其效果非常好，参会者感觉很有效率，体现了香港人的风貌特点。

(4) 欢迎鸡尾酒会。通常安排在开幕式后，可以放在同一个地点举行，也可以在与开幕式相近的地方。这样的安排，要有一个酒吧，建议使用自助餐，而且尽可能不要有严肃的演讲，播放的也是轻松的音乐，组委会主席可以在入口处欢迎每一位代表。

(5) 特色文化之夜。这里主要是让代表们进一步了解举办地城市的文化内涵，可以安排当地特色的舞蹈和民俗表演。例如，在某次中国民营企业家集会的高级论坛中，该会议组织者在上海大剧院为代表们举办了一场专题演出，上半场演出是以中国民族艺术为主，而下半场则邀请了交响乐队来演奏世界名曲。该场演出获得了意外的成功，一方面能够满足来自不同地方的代表们的不同兴趣，中外融合的演出也体现了上海文化的包容性，下半场的西洋艺术又体现了上海作为大都市的优雅。

(6) 自由活动。会展组织者无法为代表们安排所有的活动，总是要留出一定的时间让他们自由发挥。但是应该给他们提供相应的信息，如推荐本城市最有特色的餐厅和娱乐场所，并协助他们进行预订和交通安排。

(7) 告别晚宴。告别晚宴一般安排在较宽敞的宴会厅举行，要有舞台，有适当的文艺表演，让代表们一边用餐一边欣赏文艺表演，并在刻意营造的氛围中对这次活动产生留恋。

(8) 工作午餐。工作午餐则要求简单，口味适中，价格也不很贵。

(9) 会间茶点。一般上午和下午各供应一次，每次约30分钟。

(10) 代表配偶活动安排。在安排配偶活动时，注意不能和正式活动重叠，如果人数多，可以按照语种划分成不同的小组进行游览。

在落实操作各个社会活动的安排时，不能到最后才开始检查，必须在各个场所布置之前就开始检查，而且从中也可以看出，PCO始终是一个团队的工作，不可能由某个人来独自完成。

活动设计

各模拟公司成员有选择、针对性地参加社会上某一具体的会展活动后，在现场观察与调查的基础上撰写“××会展活动运作方案”。

实训成果

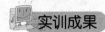

各模拟公司提交符合活动设计中要求的《××会展活动运作方案》一份,并进行展示。

实训考核

实训考核主要分为四个阶段。

阶段一:实训成果汇报(8~10 分钟)

各模拟公司推选一名代表采用 PPT 形式进行任务 9.1 实训成果汇报。

阶段二:答辩与质询(5~8 分钟)

首先,汇报方接受来自其他模拟公司成员及老师对相关问题的质询;最后,学员"评审团"(由各模拟公司选派一名代表组成)至少推举一名代表进行评说。

阶段三:师生联合考评(3~5 分钟)

学员"评审团"会同实训指导老师一起按考评标准对各个模拟公司的实训成果进行评定(学员"评审团"与老师的考评分数分别占总成绩的 40%与 60%)。

阶段四:对比式点评(5~8 分钟)

由实训指导教师对各模拟公司的实训成果进行对比式点评,指出好的方面,并分析指出不足之处存在的原因及进一步改进的措施。实训任务 9.1 结束。

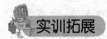

实训拓展

国内、国际会展经济概况

一、会展经济解读

所谓会展经济,即通过举办大型会议、展览活动,带来源源不断的商流、物流、人流、资金流、信息流,直接推动商贸、旅游业的发展,不断创造商机,吸引投资,进而拉动其他产业的发展,并形成一个以会展活动为核心的经济群体。

会展经济从内容上可分为会议与展览两个基本组成部分,二者多融为一体,国际性会议多以会议为主,但在会议同期举办一些商业展览活动;而国际性展览会虽以展览为主,但展出期间各种研讨会、专题会等也同时举行。会议因展览而增加了内容,有了直观效果;而展览因会议提升了档次,更显其专业性。会与展就这样相得益彰。

会展业与旅游业、房地产业并称为世界"三大无烟产业"。会展经济一般被认为是高收入、高赢利的行业。据专家测算,国际上展览业的产业带动系数大约为 1∶9,即展览场馆的收入如果是 1,相关的社会收入为 9。世界上已形成诸如巴黎、伦敦、芝加哥、新加坡、香港街著名的展览城。

会展经济可分为以下四大模式。

- "政府推动型"(如德国和新加坡)
- "市场主导型"(如法国、瑞士和中国香港)
- "协会推动型"(如加拿大和澳大利亚)
- "政府市场结合型"(如美国)

二、国际会展概况

1. 第一个样品展会

世界上第一个样品展会是1890年在德国莱比锡举办的“莱比锡样品展览会”。随着社会的演变和科技的进步，会展业在各个方面都在不断进行调整和变化。当今从经济总量和经济规模的角度来考察，世界会展经济在世界各国的发展很不平衡。欧洲是世界会展业的发源地，经过一百多年的积累和发展，欧洲会展经济整体实力最强，规模最大。在这个地区中，德国、意大利、法国和英国都是世界级的会展业大国。

2. 德国会展业

以德国为例，德国会展业的突出特点是专业性、国际性的展览会数量最多、规模最大、效益好、实力强。在国际性贸易展览会方面，德国是第一号的世界会展强国，世界著名的国际性、专业性贸易展览会中，约有2/3都在德国主办。按营业额排序，世界十大知名展览公司中，也有六个是德国的。每年，德国举办的国际性贸易展览会约有130多个，净展商17万家，其中有将近一半的参展商(约为48%)来自国外。在展览设施方面，德国也称得上是世界头号会展强国。德国现拥有23个大型展览中心，其中，超过10万平方米的展览中心就有8个。目前，德国展览总面积达240万平方米，世界最大的四个展览中心中有三个在德国。

3. 北美会展业

北美的美国和加拿大是世界会展业的后起之秀，每年举办的展览会近万个，其中，净展出面积超过5000平方英尺(约为460平方米)的展览会约有4300个，净展出面积5亿平方英尺(约4600万平方米)，参展商120万家，观众近7500万人次。举办展览最多的城市是拉斯维加斯、多伦多、芝加哥、纽约、奥兰多、达拉斯、亚特兰大、新奥尔良、旧金山和波士顿。经济贸易展览会近年来在中美洲和南美洲逐步发展起来。据估计，整个拉美的会展经济总量约为20亿美元。其中巴西位居第一，每年办展约500个，经营收入约8亿美元；阿根廷紧随其后，每年约举办300个展览会，产值约4亿美元；墨西哥第三，举办展会约300个，营业额约2.5亿美元。除这三个国家外，其他拉美国家的会展经济规模很小，很多国家尚处于起步阶段。

4. 非洲会展经济

整个非洲大陆的会展经济发展情况基本上与拉美相似，主要集中于经济发达的南非和埃及。南非凭借其雄厚的经济实力及对周边国家的辐射能力，其会展业在整个南部非洲地区处于遥遥领先的地位。北部非洲的会展业以埃及为代表，埃及凭借其在连接亚欧和沟通中东、北非市场的极有利的地理位置，会展业近年来发展突飞猛进，展览会的规模和国际性大大提高，每年举办的大型展览会可达30个。当然，由于种种条件所限，大型展览会一般都集中在首都开罗举办。除南非和埃及外，整个西部非洲和东部非洲的会展经济规模都很小，一个国家一年基本上举办一个到两个展览会，而且受气侯条件的限制，这些展览会不能常年举办。

5. 亚洲会展经济

亚洲会展经济的规模和水平应该说比拉美和非洲要高，尤其是会展经济的规模仅次于欧美。日本是本地区唯一的经济发达国家，其会展业发展水平自不必说。在剩下的国家和地区中，东亚的中国内地及中国香港地区、西亚的阿拉伯联合酋长国和东南亚的新加坡，或凭借其广阔的市场和巨大经济发展潜力，或凭借其发达的基础设施、较高的服务业发展水平、较高的国际开放度以及较为有利的地理区位优势，分别成为该地区的展览大国。以新加坡为例，该国的会展业起步于20世纪70年代中期，时间并不算早，但新加坡政府对会展业十分重视，新加坡会议展览局和新加坡贸易发展局专门负责对会展业进行推广。加之新加坡本身具有发达的交通、通信等基础设施、较高的服务业水准、较高的国际开放度以及较高的英语普及率，新加坡2000年被总部设于比利时的国际协会联合会评为世界第五大会展城市，并连续17年成为亚洲首选会展举办地城市，每年举办的展览会和会议等大型活动达3200个。同新加坡相比，同处东南亚的泰国，其会展经济发展规模远不及新加坡，每年举办的展览会只有几十个。

6. 大洋洲会展经济

大洋洲会展经济发展水平仅次于欧美，但规模则小于亚洲。该地区的会展业主要集中于澳大利亚，每年约举办300个大型展览会，参展商超过5万家，观众600万人次。

三、中国会展经济带

我国会展业与改革开放同步发展。1978年，境内国际展仅6个，出国参展办展21个。20世纪80年代以来，我国会展经济每年以平均20%的速度递增。目前，会展业已渗透到各个经济领域，从机械、电子、汽车、建筑，到纺织、花卉、食品、家具，各行业都有自己的国际专业展，但与发达国家相比我国还处在初级阶段。

改革开放30多年来，中国会展业在各城市发展迅速，尤其以北京、上海、广州、大连、成都五大会展城市最为活跃，形成了“环渤海、长三角、珠三角、东北、中西部”五个会展经济产业带。北京和上海已成为全国最大的会展中心城市。从展览规模看，北京为全国之最；从展会数量看，上海位居全国首位。

环渤海会展经济带——以北京为中心，以天津、廊坊等城市为重点，其会展业发展早、规模大、数量多，专业化、国际化程度高，门类齐全，知名品牌展会集中，辐射广。

长三角会展经济带——以上海为中心，以南京、杭州、宁波、苏州等城市为依托的会展产业带已经形成。该产业带起点高、政府支持力度大、规划布局合理、贸易色彩浓厚，受区位优势、产业结构影响大，发展潜力巨大。

珠三角会展经济带——以广州为中心，以广交会为助推器，以深圳、珠海、厦门、东莞等为重点的会展城市群，形成了国际化和现代化程度高、会展产业结构特色突出、会展地域及产业分布密集的会展经济带。

东北会展经济带——以大连为中心，以沈阳、长春等城市为重点的会展经济带，依托东北工业基地的产业优势及东北亚的区位优势，形成了长春的汽博会、沈阳的制博会、大连的服装展等品牌展会。

中西部会展经济带——以成都为中心，以重庆、西安等城市为重点的会展经济带，通过不断发展，现已形成了成都的西部国际博览会、重庆的高交会、西安的东西部贸易洽谈会等品牌展会。

任务9.2　会展营销策划

任务要求

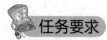

各模拟公司针对某一类型的会展活动，能很好地进行会展营销策划并能付诸实施，取得好的效果。

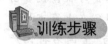

训练步骤

步骤一：会展营销策划重要性认知

由实训指导老师介绍该项目实训的目的与要求，会展营销策划的实际应用价值予以说明，调动学生实训操作的积极性。

步骤二：会展营销策划相关知识"再现"

实训指导老师适当介绍会展营销策划的相关知识，如会展活动促销策划书编制、举办新闻发布会、展位设计、参展商营销策划等。

步骤三：相关实例研读

各模拟公司成员认真研读会展营销策划方面的实例，作为本实训项目操作的参考。

步骤四：相关资料搜集

各模拟公司根据会展营销策划的要求，查找与实训任务相关的信息资料，为顺利开展实训做好充分的准备。

步骤五：会展营销策划方案撰写

各模拟公司撰写提交《××会展营销策划方案》。

实训指南

9.2.1　编制会展活动促销策划书

1. 会展活动促销策划书编写要点

详见本书项目三中的"营业推广策划文案"，在此不再赘述。

2. 会展活动促销策划书范例

例 9-4

国际休闲食品博览会策划书

一、前言(略)

二、市场分析

1. 优势方面

DY公司成立于1988年,是由香港名人×××与苏州吴县农工商总公司联合投资创立的,总厂设在苏州吴县东山镇,那里号称“花果乡”。从1989年起,公司已在上海市场陆续推出了“王中王”系列蜜饯等近十种产品,并多次获得“省特优产品”与“全国名特优产品”的称号。DY公司在同行业之中较早就进入了上海市场,再加上产品的口味独特,甚为广大市民青睐。

2. 劣势方面

第一,本公司产品现被个别不法之商假冒。由于假冒伪劣产品扰乱市场,使不少市民在购买了假冒产品之后,误以为是本公司的商品,在大众传播媒介提出了不少批评意见,对本公司的信誉产生误解,使本公司的形象蒙受了损失,商品销量也大为下降。

第二,由于经济体制已由“计划经济”转为“市场经济”,供销渠道发生了变化,市场竞争实力增强,市民的择优消费观念在不断更新发展,希望产品做到“新、奇、特”,“质高价优”成为公司巩固形象、维持市场份额的关键与基础。由于公司在产品开发方面一度忽略了公众需求,与公众新的消费需求尚有一定距离,存在不尽一致的现象。

3. 机会点

第一,由于市民生活水平的不断提高,在工作闲暇之际,居家休闲时品尝休闲食品已成为一种新的时尚。

第二,双休日制条件下,市民休闲时间的增多,也为休闲食品造就了一个潜在的市场。

第三,由于市民的文化素养不断提高,出现了一种特有的现代消费心理,即要买“好人”生产的“好东西”。也就是说,现代顾客的消费越来越注重商品的人格化形象。

三、目标战略

1. 总体目标

通过活动抓住市场,激发顾客潜在的需求,增强公众的“打假”意识,同时在市民心目中树立起公司的公益形象。

2. 具体目标

第一,通过新产品的“试吃”活动,消除顾客的疑虑,让消费者感到放心和满意,同时让公司直接了解到公众的接受程度,为下一步制订销售策略找出依据。

第二,邀请市民参与各种促销活动,借此展示公司的实力形象,使之在原有知名度上建立信任度与美誉度,消除“假冒伪劣产品”在公众心目中的阴影,促进公司与公众的信息沟通。

第三,通过“希望之梅”的义卖活动和“希望之梅”产地游活动,让公众代表直接了解产品的加工过程,强化商品的质量形象。

第四,通过赞助希望之梅产地——东山希望小学的5名园丁来沪进修,树立公司的公益形象。

四、创意说明

1. 活动总标题

“98 上海国际休闲食品博览会”促销活动

2. 具体活动标题

第一,“98 上海国际休闲食品博览会”开幕式

第二,“希望之梅”品尝活动

第三,“希望之梅”爱心义卖活动

第四,“希望之梅幸运顾客”抽奖活动

第五,“希望之梅”产地游活动

3. 宣传标语、宣传用品(略)

五、媒介策略

1. 印刷媒介

第一,活动前一周分别在“三报一刊”(《美食导报》、《上海消费报》、《新民晚报》、《营养与食品卫生》杂志)上发布消息,并在《新民晚报》上登载参加展览会的单位名称。

第二,义卖活动结束后的第三天,在《新民晚报》上公布 10 名幸运顾客的名单。

2. 电视媒介

第一,展览会开幕当天由上海电视台、有线电视台等在新闻专栏内发布消息。

第二,上海电视台 7 日在新闻栏播放“希望之梅幸运顾客”抽奖活动片段。

第三,7 月中旬在有线电视台播放“希望之梅”产地游的活动片段,接受赞助的园丁在上海进修的片段。

六、总体活动计划

本次活动是由“98 上海国际休闲食品博览会”与“希望之梅”爱心系列活动两部分组成。

1. 工作计划(见表 9-3)

表 9-3 工作计划

时 间	内 容	地 点
6 月 1 日	“98 上海国际休闲食品博览会”开幕	上海展览中心
6 月 1～7 日	“98 上海国际休闲食品博览会”	上海展览中心
6 月 1～7 日	上海 DY 食品公司“希望之梅献爱心义卖大行动”	上海展览中心 上海第一食品商店 上海第二食品商店 上海第三食品商店 上海第五食品商店 上海第一八佰伴超市 上海华联超市新闸店 上海家乐福超市 上海泰晶食品商店 上海东方商厦地下超市 (以上均为义卖点)
6 月 7 日	上海 DY 食品公司“幸运顾客”抽奖活动	上海 DY 食品公司市场部
6 月 28 日	“希望之梅”产地游	苏州吴县东山锁
7 月 1～8 日	希望小学的五名园丁前来上海进修	上海教育进修学院

2. 具体活动安排

(1)“98 上海国际休闲食品博览会”开幕式

时间：1998 年 6 月 1 日(星期一)上午 9：00～11：00

地点：上海展览中心

出席对象：(略)

程序：

7：30～9：00	工作人员进场准备
	参展单位进场
8：45～9：00	广播小组播放《小号进行曲》营造气氛
9：00～9：15	市食品协会会长致开幕词，宣读来宾名单
9：15～9：30	市经委副主任致词
9：30～10：30	食品协会会长陪同政府各有关部门参观展区
10：30	市民们参观展区、选购商品

(2)“希望之梅”品尝活动

时间：6 月 1～7 日展览会期间

地点：上海展览中心内上海 DY 食品公司参展区

标题：“您的希望，我的追求”

办法：在展览会期间，上海 DY 食品有限公司除了在参展区内陈列公司样品之外，每天平均供应 5000 袋小型新产品“希望之梅”样品，供市民们免费品尝。

(3)“希望之梅”爱心义卖活动

时间：6 月 1～7 日下午 2：00

地点：10 大义卖点

标题：“请让更多的人接受您的一片爱心”

办法：6 月 1～7 日，十大义卖点同时推出“希望之梅”义卖活动，凡购买“希望之梅”的顾客均可填写一张“您心目中的休闲食品”征询表，并将之投入抽奖箱内，参加 7 日“幸运顾客”的抽奖活动。

(4)“希望之梅幸运顾客”抽奖活动

时间：6 月 7 日下午 2：00～5：00

地点：上海 DY 食品有限公司市场部

出席对象：(略)

办法：

① 6 月 7 日下午 2：00，各大义卖点停止义卖活动，将抽奖箱送回公司，以便统计人次。

② 由公司市场部经理宣读来宾名单。

③ 由上海食品协会会长、DY 有限公司总经理各从抽奖箱内抽取 10 名幸运者。

④ 由公证员宣读抽奖活动的公证证明。

(5)“希望之梅”产地游活动

时间：6 月 28 日

地点：苏州吴县东山镇

安排：

① 6月28日上午6：30，人民广场威海路口，10名幸运顾客将在市场部王先生与吴小姐的陪同下，搭乘DY食品有限公司的专车前往苏州吴县东山镇。

② 10：00，幸运顾客到达东山镇，参观DY食品有限公司"希望之梅"的生产车间，了解"希望之梅"的生产过程，与公司领导座谈。

③ 11：30，东山宾馆粤秀厅午餐。

④ 13：30，参观东山希望小学，与接受义卖活动捐赠赞助的5名园丁进行1小时的座谈。

⑤ 15：00，开车回沪，到沪后公司向每位幸运顾客赠送一份价值40元的DY系列产品。

七、经费预算

租场费、宣传用品、嘉宾费用、媒介费用、茶水费、"东山一日游"的费用、5名园丁来上海进修费用、其他劳务支出、"希望之梅"免费品尝赠品、去除其他参展公司所付的租金等，总计：×××××元。

八、效果展望

第一，通过这次展销会上的"试吃"活动，使公司的产品迅速为公众所熟悉、认知，相信能够消除假冒伪劣产品对公众的影响，在公众心目中重新树立其"名特优产品"的形象，增强公司的信任度与美誉度。

第二，这次活动公司虽然耗资8万元之巨，但从广告角度来看，比单纯在电视上播放15秒的广告更具有促销效应。公司通过系列爱心活动，既可以树立公益形象，又能够让"希望之梅"新产品迅速被市民们所熟悉，为销售活动奠定良好的公众基础。

××××食品有限公司

××××年××月××日

9.2.2 举办新闻发布会

会展专业组织者通过举办会展活动方面的新闻发布会，和广大媒体建立关系，在各类媒体出版物上刊登广告、社评式广告、公益广告等宣传的信息，来对会展活动进行宣传报道，扩大会展活动的影响面和知名度。可以说，举办新闻发布会是实现会展宣传目标比较好的途径之一。

策划新闻发布会时需要注意以下几点。

1. 举办地点

新闻发布会的举办地点需要尽量选在举办地的中心地段，最好能靠近出版社、广播电台或电视台，可以在酒店或公共会议厅举行。

2. 举办时间

会展活动主办方需要事前向媒体成员了解各自举行新闻发布会的合适时间。在安排新闻发布会的日程表时要尽量照顾到他们的需要。

相关链接 9-1

安排新闻发布会的时间注意事项

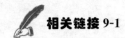

在安排新闻发布会时间时需要注意以下方面。

- 尽量避开周末和星期一。
- 报纸：可能会希望在一周的中间时间举行新闻发布会，因为星期五的时候可能会面临报道众多周末活动的压力。
- 电视台：为了能够在下午或晚上的新闻中播出，电视台可能希望在当天上午举行新闻发布会。因为，如果当天的新闻要等到第二天才能播出，对编辑而言，新闻可能变成了旧闻。

3. 演讲者

如果在新闻发布会上要安排演讲者，需要事先妥善安排主席台和背景，以保证摄像机和照相机的拍摄需要。

4. 设备安排

在一些重要的新闻发布会上，需要事先安排好电话、传真机、复印机、互联网接口、进行个人专访的区域及相应的设备。

9.2.3 展位设计

在会展活动中，对参展商而言主要是寻求“曝光度”。因此，展台的位置与设计就显得十分重要。位于展览大厅入口处的展台比那些挤在遥远角落过道边的展台更受欢迎。这种差别通常会通过价格反映出来，曝光度越高，缴纳的费用就越多。

在实际会展活动中，提高展台价格和销售量的战略通常是：

1. 设计“岛状”展位

这种展位可以使人们从四个方向看到展台。大型的参展商通常都希望得到此种展台，因为这样可以得到最大的曝光度，展览的效果很好，但付出的价格也比较高。

2. 大厅入口处展位

这种展位位于大厅的入口处，在参加者进入展厅的时候就可以首先吸引他们的注意力。

3. 角落展位

这种展位位于展厅过道的两端，人们可以从两个方面看到展台。

4. 餐厅区域展位

许多展览都向参加者提供食品服务，这样参加者在进餐时间也不会离开展览大厅。许多参展商比较倾向于靠近餐厅区域的展台，因为这里的客流量较大。

5. “图书”展位

在会展活动中，相关行业协会或行业出版物也越来越受到参加者的欢迎。因此，在展览大厅的合适位置安排适量的这些“图书”展位，不仅可以吸引较大的客流量，而且会让附近展位的参展商们从中获益不少。

另外，在出租展位时，对于以前曾参加过展会的参展商，在展位租金方面可以考虑给予一定的折扣。并根据其参加展会的次数、参与程度和赞助支持程度,在展位的选择上还应给予一定的优先权。

9.2.4 针对参展商的营销

会展为产品和服务的供应商以及参与者提供了一个必要的交流平台。参展费、赞助费以及其他形式的支持,是会展主办方主要的收入来源。在许多情况下,展会的这些费用收入要远远高于筹划整个展会所需要的各项支出。因此,对会展主办方而言,针对参展商的营销就显得尤为重要。

针对参展商的营销主要体现在展位的销售量上。在推销展位时,下列因素具有重要的作用。

- 展会的历史及发展情况,人们参加该展会的情况。
- 参展商和购买者提供的证明书以证实该展会所提供的经济机会及潜力。
- 赞助机构的目的和可信性。
- 明确参展商在整个展会活动中的角色。如是否邀请他们参加相关的研讨会、社会活动或一般会议等。因为这些活动有助于给参展商们创造更多的接触社会相关阶层的机会,并能够从中获得一些附加利益。
- 通过定性与定量要求来明确展会购买者的一些情况。

对参展商而言,了解潜在购买者的基本状况,如职业、人口特征、对特殊产品的兴趣等情况是非常重要的。

9.2.5 增加与会客流量的方法

在会展活动中,主办方最主要的责任就是要保证展会的客流量,以满足参展商的预期,同时吸引其以后继续参加展会。因此,展会主办方必须把足够的注意力和预算放在吸引更多的参加者并为其提供方便上来。

1. 加大宣传力度

应充分利用行业出版物、行业期刊、印刷/电子媒体来宣传展会对参加者和购买者的重要性。印刷品中的文章、广告和专访也要对展览进行连续宣传。

2. 提供交通服务

在许多情况下,由于空间不足,展会通常不得不在远离展会设施的地方进行。这时,应该为参展商与参加者提供展会班车服务。从保证展会客流量的角度来看,展会所提供的这种交通服务(特别是在天气不好的时候),不过是一笔小小的投资。

3. 其他方法

增加展会客流量的其他方法有:

(1) 对先到者进行适当的奖励。

(2) 奖品吸引。这样不仅能够吸引参加者前来参观展会,而且还会增加其访问展台的次数。

(3) 展会时间要和其他重大的事件错开,如各种中型或大型的研讨会、节庆活动等。

(4) 邀请社会名流出席展会。

(5) 邀请参展商对参加者发放奖品、样品等来吸引更多的人参加展会和访问各参展商的展台。

(6) 在展览大厅入口处的适当地方组织各种娱乐活动,以吸引人们参与到展会活动中来。

(7) 提供摄像服务,为参展商和有关方面的参加者代表制作展会纪实资料。

9.2.6 会展业务案例研读

我国云南省昆明市会展经济目标模式分析

国际会展业的长期发展逐步形成了两种模式:

一是以强大的经济实力,凭借世界金融中心的地位和高度现代化城市规模为依托的大都市会展,如芝加哥、巴黎、香港等城市的会展业。另一种则是以区位优势、环境优势、生态优势和旅游资源优势见长的中小城市会展,如瑞士的达沃斯、伯尔尼等。

我国云南省昆明市会展业发展目标的基本选择应定位于以上两种模式之间。昆明市会展经济的目标模式构想如下。

1. 近期目标

"十五"期间,培育昆明会展"五大品牌"即:

节——"中国石林国际火把节"。举办成为中国的狂欢节(每年一届)。

会——"中国国际旅游交易会"。举办成为具有国际品牌效应的旅游交易会(每两年一届)。

展——"中国昆明国际花卉展"。借助世博会成功举办的影响力,把花卉展举办成为国际知名度较高的以展示园林、园艺、花卉以及突出绿色经济、绿色环保、花卉交易等为主要内容,体现人与自然和谐发展的展会品牌(每两年一届)。

演——"中国昆明国际艺术节"。举办成为以突出展示民族民间歌舞、艺术的较高知名度和较大规模的区域性盛会(每两年一届)。

赛——"中国昆明国际高尔夫名人邀请赛"。举办成为国际休闲体育赛事品牌(每年一届)。

近期目标具体内容详见表 9-4。

表 9-4 近期目标具体内容

项 目	形象定位	宣传口号	目标市场
整体形象	区域性国际会展城市	"春城"、"花都"、"四季如春的旅游胜地"、"居住环境和投资环境极佳之所"	主要面对全球、全国各行业、社会团体、专业协会和各级政府及组织
节	中国民族文化展示的窗口	东方"狂欢节之都"	全省各级政府和大型企业
会	区域性国际会议中心	"会议之都"	1. 全国各行业、主要民间社会团体、专业协会和国内经济较发达地区、中国香港、中国澳门、中国台湾、日本、东南亚、南亚的大型企业以及跨国公司驻华机构等 2. 在本省内则主要面对地方政府和大型企业

续表

项　目	形象定位	宣传口号	目标市场
展	中国绿色产业展览中心	“绿色硅谷”	全国各行业、主要民间社会团体、专业协会、科研单位、展览公司等
演	中国最具代表性的民族民俗文化展演、研究基地	“民族团结和歌舞欢腾的海洋”	全球、全国、全省民族文艺演出团体、民族文化研究机构
赛	1. 全国综合性体育运动训练基地 2. 民族和休闲体育运动比赛基地	“高原——体能训练的天堂”、“休闲体育之家”	全球、全国、全省的竞技体育运动队、休闲体育爱好者和各地民族体育运动队伍

2. 中长期目标

通过10～15年的不断发展积累，到2015年时，昆明将可能成为中国乃至东南亚地区的“休闲会议之都”，成为中国乃至世界的花卉、旅游民族文化等区域性的国际会展城市。

活动设计

各模拟公司分别设计、策划、提交“校园模拟商品展销会策划方案”，并分别进行方案展示、评比，评选出切实可行、操作性强的策划方案。在实训指导老师的统一部署下，各模拟公司联合起来，献计献策，群策群力，举办一次综合性的大型校园模拟商品展销会。

实训成果

各模拟公司分别提交符合活动设计中要求的《校园模拟商品展销会策划方案》一份。

实训考核

实训考核主要分为四个阶段：

阶段一：实训成果汇报(8～10分钟)

各模拟公司推选一名代表采用PPT形式进行任务9.2实训成果汇报。

阶段二：答辩与质询(5～8分钟)

首先，汇报方接受来自其他模拟公司成员及老师对相关问题的质询；最后，学员“评审团”(由各模拟公司选派一名代表组成)至少推举一名代表进行评说。

阶段三：师生联合考评(3～5分钟)

学员“评审团”会同实训指导老师一起按考评标准对各个模拟公司的实训成果进行评定(学员“评审团”与老师的考评分数分别占总成绩的40%与60%)。

阶段四：对比式点评(5～8分钟)

由实训指导教师对各模拟公司的实训成果进行对比式点评，指出好的方面，并分析指出不足之处存在的原因及进一步改进的措施。实训任务9.2结束。

实训拓展

会议产品营销对象及其产品定价

一、会议产品的营销对象

不同类型的会议产品涉及的营销对象和营销重点也会有所不同，表9-5主要针对的是营销对象比较全面的协会类会议。公司类会议和非营利组织会议的营销对象要相对少一些。

表9-5 会议产品不同营销对象的营销差异

营销对象	营销目的	主要营销内容	营销重点
与会者	吸引参与	举办地、会议地点的设施和服务、会议主题和议程安排、演讲、人际关系网络、会后旅游	学习和体验
赞助商	获得赞助	形象效应、新闻效应	回报方案
政府、协会及公众	求得支持和帮助	会议对举办地的经济、社会效应等	效应
媒体	扩大营销，帮助宣传	会议对举办地的效应、对媒体的价值	新闻价值
演讲人和嘉宾	吸引参会	举办地、会议地点的服务、会议主题、人际关系网络、会后旅游	服务、安全和报酬

二、会议产品定价

会议产品定价主要有以下几种具体方式。

1. 与会者的会务费

(1) 收费概况

会务费，有时也称“注册费”，它一般是与会者为参加会议所支付的各种项目的打包价格。最常见的收费项目主要有：交通、住宿、餐饮、参加大会费用、参加分会或专门论坛费用、论文集、会刊、礼品费、会议管理费等。

① 收费常按食宿安排情况分两类。

一类是参会人员食宿自理。

另一类是食宿由会议统一安排，会务费中包含招待会(宴会)、茶点、午餐等。

② 按是否有单项收费也分两类。

一类是与会人员缴纳了会务费就可以参加所有的大会、分会以及论坛。

另一类是一些项目会单独分开收费，如会务费2200元/人；参加×月×日下午“×××”单项专题论坛费400元/人。

(2) 差别定价

定价视人而异，如VIP贵宾票3200元/人，普通参会票2200元/人。

(3) 优惠项目

① 时间优惠。如会务费1800元/人，3月10日前报名并交费1500/人。

② 特殊群体优惠。一般给予理事单位、主讲专家、友谊协作单位、特邀新闻媒体部分

免除或折让会务费。

③ 团体优惠。如会务费 1500 元/人,团体会员单位会务费 1200 元/人;集体报名,每组团超过 10 人免一人会务费。

④ 参展优惠。如参加展览的单位免 1 人会务费。

(4) 撤销注册政策

如果与会者因为特殊情况需要撤销注册,一般会按照撤销时间来决定是否返还部分注册费。如取消注册的意向函原件必须寄至大会组委会秘书处;在 11 月 10 日之前若收到意向函原件,80%的注册费可被退还,11 月 10 日之前后将不予受理退款。

(5) 付款时间和方式

- 是否可以延期付款?
- 接受哪国货币?
- 付现金还是信用卡?
- 汇款细节(开户名称、开户银行、账号)

2. 冠名费和赞助费

对于赞助商来说,赞助费可以看作是他们所购买的“会议产品”的价格。因此,会议组织方应根据会议的档次、与会者的层次、会议的新闻效应等“卖点”,制订出合理的赞助“价格”,为赞助商提供具有足够吸引力的回报方案。

3. 广告费

一般大会展示广告位、会场驻地门口充气拱形门、会刊、门票等都可以刊登广告,以取得收入,另外还可以出售邀请参会代表和嘉宾的晚宴赞助权。

4. 出售衍生产品收入

衍生产品包括:各种大会出版物、纪念品等,还可以对整个会议过程进行录像、录音和采用文体格式翻译成各种语言,并存放到一张光盘上,卖给不能参加会议的人员,既可以扩大会议的受众,又给组织者带来一笔收入。

(资料来源:胡平.会展营销[M].上海:复旦大学出版社,2005.)

模块五

企业经营管理诊治实践

【模块综述】

企业是一个有机整体，在其生存与发展的过程中，随着内部与外环境因素的变化，原本正常运行的企业经营管理活动会产生诸如企业组织、财务状况、市场状况、人力资源等方面的问题。如果不及时有效地“诊断”与“治疗”，任其蔓延，企业的持续经营会因此受阻，甚至会严重影响企业健康持续发展。因此，了解企业经营管理现状与存在的问题，掌握企业“病症”诊治的技能，以有效避免或最大限度地降低企业经营管理危机，对提升企业管理水平，提高经营管理和盈利能力，建立规范化的企业管理模式，保障企业“基业长青”具有重要的意义。

项目10

企业经营管理诊治实训

知识目标

1. 了解企业诊治的分类、目标等。
2. 掌握企业诊治的程序与技术。

能力目标

通过本项目的实训,使受训人员:

1. 能运用相关的“诊断技术”,遵循一定的诊断程序,识别企业生产经营管理中的常见病症。

2. 能制订切实可行的企业病症诊治方案,为企业治理常见病症。

任务10.1 企业病症诊断

任务要求

各模拟公司成员运用掌握的“企业诊断技术”为当地一家中等规模企业“把脉”(可以是企业某一方面或几方面或综合方面的诊断),识别该企业在生产经营管理方面的常见病症。

训练步骤

步骤一:“企业病症诊断”重要性认知

由实训指导老师介绍该项目实训的目的与要求,对诊断企业经营管理病症的实际应用价值予以说明，调动学生实训操作的积极性。

步骤二："企业病症诊断"相关知识"再现"

实训指导老师适当介绍"企业病症诊断"的相关知识，如企业诊断的目标与内容、企业病变历程、企业常见病症等。

步骤三：相关实例研读

各模拟公司成员认真研读"企业病症诊断"方面的实例，作为本实训项目操作的参考。

步骤四：相关资料搜集

各模拟公司根据"企业病症诊断"的要求，查找与实训任务相关的信息资料，为顺利开展实训做好充分的准备。

步骤五："企业病症诊断"方案撰写

各模拟公司根据本实训任务的要求，在参加社会上某一具体的会展活动后，认真撰写"××企业病症诊断方案"。

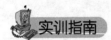

实训指南

10.1.1 企业诊断解读

企业诊断就是分析、调查企业经营的实际状况，发现其运营中存在的问题，然后有针对性地深入到企业的具体运作中去，查明病因，运用科学方法进行分析，制订切实可行的改进措施与方案并实施，以此来帮助企业及早发现与消除弊病，确保企业合理地、健康地、可持续地发展。

企业是由各种要素组成的一个有机的经济实体，在日常经营管理活动过程中，由于各种外部因素和内部条件的变化，往往会发生这样或那样的问题，影响企业投资、经营和管理活动的正常运行，使企业陷入困境，产生不应有的损失，甚至影响企业的生存和发展，不能较好地实现企业的目标。为此，任何一个企业对自身发生和存在的弊病，都应有足够的认识和重视，及时查找病因，并针对问题的症结拟订解决办法，给予积极的治理，以消除企业病症，摆脱困境，保证企业经营运作的健康与发展。

相关链接 10-1

企业诊断的由来和发展

企业诊断起源于美国，美国称之为管理咨询。美国早在 19 世纪 30 年代就开始了管理咨询服务。当时的欧美企业，往往资产的所有者就是企业的经营者，由于这些人中有些不善于经营，致使企业萧条，甚至濒临倒闭。为了摆脱困难的处境，往往求助于社会上的技术咨询机构，请这些机构派专家或经营顾问到企业进行诊断。还有另一种情况，就是中小企业想要同大企业竞争，但它们又缺乏人才，只好求助于社会上的技术咨询机构，对企业进行诊断。在这种需求形势下，企业诊断就在欧美国家逐步地发展起来。目前美国已有咨询公司2500多家，一些大型咨询公司的分支机构遍及世界各地，还有数以万计的个人咨询服务站，每年营业额高达20多亿美元。

日本的企业诊断是学习欧美的做法，近十几年发展很快。日本企业诊断发展快的原因，与美国中小企业与大企业开展竞争的原因相同。日本中小企业约占日本企业总数的99%，占企业总人数的70%左右，占全部企业销售额的50%，它们在日本工业中占有相当重要的地位。但是这些企业福利待遇差，同大企业相比，人才相当缺乏，无法同大企业竞争。日本政府为了控制大企业垄断，扶持中小企业，提倡企业诊断制度。1948年日本政府颁布了《中小企业诊断实施基本纲要》。由于政府提倡，再加上诊断确实有效果，所以企业诊断发展很快，很多以诊断为职业的民间团体也就应运而生了。到20世纪80年代后期，日本从事企业诊断的经营顾问和诊断士有3万多人，这些人都是有多年企业工作经验，又经过一年的专门训练，结业时经过严格考试合格后，发给诊断士资格证书。日本的企业诊断对中小企业生存和发展起了重要作用。

我国的企业诊断是随着TQM引进的。原机械工业部是我国开展企业诊断最早的部门，早在1981年，机械部就曾对成都量刃具厂、南京第二机床厂、上海变压器厂和第二汽车制造厂等企业的质量管理进行过诊断。以后，中国企协、中国质协以及各省市和各行业协会都增设了咨询机构，开展过企业诊断，只不过当时都是为了创省、部、国家质量管理奖而进行企业诊断的。1991年创奖停止，企业诊断也就随之减少直至停止。到1993年，为了贯彻ISO 9000系列标准和进行体系认证，企业需要诊断，社会上随之出现了为了贯标认证的咨询机构。随着市场经济体制的不断健全和市场竞争形势的发展，指导企业搞好生产经营的顾问公司将会迅速地发展增多起来。

10.1.2　企业诊断的分类

根据不同的划分依据，可以将企业诊断分为以下不同的类型。

1. 根据企业诊断人员的不同

(1) 外来专家诊断

外来专家诊断是指企业对经营过程中的棘手问题自身无法解决，特向社会上的专门诊断机构提出申请，邀请相关诊断专家(如咨询人员、经营专家、技术人员等)对企业的病症进行诊断。其诊断方法完全采用专门技术，因此效果显著。

(2) 企业自我诊断

企业自我诊断是企业自行组织内部有关人员对企业病因进行诊断。此种诊断有保密性较好、机动灵活、实施时间不受限制、节省诊断费用等优点。但由于是内部人员对企业进行诊断，难免看问题有偏见或局限性。

2. 根据企业诊断的角度不同划分

(1) 企业管理诊断

企业管理诊断主要从管理角度对企业进行诊断，以找出问题及其原因，提出改善的对策与措施。

(2) 企业经营分析

企业经营分析是以企业的财务指标为分析的基础，切实掌握企业目前的经营现状，从中找出企业经营的问题，并加以解决。

3. 根据企业诊断的范围来划分

(1) 专题诊断

专题诊断又称为“纵向诊断”，是指运用各种方法、技术对企业的具体事项进行特别个案诊断。

(2) 部门诊断

部门诊断是对企业各部门运行(如生产部门运行、销售部门运行、采购部门运行、人事部门运行、公关部门运行等)状况的诊断。这是一种“横向诊断”，具有便于诊断人员迅速抓住企业问题之所在，便于对症下药的优点，但也容易降低各部门运行的协调性。

(3) 综合诊断

综合诊断就是对企业经营活动所作的综合性的诊断，是一种“矩阵型诊断”，又称为“全面诊断”。

总之，采用何种方式对企业进行诊断，这要根据企业经营上存在的问题多少与严重程度而定。

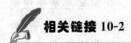

相关链接 10-2

日常企业诊断类型

在日常的企业诊断活动中：

- 大企业多采用专题诊断，中小企业多采用综合性诊断。
- 基础管理工作做得较好的企业采用专题诊断，而基础管理工作做得不好的企业可先进行整体诊断。
- 一次性(短期)诊断也较多采用专题诊断，而长期诊断的首次诊断则宜采用全面诊断。

10.1.3 企业诊断目标

1. 企业诊断目标的含义

企业诊断目标是指对企业诊断对象进行诊断所要达到的结果，是企业诊断方向和诊断人员执行企业诊断任务的一种行动指南。它是根据企业的经营性质、经营内容、经营管理的现状及未来的发展与要求来确定的，它充分体现了企业诊治的要求，并体现企业诊治的内容和应该使用的方法与遵循的原则。

2. 企业诊断目标的分类

企业诊断目标是一种通过诊查来断定企业弊病的症状及性质的目标，根据诊断的具体内容又可分为经营性诊断目标(主要是诊断企业经营过程的环节，具体可分为企业采购、生产、销售、储存等诊断目标)、财务性诊断目标(主要是诊断企业的资金形成、运用、耗费、收益的过程，具体可分为企业资金的筹措、资金运用、利润、成本费用等诊断目标）、管理性诊断目标（主要是诊断企业的管理过程、方式、体系等，具体可分为决策、计划、组织实施、指挥、控制、信息、存货、设备、员工和行政管理等诊断目标）。

10.1.4 企业诊断内容

企业诊断的内容很广泛，涉及企业的各个方面，根据企业诊断的目的和对象，可以将企业诊断的内容概括为企业的经营战略、管理、组织机构、人力资源、财务会计、物资仓储、技术设备、资源开发、信息资源、领导和行政等方面的内容。

相关链接 10-3

重点考察企业的高中级人员

在对企业人力资源方面进行诊治，尤其需要重视对企业中的高中级人员的知识水平、业务能力、思想品德、职权范围、守职尽责、工作作风、待遇等方面的考察。因为高中级管理人员、技术人员、业务人员素质的好坏、能力的高低直接关系到企业的经营决策、生产、销售、市场开拓的成败及企业的命运。

10.1.5 企业病变历程

一般而言，企业因突发因素骤然陷入困境甚至倒闭的十分少见，企业的病变都有一个病症的潜伏期。企业病变是多方面的，但主要集中在组织管理、财务管理、生产管理和营销管理上，并且企业在这些方面的病变一般都有一个历程。

1. 企业组织病变历程

企业组织的病变历程如图 10-1 所示。

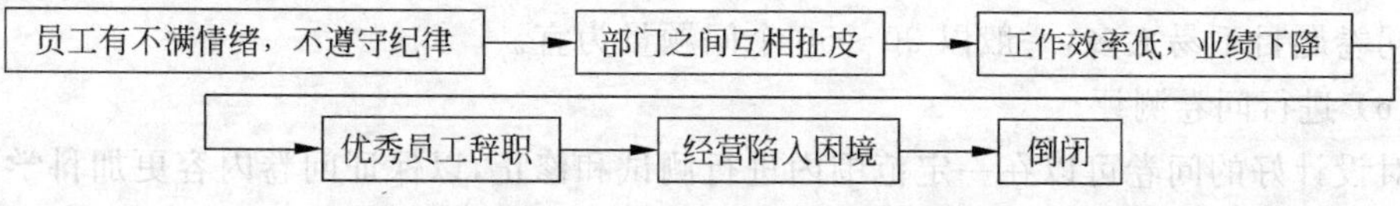

图 10-1 企业组织病变历程图

2. 企业财务状况病变历程

企业财务状况病变历程如图 10-2 所示。

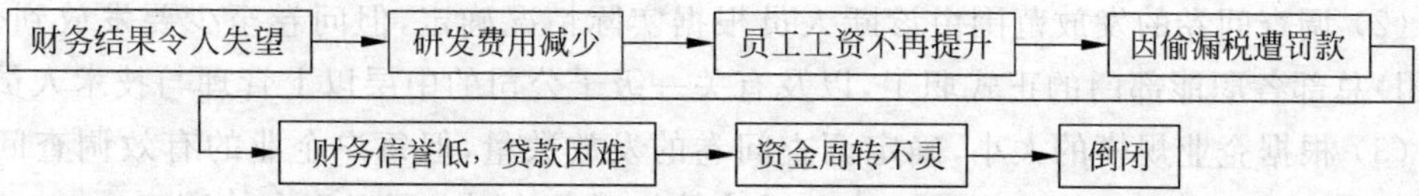

图 10-2 企业财务状况病变历程图

3. 产品与市场状况病变历程

产品与市场状况病变历程图 10-3 所示。

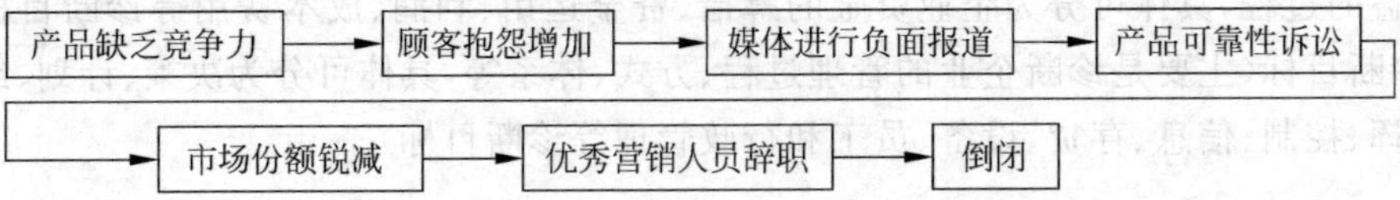

图 10-3 产品与市场状况病变历程图

10.1.6 企业病症诊断技术

诊断一个人是否健康,需要专门的医疗设备与方法。对企业进行诊断同样需要专门的诊断方法与工具。常见的企业诊断方法有企业绩效评价分析法、财务分析法、问卷测评法、德尔菲法、关键事件法等。本章重点介绍问卷调查诊断法。

问卷调查诊断法是指诊断人员将一些需要了解的问题设计成书面问卷向被调查者询问,并要求被调查者以书面文字或符号形式做出回答,然后进行归纳整理。它是收集诊断信息的一种主要方法。

1. 调查问卷的设计要求

(1) 明确调查目的和设计重点。

在设计调查问卷之前要明确诊断的目的,然后再根据不同的诊断目标来确定调查问卷的重点和内容。

(2) 符合企业特点。

不同企业有不同的生产经营特点,调查问卷应反映企业特点。

(3) 囊括诊断所需信息。

八项诊断指标需要大量信息来支持,调查问卷应围绕八项诊断指标的需要来设计。

(4) 针对调查问题,设计不同回答形式的问卷,便于被调查者填写。

(5) 问题要适量。

问卷题目不易太多,一般以 30～50 个问题量为宜。

(6) 进行问卷测评。

对设计好的问卷可以在一定范围内进行测试和修正,以保证问卷内容更加科学合理。

2. 问卷调查过程控制

为了保证问卷调查信息的客观与真实,在调查过程监控方面须注意以下几点。

(1) 调查问卷必须由诊断人员亲自发放和收回,不得经由受诊单位的内部人员来进行间接发放或收回。

(2) 调查问卷的发放范围由诊断人员根据实际情况确定,但问卷至少要发放到公司(集团)总部各职能部门的正式职工,以及有关一级子公司的中层以上管理与技术人员。

(3) 根据企业规模的大小,确定调查问卷的发放数量,但每户企业的有效调查问卷,一般不应少于 100 份。对不足 100 人的受诊单位可发放到中层以下全体职工。

(4) 调查问卷收回后,应当对调查问卷的发放范围、发放数量、回收情况、问卷调查结果等情况进行统计整理,形成文字资料,作为专家诊断的基础信息。

3. 问卷形式及统计

诊断人员在设计调查问卷时应结合调查内容,选择不同形式的调查问卷,如程度式问卷、提问式问卷、成绩式问卷、判断式问卷、百分制式问卷等形式。在对调查问卷进行统计分析时，常采用加权平均法、权重综合法等方法。

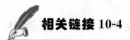

相关链接 10-4

问卷测评诊断中专家诊断的方式

企业全面问卷测评是由具有专业知识的人员运用其学识、经验和分析判断能力，根据已掌握的企业资料，对不能量化的效绩因素进行综合评判诊断，从而得出诊断结论的过程。它弥补了单纯定量指标评价的不足，从更深层面上反映了企业经营活动和管理行为。

专家诊断组织的方式与方法主要有组织方式与打分方式两种。

一、组织方式

专家诊断的组织方式按照专家是否到现场，分成非现场组织诊断和现场组织诊断两种形式。

1. 非现场组织诊断

非现场组织诊断是指咨询专家不到现场，通过诊断工作组和诊断专家收集的企业情况资料，进行分析诊断，并做出诊断结论。这种方式的优点是可以降低诊断成本，但缺点是诊断专家没有感性认识，仅凭文字资料和直觉进行诊断，容易导致诊断失实。

2. 现场组织诊断

现场组织诊断是指组织诊断专家到现场了解情况，然后进行分析诊断和评议打分。其实施步骤为：

(1) 通知企业结合八项诊断指标准备相关介绍材料。

(2) 组织专家到现场召开座谈会，包括中层干部座谈会、一般职工座谈会，以听取中层干部和企业一般职工的反映和意见。

(3) 找有关人员进行个别访谈。

(4) 召开情况介绍会，诊断工作组介绍定量评价情况，然后听取企业领导班子的情况介绍。在此基础上，诊断专家可以就有关部门进行询问调查。

(5) 组织专家进行诊断打分。

二、打分方式

根据诊断专家之间对诊断对象的判断是否进行讨论，专家诊断打分可以分为集体讨论式打分和背靠背式打分两种方式。

1. 集体讨论式打分

集体讨论式打分是指参与诊断的专家，对诊断对象的有关情况进行讨论和交流，达成共识，形成一致的诊断结论。这种方式有利于集思广益，也避免了个别专家对不熟悉指标诊断的随意性。但是，这种方式也容易产生专家意见的相互影响，特别是容易受到某知名或权威人士意见的影响，使一些专家丧失独立性，形成一定的偏向性诊断。

2. 背靠背式评议打分

背靠背诊断是指参与诊断的专家之间不进行交流，每位专家根据对诊断企业情况的了解和自己的判断，发表意见，形成诊断结论，通过对每位专家的诊断结果进行综合，即得出定性诊断结果。这种方式避免了专家之间的相互影响,发挥每位专家的判断能力,增强了专家诊断的客观公正性和独立性。但容易造成专家对诊断对象认识的角度、深度等不同,容易产生意见分散的现象。

目前,通常情况下是以背靠背方式进行评议打分为主,通过加权平均得出结论,这样可以解决诊断结果分散和在一定程度上个别专家对个别指标诊断的主观随意性问题。

(资料来源:盛骏飞,高立法.企业全面诊断与综合治理[M].北京:中国时代经济出版社,2004.)

10.1.7 企业常见病症

1. 企业人事方面的病症

(1) 机构臃肿,人浮于事。事少人多,无事做,或因人设事,效率低下。

(2) 员工低能。企业员工新手多,熟练工少,知识技能差,工作效率不高,不精干。

(3) 员工士气低落。人员安排不当,未实行量才录用。员工缺乏成就感或荣誉感,积极性不高,同时也缺乏责任感,责任心很差。

(4) 员工不稳定。人员流动性大,短期行为多,做一天算一天,人员变动像走马灯似的。

(5) 员工不和。领导与领导之间,领导与员工之间,员工与员工之间不团结,不合作,争吵多,矛盾多,相互攻击,争权夺利,闹派系,帮派气氛浓厚,相互排斥。

(6) 员工缺德。拉关系,图私利,损公利己,营私舞弊,纪律涣散,违法行为增多。

(7) 人员家族。重用家庭人员,轻视非家族人员,对非家族成员进行排斥和不信任,不量才使用。非家族成员虽有职位,但徒有虚名,无实权,无法发挥非家族成员的积极性和才能。

(8) 员工疲劳。工作时间长,长期加班加点,劳动强度过高,人员疲劳不堪,不能劳逸结合。

(9) 缺乏激励。对员工赏罚不分明,无奖励无鼓励,或重罚轻奖,缺少激励性措施。以致员工墨守成规,或消极怠工。

(10) 员工不安全。滥解雇,滥处罚,职业无保障,环境条件差,生产条件差,职业病增多,生产不安全。

(11) 员工组织混乱。安排人员缺乏组织化,职责不清,权限、任务不明,责任分散,行为涣散。

(12) 人才贫乏。所需技术人才、管理人才缺少,缺乏智力开发能力,不重视引进人才工作。

2. 企业财务方面的病症

(1) 资本缺乏。表现为资本少,不能满足正常经营所需要的资金;有注册资本,却无资本投入,或已经投入资本后又抽走,使企业没有实际资本,形成无资本企业。

(2) 资本结构。企业的实收资本中固定资产、无形资产占的比重太大,而现金占的比重太小,资金周转不灵,甚至连正常的开办费用都无法支付。

(3) 盲目集资。筹集资金时,不核算资金筹集的资本,也不核算资金筹集后的收益,只要能筹集到资金就行。资金成本率高于收益率,造成企业资金筹集越多,亏损越严重,最后导致企业破产。

(4) 货币资金短缺。企业的库存现金和银行存款短缺,产生资金周转困难。

(5) 资金呆滞。材料、半成品、产成品超贮积压、不适用、不适销、不配套、质量低劣等方面的原因,造成资金周转呆滞,影响资金快速周转。

(6) 应收款膨胀。企业的赊销货款过多,催收无力,或因为客户经济困难而拖欠;或者是企业内部人员借款宿账过多等原因,使企业的应收款膨胀,资金长期被人占用,影响资金周转,造成资金运用困难,甚至不能收回,造成坏账死账。

(7) 盲目预付订金。企业求货心切,在不了解供货方信用和是否有货的状况下,不适当地预付订金;或者企业有人滥用职权,营私舞弊,内外勾结,假借预付订金名义,将内部资金全部抽走,占为己有,予以侵吞;或者受骗上当,被人骗取货款。

(8) 固定资金肥大。企业盲目购置机器设备,造成设备闲置,或不适用,使陈旧过时、缺损零配件而不能使用的固定资产过多,且长期未予清理,从而造成资金积压。

(9) 销售费用。不必要的交际费、回扣、推销费、广告费及差旅费等过多支付。

(10) 销售成本。商品进价过高、售价过低,以致销售中的费用增多,使销售收入减少,而销售成本增加。

(11) 采购成本。常因采购员过失,从而导致采购价高、质次、损耗多,以及舍近求远去采购,增加采购费用和运费;或营私舞弊,与供货方勾结抬高进价,使采购成本过高。

(12) 虚盈。利用会计技巧,故意造假,或压低成本、费用,或虚增收入。

(13) 虚亏。利用会计技巧,故意造假,虚增成本、费用,隐匿收入等。

(14) 利润分配。企业分配利润时,不按规定比例和程序分配,或不论盈利亏损照发奖金,甚至亏损时比盈利时发得更多。

3. 企业信息方面的病症

(1) 信息梗阻。企业内部各种信息不能在各个部门和员工之间良好传递,情况互不沟通。

(2) 信息呆滞。企业内部的各种管理报告和情况,不能按时地迅速传递,致使信息失灵,延误时机。

(3) 信息失误。企业获得的信息不真实、不准确,致使获得的信息不能作为决策依据,甚至使决策发生错误。

(4) 信息迟钝。企业对市场供求变化、国家政策变化、价格变化、税收税率变化、竞争对手策略变化等对企业可能产生的影响反应不快,缺乏敏感性,以致丧失时机,遭受损失。

4. 企业销售方面的病症

(1) 销售目标。销售方针和销售目标的制订、决策方向不明确,销售规模、销售收入以及销售成本与利润没有明确。

(2) 销售政策。销售价格政策、销售优惠政策这两个方面制订得不够正确。实行销售折扣和赊销政策,就会使企业销售收益减少。应收账款过多,既会使销售收入减少,销售成本增加,又会使企业资金长期被人占用,影响资金周转,造成经营困难。而一旦发生坏账,就会使企业损失惨重。

(3) 销售品种。销售商品的品种、款式、色泽、档次等不能适合时令、地区消费习惯、消费水平和市场变化的需要,致使适销不对路,不能打开销路。只经营单一品种或专业商品,影响销售业务的扩大。

(4) 销售网络。销售网点设置不当,影响销路的打开。

(5) 销售渠道阻塞。商品销售渠道不畅通,销售渠道的选择不适当,致使销路不佳。

(6) 销售能力缺乏。销售人员缺乏推销能力,销售方法不灵活,人均销售额低。

(7) 促销。销售广告效果不佳,选择广告的传媒方式不当;推销方式不够正确,销售人员过少,或能力低下。

(8) 销售合同。签订合同时,对销售合同的内容不明确,或不了解客户的经济状况和信用程度,盲目签订合同。发货后货款不能及时收回。执行合同时,将商品发错,导致退货。

(9) 销售收款。企业内部管理混乱,货物发出,不及时收款,有的遗忘收款,或货款被人拖欠。

(10) 销售收入。销售款少收,或收入的货款不入账,或利用会计技巧记入其他账户,予以隐匿,进行舞弊。私吞销售货款,或销售人员内外勾结,多发货,少收款,将余款私分。

5. 企业采购方面的病症

(1) 购进商品、材料不适。购进的商品品种、规格、款式、质量不适销;购进的材料品种、规格、质量不适合生产需要,造成资金积压。

(2) 购进过多。不按采购计划规定的数量采购,盲目地大批量购进,造成资金积压,增加贮存费用。

(3) 进货渠道梗塞。进货渠道不畅,进货地区的货流不足,运输不畅通,或渠道选择不当。

(4) 采购成本过高。采购人员对市场价格未作调查,不了解市场价格,或因收受钱财,使进价增加。

(5) 订购合同。订购合同的内容、条款不明,或写错规格、品种、数量,或因求货心切,盲目预付订金而上当。

(6) 收货验收。材料、商品、物资、设备购进后,未经验收就入库;或对材料、商品的品种、规格、质量、数量验收不严格;或验收人员收受钱财,形式上验收,实际不验收等,致使企业购进的材料,发生品种、规格不符、数量短缺、质量低劣,而使企业造成损失。

6. 企业生产方面的病症

(1) 生产盲目。企业不了解市场需求和产品周期的变化。投产时,生产无计划,或制订的计划违背消费者的需要,或销量不大,造成积压。

(2) 产品质量。企业对产品的生产质量不够重视。粗制滥造,偷工减料,使用低劣材料,生产伪劣产品,从而造成产品质量低劣,废次品增多,退货率高。

(3) 产品性能。产品的性能低劣,功能单一产品的性能达不到标准要求,质量不佳,无法销售。

(4) 产品产量。机器设备陈旧,或未充分发挥机器设备潜力和功能,或因人员技术水平低,或生产人员积极性不高,或停工待料、机器发生故障未能及时维修,从而使产量低下,生产效率不高。

(5) 产品开发。企业习惯于传统产品的生产，墨守成规，保守经营；企业产品缺乏更新换代的能力，技术力量差。不能及时应用新技术、新材料，缺乏创新意识和开发新产品的能力，新产品开发能力薄弱。

7. 企业在会计方面的病症

(1) 账户设置。不按会计制度规定的科目设置账户，或总账与明细账户设置错误，或账户体系不完整，影响会计核算的正确性和完整性。

(2) 账簿设置。账簿体系不完整，或设置两套账簿，甚至三套账簿，以便造假。

(3) 账户应用。不按规定记账，如发生应收账款，记入应付账款，以及应收账款与应付账款混用一个账户，致使企业到底有多少应收账款和应付账户算不清楚，造成“混账”(账户混乱不清)。

(4) 会计原则。会计原则的应用错误。

(5) 账务登记。账务登记时发生的错记，常见的有：账户记错、数字记错、借贷记错，以及漏记、重记等错误。

(6) 账务处理。不按规定的原则和科目入账。如前述将销售收入列入应付款，或不入账等，或将预付货款列作应付款的借方处理。

(7) 成本计算。成本项目出现错误，以致产品生产成本的计算不准确，不真实，并造成前后期成本不一致而失去可比性；产品生产成本核算程序出现错误。未能按规定程序核算，致使产品成本不准确；产品生产成本和销售成本计算方法前后不一致，使成本失去可比性；不通过计算，就随意地确定一个成本数。

(8) 利润计算。计算利润时对无关收益与费用、成本等应调整项目未在结账前调整，以致造成利润计算错误。

(9) 原始凭证。凭证造假，是指企业未发生经济事实的一种原始凭证，据以登记入账。常见的有：进货发票、销售发票、收款收据、付款收据、收货单、发货单等单据，属于舞弊行为；凭证失真，此类弊病主要表现在：经济事实已经发生，但原始凭证上所列的内容与实际发生的不符，失去真实性和准确性，也属于舞弊行为；篡改凭证，此类弊病常表现：在对原始凭证上的数字、金额、日期等内容私自进行涂改，行为人从中进行贪污舞弊。

8. 企业行政管理方面的病症

(1) 机构庞杂重叠，人浮于事，分工不明，职责不清，效率低下；或者机构过小，人员紧缺，影响经营。

(2) 权力集中。权力不集中，多头指挥，互不协调；或者权力过分集中，形成独断专行。

(3) 管理制度。各种管理制度不全，不完备，缺乏章程。

(4) 统计报表。统计报表泛滥，只统计，不分析；或者搞数字游戏，不作实际调查，迷信数据。

(5) 监督检查制度。缺乏严格监督检查，或是有了监督检查制度不予重视或不执行。

(6) 缺乏责任制。未建立岗位责任制度，或建立了岗位责任制度，但不予重视执行，流于形式。

(7) 实行家庭式管理。重用家庭成员，轻视非家庭成员，任人唯亲。

(8) 管理方式。管理方式方法不当，缺乏规范化、标准化。

(9) 奖惩制度。缺乏考核、奖惩和合理化建议制度。

活动设计

各模拟公司寻找并深入了解当地某一中等规模企业，为该企业生产经营管理的某一方面或几方面或综合方面的诊断，制订切实可行的诊断方案，并提交诊断过程的全套材料，如诊断过程记录、访谈材料、调研问卷、诊治报告等。

实训成果

各模拟公司提交符合活动设计中要求的《××公司/企业病症诊断方案》一份。

实训考核

实训考核主要分为四个阶段。

阶段一：实训成果汇报(8～10 分钟)

各模拟公司推选一名代表采用 PPT 形式进行任务 10.1 实训成果汇报。

阶段二：答辩与质询(5～8 分钟)

首先，汇报方接受来自其他模拟公司成员及老师对相关问题的质询；最后，学员“评审团”(由各模拟公司选派一名代表组成)至少推举一名代表进行评说。

阶段三：师生联合考评(3～5 分钟)

学员“评审团”会同实训指导老师一起按考评标准对各个模拟公司的实训成果进行评定(学员“评审团”与老师的考评分数分别占总成绩的 40%与 60%)。

阶段四：对比式点评(5～8 分钟)

由实训指导教师对各模拟公司的实训成果进行对比式点评，指出好的方面，并分析指出不足之处存在的原因及进一步改进的措施。实训任务 10.1 结束。

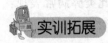

实训拓展

W 乳品公司的营销诊断

一、W 公司营销现状

W 乳品公司于 2001 年 2 月筹建，同年 6 月试产销共有四大类 25 个品种与规格的液态奶产品：塑袋系列有 11 个品种与规格，产品线较长，以含乳饮料为主；屋型纸盒系列有 4 个品种 7 种规格，产品线较短，主要包括纯鲜牛奶与乳酸菌饮品；塑杯与塑瓶产品作为补充产品线不再赘述。

该企业销售范围在本省市场分两大市场区域：省会市场与省内外埠市场。省会市场的销售额占 55%，其中奶站、学校市场等通路占据 25.5%，商超通路占据 29.5%。产品进 A 类店 11 家、B 类店(包括小型连锁门店)90 家、C 类店 23 家，设立 12 家奶站，发展了 1000 余户的送奶家庭，开发了部分学校、酒店通路。外埠市场的销售额占 45%，已发展 8 个地级市与 40 个县级市的经销商，地市级覆盖率达到 80%，县市级达到 46.5%。经销模式均为总经销制。地县两级经销商发展的网络重点是直营的送奶到户，销售比重分别占据各自的70%与90%。另一渠道为酒店，无商超渠道，社区零售渠道也非常薄弱。2001年6～12月销售走势除11月略有下降外，销售额逐月增长，月均增长幅度在80%左右，但从10月起增长明显减缓。W公司运作半年来实现各类产品销售额230万元，其中91.8%的销售额来自塑袋与屋型纸盒系列产品，与最初制订的2001年销售额指标相比完成率仅为34.1%，差距甚大，迄今为止，每月亏损额在20万～30万元。

二、市场环境

W公司地处内陆省会，该城市居民约150万人，居民平均月工资500～600元。全省人均年乳品消费量在国内处于偏低水平，省会市场具有代表性乳品消费正处在低级与不成熟阶段，消费者将奶与奶饮料混为一谈。市场主导品种为含乳饮料，纯鲜牛奶消费比重低，低档的塑袋产品比例大，中高档的屋型纸盒产品比例低，产品小规格多于大规格，订奶消费群体不稳定，随机性购买比例高，重度和中度消费群比重较低，对产品价格敏感，关注产品味道超过牛奶本身的营养价值。

乳品销售渠道方面，巴氏塑袋牛奶的主力渠道是当地的早餐摊点，星罗棋布，随处可见，构成了一个覆盖面相当广泛的网络体系，约70%的地产塑袋含乳饮料、纯鲜牛奶通过它销售。单纯开展塑袋牛奶订取业务的奶站数量很少，送奶上门的直营通路也刚刚起步，销量占比不大。塑袋系列产品的另一主要通路是中专、大学的学生食堂。

屋型纸盒牛奶的主销渠道是大型超市，也有一些企业在食品店、自选商店等投放冷柜来拓展屋型纸盒牛奶的销售通路。在省会城市，现代零售业态刚刚起步，全市有冷链设施的商家不超过15家，传统的中小型百货店、食品店、自选店以及杂货店仍是主流。因此，中高档冷链乳品面临两大问题：一是可利用的商业销售冷链资源少，众多品牌对商业冷链的争夺成为焦点，产品能否放进冷柜、能否抢占更佳更大的陈列位置，在很大程度上决定产品的竞争力；二是产品的定价与促销配合如何适应大型超市的价格取向与运作模式，使产品更具竞争力。

三、对W乳品公司的营销诊断

1. 竞争者分析

在当地，主要竞争者有两家，均为本地企业。A企业以生产液态奶为主，产销量目前居全省第一，液态奶市场占有率达48%。产品中含乳饮料有较长产品线，尤其是乳酸型饮品有较强竞争力，而袋装系列产品有较强的价格竞争力，且能用价格战阻止竞争者入侵。此外A企业在销售渠道上已垄断早餐摊点，在中专、大学食堂与食杂店的铺货率也相当高，并已渗透某些特殊渠道。但其塑袋纯鲜牛奶产品线不强大，屋型纸盒产品线短且缺少大规格包装，定价过高，尤其是作为主力产品的草莓酸奶价格有较大的被攻击空隙。

另一竞争者B企业近几年涉足液态奶领域，其产品特点不明显，无强势产品线，也无性价比优势，且早餐摊点铺货率低，订奶、送奶网络还不强大，但其在渠道上率先开展送奶上门业务，目前占据当地送奶上门市场最大份额，在当地液态奶市场份额居第二位。

2. W公司的主要营销问题

(1) 经营战略：缺乏前瞻性与差异化，盲目跟风，同质化运作

W企业既缺乏对行业发展趋势的了解与把握，也没有对当地乳品消费的潜在变化做

深入的调查分析,仅凭感觉与简单模仿当地领导品牌的经营思路来确立公司的经营战略,在战略上可谓是盲目的跟随者。在具体市场运作上,突出的问题是同质化,以己之短攻他人之长,与当地领导品牌正面交锋,而不是侧翼包抄抢占市场空白点。

(2) 产品

微利的产品线长,同质化程度高,缺乏竞争力;而具有竞争力的产品线短,差异化优势不明显。

微利产品集中于塑袋系列产品有11个品种与规格,以含乳饮料为主,平均毛利率只有7%。一般而言,这类低端产品应以扩大市场占有率为主,即以量取胜,薄利多销。由于这类产品在当地市场相当普遍,且产品同质化程度高,价格就成为竞争焦点,而此类产品是当地领导品牌A企业的强势产品,A企业已占据了塑袋含乳饮料70%的市场份额,并且此细分市场的需求已基本饱和。因此,对W公司来讲,要想扩大这类产品的销量,只有用更低的价格从竞争者那里抢得一部分市场份额,然而W公司在该产品线上的毛利空间决定其无法再降价。鉴于此,根据市场实际情况,必须要对W公司的这条产品线重新梳理,采取新产品开发与旧产品淘汰相结合的办法提高销量与毛利率。

屋型纸盒系列产品在当地市场属于刚刚培育起来的新品类,在这类产品上,W公司与当地领导品牌相比不显弱势,并且还独家推出950毫升大规格包装的纯鲜牛奶,在市场中占有一定竞争优势。然而,这条产品线却很短,只有4个品种,产品的差异化优势也不明显。

(3) 渠道

① 省会市场塑袋牛奶渠道管理重心高。

W公司在全市设立16个分销商,管理重心在分销商这一层不参与零售终端的开发与管理,全凭分销商的意愿力量来自由地发展下线网络。事实上,这些分销商目前没有实力将产品广泛分销。

W公司对零售终端的开发与促销支持不力,终端网络开发的重点是领导品牌垄断的早餐摊点,而W公司的塑袋系列产品在品种、品质、价格等方面都没有明显的差异化优势,造成分销商在早餐摊点渠道中铺货开展很困难。目前已有一半分销商退出。此外,对重点超市缺乏有效的终端管理,产品陈列没有标准、供货不及时,对超市的配送接口存在问题,没有对导购人员进行培训,缺乏有效的促销计划等。

② 外埠市场重点市场区域不突出,四面出击,市场开发资源被浪费,经销商实力弱,分销能力有限,产品与服务覆盖网络少,导致产品铺货率低,严重影响了产品的可见性与可得性。受利润空间限制以及承受不了超市各类费用的重压,担心货款风险,经销商不愿向本地超市供货,这给公司带来两方面损失:一是公司品牌知名度在当地市场的提升受到抑制;二是毛利率较高的屋型纸盒系列牛奶无法进入这些市场销售。

(4) 价格

公司同品种不同规格产品之间的比价存在一定程度的不合理,这不利于大规格产品的销售。在前期公司的屋型纸盒纯鲜牛奶、乳酸菌饮品在商超里的定价比较高,不适应大型超市的价值定位,并且采取长期的买赠促销,这种将日常售价定得较高配合强促销手段对于新品牌来讲可能会造成:

① 随着促销周期拉长,促销的边际效益不断下降。

② 消费者容易对产品形成“参照价”,这个参照价就是促销折扣价,它远远低于正常售价,将遏制今后正常价格的恢复。

③ 当一个知名度较高的竞争品牌也采取买赠促销时,新品牌的促销效力就会立刻被瓦解。

(5) 促销

W 公司没有对不同产品、不同通路制订出较长期的促销计划,多数促销决策都是匆忙作出的,没有足够时间规划与准备,导致目标短期,管理粗放,漏洞百出。

此外,对外埠市场经销商的返利与折扣政策疏于管理,随意性大,大多没有与销量指标挂钩。发往经销商的产品海报、宣传单、广告礼品等大部分压在经销商的仓库里而没有派上用途,公司对此疏于检查与监督,促销与推广资源浪费严重。针对大型超市也没有一套有效的促销办法。

四、W 乳品公司的营销修正

1. 优势

就目前而言,塑袋纯鲜牛奶与屋型纸盒纯鲜牛奶在当地市场有一定的竞争力,蕴含较大的发展空间。W 公司对屋型纸盒纯鲜牛奶、草莓酸奶饮品的价格进行了调整;再者,其纯鲜牛奶产品规格比竞品多,因此在大型超市中比当地领导品牌有更大的竞争优势。W 公司放弃了强攻早餐摊点,转而将送奶到户作为差异化渠道策略,以期打开牛奶家庭消费市场。同时已将功能型乳品开发作为重点,这符合当地乳品消费的未来趋势。

2. 机会点

(1) 市场空间大:该省人均年乳品占有量低,市场发展潜力巨大,存在大量市场空白点。

(2) 纯鲜牛奶市场不断扩大是乳品消费发展趋势。随着受过良好教育、经济收入较高的人群比例提高,这部分人将是引导乳品消费的中坚力量,纯鲜牛奶市场将成为当地乳品市场中最大的一个细分市场。对于新企业来讲,把握住了市场需求的趋势性就等于抓住了市场机会,可以利用这些市场机会来培养自己的竞争优势。

(3) 从当地乳品消费现状来分析。

市场需求将发生两大变化:①市场消费主流由含乳饮料转向纯鲜牛奶;②由需求基本一致的大宗市场转向需求裂变的细分市场。需求变化趋势将朝着三个方面发展:功能与保健、蕴含健康主题的休闲与时尚、便利。鉴于此,功能保健型乳品、酸奶饮品将会有很大发展空间。同时便利性需求的强化将促进廉价、常温下保质期较长的乳品种类的发展,同时也会带来乳品分销体系的变革。W 公司如能做好研发人力资源、营销等工作,将会在新一轮市场竞争中胜出。

(4) 随着饮用牛奶的家庭成员增多,家庭消费市场规模将迅速膨胀,对大容量规格产品的需求会明显上升,这一点当地竞争者目前还没有意识到。

(5) 随着大型超市成为省会最主要的零售终端,其完善的销售冷链设施将促进屋型纸盒牛奶的快速发展。大型超市购物环境的特征,为企业通过终端的产品标准化陈列、售点的生动化等手段来树立品牌形象创造了条件。

3. W公司的新营销实施方案

通过以上细化分析,W乳品公司重新修正了营销方案并付诸实施。

(1) 营销战略

① 以扩大市场规模为目标。由于潜在需求量大,空白市场多,市场拓展避开被当地领导品牌占据的细分市场,关注新的细分市场,集中资源开拓新市场。

② 以价值营销为核心。为顾客提供更高的总价值的同时降低顾客的总成本,使顾客得到的让渡价值不断提升,借此来形成企业持久的竞争力。

③ 以差异化策略为手段。无论是进入新的细分市场还是为顾客创造更大的让渡价值,都必须以差异化策略为基本保证。差异化将集中体现在产品策略、渠道策略与促销策略上。

(2) 产品策略

重点发展短保质期的塑袋产品线与屋型纸盒产品线;利乐枕纯鲜牛奶将作为常温产品线的重点;重点开发特浓纯鲜牛奶;各类功能保健型乳品。

屋型纸盒纯鲜牛奶;功能保健型牛奶以大规格为重点,酸奶饮品以小规格为重点塑袋系列产品以227克或250克为重点。

① 塑袋产品线。通过新品开发来提高整条产品线的毛利率,重点开发特浓纯鲜牛奶、高钙牛奶、高铁牛奶、DHA牛奶、强化维生素AD牛奶、免疫牛奶等新品,稳定现有含乳饮料的品质与口感。淘汰现有品种中的125克规格产品。在低价产品线中由于包装成本的因素,小规格产品毛利率非常低,所以要淘汰一些没有市场竞争力的低利润含乳饮料品种,重新设计产品包装,增加包装的统一性与识别性。

② 屋型纸盒产品线。开发新产品,延伸产品线,占领低、中、高不同档次的市场。

从现有的纯鲜牛奶中分离出纯鲜与特浓两种产品,开发高钙牛奶、高铁牛奶、DHA牛奶、免疫牛奶等新品。

现有的果汁酸奶饮品再延伸出一个225毫升或250毫升的小规格包装,吸引即时饮用的购买者及对价格敏感的顾客群,重新设计产品包装,增加包装的统一性与识别性。

(3) 价格策略

确定每条产品线的平均毛利率,塑袋系列产品的平均毛利率不低于10%～15%,屋型纸盒系列产品的平均毛利率不低于20%～25%,利乐枕牛奶的平均毛利率不低于20%,确定每条产品线中的低毛利,跑销量品种与高利润品种分别采取不同的定价策略。

跑销量品种:塑料袋含乳饮料系列、塑袋纯鲜牛奶、屋型纸盒500毫升及950毫升纯鲜牛奶、屋型纸盒500毫升草莓酸奶饮品,这类产品采取渗透式定价。

高利润品种:各类包装的功能保健型牛奶、屋型纸盒果汁酸奶饮品等这类产品采取撇脂式定价。

另外,提高小规格产品的毛利率使其与大规格同类产品的比价合理。同一产品在大型超市与B类、C类商店的正常零售价要有5%～6%的差价。

(4) 渠道策略

① 省会市场

a. 塑袋系列产品渠道策略,扁平化直营式,掌控终端、送奶到户为主兼顾社区零售。

第一步,在全市范围内设立4～5个分销储运站,每个站负责各自辖区客户开拓,建立广泛的零售网络，并且负责辖区的配送与售后服务工作。每个站配置相应的业务人员与配送车辆。分销储运站还将全面负责各自辖区针对居民或零售终端的促销工作。

第二步，在4～5个分销储运站的基础上，根据开发的送奶到户的家庭数量，在自己的辖区内再将地块分割，下设若干个配送点。

b. 屋型纸盒系列产品渠道策略。全力做好A类店，抢占渠道制高点，全面进入B类店，求得产品覆盖率，选择进入C类店，补缺市场空白点。

A类店(大型超市)是屋型纸盒牛奶的主力销售渠道，预计60%～70%的销售在此通路实现。针对A类店必须做好：保证及时供货全品上架，争取最佳陈列位置与更大陈列面，派驻导购人员，做好售点生动化工作等。

② 外埠市场强化经销商的分销

配送能力帮助经销商建立起两条分销渠道：一是送奶到户配送点分销；二是零售终端的分销。构筑起两个网络：产品覆盖网络与服务覆盖网络。

公司直营外埠市场的商超渠道首先在地市级范围内实施，遵循宜精不宜滥的原则，选择一些人流量大、信用好的商超开始供货，公司派驻外埠市场的业务员完全本地化，以降低销售费用。业务员要帮助经销商对终端实施精耕细作。

(5) 促销策略

推广的重点市场区域：省会市场。

推广的重点产品：纯鲜牛奶、功能保健型牛奶、果汁酸奶饮品。

推广的重点渠道：社区送奶到户与大型超市。在大型超市举办促销活动，突出周期性与短期性，以推广新品为主，加强双休日特价或买赠促销活动。针对订户促销推出首次订购优惠，并对持续饮用本公司产品一定时期的消费者给予不同等级的折扣优惠，推出客户银卡、金卡、钻石卡。

外埠市场的促销活动与经销商签订销量指标协议，根据完成率，促销费用由公司全部承担或由公司与经销商按比例承担，此举旨在加强经销商对促销的责任感。针对经销商的通路促销返利与折扣，必须与经销商的销量挂钩，做到事前有指标、事后严审核。

(资料来源：路亭亭. W乳品公司的营销诊断[J]. 市场营销案例，2005(4)：52-54.)

任务10.2　企业病症治理

任务要求

各模拟公司成员在实训任务10.1的基础上，为该企业进行有效的病症治理。

训练步骤

步骤一："企业病症治理"重要性认知

由实训指导老师介绍该项目实训的目的与要求，对治理企业经营管理病症的实际应用价值予以说明，调动学生实训操作的积极性。

步骤二："企业病症治理"相关知识"再现"

实训指导老师适当介绍"企业病症治理"的相关知识，如成立企业病症治理机构、制订实施企业病症诊治方案、撰写企业病症治理报告等。

步骤三：相关实例研读

各模拟公司成员认真研读"企业病症治理"方面的实例，作为本实训项目操作的参考。

步骤四：相关资料搜集

各模拟公司根据"企业病症治理"的实训要求，查找与实训任务相关的信息资料，为顺利开展实训做好充分的准备。

步骤五："企业病症治理方案"制订与实施

各模拟公司针对该公司的常见病症，制订切实可行的"××企业病症治理方案"，并实施。

步骤六："企业病症治理报告"撰写与提交

各模拟公司提交符合要求的《××企业病症治理报告》一份。

实训指南

10.2.1 企业病症诊治程序

企业诊治程序如图 10-4 所示。

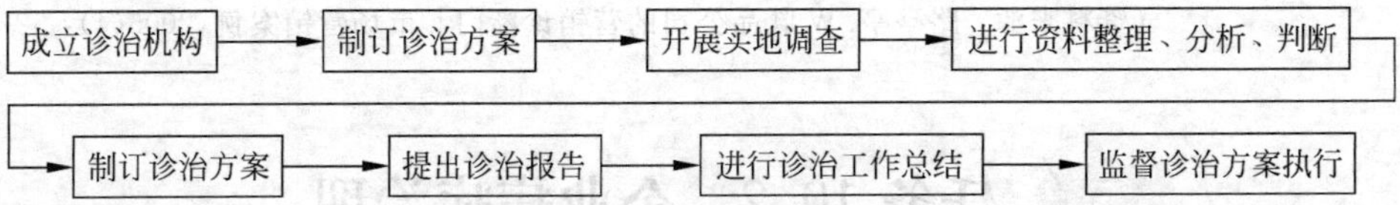

图 10-4 企业诊治程序图

10.2.2 建立诊断治理工作机构

企业诊断治理是一项高层次、政策性、技术性很强的工作，无论自行诊断治理或外聘诊断治理，都应组成专门领导机构来进行组织实施。

1. 机构组成

诊治机构的组成主要由企业主要领导人员、部门领导、经济、技术、财务等技术人员以及外聘专家等组成。

2. 主要职责

诊治机构的主要职责是：全面负责诊断治理工作的政策方向指导、组织实施协调等。具体表现为：

- 制订企业诊断治理工作方案
- 收集、审核诊断治理基础资料及数据
- 实施具体的诊断治理操作
- 提出治理企业的建议方案
- 写诊断治理报告
- 建立诊断治理档案
- 其他有关工作

3. 设计诊断调查表

设计调查表交被诊断单位填写。

10.2.3　制订诊治工作实施方案

诊断机构要根据具体的诊断治理的目的、对象、工作计划、时间进度、工作要求等来制订受诊单位的诊断与治理工作实施方案。这一实施方案应包括以下几项。

1. 诊治目的

诊治目的是开展诊断治理工作的前提。为此，诊断机构首先应明确本次诊治的目的，并使各项具体工作围绕该目的进行。

2. 诊治对象

在对受诊单位进行诊治之前必须明确其诊治对象，它往往是指所要进行诊断治理的是整个企业的全面性工作，还是企业的某一方面或某几方面的工作。

3. 诊治依据

诊治依据是指开展诊断治理的经济技术指标标准。如对公司进行诊断，其诊断依据就是采用财政部按年度发布的《企业效绩评价标准值》等有关规定。

4. 拟用的诊治方法和工具

诊治方法和工具是指诊治工作具体所运用的诊断方法，如效绩评价法、问卷测评法、波士顿矩阵法等。

5. 诊治工作步骤及时间安排

诊治工作步骤及时间安排是指实施诊治工作的具体工作程序和时间要求。

6. 诊断治理责任者

诊断治理责任者是指各项目负责人和工作人员的各自分工及职责。

7. 有关诊断治理工作的其他要求

- 要求诊治组成员要主动耐心，不要傲气
- 要献计献策，不要抱怨责备
- 要保护诊断企业的商业秘密
- 要虚心听取各方面意见，防止主观片面
- 要坚持谦虚谨慎，戒骄戒躁等

10.2.4 诊治信息资料的调查、收集与分析

正确的诊治结论和切实可行的改革建议是建立在掌握大量客观的真实材料的基础上的。因此,诊治机构就需要到受诊单位采用问卷调查、专项调查、座谈会、建立员工意见箱、听取领导意见等方法来调查和收集受诊单位的基础数据资料。如企业基本情况;人员结构情况;近三年的财务报表及说明书;科技及新产品情况;生产销售状况;市场及产品情况;今后发展规划及设想;企业规章制度;酬薪制度等。

当然,也需要收集同行业及其他企业的相关信息资料。对调查与收集的信息资料进行核实,在确认其全面性、真实性以及指标口径一致性的基础上,再运用专门的方法与工具对其进行分析,最后来做出正确判断结论,确认症结之所在。

10.2.5 制订企业病症治理方案

制订科学可行的治理方案是关系到诊治成功与否的关键。一般而言,全面诊断的治理方案一般应包括以下主要内容。

1. 经营战略治理方案

经营战略的治理内容主要包括:

- 企业任务是否明确
- 战略目标是否准确
- 战略步骤是否清楚
- 战略重点是否突出
- 战略措施是否有效
- 战略实施和战略调控是否有力
- 危机管理是否到位等

2. 组织结构治理方案

现代组织设计与内容单一的传统组织设计的重要区别是内容全面、程序完整。其治理方案主要有:组织结构本身的职能设计、框架设计、协调方式设计是否全面、完整。运行制度中的规章制度设计、人员设计、激励制度设计是否全面、科学,能否保证组织结构正常运行。

3. 人力资源治理方案

人力资源管理治理方案的内容应包括:

- 制订正确的招聘政策
- 积极招募录用专业人才
- 科学配备人员
- 保持组织高效
- 建立科学的考评制度
- 提高员工对报酬的满意度
- 用先进的科学经验管理员工
- 加强职前教育与员工培训

- 提高员工技能水平
- 培养激励的温床，让员工热情奉献，改善沟通技巧，建立坚强的集体

4. 资金运营、财务管理治理方案

财务管理治理方案应包括：

- 资金筹措与运用是否合理
- 资金运用是否有效
- 资金预算、资金控制是否得力
- 资金管理责任制是否明确
- 资金使用效果如何考核
- 会计核算、会计报告审核等

5. 市场营销及产品治理方案

市场营销治理方案应包括：

- 目标市场的选择
- 如何赢得顾客和忠诚
- 怎样做好售后服务
- 如何保护顾客利益
- 竞争性策略制订(如进攻型策略、游击型策略、防御型策略、反击型策略等)
- 市场营销组合策略(如产品策略、定价策略、渠道策略、促销组合策略等)

6. 生产与运作管理治理方案

生产运作系统就是通过对生产要素及其他方面的投入，通过物理变化、化学变化、位置变化等转换过程，产出有形的产品和无形的服务。

生产管理的目标主要有：一是产量和质量；二是交货时间；三是成本；四是柔性，即应变能力。

生产与运作管理治理方案应包括：

- 生产运作过程的管理是否科学
- 是否注意“三本”的管理(以人为本、降低成本及资本运作)
- 生产管理基础工作，即标准化、统计、定额、计量、情报信息、制度、文献管理、信息系统是否完善
- 成本控制是否有效、怎样降低成本消除浪费
- 及时化生产，即在需要的时间，按照需要数量、生产需要的产品，做得如何
- 5S 管理学习推动如何使人们的生产管理达到简单化、可视化、高效化

不论何种治理方案，其制订应遵循切实、可行、简洁、有效的原则，切忌形式主义。

10.2.6 撰写企业病症诊治报告

诊断治理报告是诊断治理小组在完成诊治工作后，向受诊单位提交的，用于说明诊断的目的、程序、标准、依据、结果及治理方案的文件。

1. 诊断治理报告的结构

诊断治理报告是由封面、正文和附录三部分组成。

正文主要是写明诊断的对象、诊断依据的资料来源、诊断指标体系及方法、采用诊断标准值、诊断责任。除此之外，还应描述企业的基本情况、诊断结果及结论。同时，也需要弄清楚影响企业经营的外部因素、企业未来发展状况的预测等。

2. 撰写诊断治理报告的注意事项

诊断治理报告的撰写要做到真实、准确地反映受诊单位的健康状况，工作组成员和专家对诊断的结论和有关结果应进行充分的分析与讨论。具体撰写时还应注意以下几个方面。

(1) 诊断治理报告要有明确的诊断结果和结论。

(2) 诊断治理报告要求语言简洁规范，思路清晰。

(3) 诊断结论要做到依据充分、表达准确，避免使用模糊、容易产生歧义的文字描述。

(4) 诊断治理报告要维护企业的商业秘密。

(5) 报告完成后由项目负责人签字(盖章)。

诊断治理报告的撰写应视具体情况而定。如果诊断治理由企业自行组织进行，其报告不一定按上述要求来进行。通常将诊断问题、问题描述、问题治理等列示清楚即可。

10.2.7 全面测评指标体系

1. 企业全面性测评指标体系的含义

所谓企业全面性测评指标体系，是指用于诊断企业生产经营及管理状况等多方面的非计量因素，是对计量指标的进一步补充。通过问卷测评的分析判断，可对计量指标诊断结果进行全面的校验、修正和完善，形成定量与定性诊断相结合的综合诊断结论。

2. 全面测评指标体系内容

全面测评指标是由八项指标构成。具体指的是：

- 经营者基本素质(其权数为 18)
- 产品市场占有能力(服务满意度)(其权数为 16)
- 基础管理水平(其权数为 12)
- 发展创新能力(其权数为 14)
- 经营发展战略(其权数为 12)
- 在岗员工素质(其权数为 10)
- 技术装备更新水平(服务硬环境)(其权数为 10)
- 综合社会贡献(其权数为 8)

10.2.8 企业诊断与治理实例

华表公司的问卷测评诊断实施过程实例

华表公司全面健康状况测评诊断是聘请社会上有一定知名度的六位专家组成诊断组，负责进行问卷设计、组织问卷调查和问卷统计整理。根据调查情况由诊断专家组经过评论做出诊断结论。

一、进行问卷设计

根据本次进行全面健康状况的诊断目的、企业的特点及初步掌握的有关情况，研究拟定出 30 个题目的调查问卷，并确定各指标权数、诊断等级及等级参数。

1. 企业全面诊断调查问卷

通过本"调查问卷"问答，旨在了解企业员工对本企业经营效绩情况的基本判断，为专家科学诊断企业健康状况提供基础素材。本调查问卷由企业外部诊断人员发放和收集，由一定数量或比例的企业中层管理人员和普通员工填答，填答结果不与相关企业领导人见面，不署名。

(1) 您认为本企业领导班子的管理能力怎样？

❑很强 ❑比较强 ❑一般 ❑较差

(2) 您认为本企业领导班子在用人方面有什么特点？

❑注重德才兼备 ❑用人唯亲 ❑重德不重能 ❑重才不重德

(3) 您认为本企业重大投资决策是否正确？

❑基本正确 ❑有一些失误 ❑经常失误 ❑不清楚

(4) 您认为本企业组织机构和岗位设置属于哪种类型？

❑机构设置合理，岗位精简高效 ❑机构设置合理，但同一岗位人员过多 ❑因人设岗，机构庞大 ❑一人多岗，职责不清

(5) 您认为本企业对下属子公司的管理怎样？

❑子公司有独立性，但母公司控制很严 ❑母公司干预过多，子公司没有自主权 ❑监督控制较松，近乎放任自流 ❑保持一定控制，但子公司具有很强的独立性

(6) 您认为本公司经营信息沟通渠道是否畅通？

❑拥有正常的沟通、传递渠道 ❑有正常的渠道，但主动沟通较少 ❑缺乏顺畅的沟通渠道 ❑不清楚

(7) 您是否经常提出合理化建议？

❑经常提出合理化建议，并得到领导采纳 ❑提出过合理化建议，但很少被采纳 ❑有过一些想法，但没有提过 ❑没有什么想法，领导安排干啥就干啥

(8) 您认为本企业是否重视技术改造？

❑很重视技术改造，并积极实施 ❑比较重视，但因为资金限制而无法实施 ❑不重视技术改造，设备老化 ❑不清楚

(9) 您认为本企业财务管理制度是否严格？

❑很严，近乎苛刻 ❑比较严，但有一定灵活性 ❑比较松，报销随意 ❑不清楚

(10) 您认为本企业基础管理制度是否健全？

❑制度过多过滥 ❑制度有空缺 ❑制度精简有效 ❑相关制度不配套

(11) 您怎样评价各项基础管理制度的贯彻实施情况？

❑形同虚设 ❑制度面前人人平等 ❑存在执行不平等情况 ❑不清楚

(12) 您认为本企业现行工资奖金分配制度体现了什么原则？

❑与职位挂钩 ❑与贡献挂钩 ❑综合考虑职位和贡献 ❑平均主义

(13) 您觉得现行工资奖金分配办法是否公正？

❑很公正 ❑比较公正 ❑还算可以 ❑很不公正

(14) 您认为本企业在"厂务公开"方面做得如何？

❑很好 ❑较好 ❑一般 ❑较差

(15) 您认为本企业主要产品或服务在市场上的竞争力怎样?

❑有一定的国际市场竞争力 ❑有较强的国内市场竞争力 ❑竞争力一般 ❑没有竞争力

(16) 您认为本企业主要产品或服务质量状况如何?

❑质量好,颇受顾客信赖 ❑比较好,但存在个别投诉 ❑质量一般,经常有投诉 ❑质量下降,正在失去顾客

(17) 您认为本企业技术装备水平如何?

❑处于国际先进水平 ❑处于国内先进水平 ❑处于国内较高水平 ❑处于国内较差水平

(18) 您认为本企业在质量控制上是否有严格的制度和程序?

❑控制很严 ❑控制比较严 ❑一般 ❑有制度但执行不严格

(19) 您认为本企业在市场开拓方面做得怎样?

❑盲目投入,收效较小 ❑重视不够,投入太少 ❑面对竞争压力,市场开拓意识刚刚萌发 ❑已经取得了较好成效

(20) 您认为本企业的售后服务怎样?

❑售后服务系统很完善 ❑售后服务比较好 ❑有售后服务承诺,但没有很好履行 ❑没有完善的售后服务

(21) 假定本企业发行股票,您有无兴趣购买?

❑尽力购买 ❑少买一部分 ❑绝对不买 ❑除自己不买,还劝别人也不要买

(22) 您认为本企业生产情况如何?

❑满负荷生产 ❑时有非正常停工现象 ❑经常停工 ❑不能正常生产

(23) 您认为本企业原材料和有关物资、设备利用与管理情况怎样?

❑管理与利用充分 ❑存在一定闲置与浪费现象 ❑闲置与浪费严重 ❑不清楚

(24) 您认为本企业是否注重安全生产?

❑很重视,并有严格的制度 ❑比较重视,并经常检查 ❑一般说说而已 ❑不重视

(25) 您觉得本企业工作环境怎样?

❑环境优良,注重保护职工身心健康 ❑环境尚可,具有一定保护措施 ❑环境较差,对职工身心健康有一定伤害 ❑工作环境恶劣,对身心健康影响较大

(26) 您是否知道本企业发展口号?

❑知道并理解 ❑知道但不理解 ❑知道一点 ❑不知道

(27) 您认为本企业与社区(企业所在地)的关系怎样?

❑关系协调 ❑关系一般 ❑时有矛盾 ❑关系比较僵

(28) 在近两年之内您接受过几次有组织的培训?

❑1～2 次 ❑3～4 次 ❑4 次以上 ❑没有

(29) 您认为本企业的经营管理是否存在短期行为?

❑既注重眼前利益,也注重长远利益 ❑相对长远利益来讲,更多地关注眼前利益 ❑只关注眼前利益 ❑不清楚

(30) 假如由您给本企业去年的效绩状况进行评价(100分为满分),您会打多少分?

❑90～100分 ❑75～89分 ❑60～74分 ❑45～59分 ❑45分以下

2. 组织问卷调查与整理

问卷调查结果是专家诊断评定的重要参考资料之一,问卷调查由诊断组人员亲自发放和收回,并做好问卷的安全和保密。

(1) 抽取样本量进行调查

根据人事部门提供员工名单,确定各部门及生产人员被调查人数。中层领导全部在调查之内。分小组,将抽查人员集中在一起独立回答,要求被调查人员不交谈、不相互抄,问卷由调查组成员统一收回。

(2) 统计调查问卷

本次调查共发出问卷100份,收回100份。对100份问卷统一编号并标明"有效"字样。根据设计的调查结果统计表进行统计,华表公司就30个问题,向100名员工进行调查。经统计整理如表10-1所示。

表10-1 调查结果汇总表

调查项目	答案A		答案B		答案C		答案D	
	票数	%	票数	%	票数	%	票数	%
(1) 企业领导班子的管理能力怎样	60	60	20	20	12	12	8	8
(2) 企业领导在用人方面的特点	50	50	20	20	20	20	10	10
(3) 本企业重大投资决策是否正确	20	20	30	30	30	30	20	20
(4) 本企业组织机构和岗位设置类型	40	40	20	20	26	26	14	14
(5) 本企业对下属公司管理如何	20	20	20	20	30	30	30	30
(6) 本企业经营信息沟通渠道如何	50	50	30	30	12	2	8	8
(7) 你是否经常提出合理化建议	40	40	30	30	15	15	15	15
(8) 本企业是否重视技术改造	20	20	26	26	30	30	24	24
(9) 本企业财务管理制度是否严格	40	40	30	30	20	20	10	10
(10) 本企业基础管理制度是否健全	50	50	30	30	15	15	5	5
(11) 你认为各项管理制度贯彻如何	40	40	26	26	18	18	16	16
(12) 企业现行工资奖金分配是否合理	20	20	50	50	20	20	10	10
(13) 企业现行工资制度体现原则	40	40	30	30	20	20	10	10
(14) 企业在"厂务公开"方面做得如何	60	60	30	30	5	5	5	5
(15) 企业产品在市场上竞争力如何	50	50	26	26	20	20	4	4
(16) 企业主要产品质量如何	38	38	24	24	24	24	14	14
(17) 企业的技术装备水平如何	30	30	20	20	24	24	26	26
(18) 企业在质量控制上是否严格	46	46	24	24	18	18	12	12
(19) 企业在市场开拓方面如何	50	50	20	20	16	16	14	14
(20) 企业的售后服务如何	48	48	22	22	18	18	12	12
(21) 本企业发行股票你是否购买	30	30	30	30	32	32	8	8
(22) 本企业生产状况如何	50	50	30	30	12	12	8	8

续表

调 查 项 目	答案 A		答案 B		答案 C		答案 D	
	票数	%	票数	%	票数	%	票数	%
(23) 本企业材料设备利用与管理如何	56	56	24	24	15	15	5	5
(24) 本企业是否重视安全生产	68	68	12	12	12	12	8	8
(25) 本企业工作环境如何	60	60	14	14	10	10	16	16
(26) 你是否知道企业发展口号	60	60	20	20	10	10	10	10
(27) 本企业与社区关系如何	56	56	24	24	12	12	8	8
(28) 近两年你接受过几次培训	38	38	20	20	22	22	20	20
(29) 本企业在经营管理上有无短期行为	46	46	24	24	15	15	15	15
(30) 你对企业的效绩方面如何评价	20	20	55	55	15	15	10	10

(3) 组织有关情况调查

为了对企业做出正确的诊断,对一些特殊情况进行调查。调查的内容有:

① 新技术开发。现正在研究一项新产品,目前已进行试生产,预计一年内将投入市场,企业效益将有大幅度提高。

② 环境保护。目前该公司正在环保方面聘请咨询公司进行制度建设。

③ 安全生产。经调查2012年度未发生重大事故,广大员工较为满意。

在调查过程中,诊断人员听取了各方面意见,就企业的经营战略、财务状况、发展筹划、技术开发、市场竞争及占有等内容,做了认真调查,专家们提出了许多诊断涉及的问题,企业经营者和有关人员分别做了解答。

3. 专家组做出诊断结论

诊断专家具体诊断评价计分过程如下:

(1) 诊断评价人员,根据收集的相关资料,利用参考标准,综合分析判断确定各项指标在参考标准中所处的等级。

(2) 根据各项诊断指标所处的等级,确定每项指标对应的等级参数。

(4) 将每项指标的等级参数及其权数相乘,计算出每位诊断评议者对该项指标的打分。

4. 将每位诊断评议者对指标的打分进行加权平均,求得每项指标的最终分数

具体计算公式为:

评议指标总分 = 各单项评议指标评议分数之和

单项评议指标分数 $=\sum$(单项指标权数 × 每位评议人员选定的等级参数) ÷ 评议人员总数

(其中诊断评议人员选定的等级参数是 A—1.0,B—0.8,C—0.6,D—0.4,E—0.2。)

华表公司本次诊断打分采用"背靠背"方式,各位专家自己独立判断,专家对诊断评议结果要签名。工作底稿要保留,以便于明确责任和监督检查。

5. 评议结果

根据专家组诊断评议结果:公司健康状况得分81.5分,属于良好状况。具体评议结果如表10-2所示。

表 10-2 专家组诊断评议结果汇总表

企业名称：华表公司

指标及权数 / 诊断专家	经营者基本素质	产品市场占有能力（服务满意度）	基础管理水平	发展创新能力	经营发展战略	在岗员工素质	技术装备与改造水平（服务硬环境）	综合社会贡献	合计
	18	16	12	14	12	10	10	8	100
①	A	B	A	B	A	C	B	C	—
②	B	A	A	B	A	B	C	C	—
③	B	A	B	B	B	C	B	C	—
④	B	B	B	B	A	B	B	B	—
⑤	C	B	B	A	B	C	B	C	—
⑥	B	A	B	B	B	B	B	C	—
单项指标分数	14.4	14.4	10.4	11.7	10.8	7.0	7.7	5.1	81.5

6. 完成评价报告

本阶段，需要对前阶段收集资料进行归纳整理，根据诊断工作的规定和本次诊断的目的，形成诊断报告送交有关部门参考。

二、华表有限公司诊断评价报告

我们接受长海市仪器仪表总公司委托，根据财政部、国家经贸委、人事部和国家计委颁布的企业效绩评价体系，依据华表有限公司提供的年度会计报表及有关资料，本着客观、公正、公平的原则，对该公司2012年度的经营效益和经营业绩进行了综合诊断评价，形成了本报告。

1. 华表有限公司概况（略）

2. 诊断评价依据和诊断过程

本次诊断遵循《国有资本金效绩评价规则》规定功效系数法和综合分析判断法相结合的方法进行。以华表公司2012年度会计决算资料为基础，以财政部公布的2012年度《企业效绩评价标准值》中专用仪器仪表制造业、中型企业标准值和《国有资本金效绩评价评议指标参考标准》作为诊断评价标准。在诊断和评议过程中，我们按照本次诊断评价的有关要求，认真地收集、整理、核实了评价基础数据，对有关事项进行了调整、披露，我们按照要求发放了诊断问卷调查，并聘请仪表行业的资深专家对华表有限公司的健康状况进行了诊断打分。

3. 评价结果和结论

（1）诊断结果

我们按照规定的工作程序实施诊断，2012年度综合诊断评价结果为77.4分，其中：基本指标得分为92.6分；修正后指标得分为76.3分，评价指标得分为81.5分；综合健康评价结果为B(良)。

（2）诊断结论

根据诊断结果表明，华表有限公司2012年度的经营效绩居同行业良好水平。其中，财务效益状况处于同行业良好水平；资产运营状况处于同行业优秀水平；偿债能力状况也处于同行业优秀水平；发展能力状况则处于同行业良好水平。基础管理状况经专家诊断评议的结果为良好水平，上述数据充分说明该公司领导及广大员工在深化改革、适应市场经济需要方面付出了艰苦努力，取得了较好效益，企业健康状况良好。

4. 评价对比分析

为了反映华表有限公司经营效绩变化情况，我们运用同样评价方法参照2011年度评价标准值，对该公司2011年度经营效绩实施了定量评价，诊断结果显示，该公司2012年度经营效绩比2011年度有较大改善，具体分数对比如表10-3所示。

表10-3 公司2011年度与2012年度经营效绩对比分析表

项　目	2011年度	2012年度	增长/%
综合评价得分	76.6	77.4	1.0
基本指标评价得分	88.9	92.6	4.2
修正指标修正后得分	77.8	76.3	−1.9
评议指标得分	79.8	81.5	2.1
财务效益状况得分	27.7	27.1	−2.2
资产营运状况得分	16.9	15.3	−9.5
偿债能力状况得分	16.0	16.6	3.8
发展能力状况得分	17.2	17.3	0.6

从表10-3数据看出，华表公司2012年度各项指标与2011年度相比，除财务效益状况、资产运营状况有所下降外，其余均比上年增长，综合评价比上年增长0.8分，增长率为1%。该公司两年来一直保持较高水平并持续发展，其主要原因：一方面加强了技术开发，围绕市场需求不断引进新技术，开发新产品，生产任务基本完成；另一方面对内加强了成本费用管理，实行目标责任制，定额发料，浪费及损失减少，使成本不断降低。但是公司在资产管理与经营管理方面仍存有一些不足，部分积压元器件未曾处理，产品技术开发不足，质量控制、技术培训等方面的问题，有待进一步改进提高。

5. 健康评价基础数据调整事项及影响健康评价事项说明

2012年11月进口一批原材料价值人民币120万元，有一部分已耗用，但年终未曾入账，故增加库存材料120万元，同时增加流动负债120万元。

公司未发生其他影响健康评价事项。

6. 诊断评价责任

华表有限公司应对提供的各项评价基础资料的完整性与真实性负责，诊断工作组的责任是保证本次诊断工作全过程客观公平，并得出公正诊断结论。

三、附件

(1) 华表有限公司效绩评价计分表

(2) 关于华表有限公司的咨询报告

(3) 华表有限公司2011年及2012年财务报告

(4) 华表有限公司2012年度审计报告

(5) 2011年度和2012年度专用仪器仪表制业中型企业效绩评价标准值

(6) 诊断工作组工作人员名单

(7) 专家诊断组成员名单

(附件具体内容略。)

评价委托单位：长海仪器仪表总公司

评价实施单位：中中咨询师事务所

评价机构：中中咨询师事务所

诊断时间：2013 年 5 月 20 日

活动设计

各模拟公司开展以下两个方面的实训活动。

(1) 在完成实训任务 10.1 的基础上，按照实训任务 10.2 的要求，根据《××公司/企业病症诊断方案》为该企业进行病症治理，制订切实可行的《××公司/企业病症治理方案》并实施，最后撰写、提交规范的《××公司/企业病症治理报告》。

(2) 各模拟公司从公司创立到现在，公司经过了较长一段时间的运营。请各模拟公司对本公司的经营管理进行诊断与治理，先制订《××模拟公司病症诊断与治理方案》并实施，最后撰写、提交《××模拟公司病症诊断与治理报告》。

实训成果

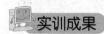

各模拟公司提交以下实训成果。

(1)《××公司/企业病症诊断与治理方案》一份。

(2)《××公司/企业病症诊断与治理报告》一份。

(3)《××模拟公司病症诊断与治理方案》一份。

(4)《××模拟公司病症诊断与治理报告》一份。

实训考核

实训考核主要分为四个阶段。

阶段一：实训成果汇报(8～10 分钟)

各模拟公司推选一名代表采用 PPT 形式进行任务 10.2 实训成果汇报。

阶段二：答辩与质询(5～8 分钟)

首先，汇报方接受来自其他模拟公司成员及老师对相关问题的质询；最后，学员“评审团”(由各模拟公司选派一名代表组成)至少推举一名代表进行评说。

阶段三：师生联合考评(3～5 分钟)

学员“评审团”会同实训指导老师一起按考评标准对各个模拟公司的实训成果进行评定(学员“评审团”与老师的考评分数分别占总成绩的 40%与 60%)。

阶段四：对比式点评(5～8 分钟)

由实训指导教师对各模拟公司的实训成果进行对比式点评，指出好的方面，并分析指出不足之处存在的原因及进一步改进的措施。实训任务 10.2 结束。

实训拓展

企业诊断工具应用案例

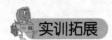

××企业是昆明市一家致力于研发、生产、经营的薯类休闲食品企业，目标客户主要定位于青少年。在昆明市场，品客、脆特星等占据了薯类休闲食品的高端市场，××企业和本地其他3个品牌四分中低端市场。某段时期内，××企业一下子从过去较稳定的月度销售额70万元急剧下滑至连续两个月的40万元。经过企业顾问的诊断，企业重新调整了营销方案，在没有增加广告投入和促销费用的情况下，经过3个月的努力，使产品的销售额上升到月度销售额110万元的历史最高纪录。企业顾问是如何给企业诊断，并制订营销方案的呢？请看"××企业休闲食品营销诊断案例"。

一、企业病症诊断

××企业月销售额从原来的70万元下滑至40万元已有2个月。希望顾问找出"病因"，并开出"药方"。顾问进驻××企业，经过近半个月的市场调研，销售额剧跌的"病因"逐渐清晰。大致包括产品口味、包装、渠道、对销售人员的管理、以前的宣传、USP(独特的销售主张)等很多方面。

案例重点阐述三个方面：产品力、渠道力和USP。

1. 产品力存在严重缺陷

(1) 薯条及薯片味精味稍重，马铃薯本身的特色味道较淡，故在口味、口感上弱于主要竞争品牌，严重影响了目标消费群由偶然消费向经常消费的转变。

(2) 包装袋稍小，包装充气的饱满度不够，在视觉上弱于竞争对手，降低了消费者冲动购买欲望。

(3) 包装和竞品相比，缺乏明显的视觉差异性、独特性，整体包装震撼力不足。20克的薯条与竞品40克的薯片价格相近。

2. 渠道力粗放经营

(1) 没有对销售人员建立健全严格的激励、监督与考核制度。铺货、补货、理货等工作缺乏延续性和韧性，被竞品大打空间差战和时间差战，铺货上架率严重下跌。

(2) 片区划分和直销铺货线路的划分不够细，有许多目标商户都没有铺货到位。

(3) 铺货重点不够明确突出。如对学校、公园、娱乐场所等高频率性发生薯类食品消费的地方没能很好把握和出击，丢失了大量的可能性市场回馈。

(4) 对分销体系监管乏力，价格体系较为混乱。如一边是批发商反映货值利润较低，另一边又是终端商反映进价高，影响了物流畅通。

(5) 及时性送货等服务没能很好地跟上市场需要，影响了客户情绪，损失了客户。

(6) 理货工作严重不足。产品不是在货柜、货架的位置过于隐蔽，就是被竞品压到了下面、挤到了后面。

3. USP亟待改进

"即开即奖"与"累积循环奖"结合的"一吃两奖"活动，是××企业相对竞争对手贯彻了近两年的独特销售主张，主要存在如下问题。

(1) 除了包装内的刮刮卡外，对“一吃两奖”的宣传严重缺乏，如不但在包装袋上没有任何提示，连平常所用的终端广告上也没有任何提及。这项捂在手心里的USP形同虚设，未能对青少年等目标消费群形成应有刺激，对销售未能达到应有促进。

(2) 前期中奖率较高，近期中奖率有显著降低，这在知晓USP的目标消费群中形成了负面影响，以至产品被部分消费者“遗弃”。

(3) 现行的中奖率与对应奖品值设计不够合理，未能很好地适应广大青少年尤其是少年儿童等核心消费群的心理特征。

由于上述各方面因素的影响，致使××企业的铺货上架率由60%降到了36%，市场占有率也落在了18.7%的份额上，最终造成了月销售额由以前一直稳定在70万元的水平急剧下滑至40万元。

二、病症治理策略

在查清了销售量、销售额急剧下滑的原因之后，××企业接受了顾问开的“药方”，从以下几个方面对营销方案进行了调整。

1. 重塑产品力

(1) 改进产品的口味、口感。

(2) 引进“包装促销力系数”，设计、确定、印制、使用具有良好促销力，容积量有所扩大的新包装。

附“包装促销力系数”。

包装促销力系数＝注意力系数＋产品特性明确度系数＋人性化系数
＋尝试购买率系数＋记忆力系数

说明：

① 注意力系数是指可能注意到包装的受调查目标消费者，在调研中注意到包装的受调研人数在总人数中所占的比例；产品特性明确度系数中的“特性明确”是指受调研目标消费者在注意到包装的刹那间，对产品性质及大致特点的明确度。人性化系数是指包装传达给消费者的安全、便于拿取、适用等信息。其他子系数以此类推。

② 由各子系数之和组成的促销力系数越大，包装的促销力就越强。

(3) 包装袋除了相对扩大外，增加充气饱满度，强化薯条、薯片净含量增大的感观。

(4) 在20克薯条出厂价不变的情况下，增加薯条净含量。

2. 强力打造渠道力

(1) 维持合理的利润体系，确保渠道各环节都有更多的钱赚

之所以会出现“批发商货值利润较低、终端商进价稍高”的矛盾，主要原因在于二批、三批等中间环节过多，影响了利润体系的合理性与竞争力。昆明是××企业的自做市场，这显然是不合理的。

针对此情况，××企业主要采取了两项措施。

其一，将原先的各级批发商吸纳为享受统一的出厂批发价，但年终按各自销售量享受对应返点。为平衡原来上游批发商利益，新返点比例做适当提高。这就压缩了中间环节又兼顾了原上游批发商的利益，保证和提高了批发环节的积极性和畅通性。

其二，如出现低价倾销或投机抬高价格的行为，减少适当比例的年终返点回报，直至

取消其分销资格。

(2) 疏通分销主干道

尽管昆明市场是××企业的自做市场，但要想使产品尽快顺畅涵盖昆明各目标区域市场，各区域批发商的分销渠道仍然是需要借助的重要力量。

① 在广丰、华丰、前卫、金碧、新闻路、篆新、东华、席子营、新迎等昆明各区域的各相关批发市场的各方位，保持一家以上的批发商，以对进货商形成包围与辐射的影响力。

② 高度重视各小区及各街道内的零星批发商，并力保铺货到位。

③ 建立、健全能控制又能激励分销商的合理监控机制，从机制上确保渠道的畅通。

④ 加强对分销商的顾问式回访、协销、分销，从感情上为分销渠道的畅通助力。

⑤ 通过对前期分销商销售能力的了解、记录和研究，预估各分销商未来月度的销售量，以尽量减少乃至避免"转移库存"、窜货、滞销及回款风险等情况的发生。

(3) 拽紧终端

终端既是同类产品竞争最激烈的地方，也是产品直面消费者的地方。其质量的好坏在整个市场链的运作中的作用非常重要。

① 树立铺货就等于挤、压竞品及铺货工作永远存在的思想，使直销铺货工作保持延续性和韧性，使每个月各片区的铺货上架率都维持在60%以上，以便目标消费者见到买到。因为市场份额的多少与铺货上架率的大小息息相关。

② 对终端零售定级对待，对学校、体育运动、休闲娱乐、公园及其他高频率发生薯类食品消费的场所进行重点回访、支持与掌控。

③ 工作必须做到七细：片区细、线路细、重点细、了解细、分析细、服务细、维持细，只有做细与做到真正的双赢，才会有更多潜力和更多业绩回报。

④ 维持商家的"钱途"才能更好地创造自己的前途。在渠道利润体系中，随时在终端力保与同业看齐的30%以上的利润。

⑤ 注重理货工作，给产品争取较显眼的货架位置，方便吸引消费者偶然消费至经常性消费行为的发生。

⑥ 逐渐加大终端宣传及终端导购力的构建工作，以提升产品在同业中的终端竞争力。

(4) 用好销售人员

这关键在于一张一弛、一软一硬的激励与监管方面。

① 严格执行业务报表和落实性追踪查访制度。

② 绘制、比较个人业绩周、月坐标图，增加销售人员的危机感，激发其能动性和创造性。

③ 建立、健全从批发商到终端商的客户档案。档案资料包括区域位置、店面大小、人流量、业主情况、联系方式、月进货量、月实际销售量等详细情况，以便更好地将销售人员的个人营销网络纳入企业的整体营销体系中，以便对销售人员进行针对性指导和减少因销售人员的离职带来的市场波动。

④ 将网点增加量、拥有及维持量，销售量和回款量一起与个人薪酬挂钩。

⑤ 引进侧重市场能力考核的"销售人员考核系数"，结合具体化的有情管理、传统重

德守纪的考核办法激励与监管销售人员。

附："销售人员考核系数"。

销售人员考核系数＝网点完成比系数＋网点增加比系数＋网点维持比系数＋销量增加比系数＋销量占有比系数＋回款比系数

说明：

- 网点完成比指某考核期内实际完成的网点数量在任务网点数量中所占的比例。
- 网点增加比指某考核期内的实际网点完成数量相对前度考核期内的实际网点完成数量的增加量，在前度考核期内的实际网点完成数量中所占的比例。网点完成比与网点增加比联系起来运用，主要考核的是销售人员的市场拓展及瞻前顾后的运营能力。这尤其适合市场导入期与成长期的考核。
- 网点维持比指某考核期内实际拥有的网点数量相对前度考核期内的网点拥有量之比。

网点维持比与网点完成比、网点增加比联系起来运用，主要考核的是销售人员的客情维持与沟通及其市场的综合运作能力。此子系数能在市场成熟期与市场衰退期较好地进行销售预警。

- 销量增加比指某考核期内的实际销售量相对前度考核期内销售量的增加比。这主要考核的是销售人员的协销、分销能力，用心做市场的策划能力等。可见受考核销售人员的综合素质和潜质。
- 销量占有比指受考核销售人员在某考核期内的销售量，相对销售部门总销售量的比例。由此在所有销售人员中形成竞争和互动。
- 回款比指某考核期内的实际回款量相对应收账款之比。这主要考核的是销售人员的责任心、收款能力及"德行"，并减少呆坏账的发生。
- "销售人员考核系数"由子系数组成。子系数之和越大，就说明受考核销售人员的市场拓展、沟通及营销综合素质与能力就越强。某子系数分值越小，就说明围绕该子系数的问题就越大，受考核销售人员在此方面的素质与能力就越弱，就越应有针对性地改善。本考核系数适应长、中、短期的量化考核，规避了传统考核中虚空、不合理等缺点，可在不同市场阶段做适当微调。

3. 使USP绽放应有光彩

(1) 将原"一吃两奖"作针对核心消费群的缩小奖品值、增加中奖率的修改，并重新定名为更具吸引力的"票票有奖"。

(2) 销毁原200多万张价值近8万元的"一吃两奖"刮刮卡，设计、印制、使用"票票有奖"的新刮刮卡。

(3) 相对竞品的USP——"票票有奖"在产品包装上与日常所用的条幅广告等终端宣传物上向目标消费者进行提示。

三、企业病症诊治结果

(1) 通过上述种种努力，××企业进行"整改"的当月，昆明市场的销售额便上升到了65万元，此后更是超过"3个月内达到75万元"的预期目标，并继续上升，创下了××企业昆明市场月销售额110余万元的历史最高纪录。

(2) 分析××企业案例,我们可以看出,在广告与促销之外,营销基础运作系统与营销基础监管系统不但是企业安身立命的一个重要根本,更能为企业带来高安全性和创造高销售量、高销售额及更丰厚的利润回报。其中的关键在于企业要能摒弃急功近利的赌徒心理和投机行为,懂得内省内视,用心用智慧稳打稳扎。

附录

市场营销实训单据

附录 1 公司设立登记申请书

编号：________

公司设立登记申请书

公司名称：______________________

申请人须知

1. 签署文件和填表前，应当阅读《中华人民共和国公司法》、《中华人民共和国登记管理条例》，并确知其享有的权利和应承担的义务。
2. 无须保证即应对其提交文件、证件的真实性、有效性和合法性承担责任。
3. 提交的文件、证件一般应当是原件。
4. 提交的文件、证件应当使用 A4 纸。
5. 应当使用钢笔、毛笔或签字笔工整地填写表格或签字。

中华人民共和国

国家工商行政管理总局制

附录 2 公司设立登记应提交的文件、证件

公司设立登记应提交的文件、证件

序号	文件、证件名称	提交文件的公司类型
1	公司董事长签署的公司设立登记申请书	有限、股份
2	全体股东的委托书及被委托人的证明	有限
3	公司董事会的委托书及被委托人的证明	股份

续表

序号	文件、证件名称	提交文件的公司类型
4	法律、行政法规规定设立有限公司必须报经审批的，国家有关部门的批准文件	有限
5	国务院授权部门或者省、自治区、直辖市人民政府的批准文件	股份
6	国务院证券管理部门的批准文件	募集设立的股份有限公司
7	创立大会的会议记录	股份
8	公司章程	有限、股份
9	筹办公司的财务审计报告	股份
10	具有法定资格的验资机构出具的验资证明	有限、股份
11	股东的资格证明	有限
12	发起人的资格证明	股份
13	公司董事、监事、经理的任职文件及身份证明	有限、股份
14	公司法定代表人任职文件和身份证明	有限、股份
15	企业名称预先核准通知书	有限、股份
16	公司住所证明	有限、股份
17	经营范围中涉及法律、行政法规规定必须报经审批的项目、国家有关部门的批准文件	有限、股份

注：① 本表右侧栏内“有限”、“股份”分别为“有限责任公司”、“股份有限公司”。

② 住所证明系指房屋产权证或能证明产权归属的有效文件。租赁房屋还包括使用人与房屋产权所有人直接签订的房屋租赁协议书或合同。

附录3 设立登记申请事项

设立登记申请事项

名称			
住所		邮政编码	
法定代表人		电话	
注册资金	（万元）	企业类型	
经营范围			
营业期限	自 年 月 日至 年 月 日		
审批机关		批准文号	
有关部门意见			

法定代表人签字： 被委托人签字：

联系电话：

年 月 日 年 月 日

注：① “住所”应填写市（县）、区（村）、街道名、门牌号。

② “企业类型”填“有限责任公司”或“股份有限公司”。

③ 被委托人指股东或董事会委托办理登记的代理人。

附录4 公司股东(发起人)名录(法人)

公司股东(发起人)名录(法人)

法人名称	法定代表人	出资额/万元	出资方式	百分比/%	备注

注:①“备注”栏填写下述字母。

A. 企业法人　　B. 社会团体法人　　C. 事业法人

D. 国家授权投资的机构或部门　　E. 其他

② 出资方式填写:货币、非货币。

③ 党的机关、人大机关、政协机关、司法机关、政府部门、军队、武警部队(以上国家另有规定的除外),以及年检未通过或被确定为B级的企业法人和国家法律、法规和政策规定禁止做股东的,不得成为公司的股东。

附录5 公司股东(发起人)名录(自然人)

公司股东(发起人)名录(自然人)

姓名	住所	身份证号码	出资额/万元	出资方式	百分比/%

注:出资方式填写:货币、非货币。

附录 6 公司法定代表人履历表

公司法定代表人履历表

<table>
<tr><td>姓名</td><td></td><td>性别</td><td></td><td rowspan="4">一寸免冠照片粘贴处</td></tr>
<tr><td>产生方式及程序</td><td></td><td>任命单位</td><td></td></tr>
<tr><td>身份证号码</td><td></td><td>联系电话</td><td></td></tr>
<tr><td>家庭住址</td><td colspan="3"></td></tr>
<tr><td rowspan="5">工作简历</td><td>起止年月</td><td>工作单位和部门</td><td colspan="2">职　务</td></tr>
<tr><td></td><td></td><td colspan="2"></td></tr>
<tr><td></td><td></td><td colspan="2"></td></tr>
<tr><td></td><td></td><td colspan="2"></td></tr>
<tr><td></td><td></td><td colspan="2"></td></tr>
<tr><td colspan="3">(身份证复印件粘贴处)</td><td colspan="2">法定代表人
签字：</td></tr>
<tr><td>人事管理部门证明</td><td colspan="4">负责人签字：　　盖章：　年　月　日</td></tr>
</table>

附录 7 法定代表人审查意见

法定代表人审查意见

经审查，法定代表人符合有关法律、法规规定的任职资格，不存在以下情况。

1. 无民事行为能力或者限制民事行为能力的。

2. 正在被执行刑罚或者正在被执行刑事强制措施的。

3. 正在被公安机关或者国家安全机关通缉的。

4. 因犯有贪污贿赂罪、侵犯财产罪或者破坏社会主义市场经济秩序罪，被判处刑罚，执行期满未逾五年的；因犯有其他罪，被判处刑罚，执行期满未逾三年的；或者因犯罪被判处剥夺政治权利，执行期满未逾五年的。

5. 担任因经营不善破产清算的企业的法定代表人或者董事、经理，并对该企业的破产负个人责任，自该企业破产清算完结之日起未逾三年的。

6. 担任因违法被吊销营业执照的企业的法定代表人，并对该企业违法行为负有个人责任，自该企业被吊销营业执照之日起未逾三年的。

7. 个人负债数额较大，到期未清偿的。

8. 法律、法规规定的其他不能担任企业法定代表人、董事、监事、经理的。

审查人盖章(签字)：

注：审查人是指选举、委派、指定、任命法定代表人的董事会、投资人等。

附录8 公司董事会成员、监事会成员、经理情况

公司董事会成员、监事会成员、经理情况

姓　名	性　别	职　务	住　所	身份证号码	产生方式

注：① 按董事会成员、监事会成员、经理顺序填写。

② “职务”是指董事长、董事、执行董事、监事、经理等。

③ “产生方式”是指委派、选举、聘用。

附录9 公司董事会成员、监事会成员、经理审查意见

公司董事会成员、监事会成员、经理审查意见

经审查，董事、监事、经理符合有关法律、法规规定的任职资格，不存在以下情况。

1. 无民事行为能力或者限制民事行为能力的。

2. 正在被执行刑罚或者正在被执行刑事强制措施的。

3. 正在被公安机关或者国家安全机关通缉的。

4. 因犯有贪污贿赂罪、侵犯财产罪或者破坏社会主义市场经济秩序罪，被判处刑罚，执行期满未逾五年的；因犯有其他罪，被判处刑罚，执行期满未逾三年的；或者因犯罪被判处剥夺政治权利，执行期满未逾五年的。

5. 因经营不善破产清算的企业的法定代表人或者董事、经理、并对该企业的破产负个人责任，自该企业破产清算完结之日起未逾三年的。

6. 担任因违法被吊销营业执照的企业的法定代表人，并对该企业违法行为负有个人责任，自该企业被吊销营业执照之日起未逾三年的。

7. 个人负债数额较大，到期未清偿的。

8. 法律、法规规定的其他不能担任企业法定代表人、董事、监事、经理的。

审查人盖章(签字)：

注：审查人是指选举、委派、任命、指定、聘任董事会成员、监事会成员、经理的股东会、董事会、股东或投资人。

附录 10 核发企业法人营业执照及归档情况

核发企业法人营业执照及归档情况

执照注册号			标准日期		
执照副本数			副本编号		
缴纳登记费			缴纳副本费		
领执照人	签字		发执照人	签字	
	日期			日期	
	电话			备注	
计算机录入日期			录入人		
出照日期			出照人		
归档日期			归档人		
归档情况					

附录 11 公司股东情况登记表

公司股东情况登记表

姓名		性别		一寸免冠照片粘贴处
出生日期		学历		
身份证号码		联系电话		
家庭住址				
工作简历	起止年月	工作单位和部门	职务	
出资额/万元				
出资形式				
百分比/%				
(身份证复印件粘贴处)		谨此确认,本表所填内容不含虚假成分。 股东签字________ 年 月 日		

附录 12　企业名称预先核准申报表

受理日期＿＿＿＿＿

企业名称预先核准申报表

敬　告
1. 在签署文件和填表前，申请人应当阅读过《企业名称登记管理规定》、《企业名称登记管理实施办法》和本表，以及有关设立企业须遵守的法律、行政法规，并确知其享有的权利和应承担的义务。 2. 申请人无须保证即应对其提交的文件、证件的真实性、有效性和合法性承担责任。 3. 申请人提交的文件、证件应当是原件，确有特殊情况不能提交原件的，应当提交加盖公章的文件、证件复印件。 4. 申请人提交的文件、证件应当使用 A4 规格纸。 5. 申请人应当使用钢笔、毛笔或签字笔工整地填写表格或签字。

申请企业名称预先核准，应当由全体出资人、合伙人、合作者（以下统称投资人）指定的代表或者委托的代理人，向有名称核准管辖权的工商行政管理机关提交下列文件。

（一）全体投资人签署的企业名称预先核准申请书。申请书应当载明拟设立企业的名称（可以载明备选名称）、地址、业务范围、注册资本（或注册资金）、投资人名称或者姓名及出资额等内容。

（二）全体投资人签署的指定代表或者委托代理人的证明。

（三）代表或者代理人的资格证明。

申请企业名称			
备用名称			
拟设企业的类型		拟设企业的注册资本(金)	
拟设企业的住所			
拟设企业的经营范围			
投资人名称或姓名	出资额/万元	投资比例	投资人签字(盖章)

（四）全体投资人的资格证明。

（五）工商行政管理机关要求提交的其他文件。

投资人资格证明是指该投资人依法成立的证明文件。

企业营业执照复印件须加盖登记机关印章。其他投资人资格证明复印件由该单位加盖公章。

自然人资格证明是指身份证复印件。

外国（地区）投资人的资格证明是指：

(1) 外国（地区）投资人是企业的，为该企业注册所在国（地区）注册机关出具的证明。

(2) 外国(地区)投资人是其他经济组织的，为该经济组织所在国(地区)政府主管当局出具的证明。

(3) 外国(地区)投资人是自然人的，为确认其国籍的国家(地区)政府主管当局出具的能够证明其国籍、身份的文件。

以上有关文件是外文的，应同时提交中文译文。

中华人民共和国国家工商行政管理总局制

附录 13 企业名称预先核准审批表

企业名称预先核准审批表

企业名称预先核准通知书文号(　　)名称预核　　字[　　]第　　号	
申请名称	
名称查询审查意见	
核准名称	
核准意见	

附录 14 住所(营业场所)使用证明

住所(营业场所)使用证明

企业名称				
住所(营业场所)使用情况	地址			
	邮政编码		电话	
	用途			
	使用面积/平方米			
	产权归属			
	使用关系			
	使用期限			

谨此确认，以上内容不含虚假成分。

申请人签字：

日期

附注	(1)“使用关系”系指自有、租赁。 (2)“使用期限”不得少于一年。 (3) 另附产权证或能证明产权归属的有效文件。如系租赁房屋，则除提交产权证或能证明产权归属的有效文件外，还应提交租赁协议书或合同。 (4) 租赁协议书或合同应是使用人直接与房屋产权所有人签订。

附录 15　商品展销会申请登记表

编号：________

商品展销会申请登记表

展销会名称：

举办单位：　　　　　　（盖章）

申请日期：　　年　月　日

浙江省工商行政管理局

以下各项由申请单位填写

展销会名称			
负责人		电话或手机号码	
筹备办公室地址			
起止日期			
举办单位及银行账号			
参展商品范围(大类)			
主办单位法定代表人签名			
序号	提交文件、证明名称		有关说明

以下各项由工商行政管理机关填写

提交文件日期	年　月　日
审查情况	展销会名称：
	举办单位：
	展销会负责人：
	展销商品类别：
	展销会地址：
	起止日期：　　年　月　日至　　年　月　日
	审查人员签名：　　　　　　年　月　日
处(科、股)长审核意见	
局长审批意见	
核发商品展销会登记证情况	商品展销会登记证　　工商展字　　号 经办人：　　领证人：　　年　月　日

参考文献

1. 中华人民共和国公司法,2006.
2. 范云峰.营销调研策划[M].北京:机械工业出版社,2004.
3. 李海琼.国际市场营销实务[M].北京:高等教育出版社,2010.
4. 李海琼.国际市场营销综合实训[M].北京:中国人民大学出版社,2012.
5. 周文,包焱.销售管理[M].北京:世界知识出版社,2002.
6. 盛骏飞,高立法.企业全面诊断与综合治理[M].北京:中国时代经济出版社,2004.
7. 高立法,马志芳.企业市场营销诊断与治理[M].北京:中国时代经济出版社,2004.
8. 李泽尧.企业管理自诊自查手册[M].广州:广东经济出版社,2003.
9. 胡松评.企业采购与供应商管理七大实战技能[M].北京:北京大学出版社,2003.
10. 宿春礼.市场推广管理文案[M].北京:经济管理出版社,2003.
11. 熊超群,潘其俊.公关策划实务[M].广州:广东经济出版社,2003.
12. 陈建松.会计核算与管理教程[M].北京:经济科学出版社,2001.
13. 金中泉.财务报表分析[M].北京:中国财政经济出版社,2000.
14. 吴竞成,邓竹溪.会计实战[M].广州:广东经济出版社,2003.
15. 烨子.会计业如何做细[M].北京:中国对外翻译出版公司,2002.
16. 郗钧衡.新编现代应用文写作大全[M].桂林:广西师范大学出版社,2003.
17. 杨剑,金果,尹丽荣.企业病诊断与防治[M].北京:中国纺织出版社,2004.
18. 何庆林.小老板日常管理实务问答[M].广州:广东经济出版社,2003.
19. 徐昭国.广告公关主管一日通[M].广州:广东经济出版社,2004.
20. 李善山.营销模拟实训教程[M].上海:上海交通大学出版社,2001.
21. 蒂姆·欣德尔.谈判技巧[M].胡炜翻译.上海:上海科学技术出版社,2000.
22. 徐育斐.营销策划[M].大连:东北财经大学出版社,2002.
23. 曲振涛,王福友.经济法(第三版)[M].北京:高等教育出版社,2007.
24. 赵伊川.创业管理[M].北京:中国商务出版社,2004.
25. 胡平.会展营销[M].上海:复旦大学出版社,2005.